Recht ist, was den Waffen nützt
Justiz und Pazifismus im 20. Jahrhundert

Recht ist, was den Waffen nützt

Justiz und Pazifismus im 20. Jahrhundert

Herausgegeben
von Helmut Kramer
und Wolfram Wette

Aufbau-Verlag

Mit einem Geleitwort von Hans-Jochen Vogel

Mit 33 Abbildungen

ISBN 3-351-02578-5

1. Auflage 2004

Einbandgestaltung Bea Klenk, Berlin
Druck und Binden AALEXX Druck GmbH
Printed in Germany

www.aufbau-verlag.de

Inhalt

Geleitwort

Unser Volk – so sagen viele – ist heute ein ganz normales Volk. Und gerade mit Blick auf die nach 1945 Geborenen – und das sind schon mehr als 70 Prozent derer, die heute leben – sehe ich keinen Grund, dem zu widersprechen. Aber es wäre in höchstem Grade anormal, wenn ein normales Volk sich nicht mit dem dunkelsten Kapitel seiner Geschichte auseinandersetzen und das, was damals geschah, dem Vergessen anheim geben und in den Archiven vergilben lassen wollte. Nein – wir müssen uns schon deshalb erinnern, weil wir sonst Warnzeichen übersehen und wegschauen oder weghören könnten, wenn der Ungeist von neuem sein Haupt erhebt.

Erinnern müssen wir uns an die beispiellosen Verbrechen des NS-Gewaltregimes. An die Opfer und die Täter, an den Widerstand, der geleistet wurde, und an die Ursachen, die ins Verderben führten. Erinnern müssen wir uns nicht minder an die zweite Diktatur auf deutschem Boden, auch wenn sie nicht einfach mit der NS-Diktatur gleichgesetzt werden darf. Und gedenken sollten wir durchaus auch des Leides derer, die zu Opfern wurden, als der Krieg, der von Deutschland seinen Ausgang nahm, zuletzt mit großer Härte auf unser eigenes Volk zurückschlug. Erinnern heißt in diesem Zusammenhang – um ein Wort Gotthold Ephraim Lessings aufzugreifen – nicht das Gedächtnis zu belasten, sondern den Verstand zu erleuchten; zu erleuchten im Sinne des »Nie wieder! Nicht noch einmal!«.

Erfreulicherweise geschieht durchaus Beachtliches, um dem Vergessen zu wehren. Gedenkstätten und demnächst auch das Holocaustmahnmal in Berlin, Anstrengungen in den Schulen, lokale Initiativen und Vereinigungen wie »Gegen

Vergessen – Für Demokratie« sind dafür Beispiele. Auch die zeitgeschichtliche Forschung ist keineswegs erlahmt.

Dennoch gibt es nach wie vor erhebliche Lücken. So ist die Rolle der Justiz und insbesondere die der Militärjustiz noch immer nicht genügend im allgemeinen Bewußtsein präsent. Es hat ja auch lange genug gedauert, bis die wegen Wehrdienstverweigerung, Wehrkraftzersetzung und Desertion zum Tode Verurteilten in den 90er Jahren endlich rehabilitiert wurden. Auch die Feststellung, daß der Zweite Weltkrieg »ein Angriffs- und Vernichtungskrieg, ein vom nationalsozialistischen Deutschland ausgehendes Verbrechen« war, hat der Bundestag übrigens erst im Mai 1997 getroffen. Nicht genügend präsent ist ebenso, wie weit die Wurzeln dessen, was dann nach 1933 in einer Flut mörderischer Urteile endete, in die Vergangenheit zurückreicht.

Der vorliegende, von Helmut Kramer und Wolfram Wette herausgegebene Sammelband ist überaus geeignet, dem abzuhelfen. Seine Beiträge beschäftigen sich vornehmlich mit der Frage, wie die Justiz den Pazifismus des 20. Jahrhunderts in seinen verschiedenen Spielarten verfolgt hat. Dabei wird deutlich, daß die Justiz schon im Kaiserreich und auch noch während der Weimarer Republik im Pazifismus nicht eine Wertorientierung sah, die im Rahmen einer pluralistisch verfaßten Gesellschaft vertreten werden konnte und respektiert werden mußte, sondern ihn als eine in der Tendenz landesverräterische Einstellung anprangerte und verketzerte. Dieses von nationalkonservativen und antidemokratischen Vorstellungen geprägte Staatsverständnis der Justiz konnte der Nationalsozialismus leicht instrumentalisieren. Es bereitete ihm deshalb nach 1933 nur geringe Mühe, die Justiz für seine Gewaltherrschaft einzuspannen und die in ihr noch vorhandenen rechtsstaatlichen Hemmungen weitgehend zu beseitigen.

Die Beiträge beschränken sich nicht auf die Vergangenheit. Einige setzen sich mit bedenklichen Bewertungen auseinander, die Pazifisten seitens der Justiz auch in der Bundesrepublik erfuhren. Schlimme Entgleisungen solcher Art gab es bekanntlich auch in der Politik. Immerhin konnte ein Bundesminister der damaligen Regierungskoalition noch im Juni 1983 vor dem Deutschen Bundestag behaupten, der Pazifismus der 30er Jahre habe Auschwitz erst möglich gemacht, ohne daß dies für ihn politische Konsequenzen gehabt hätte. Die Rücktrittsforderung der Opposition wurde vielmehr von der Koalition bei Enthaltung von Frau Hildegard Hamm-Brücher in namentlicher Abstimmung abgelehnt.

Zwei Vorzüge des Sammelbandes sind noch eigens zu erwähnen. Einmal verwenden die entsprechenden Beiträge den Begriff Pazifismus nicht undifferenziert, wie das in der Vergangenheit und auch bis in die Gegenwart hinein zumeist geschah und geschieht. Vielmehr wird erläutert, daß als Pazifisten neben den Radikalpazifisten, die jeden Dienst mit der Waffe verwarfen, auch diejenigen verstanden und diffamiert wurden, die wohl Angriffskriege und alle Formen des Militarismus ablehnten, die Verteidigung des eigenen Landes gegen Angriffe von außen aber bejahten. Diese Unterscheidung hat bekanntlich innerhalb der deutschen Sozialdemokratie mehr als einmal Anlaß zu lebhaften Diskussionen gegeben, wobei radikalpazifistische Positionen mit der Mitgliedschaft in der Partei in aller Regel als grundsätzlich vereinbar angesehen wurden.

Zum anderen berührt es wohltuend, daß Pauschalurteile über die Justiz vermieden werden. Im Gegenteil: diejenigen, die sich dem generellen Trend als Richter widersetzten, werden namentlich genannt und als mahnende Vorbilder gewürdigt. Dabei wird nicht verschwiegen, daß es nur wenige waren.

Insgesamt ist hier ein beispielhaftes Werk gelungen, dem eine weite Verbreitung zu wünschen ist. Dafür gebührt allen Beteiligten Dank und Anerkennung.

Dr. Hans-Jochen Vogel
Gründungsvorsitzender der Vereinigung
»Gegen Vergessen – Für Demokratie«
München, im Mai 2004

Helmut Kramer und Wolfram Wette

Pazifisten im Visier der Justiz
Ein bedrückendes Kapitel der deutschen Geschichte des 20. Jahrhunderts

Der Pazifismus war in seiner historischen Gestalt – womit in diesem Buch das Europa des ausgehenden 19. sowie des 20. Jahrhunderts gemeint ist – nie absolut und eindeutig, sondern vielgestaltig und dem Wandel unterworfen. Was die Pazifisten aller Schattierungen einte, war die Kriegsgegnerschaft. Über vieles andere stritten sie, insbesondere über die Analyse der Kriegsursachen und, daraus resultierend, über die geeigneten Schritte zu ihrer Bekämpfung.[1] Die Gegner der Pazifisten ihrerseits sahen sich schon immer in der Rolle der vermeintlichen Realisten. Von ihrem hohen Podest herunter glaubten sie urteilen zu sollen, daß die Pazifisten zwar das Gute wollten, aber Probleme mit der »rauhen Wirklichkeit« hätten und unrealistischen Ideen anhingen. Nur sie selbst, die Machtrealisten, verstünden etwas von Staat, Militär und Krieg.[2] Daß es zwischen Denken und einer zum Krieg führenden Politik Zusammenhänge geben könnte, pflegten sie als Polemik zu verwerfen und tun dies gelegentlich auch noch in unserer Zeit.

Wie hat sich die deutsche Justiz in dieser geschichtsmächtigen Kontroverse positioniert, in dem Spannungsfeld zwischen »Militarismus und Pazifismus«[3]? Wie hat sie in konkreten Konfliktfällen entschieden? Hat sie sich als die geeignete Institution erwiesen, auf diesem hochpolitischen Feld den Pfad der Gerechtigkeit ausfindig zu machen? Hat sie wenigstens Neutralität walten lassen? Wurden die Kriegstreiber bestraft und die Pazifisten freigesprochen? Oder hat die Justiz umgekehrt die Pazifisten bestraft und den Kriegsbefürwortern Recht gegeben? Und was hätte das eine wie das andere gegebenenfalls mit dem Ideal der Gerechtigkeit zu tun?

Der bedeutende deutsch-amerikanische Verfassungsjurist und Politikwissenschaftler Otto Kirchheimer (1905–1965)[4] hat seinen Fachkollegen wie auch dem juristisch weniger kundigen Publikum erläutert, daß das deutsche Wort »Justiz« die ursprüngliche Bedeutung des lateinischen *iustitia* weitgehend eingebüßt hat: »Es bezeichnet nicht in einem höheren Sinne Gerechtigkeit, sondern faktisch nur noch das, was das organisierte Gebilde Staat auf dem Gebiet der Gerechtigkeit und des Rechts (oder der Rechte) tut, eine ganz konkrete ›Rechtspflege‹, deren Inhalt durch das bestimmt wird, was das jeweilige Staatsgebilde darstellt.« Wegen dieser Bedeutung des deutschen Wortes Justiz komme ein Deutscher, so Kirchheimer, denn auch nicht in die Versuchung, »›politische Justiz‹ mit politischer Gerechtigkeit, also mit der Suche nach einer idealen Ordnung des menschlichen Zusammenlebens gleichzusetzen, in deren Rahmen sich alle Angehörigen des Gemeinwesens in ständiger gemeinschaftlicher Anstrengung um die größtmögliche Vervollkommnung ihrer politischen Lebensform bemühen.«[5] Das Wesen der politischen Justiz bestehe – so die zum Klassiker gewordene Formulierung Otto Kirchheimers – in der »Verwendung juristischer Verfahrensmöglichkeiten zu politischen Zwecken«[6].

Um Mißverständnissen vorzubeugen, sei hinzugefügt: Das Phänomen der politischen Justiz war und ist keineswegs auf Deutschland beschränkt, sondern eine internationale Erscheinung. Es gab und gibt sie in allen neuzeitlichen Staaten.[7] Die politische Justiz agiert, um staatliche Macht zu erhalten oder um politische Machtverschiebungen zu konsolidieren. In der Regel ist die politische Justiz mit den Interessen der bestehenden Macht verbunden. Bei Machtveränderungen tritt sie erst auf, wenn eine neue Konsolidierung der politischen Verhältnisse in Sicht ist. Die politische Justiz legitimiert die bestehende Macht und hält die Bevölkerung mit ihren spezifischen juristischen Verfahrensmöglichkeiten dazu an, diese Macht ihrerseits anzuerkennen. Das Spezifische der politischen Justiz in Deutschland besteht insofern nur darin, daß sie eng mit dem preußisch-deutschen Obrigkeitsstaat liiert war und daß sie, wie andere Eliten auch, allen demokratischen Bestrebungen lange Zeit ablehnend gegenüberstand. Wie aber hielt diese Justiz es mit den Pazifisten?

In der Geschichte des ersten deutschen Nationalstaates (1871–1945), an deren Beginn und Ende Kriege standen, wurden die Pazifisten auf unterschiedliche Weise bekämpft, da sie sich dem vorherrschenden kriegerischen Politikverständnis – und der daraus resultierenden Kriegspolitik – verweigerten. Aus der Sicht des Staates stellte die politische Justiz nur eines von mehreren Instrumenten des politischen Machtkampfes gegen pazifistische Bestrebungen dar. Andere Mittel konnten die parlamentarische Auseinandersetzung, die polizeiliche Gewalt, die Kanzelrede, der Meinungskampf in den Medien, die Klientelpolitik und die Korruption sein. In Deutschland gaben die Regierungen des nationalen Macht- und Militärstaats jeweils die politischen Ziele vor, an denen sich die politische Justiz zu orientieren hatte. Häufig erwiesen sich solche Zielvorgaben als überflüssig, da die Angehörigen der Justiz auch aus eigener Überzeugung gewillt waren, den Interessen des Machtstaates zu dienen.

Kritische Juristen und historische Friedensforscher

Unter dem Titel »Justiz und Pazifismus im 20. Jahrhundert« veranstaltete der Verein »Forum Justizgeschichte« mit Unterstützung des Landes Nordrhein-Westfalen im Oktober 2002 eine bemerkenswerte Fachtagung. Ihre Besonderheit lag darin begründet, daß – so weit bekannt – erstmals der Versuch gestartet wurde, Historiker mit dem Spezialgebiet Historische Friedensforschung[8] und Juristen mit Interesse für eine kritische Justizgeschichte zur Bearbeitung eines beidseitig interessierenden Themas zusammenzuführen. Und erstmals wurde versucht, das Verhalten der Juristen im

Spannungsfeld zwischen Krieg und Frieden umfassend zu erörtern.

Schon bei der Gründung der Deutschen Gesellschaft für Friedens- und Konfliktforschung im Jahre 1970 hatte der damalige Bundespräsident Gustav W. Heinemann die Vorstellung entwickelt, daß die Friedensforschung praxisnah, am konkreten historischen Gegenstand arbeiten und dabei interdisziplinär vorgehen sollte.[9] Diese Forderung wurde in den folgenden Jahrzehnten zwar in vielen Sonntagsreden nachgebetet, in der Praxis aber kaum je realisiert. Juristen beteiligten sich an der Friedenforschung kaum, allenfalls einige Völkerrechtler im Hinblick auf das – immer bedeutsamer werdende – internationale Recht.

Nun also fanden Historiker und Juristen zusammen, die durch Publikationen aus den Bereichen der jüngeren deutschen Militärgeschichte und der Geschichte des Pazifismus sowie der Geschichte der deutschen Justiz aufeinander aufmerksam geworden waren. Ob eine erfolgreiche Kooperation gelingen würde, war keineswegs ausgemacht. Würden die Historiker die komplizierte Fachsprache der Juristen verstehen? Würden die Juristen ihrerseits bemüht und in der Lage sein, sich ihnen verständlich zu machen? Würde es den Historikern gelingen, ihre Kenntnisse über die Geschichte des Pazifismus in Deutschland hinreichend präzise darzulegen, damit bei den Juristen nicht der Verdacht der Beliebigkeit aufkam? Würden die Juristen wiederum sich mit dem komplexen Denken der Historiker anfreunden können, die es gewohnt sind, einen Vorgang wie die juristische Verfolgung von Pazifisten als Teil eines größeren politischen, gesellschaftlichen und militärpolitischen Zusammenhangs zu begreifen? Man konnte auf Fragen dieser Art hochkomplizierte akademische Antworten geben und die unterschiedlichen Wissenschaftsmethoden beleuchten. Man konnte es aber auch, pragmatisch und zielorientiert – und damit ganz im Sinne von Gustav W. Heinemann –, einfach einmal versuchen. Immerhin lag erklärtermaßen ein gemeinsames Sachinteresse vor, nämlich das Bedürfnis, Aufklärung zu schaffen über das große und bislang kaum zusammenhängend bearbeitete Thema »Justiz und Pazifismus im 20. Jahrhundert«.[10]

In der Berichterstattung über die Recklinghauser Tagung ist das interdisziplinäre Herangehen an das Thema »Justiz und Pazifismus im 20. Jahrhundert« als gelungen bewertet worden, und zwar nicht etwa, weil man eine interdisziplinäre Methodik entwickelt hätte, sondern weil die Historiker und Juristen »fachliche Offenheit« zeigten, »Grenzüberschreitungen« zuließen und damit ihre unterschiedlichen Arbeitsweisen »gegenseitig verstehbar und fruchtbar machten«.[11]

Bedrückende Bilanz

Die Ergebnisse der gemeinsamen Anstrengungen sind in diesem Band nachzulesen. Er bietet einen Überblick, stellt aber nicht den Anspruch, das Thema »Justiz und Pazifismus im 20. Jahrhundert« vollständig abzuarbeiten oder auch nur alle relevanten politischen Prozesse gegen deutsche Pazifisten zu präsentieren. Die Kooperation der Juristen und Historiker hat gleichwohl wichtige und zum Teil bedrückende Erkenntnisse zutage gefördert: Um pazifistische Bestrebungen zu verhindern und dem Militärstaat zu nützen, hat die deutsche Justiz im 20. Jahrhundert immer wieder das Recht im Dienst machtpolitischer Interessen instrumentalisiert und ist als politische Justiz – im Sinne Otto Kirchheimers – tätig geworden.

Man kann, was die Orientierung an besagten machtpolitischen Interessen angeht, von einem »traditionellen Wesenszug der deutschen Justiz« sprechen. Er besteht darin, daß sie sich »im Konflikt zwischen Macht und Freiheit meistens auf die Seite der Machthaber geschlagen« hat. »Um Pazifisten zu kriminalisieren oder Militaristen zu schützen, griffen die Gerichte immer wieder zu abenteuerlichen Begriffskonstruktionen. In der Minderzahl blieben demokratischrechtsstaatliche Entscheidungen, die das Militär in seine Schranken wiesen und Pazifisten Meinungsfreiheit zugestanden.«[12] Bei dieser »justizförmigen Bekämpfung des Friedensgedankens« bediente sich die Justiz der folgenden strafrechtlichen Vorwürfe: angeblicher Landesverrat, Wehrverrat, Wehrkraftzersetzung, Verfassungsverrat, Nötigung und immer wieder Beleidigung von Soldaten und Militärpolitikern.

Im Laufe der Tagung verdichtete sich der Eindruck, daß es sich bei der antipazifistischen Grundhaltung der Justiz nicht um eine temporäre Erscheinung handelte, sondern um eine Kontinuität, die von der Kaiserzeit angefangen über die Weimarer Republik hinweg bis zur Zeit des Nationalsozialismus, ja sogar über 1945 hinaus, zu beobachten ist. In der jüngeren deutschen Geschichte lassen sich nur wenige Versuche einzelner Juristen ausmachen, die dominante Strömung der Justiz zu durchbrechen. Mit dem Grundgesetz der Bundesrepublik Deutschland von 1949 wurde erstmals in der deutschen Geschichte das Grundrecht auf Kriegsdienstverweigerung eingeführt. Vor dem Hintergrund ihrer Geschichte wird begreifbar, daß sich die Justiz in der Folgezeit mit diesem neuen Grundrecht zunächst schwertat und bestrebt war, es auszuhöhlen.

Friedenspositionen in Zeiten des kriegerischen Nationalismus

Blickt man auf die Geschichte des deutschen Nationalstaats zurück, so kommt man an der Einsicht nicht vorbei, daß es Kriegsgegner nie leicht hatten in einem Land, in dem Soldaten, Militär und kriegerische Gewalt zu den unbefragten Selbstverständlichkeiten staatlicher Existenz gezählt wurden. Man mußte kein Pazifist im radikalen Wortsinne sein – Gegner jeglicher Gewaltanwendung –, um im Deutschen Kaiserreich von der tonangebenden, nationalistisch und kriegerisch eingestellten Mehrheit belächelt, verachtet und verfolgt zu werden. Es genügte schon, wenn jemand es wagte, den Krieg als das Wesenselement des Politischen in Frage zu stellen und die Forderung zu erheben, daß die Rolle des Militärs demokratisch kontrolliert und auf die Landesverteidigung beschränkt werden müsse.

Vor dem Hintergrund der beiden Weltkriege und eines durch sie radikalisierten Verständnisses von Pazifismus wird heute weithin verdrängt, daß die Pazifisten des ausgehenden 19. Jahrhunderts keine Radikalpazifisten waren, die jegliches Militär, jegliche Rüstung und jeglichen Krieg ablehnten (siehe den Beitrag von Christian Jansen). Die Pazifisten Europas – die deutschen eingeschlossen[13] – pflegten sich in dieser Hochzeit des Nationalismus in einer eher gemäßigten Weise zu positionieren. Unter anderem sahen sie Verteidigungskriege durchaus als legitim an.[14] In einem von militaristischen Stimmungen geprägten Umfeld glaubten die Pazifisten diese Konzession machen zu müssen, um als angefeindete Minderheit überhaupt eine Chance zu haben, in der Gesellschaft akzeptiert oder auch nur respektiert zu werden.

In Deutschland beginnt die Geschichte des organisierten Pazifismus bürgerlich-liberaler Provenienz mit der Gründung der Deutschen Friedensgesellschaft (DFG) im Jahre 1892.[15] Christian Jansen schildert in seiner Überblicksdarstellung die ideengeschichtlichen Vorläufer, als deren wichtigster Immanuel Kants Schrift »Zum ewigen Frieden« (1795) zu nennen ist. Erst in den achtziger Jahren des 19. Jahrhunderts bildete sich in Deutschland, vornehmlich im liberalen Süden und Südwesten, eine Anzahl von lokalen Friedensgesellschaften. Die frühen Pazifisten verfolgten die Idee einer friedlichen Konfliktregelung auf allen politischen Ebenen, wobei sie ihr Hauptaugenmerk auf die Verrechtlichung der internationalen Beziehungen legten. Ihre Annahme, daß die Nationen in kultureller und wirtschaftlicher Hinsicht immer stärker von einander abhängig würden und es daher eine natürliche Entwicklung zum friedlichen Konfliktaustrag gebe, wurden durch den

Ersten Weltkrieg *ad absurdum* geführt. Nach dem Kriege wuchs die pazifistische Bewegung stark an, zersplitterte sich aber gleichzeitig in verschiedene Richtungen, bis sie, noch am Ende der Weimarer Republik, also noch vor dem Machtantritt der Nationalsozialisten, in politischer Bedeutungslosigkeit versank.

Karl Holl vertieft diesen Überblick mit einer Betrachtung einzelner pazifistischer Persönlichkeiten, bei denen er generationsspezifische Denkweisen herauszuarbeiten vermag. Am Beispiel der Biographien des Bankiers Georg Arnold (1859–1926), des Diplomaten und Schriftstellers Harry Graf Kessler (1868–1937), des Journalisten Otto Lehmann-Rußbüldt (1873–1964), des Völkerrechtsgelehrten Hans Wehberg (1885–1962), des Pädagogen Hein Herbers (1895–1968) und des sozialdemokratischen Zeitungsredakteurs Gerhart Seger (1896–1967) schildert er einerseits die Verbreiterung des friedenspolitischen Ansatzes und der gesellschaftlichen Basis dieser mutigen, dem Zeitgeist widerstehenden Persönlichkeiten und zum anderen die zunehmende Radikalisierung ihres Denkens. Diese muß auch als ein Reflex auf den Hauptstrom der deutschen Geschichte in dieser Zeit begriffen werden. In Deutschland ist zwischen 1860 und 1945 eine kontinuierliche Steigerung der haßerfüllten Ablehnung des Pazifismus bis hin zu »kaltem Vernichtungswillen« in der NS-Zeit zu beobachten.

August Bebel und Wilhelm Liebknecht

Konflikte zwischen den Trägern des kriegerischen Machtstaates und ihren Kritikern, den Kriegsgegnern, wurden in Deutschland auch schon vor der Gründung einer pazifistischen Organisation am Ende des 19. Jahrhunderts justitiell ausgetragen. Das vermag die Verfolgung der Sozialistenführer August Bebel und Wilhelm Liebknecht exemplarisch zu beleuchten (siehe den Beitrag von Wolfram Wette). Die beiden Politiker mußten sich im Jahre 1872 in einem Prozeß wegen des Vorwurfs der Vorbereitung zum Hochverrat verantworten, der national wie international Aufsehen erregte. Sie hatten im Zuge des deutsch-französischen Krieges als einzige Abgeordnete des Reichtags des Norddeutschen Bundes den Kriegskrediten ihre Zustimmung verweigert und damit ein Zeichen gegen den Krieg gesetzt, zugleich gegen die Bismarcksche Kriegspolitik, gegen den monarchischen Militärstaat und später auch gegen die Annexion von Elsaß-Lothringen opponiert.

Da sich der Begriff »Pazifismus« in Deutschland erst Jahrzehnte später einbürgerte, nämlich um 1900 herum, mag es als müßig oder gar als unzulässig erscheinen, der Kriegsgegnerschaft Bebels und Liebknechts nachträglich das Etikett »pazifistisch« aufzudrücken. Der Sache nach verdient ihre Haltung allerdings ganz ohne Zweifel diesen Namen. Denn auch die bürgerliche Gründergeneration des deutschen Pazifismus bekannte sich, wie bereits erwähnt wurde, zur nationalen Verteidigung und als Voraussetzung dafür zum Rekrutierungsprinzip der Allgemeinen Wehrpflicht.

Im Kern vertraten August Bebel und Wilhelm Liebknecht also bereits Jahrzehnte vor dem Beginn des Ersten Weltkrieges eine politische Position, die dann nach 1914 von einer größeren Zahl sozialdemokratischer Kriegsgegner – unter ihnen als wohl prominentester Kopf der SPD-Reichstagsabgeordnete Karl Liebknecht, der Sohn Wilhelm Liebknechts – sowie von einigen bürgerlichen Pazifisten in Deutschland eingenommen werden sollte.

Was die Oppositionellen in der Sozialdemokratie und die bürgerlichen Pazifisten vor 1914 noch getrennt hatte, war die politische Strategie. Während die bürgerlichen Pazifisten im wesentlichen auf die kriegsverhindernde Kraft von Schiedsgerichten und von Abrüstungsvereinbarungen setzten, glaubten die Sozialdemokraten nicht an die Wirksamkeit einer solchen, von den eigentlichen Kriegsursachen abstrahierenden Politik.

Nach ihrer Überzeugung würde das Ideal des Friedens und der Völkerverbrüderung erst nach der Überwindung von Kapitalismus und Militärstaat zu realisieren sein.

Unter dem Eindruck der Erfahrungen des Weltkrieges 1914–1918 sollte es dann zu einer Annäherung kommen. Der bürgerliche Pazifismus wandelte seinen Charakter hin zu einer in stärkerem Maße antimilitaristischen Bewegung, welche die gesellschaftlichen Strukturen beseitigt sehen wollte, die nach der Überzeugung seiner Anhänger unfriedliche Verhältnisse und Krieg verursachten. Die Sozialdemokratie ihrerseits verstärkte ihr Engagement für das Völkerrecht. Dieser Wandel der Anschauungen sollte in der Weimarer Republik ein Zusammengehen der bürgerlich-pazifistischen und der sozialdemokratischen Kriegsgegner erleichtern.[16]

Die Lötzener Kettenaffäre und der Braunschweiger Sozialistenprozeß 1871

Ein einziges Mal in der Zeit des Deutschen Kaiserreiches versagten sich Juristen den Erwartungen der Militärs. Der zugrundeliegende Sachverhalt ähnelte dem im Prozeß von 1872 gegen August Bebel und Wilhelm Liebknecht entschiedenen Fall. Nachdem der im Juli 1870 ausgebrochene Krieg erkennbar zu einem Eroberungskrieg geworden war, hatten Wilhelm Bracke und vier weitere Mitglieder des Braunschweiger Ausschusses der Sozialdemokratischen Partei es gewagt, in dem Manifest vom 5. September 1870 für einen Frankreich entgegenkommenden »ehrenvollen Frieden« einzutreten. Mit der Empfehlung, sich »nicht zu berauschen an dem wilden Siegestaumel«, warnten sie vor einer Annexion von Elsaß-Lothringen und der Gefahr eines dadurch provozierten neuen Krieges. Sie wurden verhaftet und in Ketten auf die Festung Boyen bei Lötzen in Ostpreußen verbracht. Zunächst wurden sie vom Herzoglichen Kreisgericht Braunschweig u. a.

wegen Vorbereitung des Hochverrats zu längeren Gefängnisstrafen verurteilt. Ihre Berufung beim Herzoglichen Obergericht in Wolfenbüttel hatte nahezu vollen Erfolg. Mit der Verurteilung wegen Teilnahme an einer gesetzwidrigen Verbindung und zu kurzen Freiheitsstrafen, die unter der Dauer der Untersuchungshaft lagen, wurde das Wolfenbütteler Urteil vom 20. März 1871 als moralischer Freispruch verstanden.[17] Zu einer eindeutigen Rehabilitierung kam es, als die fünf Sozialdemokraten gegen den Kommandierenden General, der ihre Abführung in Ketten veranlaßt hatte, im Zivilprozeß eine Entschädigung verlangten. Zwar wurde ihre Klage in erster und auch zweiter Instanz noch abgewiesen. Das Herzogliche Obergericht verurteilte aber den General, Genugtuung und Entschädigung zu leisten – eine klare Desavouierung militärischer Willkür.

Im übrigen verharrte die Justiz durchweg auf ihrer obrigkeitsstaatlichen und militärfreundlichen Haltung. Das um die Mitte des 19. Jahrhunderts entstandene Soldatenlied mit dem Refrain »Ich bin Soldat, doch bin ich es nicht gerne« hatte durch den Krieg 1870/71 besondere Aktualität erhalten. Nachdem es schon in dem von August Bebel und Wilhelm Liebknecht abgedruckten »Volksstaat« und in einem Sonderdruck erschienen war, wurden der Drucker und ein Musiker aus dem sächsischen Crimmitschau verhaftet. Zwar wurden sie von der Anklage des versuchten Hochverrats freigesprochen. Doch kam es später mehrfach zu kriegsgerichtlichen Verfahren und Verurteilungen von Soldaten, die das Lied gesungen hatten. Auch im Ersten Weltkrieg konnte das Lied nur geheim im kleinsten Kreis ertönen.[18]

Militaristische Züge wies frühzeitig auch die Rechtsprechung des Reichsgerichts auf. Ein Rekrut hatte bei der Musterungsfeier seine Kameraden aufgefordert, nach ihrem bevorstehenden Eintritt in das Heer unter den Kameraden für die Ideen der Sozialdemokratischen Partei zu werben. Darin sah das Reichsgericht eine strafbare Aufforderung zum Ungehorsam gegen die Gesetze.[19]

Prozesse gegen die Rüstungskritiker und Kriegsgegner Rosa Luxemburg und Karl Liebknecht

Für die politischen Eliten, die den kaiserlichen Machtstaat stützten, also auch für die Justiz, waren die erwähnten Unterschiede zwischen der bürgerlich-pazifistischen Ideologie und der Kriegsgegnerschaft linker Sozialdemokraten vor 1914 von einigem Interesse. Von den bürgerlichen Pazifisten, welche die zwischenstaatlichen Rechtsbeziehungen verbessert sehen wollten, schien damals – aus Sicht der Justiz – keine ernst zu nehmende Gefahr für den Machtstaat auszugehen. Man konnte ihre Forderungen entweder übernehmen oder aber einfach ignorieren. Von der Minderheit jener Sozialdemokraten dagegen, die, wie Karl Liebknecht mit seinem antimilitaristischen Programm, eine primär innenpolitische Strategie der Kriegsverhinderung propagierte, drohte aus der Sicht der staatstragenden Eliten eine konkrete Schwächung des militärischen Machtstaates. Diesen Antimilitaristen begegnete die Militärmonarchie daher schon lange vor Beginn des Weltkrieges mit dem Instrument der politischen Justiz.

Die Hochverratsprozesse gegen Rosa Luxemburg und Karl Liebknecht vor und nach 1914 vermögen das Vorgehen der Justiz exemplarisch zu beleuchten (siehe den Beitrag von Feliks Tych). Liebknecht deckte mit seiner aufsehenerregenden Schrift über »Militarismus und Antimilitarismus«[20] aus dem Jahre 1907 das weitverzweigte System des preußisch-deutschen Militarismus auf und wies auf seine Gefährlichkeit hin. Der Proletarier in der Armee diene nicht dem Vaterland, sondern dem Schutz der herrschenden Klasse. Das Reichsgericht verurteilte ihn deshalb wegen Hochverrats zu eineinhalb Jahren Festungshaft. Anläßlich seines Strafantritts kam es unter der Berliner Arbeiterschaft zu einer großen Sympathiekundgebung. Noch während der Haftzeit wurde Liebknecht 1907 ins Preußische Abgeordnetenhaus gewählt. Bezeichnend für die Schieflage und Rüstungsfreundlichkeit der Justiz ist auch die Reaktion, nachdem Liebknecht als Reichstagsabgeordneter im Jahre 1912 Zusammenhänge zwischen den ständigen Steigerungen des Rüstungshaushalts und dem Rüstungskapital beleuchtet und dies durch Hinweise auf Bestechungen hoher Beamter durch die Firma Krupp konkretisiert hatte. Die meisten staatsanwaltschaftlichen Ermittlungsverfahren gegen Rüstungsmanager wurden eingestellt.

Rosa Luxemburg hielt am 24. September 1913 in Frankfurt eine Rede »Gegen Militarismus und imperialistische Kriege«. Das führte zu der Anklage, zu Ungehorsam gegen die Obrigkeit aufgerufen zu haben. In der Hauptverhandlung vor dem Landgericht Frankfurt sagte ein Polizeispitzel aus, Rosa Luxemburg habe erklärt: »Wenn uns zugemutet wird, die Mordwaffe gegen unsere französischen und anderen Brüder zu erheben, dann rufen wir: ›Das tun wir nicht‹.« Trotz zweifelhafter Rechts- und Beweislage – Fragen des Verteidigers zur Glaubwürdigkeit des Zeugen wurden abgelehnt – wurde Rosa Luxemburg am 20. Februar 1914 zu einer Gefängnisstrafe von einem Jahr verurteilt. Nur wenige Monate nach Verbüßung der Strafe wurde sie im Juli 1916 erneut verhaftet – diesmal war es »Schutzhaft« – und bis zum 8. November 1918 in Gefängnissen inhaftiert.

Bezeichnend für das Vorgehen gegen die Pazifistin Rosa Luxemburg – wie auch gegen andere Kriegsgegner – war die Scheu der Gerichte vor einer umfassenden Wahrheitsermittlung. Oft wurden Beweisanträge mit der Erklärung zurückgewiesen, auf die behauptete Tatsache komme es nicht an. Was aber, wenn der Angeklagte, dem Verunglimpfung des Militärs vorgeworfen wurde, den Wahrheitsbeweis antrat? Eben dies geschah in einem weiteren Prozeß gegen Rosa Luxemburg. Auf einer großen Freiburger Volksversammlung am 7. März 1914 hatte sie die ständigen Soldatenmißhandlungen in der preußischen Armee kritisiert. Die Verteidiger von Luxemburg warteten schon am ersten Prozeßtag vor dem Landgericht Berlin (29. Juni 1914) mit Zeugenmaterial für rund 30 000 Soldatenmißhandlungen auf, die als Ergebnis von

Aufrufen der sozialdemokratischen Presse gesammelt worden waren. Es erschienen gleich zu Beginn des Prozesses etwa 100 – von der Verteidigung gestellte – Zeugen, die ganz konkret über scheußliche Quälereien, in einigen Fällen mit Selbstmordfolge, berichten sollten. In einer solchen Situation hat der Angeklagte einen Anspruch auf Freispruch. Um aber den guten Ruf der Armee zu wahren, verlegte sich das Gericht darauf, den Prozeß auf unbestimmte Zeit zu vertagen.

Am 1. Mai 1916, mitten im Kriege, veranstaltete der Spartakus-Bund unter Führung von Karl Liebknecht und Rosa Luxemburg eine nicht angemeldete Demonstration auf dem Potsdamer Platz in Berlin. Fast 10000 Menschen kamen. Nach dem Aufruf »Nieder mit dem Krieg, nieder mit der Regierung!« wurde Liebknecht festgenommen. Am 28. Juni 1916 wurde er zu zweieinhalb Jahren Zuchthaus verurteilt. Als Antwort darauf kam es in Berlin zu einem Streik von 55000 Munitionsarbeitern. Im Berufungsverfahren verschärfte das Oberlandesgericht Berlin durch Urteil vom 23. September 1916 die Strafe auf vier Jahre und einen Monat Zuchthaus; auch erkannte es Liebknecht wegen »ehrloser Gesinnung« die bürgerlichen Ehrenrechte auf sechs Jahre ab, was für diesen Zeitraum automatisch Verbot der Ausübung seines Anwaltsberufes und Verlust des aktiven und passiven Wahlrechts bedeutete.

Es ist aufschlußreich, das Urteil gegen Liebknecht zu vergleichen mit dem Urteil des Münchener Volksgerichts gegen Hitler, das sich mit dessen Putsch gegen die Republik vom 9. November 1923 auseinanderzusetzen hatte. Das Gericht lehnte in diesem Falle die – nach dem Republikschutzgesetz bei Ausländern in Hochverratsfällen zwingend vorgeschriebene – Ausweisung mit der Begründung ab: »Auf einen Mann, der so deutsch denkt und fühlt wie Hitler, kann das Republikschutzgesetz keine Anwendung finden.« Offensichtlich hatte das Gericht mit dieser Ehrenerklärung vor allem den Kampf Hitlers gegen die völkerrechtliche Beschränkung der Wiederaufrüstung Deutschlands nach dem Ersten Weltkrieg im Auge.

Auch viele weniger bekannte Pazifisten wurden in den Jahren 1914 bis 1918 zumindest zeitweise in Untersuchungshaft genommen und waren zermürbenden Strafprozessen ausgesetzt.[21] Andere Kriegsgegner wurden als geisteskrank hingestellt und in Nervenheilanstalten eingewiesen.[22]

Unterdrückung von kritischen Meinungsäußerungen

Strafrechtlich geahndet wurden sogar die Information über und die Kritik an eklatanten Verstößen gegen das Kriegsvölkerrecht. In einem von der Zensur abgefangenen Brief hatte ein Bürger ausgeführt, nach dem Überfall auf Belgien im August 1914 und in Nordfrankreich hätten deutsche Soldaten Greueltaten verübt. Anstatt der – historisch bewiesenen[23] – Behauptung nachzugehen oder die Unterlassung solcher Aufklärung durch die Instanzgerichte zu rügen, kategorisierte das Reichsgericht die Aussage nicht als Behauptung einer Tatsache, sondern als bloße Meinungsäußerung, mit der der Angeklagte sämtliche Angehörige des kämpfenden Heeres beleidigt habe.[24]

Mit einer solchen Unterdrückung von Kritik an Kriegsverbrechen nahm das Reichsgericht vorweg, was im Zweiten Weltkrieg zu Todesurteilen führen sollte, so in einem Urteil des Volksgerichtshofs aus dem Jahre 1944: »Der Angeklagte, ein staatenloser Mann östlicher Herkunft, hat im Jahre 1942 Kriegerfrauen gegenüber ungeheuerliche Behauptungen über Greueltaten deutscher Soldaten aufgestellt und sich auch sonst zersetzend geäußert. Er wird deshalb mit dem Tode bestraft.«[25]

Pazifistische Erziehung führt zum Entzug des Elternrechts

Militaristisch gesonnene Juristen verstiegen sich sogar dazu, Eltern, die ihr Kind nicht von pazifistischen Aktivitäten abhalten konnten oder wollten, von ihren Kindern zu trennen. So ordnete das Amtsgericht Berlin im Jahre 1917 wegen »politischer Betätigung« die sofortige Fürsorgeerziehung eines 17jährigen gegen den Willen der Eltern an. Das Kammergericht Berlin (KG) bestätigte die Überweisung in Heimerziehung. Es müsse »schleunigst dafür gesorgt werden, [...], auf die Erziehung in deutscher Gesinnung und im nationalen Sinne hinzuwirken.« Nach Ansicht des KG gehöre »zum Wesen einer deutschen Erziehung nicht nur die Unterweisung in der deutschen Sprache, sondern auch die Gewöhnung an deutsche Sitten und Anschauungen«. Mit einer Teilnahme an verbotenen Demonstrationen habe der Jugendliche eine »fanatisch einseitige Parteinahme für die radikalsten Ideen Liebknechtscher Richtung« erkennen lassen, ein »höchst gemeingefährliches und damit sittlich verwerfliches Treiben«. Da der Minderjährige »trotz des Ernstes und der Größe der Zeit nicht mehr imstande [sei], deutsch zu fühlen oder überhaupt nur für das Große, das Deutschland an hervorragenden Männern und Taten hervorgebracht habe, Verständnis zu gewinnen«, sei die »Gefahr einer sittlichen Verwahrlosung ohne weiteres« zu bejahen.[26]

Der Kaiser ging, die Juristen blieben

Ginge es im politischen und gesellschaftlichen Leben nach den Gesetzen der Logik, so hätten die meisten deutschen Juristen nach der Revolution von 1918/19 abtreten und einer neuen, republiktreuen Elite Platz machen müssen. Denn sie waren, ebenso wie die Angehörigen der traditionellen konservativen

Führungsschichten insgesamt, in ihrer großen Mehrheit nicht bereit und nicht willens, die militärische Niederlage Deutschlands im Jahre 1918 als Tatsache anzuerkennen[27] und die revolutionären Veränderungen des November 1918 sowie den aus ihnen hervorgegangen republikanischen Staat zu akzeptieren. Sie blieben innerlich dem monarchischen Obrigkeits- und Militärstaat verhaftet und brachten der demokratischen Republik kein Vertrauen entgegen.

Eine Auswechslung der Funktionseliten scheiterte in der Zeit des Übergangs von der Monarchie zur Republik in der Justiz ebenso wie im Militär und in der Bürokratie, und zwar aus mehreren Gründen: Erstens stand nicht genügend demokratisch eingestelltes Personal zur Verfügung. Zweitens – wichtiger noch – verhielten sich die neuen republikanischen Regierungen allzu zaghaft, als es darum ging, wenigstens das vorhandene demokratische Personal in Positionen zu bringen[28], und drittens war das überkommene Staatspersonal in Justiz, Bürokratie und Militär nicht bereit, freiwillig das Feld zu räumen. Statt dessen begaben sich die alten Eliten nunmehr in eine politische Kampfposition, die sich gegen die Anhänger der Republik von Weimar richtete. Auf lange Sicht gesehen, zielten ihre Bestrebungen auf die Wiedergeburt eines nationalen Machtstaates. In seinem Werk »Bündnis der Eliten« hat der Historiker Fritz Fischer beschrieben, in welcher Weise diese Funktionseliten die Machtstrukturen in Deutschland in der Zeit zwischen der Reichsgründung 1871 bis zum Ende des Dritten Reiches 1945 beherrschten.[29] Sie hielten die staatlichen und gesellschaftlichen Schlüsselpositionen besetzt und arbeiteten im Dienste einer gemeinsamen Staatsideologie eng zusammen.

In der Weimarer Zeit maßte sich die Justiz den Standpunkt an, das politische und gesellschaftliche Leben von einer »höheren Warte« aus zu beurteilen, die in ihrer Wertehierarchie über dem Verfassungsrecht angesiedelt war. Die Justiz ging dabei von dem Prinzip der sogenannten »permanenten Identität«[30] aus. Damit war ein Staatsverständnis gemeint, in dem der untergegangene militärische Machtstaat fortlebte und in dem die gegenwärtige Republik von Weimar als ein vorübergehender Schwächezustand angesehen wurde.

Während der bürgerliche Pazifismus vor 1914 noch eine marginale Größe darstellte, die von der Justiz weitgehend ignoriert werden konnte,[31] entwickelte sich die pazifistische Bewegung in Deutschland nach dem Weltkrieg zu einem gesellschaftlich und politisch relevanten Faktor, der unter anderem von führenden Militärs der Zeit als bedrohlich wahrgenommen wurde. Exemplarisch belegt dies ein Brief des letzten Generalquartiermeisters des Heeres, General Wilhelm Groener, vom September 1919 an den sozialdemokratischen Reichspräsidenten Friedrich Ebert. Der General warnte Ebert in bedrängenden Worten vor dem Pazifismus und versuchte ihn auf den militärischen Machtstaat zu verpflichten.[32] Der Brief zeigt, daß die konservativen Eliten in dem sich nun lautstark artikulierenden Pazifismus eine grundlegende Herausforderung ihrer politischen Vorstellungswelt sahen. Sie befürchteten, er könne als Folge des Friedensvertrages von Versailles und unter den Bedingungen der neu gegründeten Republik womöglich politisches Terrain gewinnen und damit ihre eigenen Gestaltungschancen ernsthaft beschneiden.

In ihrem politischen Kampf gegen den Pazifismus hat die Justiz der Weimarer Zeit »den Schutz der Todfeinde der geltenden demokratischen Verfassung« übernommen.[33] Sie sah in jenen gesellschaftlichen und politischen Kräften, die eine grundlegend andere Orientierung verfolgten, keine legitimen oppositionellen Strömungen und, wie zuvor schon in der Kaiserzeit, »innere Feinde«. Das heißt, pointiert ausgedrückt, daß sie die deutsche Innenpolitik durch die Kimme der kriegerischen Logik betrachteten. Ins Visier kamen auf diese Weise letztlich die Wortführer all jener Parteien, Verbände und Vereinigungen, die eine wohlfahrtsstaatliche, demokratische und am Frieden orientierte Richtung verfolgten oder, wie man heute sagen würde, die an die Stelle einer militarisierten Gesellschaft und eines militärischen Machtstaates eine demokratische Republik und eine Zivilgesellschaft setzen wollten.

Weimarer Republik: Ungesühnte politische Morde an Pazifisten

Nach der militärischen Niederlage Deutschlands, die man in einer gewollten Verblendung verdrängte, wurden prominente Kriegsgegner, die jetzt im linken Spektrum des politischen Kräftefeldes Verantwortung übernommen hatten, Opfer von rechtsradikalen Mordanschlägen. Nicht von ungefähr ermordeten extremistische Freikorpsoffiziere im Januar 1919 Rosa Luxemburg und Karl Liebknecht. Nun sollte sich zeigen, daß die Justiz – in diesem Falle ein Militärgericht – die Täter deckte und verhinderte, daß die politischen Hintergründe der Mordtaten aufgeklärt wurden. Damit war ein Modell entwickelt, das in der Folgezeit auch bei

Auf dem rechten Auge blind. Gerichtsszene aus den Jahren der Weimarer Republik.
Fotomontage von Udo Achten

der justitiellen Verfolgung anderer politischer Mordtaten angewendet wurde.

Dieser Komplex kann als gut erforscht gelten. Denn die bisherige wissenschaftliche Auseinandersetzung mit dem Thema »Justiz und Pazifismus im 20. Jahrhundert« hat einen deutlichen Schwerpunkt auf der Zeit der Weimarer Republik. Von bleibender Bedeutung sind die zeitgenössischen Untersuchungen von Emil Julius Gumbel[34] sowie der Deutschen Liga für Menschenrechte[35]. Mit Gumbels Bedeutung für die deutsche Friedensbewegung setzte sich Franz Josef Lersch in seiner 1981 publizierten Abhandlung »Politische Gewalt, politische Justiz und Pazifismus in der Weimarer Republik« auseinander.[36] Weitere wissenschaftliche Untersuchungen beschäftigen sich allgemein mit der politischen Justiz in Deutschland und gehen lediglich am Rande auf deren Kampf gegen den Pazifismus ein. Hier sind etwa die Arbeiten von Otto Kirchheimer[37] und Ernst Fraenkel[38] zu nennen, aber auch die von Heinrich Hannover und Elisabeth Hannover-Drück[39], Gotthard Jasper[40] sowie Axel Görlitz[41]. In diesen Werken werden die rechtshistorischen und rechtspolitischen Fakten aufbereitet, die auch für das – hier im Vordergrund stehende – Verhältnis von Justiz und Pazifismus charakteristisch waren.

Wie vor ihm Liebknecht und Luxemburg, wurde im März 1920 ein früherer Offizier der kaiserlichen Kriegsmarine, Kapitänleutnant Hans Paasche, der sich zum Pazifisten gewandelt hatte, Opfer eines politischen Mordes. Wie im Falle der beiden kriegsgenerischen Sozialisten machte die Justiz auch im Falle Paasche keine größeren Anstrengungen, die Mordtat und ihre Hintergründe aufzuklären (siehe den Beitrag von Wolfram Wette). Andere »pazifistische Offiziere«, die sich in den Jahren der Weimarer Republik in der Friedensbewegung engagierten, zur Aufdeckung geheimer und rechtswidriger Rüstungen beitrugen und sich gegen jedwede geistige Kriegsvorbereitung wandten, wurden regelmäßig mit Landesverratsprozessen verfolgt.

Landesverratsprozesse gegen Pazifisten

Ingo Müller arbeitet den Befund heraus, daß es in der Zeit der ersten deutschen Republik einen betont politischen Kampf der Justiz gegen die Pazifisten gegeben hat. Der Strafrechtler erkennt drei Strategien, mit denen die damalige politische Justiz gegen den Pazifismus vorging: Erstens schützte sie die Mörder von Pazifisten, zweitens schüchterte sie die Kritiker illegaler Geheimrüstungen durch Landesverratsprozesse und Strafen ein, und drittens wehrte sie pazifistische Kritik an Militär und Militarismus durch Beleidigungsverfahren ab. Der Schwerpunkt ihrer Tätigkeit lag auf der juristischen Verfolgung von Presse- und Buchveröffentlichungen über die geheimen Rüstungen in Deutschland. Diese wurden von den Pazifisten als ein groß angelegter und permanenter Verstoß gegen den Friedensvertrag von Versailles und damit zugleich gegen die Weimarer Reichsverfassung angesehen, während die Justiz eine ganz andere Position vertrat. In dieser Kontroverse lag das Kernproblem des

DENKSCHRIFT

DES REICHSJUSTIZMINISTERS

ZU

„VIER JAHRE POLITISCHER MORD"

HERAUSGEGEBEN VON

E. J. GUMBEL

DER MALIK-VERLAG / BERLIN W9

Der pazifistische Autor Emil Julius Gumbel veröffentliche im Jahr 1924 eine Denkschrift des sozialdemokratischen Reichsjustizministers Gustav Radbruch, in welcher seine statistischen Erhebungen über die Rechtslastigkeit der Justiz seiner Zeit im wesentlichen bestätigt wurden.

Titelseite der von E. J. Gumbel herausgegebenen Denkschrift des Reichsjustizministers. Das Ministerium konnte sie wegen angeblichen Geldmangels nicht selbst drucken.

Verhältnisses von Pazifismus und Justiz in jener Zeit begründet (siehe den ersten Beitrag von Ingo Müller).[42]

In einer neueren juristischen Dissertation hat Matthias Hanten (1999) einen Teil der Prozesse genauer untersucht, die damals vor dem Reichsgericht wegen des Verdachts auf publizistischen Landesverrat geführt wurden und mit einer Verurteilung endeten.[43] Von den Beschuldigten der etwa 400 Verfahren, die das Reichsgericht in den Jahren 1919–1933 wegen publizistischen Landesverrats einleitete, wurden nur 13 auch verurteilt, unter ihnen die bekannten Pazifisten Friedrich Küster, Berthold Jacob und Carl von Ossietzky.[44] Das bedeutet, daß die Masse der Landesverratsprozesse eine abschreckende Wirkung entfalten sollte.[45]

Reichspräsident Friedrich Ebert (SPD) – ein Landesverräter?

Das Ausmaß und die Vehemenz des politischen Kampfes der deutschen Justiz zur Zeit der Weimarer Republik gegen tatsächliche oder vermeintliche Vaterlandsverräter wurde im Jahre 1924 in besonderem Maße deutlich. Damals hatte sich kein Geringerer als Reichspräsident Friedrich Ebert (SPD) gegen den Vorwurf des Landesverrats zur Wehr zu setzen. Er mußte sich in einem Magdeburger Strafgerichtsprozeß in Auseinandersetzungen mit Juristen begeben, die der Kriegsmonarchie nachtrauerten und der Republik dezidiert feindselig gegenüber standen. Nun war Friedrich Ebert weder in seiner Selbsteinschätzung noch in der seiner politischen Gegner ein Pazifist. Er hatte – zumindest bis 1917 – den Kriegskurs der kaiserlichen Regierungen mitgetragen und hatte dann die Friedensresolution der Reichstagsmehrheit unterstützt, ohne damit zugleich den deutschen Kriegsanstrengungen seine Zustimmung zu entziehen. Im Januar 1918, als in Berlin die Munitionsarbeiter streikten und eine Beendigung des Krieges forderten, war Ebert als einer der führenden sozialdemokratischen Politiker in die Streikleitung eingetreten, nicht um die Stimmung anzuheizen, sondern um mäßigend auf die Streikenden einzuwirken. Dies aber reichte einigen Nationalisten aus, ihn des Landesverrats zu bezichtigen, weil der Streik sich – aus ihrer Sicht – in jedem Falle gegen die deutschen Kriegsanstrengungen richtete.

Der Landgerichtsdirektor und der ihm assistierende Landgerichtsrat, die den Magdeburger Prozeß gegen Ebert leiteten, umgingen in einer sorgfältig ausgearbeiteten Urteilsbegründung das historische und moralische Problem, das die Munitionsarbeiterstreiks von Januar 1918 aufwarfen und das den eigentlichen Kern des Prozesses hätte bilden müssen. Statt dessen argumentierte der Vorsitzende des Gerichts, das Urteil »könne nur nach rein rechtlichen Gesichtspunkten gefällt werden«. Eberts Beweggründe, so patriotisch sie auch gewesen sein mochten, meinte der Richter, seien für die Urteilsfindung nicht von Belang: »[...] es kann eine Handlung, die politisch und historisch als zweckmäßig, ja heilsam erkannt wird, gleichwohl gegen die Strafgesetze verstoßen.« Ebert habe durch seine Teilnahme an der Streikleitung und durch seine Versammlungsrede der Landesverteidigung Schaden zugefügt und damit Landesverrat begangen. Seine Absicht, den Streik zu beenden und eine weitere Schädigung des Landes zu verhüten, schließe den Vorsatz des Landesverrats nicht aus.[46]

Nach dieser empörenden Demütigung durch ein Organ der reaktionären politischen Justiz erfuhr Ebert zwar die Solidarisierung der Reichsregierung; aber die Verbitterung und Verletzung durch diese »Vertreter des Rechts« ging tief. Kurz darauf, im Februar 1925, starb Friedrich Ebert. Sechs Jahre nach seinem Tod griff das Reichsgericht den Fall erneut auf, verwarf die Magdeburger Landesverratstheorie und unternahm eine Ehrenrettung Eberts.[47]

Wer damals die Öffentlichkeit wegen illegaler Geheimrüstungen und Kriegsvorbereitungen aufrütteln wollte, wurde also von einer politischen Justiz abgestraft, die bereit war, verfassungs- und gesetzwidrige Aufrüstungsmaßnahmen im Namen eines höheren Staatsbegriffs zu legitimieren. Demokratisch eingestellte Juristen, die sich in den Fragen der Militärpolitik ausdrücklich an den Vorgaben der Weimarer Reichsverfassung und den Gesetzen der Republik orientierten, gab es seinerzeit nur wenige. Von insgesamt etwa 10000 Richtern im Justizdienst der Weimarer Republik gehörten lediglich rund 300 dem Republikanischen Richterbund an. Es handelte sich also um eine verschwindend kleine Minderheit.[48] So verwundert es nicht, daß nach Hitlers Machtantritt die meisten Richter in ihren Ämtern verbleiben konnten und nur wenige aus politischen Gründen aus dem Justizdienst entlassen wurden.[49] Aus dem für Hoch- und Landesverrat zuständigen Reichsgericht wurde 1933 von den 122 Richtern lediglich einer aus dem Dienst entfernt, nämlich der sozialdemokratische Reichsgerichtsrat Herrmann Grossmann.[50] Die überwiegende Mehrheit der Richter begrüßte das Hitler-Regime und trat in den Bund »Nationalsozialistischer Deutscher Juristen« ein.

Ein republikanisch eingestellter Jurist wie Gustav Radbruch (1878–1949), der – als erster Sozialdemokrat überhaupt – zweimal (1921–1922) das Amt des Reichsjustizministers bekleidete und in dieser Funktion unter anderem dafür sorgte, daß den Statistiken von Emil Julius Gumbel über die politischen Morde und über die extrem einseitigen Urteile der Justiz nachgegangen wurde[51], stellte unter diesen Bedingungen eine absolute Ausnahmeerschienung dar.[52] Gleiches gilt für Arnold Freymuth (1872–1933), ebenfalls Sozialdemokrat, einziger Volljurist in der sozialdemokratischen Fraktion der Preußischen Landesversammlung, 1919–1922 Parlamentarischer Staatssekretär im Preußischen

Justizministerium, dann bis 1925 Senatspräsident am Kammergericht in Berlin. Als Sozialdemokrat und Pazifist, der sich als aktiver Richter für die pazifistischen Opfer der politischen Justiz der Weimarer Zeit einsetzte, beispielsweise im Falle Felix Fechenbach, befand er sich in einer Außenseiterrolle, die ihn zunehmend zermürbte. Der »weiße Rabe« unter den damaligen deutschen Richtern floh 1925 in den Ruhestand und 1933 ins Exil nach Paris, wo er sich, zerbrochen an der antipazifistischen Voreingenommenheit und damit zugleich an der Ungerechtigkeit der politischen Justiz seines Heimatlandes, selbst das Leben nahm (siehe den Beitrag von Otmar Jung).[53]

Der Christus mit Gasmaske

Inkriminiert wurden auch satirische militärkritische Äußerungen von Künstlern. So nahmen Apologeten des Krieges Anstoß an Karikaturen von George Grosz. Auf den ursprünglich für die Aufführung eines Schwejk-Stückes unter der Regie von Erwin Piscator angefertigten Blättern steht im Mittelpunkt ein Christus am Kreuz, als abgemagerte, geschundene Gestalt mit Gasmaske und Soldatenstiefeln, mit der – an den Gekreuzigten gerichteten – Bildunterschrift »Maul halten und weiter dienen«. Daneben ein gegen die Kriegsgegner die Paragraphenknute schwingender Richter und ein Pfarrer, der ein Kreuz auf der Nase balanciert hinter der aufgeschlagenen Bibel, mit der Unterschrift »Seid Untertan der Obrigkeit«, und ein weiterer Pfarrer, dessen Mund Gewehre, Kanonen und Granaten entströmen. Für jeden, der bereit war hinzuschauen, war die Aussage allzu deutlich, nämlich die Instrumentalisierung des Christentums zur Rechtfertigung des Krieges zu geißeln, und daß die wirkliche Gotteslästerung in diesem Mißbrauch liege. Auch der Kirche ging es mit ihrer Abwehr der Satire um nichts anderes als um die

George Grosz, Maul halten und weiter dienen
(Mappe Hintergrund, Blatt 10, 1928)

Bekämpfung des Pazifismus. Daraus machte der Prozeßvertreter der evangelischen Kirche keinen Hehl: Das Neue Testament kämpfe gegen den Landesverrat, und Krieg könne um der Nächstenliebe willen geboten sein, dies mißachteten Pazifisten wie George Grosz.[54] Nach anfänglicher Verurteilung[55] kam es in der Berufungsinstanz am 10. April 1929 zum Freispruch von George Grosz und seinem Verleger Wieland Herzfelde.[56] Das Reichsgericht[57] wiederum verwies den Prozeß an das Landgericht zurück, mit einer deutlich auf Verurteilung abzielenden Begründung: Darauf, ob George Grosz die Leiden der Menschheit unter dem Krieg habe aufzeigen wollen, komme es nicht an. Entscheidend sei allein, ob sich Gläubige in ihren religiösen Empfindungen gekränkt fühlen könnten.[58] Kurz darauf hatte das antisemitische Hetzblatt »Der Stürmer« in einer Karikatur einen im Gefolge eines gekreuzigten Christus auftretenden Nationalsozialisten zum Antisemitismus, zur Verachtung der Sozialdemokratie und zum Austritt aus der Kirche aufwiegeln lassen. Das Reichsgericht ließ das unbeanstandet: Auf diese Weise hätten nur gewisse Parteien und Personen »als Verräter des Volkes« karikiert werden sollen.[59] Im Fall George Grosz wollte das Landgericht sich dem Druck des Reichsgerichts nicht beugen und sprach am 4. Dezember 1930[60] Grosz und Herzfelde erneut frei, unter anderem mit der Begründung: Die an dem Bild Anstoß nehmenden Kritiker fühlten sich nicht in ihren religiösen, sondern in ihren politischen Anschauungen gekränkt. Das Bild sage: selbst Christus wäre von den Kriegshetzern ergriffen und als Kriegsdienstverweigerer erneut ans Kreuz geschlagen worden. Und hätte er die Nächstenliebe und Gewaltfreiheit gepredigt, so wäre ihm die Antwort der Bildunterschrift zuteil geworden: »Maul halten und weiter dienen.« Ähnlich stark wie die Bildfolge von George Grosz hat erst in der Bundesrepublik ein vergleichbares Verfahren die Gemüter erregt: die Auseinandersetzung um den Spruch »Soldaten sind Mörder«.[61] In einem weiteren Revisionsverfahren ließ das Reichsgericht den Freispruch unbeanstandet, bestätigte aber das behördliche Verbot der Grafik »Christus mit Gasmaske«.

Der Fall gibt Anlaß, zweier bedeutender Juristen zu gedenken, die sich auf die geschilderte Weise deutlich von der damals vorherrschenden Juristenmentalität abhoben. Vorsitzender in beiden Landgerichtsprozessen war Landgerichtsdirektor Julius Siegert, ein konservativer, aber rechtstreuer Jurist. Die Begründung des zweiten Urteils, ein juristisches und literarisches Meisterstück, trägt unverkennbar[62] die Handschrift des Gerichtsassessors Adolf Arndt.[63] Schon im März 1933 vertrieben ihn SA-Schläger aus dem Berliner Landgericht. Im Krieg mußte er Zwangsarbeit leisten. In der Bundesrepublik war Arndt nach einer Tätigkeit als Oberstaatsanwalt und Ministerialrat von 1949 bis 1969 Mitglied des Bundestages. Als »Kronjurist« der SPD war er wesentlich an dem Kampf der SPD gegen den EVG-Vertrag[64] und an vielen anderen wichtigen Entscheidungen des Bundesverfassungsgerichts beteiligt.

Völkerbund und Völkerrecht

Das Denken der traditionellen deutschen Eliten in den Kategorien von Macht, Militär und Krieg brachte es auch mit sich, daß sie sich gegen die Bestrebungen der Siegermächte des Weltkrieges sperrten, mit dem Versailler Friedensvertrag, dem Völkerbund und der Fortentwicklung des Völkerrechts Vorkehrungen gegen neue kriegerische Entwicklungen zu treffen (siehe den Beitrag von Gerd Hankel). Schon bei den Haager Friedenskonferenzen von 1899 und 1907 waren die Abgesandten der deutschen Regierungen als Bremser hervorgetreten. Sie wollten keine »Regeln gegen den Krieg«[65], keine rechtlich geregelte Kriegsverhinderungspolitik und keine Abrüstungspolitik. Nach dem Weltkrieg wehrten sich die Deutschen gegen die Zuweisung der alleinigen Kriegsschuld, wie sie im Versailler Vertrag festgeschrieben wurde, sowie gegen die Strafverfolgung von angeblichen deutschen Kriegsverbrechern.[66] Weder Völkerbund noch Völkerrecht, so Gerd Hankel, wurden »zu ernstzunehmenden Kategorien in der deutschen Politik«. Prominente und international hoch angesehene deutsche Völkerrechtsgelehrte wie Hans Wehberg und Walther Schücking wie auch Ludwig Quidde und Hans Kelsen, die der gemäßigten Richtung in der deutschen Friedensbewegung zuzurechnen waren, kämpften für ein neues Denken, das die internationale Staatengemeinschaft unter der »Herrschaft des Rechts« sehen wollte. Tatsächlich brachten die 20er Jahre mit dem Vertrag von Locarno (1925), in dem Frankreich, Deutschland und Belgien den Bestand ihrer Grenzen gegenseitig garantierten, der Aufnahme Deutschlands in den Völkerbund (1926) sowie mit dem Briand-Kellogg-Pakt (1929) und seiner internationalen Kriegsächtung auch Fortschritte im Völkerrecht. Aber diese sollten dann unter den – seit 1930 immer einflußreicher werdenden – traditionellen Eliten keinen Bestand haben. In der deutschen Völkerrechtswissenschaft war die bellizistische Richtung weit nach vorn gerückt.[67]

Das »Weltbühnen«-Urteil gegen Carl von Ossietzky

Als Chefredakteur der links-pazifistischen Wochenschrift »Die Weltbühne«, die sich seit jeher kritisch mit den militaristischen Tendenzen in Deutschland auseinandersetzte,[68] war Carl von Ossietzky einer der bekanntesten deutschen Pazifisten der Weimarer Zeit. Immer wieder geriet er ins Visier der »Operationsgemeinschaft Reichswehr – Strafjustiz«.[69] Im Jahre 1931 verurteilte ihn das Reichsgericht wegen angeblichen Verrats militärischer Geheimnisse zu 18 Monaten Gefängnis. Es handelte sich um »ein Musterbeispiel für politische Justiz« (siehe den zweiten Beitrag von Ingo Müller).

Großes Aufsehen erregte, daß der Bundesgerichtshof ein Wiederaufnahmeverfahren des »Weltbühnen«-Prozesses von 1931 im Jahre 1992 scheitern ließ. Trotz überzeugender historischer und juristischer Gutachten, in denen vor dem Hintergrund der damaligen historisch-politischen Zusammenhänge die Unsinnigkeit des sogenannten publizistischen Landesverratsvorwurfs dargelegt wurde,[70] gelang es also auch in den 90er Jahren nicht, das Ziel einer Aufhebung des Urteils im »Weltbühnen«-Prozeß zu erreichen.[71] Sucht man nach Erklärungen für diese Entscheidung, so drängt sich der Verdacht auf, daß wir es mit der Kontinuität einer politischen Justiz bis in unsere jüngste Vergangenheit hinein zu tun haben.

Das Verbot des Films »Im Westen nichts Neues«

Ein gegen den Krieg gerichteter Appell wie in dem Roman »Im Westen nichts Neues« von Erich Maria Remarque bot nicht erst den Nationalsozialisten Anlaß zur Unterdrückung. Bereits im Jahre 1930 ersannen die Juristen der Filmoberprüfstelle ein Verbot für die weitere Aufführung der Romanverfilmung. Gestützt wurde das Verbot in einem erst- und letztinstanzlichen Verfahren unter Anhörung eines Vertreters des Reichswehrministeriums in einem Beschluß der Oberprüfstelle vom 11. Dezember 1930 insbesondere auf die »ungehemmte Verfechtung einer ausgeprägten pazifistischen Tendenz« und die damit verbundene »Gefährdung des deutschen Ansehens und der öffentlichen Ordnung«.[72] Argwöhnisch wurde auch darüber gewacht, daß pazifistische Ideen nicht Einlaß in den Schulunterricht fanden. So erreichten Juristen der Preußischen Kultusverwaltung in einem hartnäckig geführten Disziplinarverfahren, daß der führend in der Friedensbewegung tätige Pädagoge Hein Herbers aus dem Schuldienst entfernt wurde.[73]

Radikaler Antipazifismus der Hitler-Partei

Wie die NSDAP, sollte sie an die Macht kommen, mit Pazifisten umgehen würde, konnte jeder wissen, der Hitlers Programmschrift »Mein Kampf« gelesen oder der jenen Gesetzentwurf der NSDAP-Reichstagsfraktion aus dem Jahre 1930 zum Republikschutzgesetz wahrgenommen hatte, der für Landesverrat generell die Todesstrafe vorsah.[74] Als Landesverrat galt auch der sogenannte journalistische Landesverrat. Ferner sollten die Aufforderung zur Kriegsdienstverweigerung und die Werbung für die »geistige, körperliche und materielle Abrüstung des deutschen Volkes« wegen »Wehrverrats« mit dem Tode bestraft werden. Der Todesstrafe war danach auch derjenige verfallen, der »öffentlich in Wort, Schrift, Druck, Bild oder in anderer Weise Deutschlands Alleinschuld oder Mitschuld am Weltkrieg behauptet«.[75] Berühmte deutsche Strafrechtslehrer begrüßten solche Entwürfe. Professor Georg Dahm etwa lobte den »mutigen Verzicht auf alle tatbestandlichen Abgrenzungen«, und Professor Otto Nagel sah »Defätismus aller Art« und »die Beeinträchtigung der Wehrkraft und des Wehrwillens der Nation wirksam bekämpft«. Von einer Justiz, die lange vor 1933 die bloße kritische Aufarbeitung des zurückliegenden Krieges zu unterbinden versucht hatte, führte ein geradliniger Weg in den NS-Staat.

In Sachen Pazifismusbekämpfung hielt der Führer der NSDAP, was er versprochen hatte. Schon wenige Tage nach seiner Ernennung zum Reichskanzler, am 3. Februar 1933, traf Adolf Hitler in Berlin erstmals mit den Befehlshabern der Reichswehr und der Reichsmarine zu einer geheimen Besprechung zusammen.[76] In einer Grundsatzrede legte er seinen neuen Kurs dar. Die gegenwärtige Krise, führte er aus, könne erst durch die »Eroberung neuen Lebensraums im Osten und dessen rücksichtslose Germanisierung« eine endgültige Entlastung erfahren. Dafür sei zunächst die »völlige Umkehrung« der gegenwärtigen innenpolitischen Zustände als Voraussetzung nötig sowie die »Wiederwehrhaftmachung«, also die Stärkung des Wehrwillens der Bevölkerung »mit allen Mitteln«. Das bedeutete: Bekämpfung des Pazifismus, Aufrüstung, Beschränkung der SA auf politische Aufgaben, Nichteinmischung der Wehrmacht in den inneren Kampf.

Das war das Programm für den Aufbau eines autoritären Staates sowie für eine grundlegende Militarisierung von Staat, Wirtschaft und Gesellschaft mit dem Ziel der Eroberung von »Lebensraum«. Schon bald wurde nun die pazifistische Literatur auch formell verboten; sie landete auf dem Scheiterhaufen. Der neue NSDAP-Minister für Propaganda, Joseph Goebbels, wetterte anläßlich einer öffentlichen Bücherverbrennung am 10. Mai 1933 gegen »undeutschen Geist« und gegen »überspitzten jüdischen Intellektualismus«.[77] Damit war auch das pazifistische Gedankengut gemeint.[78] Die Prominenten unter den Pazifisten mußten nun, so weit sie nicht längst geflohen waren, außer Landes gehen, oder sie wurden verfolgt und – wie Carl von Ossietzky – in Konzentrationslager gesperrt. Eine öffentliche Artikulation kriegsgegnerischer Anschauungen war in Deutschland nach 1933 nicht mehr möglich. Der Verlust an friedensstiftender Kultur, zugleich an Rechtskultur,[79] sollte sich weit über das Ende des NS-Regimes hinaus auswirken.

NS-Militärjustiz: 30000 Todesstrafen für Kriegsgegner

Die Justiz hat sich den Interessen des NS-Staates rasch angepaßt. Sie unterstützte die Nationalsozialisten zunächst bei der Konsolidierung ihrer Macht, der Ausschaltung oppositioneller Kräfte, bei der Militarisierung der Gesellschaft und nach 1939 auch bei der inneren Durchsetzung des Programms eines rassenideologischen Vernichtungskrieges. Der von den Nationalsozialisten eingerichtete Volksgerichtshof[80] führte in den Vorkriegsjahren 242 Hochverratsprozesse gegen Gegner des NS-Regimes durch, hauptsächlich gegen Kommunisten, die gegen Diktatur und Kriegsvorbereitungen Widerstand leisteten.[81]

Im Zweiten Weltkrieg erreichte die Verfolgung kriegsgegnerischer Deutscher ihren Höhepunkt (siehe den Beitrag von Manfred Messerschmidt). Die Opfer der NS-Militärjustiz, die vom Bundesgerichtshof im Jahre 1995 als »Blutjustiz« charakterisiert wurde, waren unter anderem Kriegsdienstverweigerer, sogenannte Wehrkraftzersetzer, Deserteure[82], Selbstverstümmler, Simulanten, aber auch Retter von verfolgten Juden[83] sowie die widerständigen Offiziere im Umkreis des 20. Juli 1944. Verläßliche Angaben über die Zahl der von der Militärjustiz verhängten Todesurteile gibt es nicht; sorgfältige Schätzungen gehen von 25000 bis 30000 Todesurteilen aus, von denen etwa 20000 auch tatsächlich vollstreckt worden sind.[84] Nur wenige Urteile richteten sich gegen dezidierte Pazifisten. Man wird allerdings vermuten dürfen, daß Kriegsgegnerschaft das wichtigste Motiv jener Männer war, die sich dem Vernichtungskrieg auf die ihnen jeweils mögliche Art und Weise zu verweigern versuchten.

Unter den Todesurteilen gab es mehrere Tausende, in denen die Schuld der Verurteilten alleine oder zum Teil darin gesehen wurde, daß sie in öffentlichen oder meist privaten Äußerungen den Sinn des Krieges bezweifelt, auf seine Unmenschlichkeit hingewiesen oder an der Möglichkeit des »Endsieges« gezweifelt hatten. Einer der häufigsten Tatbestände, die mit der Todesstrafe geahndet wurden, war die »Wehrkraftzersetzung«. Die deutsche Justiz ging häufig mit gnadenloser Härte gegen Menschen vor, die den Krieg auf irgendeine Weise kritisierten. Damit reagierte die Justiz auch – gleichsam im vorauseilenden Gehorsam – auf den Vorwurf Hitlers, im Weltkrieg 1914–1918 habe eine laue Militärjustiz die Auflösungserscheinungen in der deutschen Armee mit verschuldet.

Der Fall des Marinerichters Hans Filbinger und des Matrosen Walter Gröger

Als einen verfolgten Gegner des Krieges wird man auch den Matrosen Walter Gröger anzusehen haben. Sein Fall ist dadurch bekannt geworden, daß dieser Soldat unter Mitwirkung des damaligen Marinestabsrichters Dr. Hans Filbinger zum Tode verurteilt und hingerichtet wurde. Gröger hatte im Dezember 1943 in Oslo den Versuch gemacht, dem Kriegsdienst zu entfliehen. Wie seine damalige norwegische Freundin berichtet, haßte er den Krieg und wollte nicht mehr kämpfen.[85] Er wurde verhaftet, kam vor ein Kriegsgericht und wurde im August 1944 als Deserteur zunächst mit acht Jahren Zuchthaus und Verlust der Wehrwürdigkeit bestraft. Der Gerichtsherr, ein Admiral, akzeptierte das Urteil jedoch nicht und verlangte – auf Vorschlag des begutachtenden Marinejuristen – eine höhere Strafe, nämlich die Todesstrafe. Hinsichtlich des Tatbestandes der versuchten Desertion waren keine neue Erkenntnisse hinzugekommen. Gleichwohl beantragte Marinerichter Filbinger nunmehr als Ankläger die Todesstrafe für Gröger. Sie wurde dann von einem Marineoberstabsrichter auch verhängt und durch den Oberbefehlshaber der Kriegsmarine bestätigt. Filbinger gab dem Matrosen das Todesurteil und die Ablehnung eines Gnadenerweises bekannt, ließ sich von diesem die Bekanntmachung schriftlich bestätigen und beaufsichtigte hernach als »Leitender Offizier« die vom Gerichtsherrn angeordnete Vollstreckung. Knapp zwei Stunden nach der Bekanntgabe wurde der Verurteilte von einem Exekutionskommando erschossen. Der Matrose Walter Gröger war gerade 22 Jahre alt.[86]

Dieser Fall reiht sich ein in eine lange Kette von Terrorurteilen gegen widerständige oder sich verweigernde Soldaten. Sowohl im historischen wie im internationalen Vergleich steht die Bilanz von Zehntausenden Todesurteilen als eine singuläre Barbarei da. Was diesen Befund so bedrückend macht, ist die Tatsache, daß auch später, in dem Rechtsstaat Bundesrepublik Deutschland, keiner dieser Blutrichter wegen seiner Unrechtsurteile juristisch zur Verantwortung gezogen worden ist.

Kontinuität der Justiz über 1945 hinaus

Damit ist das Thema der Kontinuität der Justiz über die angebliche »Stunde Null« des Jahres 1945 hinaus angeschnitten. Die Siegermächte des Zweiten Weltkrieges hielten die deutsche Justiz für eine der wichtigsten Stützen des NS-Staates und stellten daher einige Repräsentanten dieser Funktionselite in einem der Nürnberger Nachfolgeprozesse vor Gericht. Im Nürnberger Juristenprozeß von 1947[87] wurden deutsche Juristen nicht wegen einzelner Greueltaten angeklagt, sondern wegen ihrer Teilnahme an arbeitsteilig verübten Staatsverbrechen. Die amerikanischen Richter urteilten, daß das »drakonische, korrupte und verderbte nationalsozialistische

Rechtssystem« von den Gesetzen angefangen, über die Hitler-Erlasse, die Verwaltung bis hin zur Rechtsprechung insgesamt als Kriegsverbrechen und Verbrechen gegen die Menschlichkeit zu bewerten sei. Die angeklagten Juristen seien Teil des NS-Terrorregimes gewesen. »Der Dolch des Mörders war unter der Robe des Juristen verborgen.«[88]

Da die wenigen in Nürnberg zu Zuchthausstrafen verurteilten Juristen großenteils schon 1951 wieder entlassen wurden und das abschätzige Gerede von der »Siegerjustiz« auch unter Juristen üblich war, konnte vom Nürnberger Juristenprozeß keine wirkliche Signalwirkung zu einer grundlegenden Erneuerung der deutschen Justiz ausgehen. Zur dominanten Erscheinung wurde vielmehr die personelle Kontinuität des juristischen Personals vor und nach 1945. Die Erinnerung an das Nürnberger Juristenurteil versank alsbald im Meer des Beschweigens, begünstigt auch von der offiziellen Vergangenheitspolitik.[89] In der Folgezeit bemühte sich die bundesdeutsche Justiz nur in geringem Umfang um die Ahndung von NS-Verbrechen.[90] Mit dieser Zurückhaltung korrespondierte im politischen Raum die von allen politischen Parteien getragene Amnestiegesetzgebung[91] sowie der Ablauf der Verjährungsfrist für alle NS-Straftaten außer Mord. In der späten 60er Jahren ersannen Juristen im Bundesjustizministerium sogar einen auf den ersten Blick unscheinbaren gesetzgeberischen Kunstgriff, in dessen – nur Eingeweihten voraussehbaren – Auswirkungen die Beteiligung am Massenmord rückwirkend verjährte.[92]

Richter und höhere Justizbeamte wurden nach 1949 so gut wie überhaupt nicht strafrechtlich zur Rechenschaft gezogen. Es erfolgte gleichsam ein »Freispruch für die Nazi-Justiz«[93] und eine »kalte Amnestie«[94]. Die Juristen agierten als »Richter in eigener Sache«, was zur Folge hatte, daß NS-Juristen regelmäßig freigesprochen wurden. Der mit dieser Materie befaßte Autor Marc von Miquel urteilt: »Unter all den Defiziten bei der Ahndung von NS-Verbrechen waren die Freisprüche für die NS-Juristen der größte Skandal.«[95]

Richter und Staatsanwälte begünstigten die Täter aus ihrem eigenen Berufsstand und waren »kollektiv befangen«. Die Justizverbrechen hatten den gesamten Berufsstand in Mitleidenschaft gezogen und korrumpiert. Der Justiz gelang es, sich einer kritischen Öffentlichkeit zu entziehen. So blieb die NS-Vergangenheit der »furchtbaren Juristen« über Jahrzehnte hinweg im Dunkeln. Erst seit Beginn der 80er Jahre wurde sie allmählich aufgearbeitet,[96] wobei die juristische Auseinandersetzung mit der Wehrmachtjustiz besonders spät ins Blickfeld des Interesses geriet (siehe den ersten Beitrag von Helmut Kramer).

Für die 50er Jahre: Zeit des Kalten Krieges

Was das Denken der Deutschen in Freund-Feind-Bildern angeht, brachte das Jahr 1945 nur teilweise einen Wandel. Einige Kontinuitäten reichten über die Phase »von Stalingrad zur

Bonn: Demonstration gegen die Verabschiedung der Pariser Verträge; 28. Februar 1955

Währungsreform«[97] (1943–1948) hinaus, nämlich weit in die Geschichte des deutschen Nationalstaats seit 1918 hinein. Eine besondere Rolle spielte das antibolschewistische Feindbild, das jetzt als antikommunistisch bezeichnet wurde. Die Sowjetunion und die mit ihr verbündeten Staaten des Warschauer Paktes übernahmen nahtlos die Rolle, die der »Bolschewismus« in der NS-Propaganda gespielt hatte.

Als die Regierung des christdemokratischen Politikers Konrad Adenauer in der ersten Hälfte der 50er Jahre die Wiederbewaffnung des westdeutschen Teilstaates betrieb, bildete sich eine landesweite Protestbewegung (siehe den Beitrag von Wolfgang Kraushaar). In dieser Situation ging die Regierung Adenauer daran, die Gegner der Wiederbewaffnung in die Nähe des kommunistischen Feindes zu rücken. Dieser innenpolitische Kampf wurde wiederum mit justitiellen Mitteln ausgefochten. Gustav W. Heinemann, seinerzeit CDU-Mitglied, beklagte im Jahre 1951 eine zunehmende Diffamierung der Gegner der Wiederbewaffnung durch die Regierung Adenauer, die eine »Gleichschaltung des Denkens« wolle, in der »jede vom Kurs der Aufrüstung abweichende Meinung als kommunistisch oder pazifistisch-weltfremd beschattet wird«.[98]

Schon wieder hatten es die Pazifisten in Deutschland schwer. Die katholische Pazifistin und Pädagogik-Professorin Klara Maria Fassbinder beispielsweise bekam das in harscher Weise zu spüren, obwohl sie Mitglied der Regierungspartei CDU war. Ihr damaliger Rechtsanwalt Diether Posser beschreibt anschaulich das feindselige Klima jener Jahre sowie die Art und Weise, wie besagte Pazifistin von der deutschen Justiz mit unlauteren Mitteln verfolgt wurde.[99] Posser arbeitete damals, seit November 1951, in der Anwaltskanzlei von Gustav W. Heinemann in Essen.[100] Heinemann selbst war seinerzeit Präses der Evangelischen Kirche in Deutschland (EKD) und zugleich ein bundesweit bekannter Politiker. Als protestantisches Aushängeschild hatte er dem ersten Kabinett Adenauer als Bundesinnenminister (CDU) angehört und war von diesem Posten im Jahre 1950 aus Protest gegen die von Adenauer eigenmächtig eingefädelte Politik der Wiederbewaffnung der Bundesrepublik demonstrativ zurückgetreten. Heinemann betrachtete sich selbst als einen »realistischen Pazifisten«. Er war nicht durch eine religiös motivierte, grundsätzliche Ablehnung jeglichen Militärs und jeder bewaffneten Auseinandersetzung zur Befürwortung einer Friedenspolitik gelangt, sondern durch seine politische Analyse der Weltlage.[101] Posser, dem der Protest Heinemanns gegen Adenauers Politik der Wiederbewaffnung imponierte und dem dessen friedenspolitisches Konzept zusagte, verteidigte in der Folgezeit mehrere Pazifisten, die sich als Gegner einer »Remilitarisierung« exponiert hatten und dafür juristisch verfolgt wurden (siehe den zweiten Beitrag von Helmut Kramer).

Zu diesen Fällen gehörte auch der des CDU-Politikers Wilhelm Elfes.[102] Dieser avancierte unversehens zum Staatsfeind, als er seine eigenen friedenspolitischen Vorstellungen propagierte und es sich nicht nehmen ließ, diese auch mit Politikern aus den Ostblockstaaten zu erörtern, die zur Zeit des Kalten Krieges von der politischen Rechten in Deutschland wie auch der mit ihr sympathisierenden Justiz als Feinde angesehen wurden.

Sitzblockaden und Demonstrationsrecht

In der Tradition des Obrigkeitsstaates stehend, tat sich die bundesdeutsche Justiz zunächst durchaus schwer mit dem Grundrecht des Demonstrationsrechts, welches das Grundgesetz von 1949 erstmals in dieser herausragenden Rechtsqualität allen Staatsbürgern garantierte. Diese Unsicherheit wurde deutlich, als Demonstranten auch in Deutschland – nach dem Vorbild westlicher Länder – zum Mittel des »Sitzstreiks« griffen, um ihre Meinung über bestimmte Mißstände zum Ausdruck zu bringen (siehe den Beitrag von Hans-Ernst Böttcher). Während der Proteste der Friedensbewegung gegen die Aufrüstung mit atomaren Mittelstreckenraketen Anfang der 80er Jahre des letzten Jahrhunderts wurde dieses Mittel massenhaft angewendet, etwa in Mutlangen, wo sich – bislang einmalig in der Geschichte der deutschen Justiz – auch 20 Richterinnen und Richter an einer »Sitzblockade« beteiligten. Unter Rückgriff auf den Straftatbestand der Nötigung aus dem Reichsstrafgesetzbuch von 1871 verurteilten die Gerichte damals viele Demonstranten, weil sie »psychische Gewalt« angewendet hätten. Hans-Ernst Böttcher verfolgt den Weg, den die juristische Debatte über Nötigung, Meinungsfreiheit und Demonstrationsrecht in dem darauffolgenden Jahrzehnt genommen hat. Sie ging einher mit einem Generationswandel in der Justiz, der in der Tendenz zu mehr Pluralismus in diesem einst monolithisch verfestigten Berufsstand führte. So kam es schließlich im Jahre 1995 zu einer Grundsatzentscheidung des Bundesverfassungsgerichts, in welcher – ein »Lichtblick«! – der Sitzstreik als eine neue und legitime Form der Meinungsdemonstration anerkannt wurde. Seit der Verabschiedung des Grundgesetzes war fast ein halbes Jahrhundert vergangen, bis die Justiz endlich auch auf diesem Feld der Bürgerfreiheit den Vorrang vor dem Staatsinteresse gab.

»Soldaten sind Mörder«

Das Tucholsky-Zitat aus dem Jahre 1931 »Soldaten sind Mörder« hat die öffentlichen Debatten über das Soldatenhandwerk und seine Opfer immer wieder beschäftigt und jeweils die Emotionen mobilisiert.[103] Von den sich betroffen Fühlenden wurde der Spruch als bösartige persönliche Schmähung und Ehrabschneidung empfunden, von anderen als schmucklose Beschreibung eines nur allzu oft verdrängten Tatbestandes. Carl von Ossietzky, der das Zitat in der »Weltbühne« benutzt hatte, wurde im Jahre 1932 freigesprochen. Dem wollten sich mehrere bundesdeutsche Gerichte nicht anschließen und verboten die Wiederholung des Schriftstellerwortes. Auch hier brachten erst zwei Entscheidungen des Bundesverfassungsgerichtes von 1994 und 1996 die erforderliche Klarstellung. Das Gericht argumentierte, auch eine scharfe und überzogene Kritik stehe unter dem Schutz der Meinungsfreiheit (siehe den Beitrag von Otto Gritschneder). Im Hinblick auf die historischen Fakten, die über den Ostkrieg der Wehrmacht bekannt worden seien, würde Tucholsky wohl sogar von »Massenmord« gesprochen haben, mutmaßt Gritschneder, um allerdings zugleich zu betonen, der Satz besage keineswegs, daß alle Soldaten, die in der NS-Zeit »auf brutalste Weise unter Todesstrafdrohungen zwangsrekrutiert« wurden, Mörder gewesen seien.

Das Grundrecht auf Kriegsdienstverweigerung und die bundesdeutsche Justiz

Millionen von deutschen Männern, teilweise auch von Frauen, wurden in den beiden Weltkriegen zwangsweise zu Kriegsdiensten herangezogen und dabei zu Zielen mißbraucht, die mit dem Schutz des eigenen Landes nicht das Geringste zu tun hatten. Unter dem Eindruck dieser Negativerfahrungen schrieb der Verfassungsgesetzgeber im Jahre 1949 den Satz in das Grundgesetz: »Niemand darf gegen sein Gewissen zum Kriegsdienst mit der Waffe gezwungen werden.« (Artikel 4, Absatz 3) Vor dem Hintergrund der deutschen Geschichte betrachtet, war das eine revolutionäre Neuerung. Allerdings wurde die Ausführung dieses Grundrechts in der Folgezeit von Menschen geregelt, deren eigene Sozialisation nicht selten unter der Devise »Recht ist, was den Waffen nützt« gestanden hatte (siehe den Beitrag von Ulrich Finckh). So erklärt es sich zum einen, daß der Gesetzgeber das Grundrecht auf Kriegsdienstverweigerung hernach nicht durch ein Gesetz über die Gewissensfreiheit ausfüllte, sondern durch ein Wehrpflichtgesetz. Dies hatte – zum anderen – zur Folge, daß die deutschen Gerichte – bis hinauf zum Bundesverfassungsgericht – in dem Spannungsfeld, das sich zwischen dem Gewissen der Kriegsdienstverweigerer und den Interessen der Verteidigungsadministration auftat, noch einmal über Jahrzehnte hinweg die staatlichen Interessen am Militär privilegieren konnten.

Die vom Bundesverfassungsgericht entwickelte Formel von der Sicherstellung der »Funktionsfähigkeit der militärischen Landesverteidigung« führte wiederholt zu merkwürdigen Rechenkünsten. Ohne eine kritische Prüfung der von der Militärverwaltung vorgelegten Berechnungen über die Unterschiede in der zeitlichen Inanspruchnahme von Soldaten und Zivildienstleistungen sah es im Jahr 1972 in der Dienstzeit von 21 Monaten (Zivildienst) und 12 Monaten (Militärdienst) eine gleichmäßige Belastung. Auch wurde den Kriegsdienstverweigerern eine Beweislast zur Darlegung ihrer Gewissensentscheidung aufgebürdet. Bei Totalverweigerern wurden nicht nur die strafrechtlichen Verurteilungen gebilligt, sondern auch das verfassungsrechtlich verbürgte Verbot der Doppelbestrafungen weitgehend eingeschränkt. Ulrich Finckh, langjähriger Vorsitzender der Zentralstelle für Recht und Schutz der Kriegsdienstverweigerer aus Gewissensgründen e. V., legt dar, daß diese Praktiken zu vielfachem Unrecht geführt haben.

Pazifismusbekämpfung in der DDR

Im Kampf gegen den Pazifismus standen die beiden deutschen Staaten im Grundsatz einander nicht nach. Allerdings wurden in der DDR Pazifisten mit ungleich größerer Rigorosität als in der Bundesrepublik verfolgt. (Siehe den dritten Beitrag von Helmut Kramer.) Zu stärkeren Konflikten kam es in der DDR auch deshalb, weil dort der Ersatzdienst nur in der Form der militärähnlichen Bausoldaten-Regelung geleistet werden konnte. Das bewog manche jungen Männer zur Totalverweigerung. Viele von ihnen wurden zu Zuchthaus verurteilt. Der größte Teil der Totalverweigerer in der DDR wurde durch die Zeugen Jehovas gestellt, die aus Glaubensgründen jeglichen Ersatzdienst ablehnten. Die den Kriegsdienst verweigernden Zeugen Jehovas wurden sowohl unter dem Nationalsozialismus als auch in der DDR wie auch in der Bundesrepublik verfolgt. In der Bewertung der Weigerung eines Zeugen Jehovas, an dem verbrecherischen Angriffskrieg Hitlers teilzunehmen, kam der Bundesgerichtshof (BGH) zu demselben Ergebnis wie das NS-Kriegsgericht, das diesen Jehova-Zeugen verurteilt hatte.

Bei der Beantwortung der Frage, ob ein Richter durch die Verhängung harter Strafen gegen Pazifisten Rechtsbeugung begangen hatte, stellte der BGH in einer mit zweierlei Maß urteilenden Rechtsprechung darauf ab, welches System das Strafrecht als Kampfmittel gegen den Pazifismus instrumentalisiert hatte. Für Richter des Volksgerichtshofs, die einen pazifistischen Priester zum Tode verurteilt hatten, zeigte der BGH mehr Verständnis als für DDR-Richter, die gegen Zeugen Jehovas Zuchthausstrafen verhängt hatten.

Der Vergleich zwischen den beiden deutschen Teilstaaten läßt bei allen graduellen Unterschieden unerfreuliche Gemeinsamkeiten bei der justizförmigen Bekämpfung der Friedensbewegung zutage treten. Die an der Eindämmung des Pazifismus beteiligten Juristen beider deutschen Staaten haben in ihrer Mehrzahl ihre Entscheidungsmacht gleichermaßen in den Dienst der Rüstungsprotagonisten gestellt.

Weltweite Bundeswehreinsätze und das Bundesverfassungsgericht

Das Bundesverfassungsgericht hat sich in allen verfassungsrechtlichen Konflikten zum völkerrechtlichen Gewaltverbot auf die Seite der zum Krieg drängenden Kräfte und gegen die Kritiker gestellt, insbesondere in der Frage, welche Militäreinsätze zu Verteidigungszwecken zulässig sind. Auch hier hat das Bundesverfassungsgericht das Grundgesetz – mit dem Verbot des Angriffskrieges und der Beschränkung von Militäreinsätzen auf Zwecke der Landesverteidigung – und die Durchsetzung des Rechts unter einen ungeschriebenen Militärvorbehalt gestellt. Mit einer schrittweise vollzogenen Ausweitung und schließlich nahezu vollständigen Auflösung des Begriffs »Landesverteidigung« hat es zur Aushöhlung des in der UN-Charta verankerten friedensichernden Völkerrechts beigetragen. Von dem im Grundgesetz inkorporierten Friedensgebot[104] war so gut wie noch nie in einer Entscheidung des Bundesverfassungsgerichts die Rede. Mit der Billigung von Militäreinsätzen der Bundeswehr in aller Welt (»Verteidigung am Hindukusch«) beschäftigt sich der Beitrag von Martin Kutscha.

Ihre Versuche, mit der Waffe des Strafrechts Kriegsgegner von jedweder für die Öffentlichkeit vernehmlichen Artikulation abzuschrecken, hat die deutsche Justiz auch im 21. Jahrhundert nicht eingestellt. So wurden 41 Unterzeichner eines in der »tageszeitung« (taz) veröffentlichten Aufrufs gegen den Angriffskrieg gegen Jugoslawien mit langwierigen Strafverfahren überzogen. Darüber unterrichtet der vierte Beitrag von Helmut Kramer.

Die Rolle der Völkerrechtswissenschaftler

Kritische Aufmerksamkeit verdient auch die Völkerrechtswissenschaft. Nur wenige ihrer Vertreter beziehen eindeutig Position zum Verbot des Angriffskrieges.[105] Die Mehrzahl weicht einer klaren Stellungnahme aus. Aufgewachsen in einem zur Anpassung und Vorsicht neigenden akademischen Milieu, im Gewissen scheinbar bestätigt und motiviert durch oftmals gut honorierte staatliche Gutachteraufträge, finden sich viele von ihnen bereit, unter akrobatischer Verwendung vieler »zwar« und »aber«, Engführungen des Begriffs »Angriffskrieg«, und der Entwicklung diffuser Begriffe wie einer »humanitären Intervention« und mit dem verschwommenen Hinweis auf »werdendes Recht« die Konturen des Völkerrechts verschwimmen zu lassen und der reinen Machtpolitik Unbedenklichkeitsatteste auszustellen.[106] Die Gefahr, daß durch die geschaffenen Präzedenzfälle neuer Angriffskriege mittels der »normativen Kraft des Faktischen« das Völkerrecht weiter ausgehöhlt wird, will ihnen nicht in den Blick geraten.

Die Kategorie des Rechts

Dem gegenüber müßten Juristen die Unverbrüchlichkeit des Rechts gegen das Recht des Stärkeren verteidigen und sich zu der friedensichernden Funktion des Rechts bekennen. Nur ein möglichst eindeutiges, nicht ein durch schwammige Begriffe aufgeweichtes Völkerrecht kann diese Funktion erfüllen. Gustav W. Heinemann sagte: »Das Kleid unserer Freiheit sind die Gesetze, die wir uns selber gegeben haben.«[107] Diese friedenstiftende Funktion des Völkerrechts wurde vor den beiden letzten Kriegen der USA beziehungsweise der NATO von vielen Politikern und Autoren eklatant mißachtet. Im Unterschied zu einigen überregionalen Presseorganen (»Frankfurter Rundschau«, »Süddeutsche Zeitung«, »die tageszeitung«) fand die Frage nach der Vereinbarkeit der »Militäraktionen« mit dem Völkerrecht meist nicht einmal andeutungsweise Erwähnung. In den Debatten des Deutschen Bundestages vom 16. Oktober 1998 und 15. April 1999 zum sogenannten Kosovo-Krieg, der in Wirklichkeit ein Angriffskrieg gegen Jugoslawien war, spielten Völkerrecht und Grundgesetz nur eine untergeordnete Rolle. Einen geringen Stellenwert in der Diskussion hatte das Völkerrecht auch im

Vorfeld des Irak-Krieges. Das sollte sich erst ändern, als sich die Bundesregierung mit einer reservierteren Haltung gegenüber den Angriffsabsichten äußerte. Ganz nach dem Unrechtssatz *»silent inter arma leges«* [unter Waffen schweigen die Gesetze] überboten sich einige Juristen, Politiker und, soweit das Recht als Kategorie dort überhaupt wahrgenommen wurde, die Massenmedien gegenseitig mit der Forderung, das Völkerrecht dürfe dem Entschluß zum Krieg nicht im Wege stehen. »Völkerrechtliche Erörterungen über Legalität und Legitimation des [Kosovo-]Krieges« waren für den »Spiegel« nur »etwas für Feinschmecker«[108]. Als es um die Überflugrechte der US-Luftwaffe ging, erklärte Verteidigungsminister Peter Struck, es habe »keinen Sinn, sich mit juristischen Debatten zu beschäftigen«.[109] Ähnlich geringschätzig über den Aspekt des Rechts äußerte sich der Abgeordnete Friedhelm Meurer zur Entscheidung, ob die Bundesrepublik sich durch weitere militärische Hilfestellungen an einem möglichen Angriff der USA gegen den Irak beteiligen dürfe: »Verfassungsrechtliche Spitzfindigkeiten« müßten hinter »bündnispolitischen Verpflichtungen« zurücktreten.[110] Und für eine völlige Außerkraftsetzung des Rechts – wie dies inzwischen in der amerikanischen Exklave Guantanamo für ungefähr 600 Gefangene eingetreten ist – plädierte der Konstanzer Völkerrechtswissenschaftler Ulf Häußler in bezug auf Terroristen: sie »stellen sich [...] außerhalb der Rechtsordnung, sie verhalten sich als *outlaws*; es ist daher die einzig denkbare Reaktion der internationalen Gemeinschaft, sie nebst ihren Unterstützern und Sympathisanten entsprechend zu behandeln«. Voraussetzung für die Behandlung nach den Regeln des Rechts sei »die Anerkennung grundlegender Werte«.[111] Friedensforscher, darunter Dieter S. Lutz, die die Frage nach dem Rechtsbruch durch den bevorstehenden Angriff auf den Irak stellten, wurden als »selbsternannte Staatsanwälte und Chefankläger bezeichnet, auf die wir verzichten können«.[112] Bei der »Bewertung der internationalen Politik nach juristischen Kriterien« könnten diese »Schlaumeier [...]

sich endlos darüber auslassen, wann ein Krieg wirklich ein Krieg ist«.[113] Mit Blick auf die Ergebnisse der beiden Kriege und nach Aufdeckung von Unwahrheiten, die von Politikern zur Kriegsbegründung vorgebracht wurden, ist nach offizieller Kriegsbeendigung angesichts des vorausgesagten Fehlschlags die anfängliche Zustimmung in große Skepsis über den Sinn der beiden Kriege umgeschlagen.

Eine andere Tradition

In der Einstellung der Juristen zu Krieg und Frieden gibt es aber auch eine andere Tradition.[114] Der Rückblick in die Geschichte zeigt: Es gab zu allen Zeiten Juristen, die sich – in der ersten Hälfte des 20. Jahrhunderts unter großen persönlichen Opfern, in der Bundesrepublik unter ungleich günstigeren Bedingungen – Aufrüstungsbestrebungen und Krieg entgegengestellt haben und mit ihrem Engagement auch heute noch zur Ermutigung beitragen können. Es waren meist die gleichen Persönlichkeiten, bei denen sich das Aufbegehren gegen den Obrigkeitsstaat und das Eintreten für sozial Schwächere und eine humane Justiz mit dem Kampf für den Frieden vereinigt haben. Von einigen ist auch in diesem Buch die Rede.[115]

Auch in der Bundesrepublik haben sich immer wieder Juristen für den Frieden engagiert, allen subtilen Maßnahmen zur Justizlenkung zum Trotz. So haben sich im Jahre 1987 454 Richterinnen und Richter trotz ihnen drohender Disziplinarverfahren mit der sogenannten Richterblockade solidarisch erklärt.[116] Bei den wenigen Anlässen, bei denen die Beteiligung der Bundesrepublik an den neuen Kriegen wenigstens indirekt zum Gegenstand von Gerichtsverfahren gemacht werden konnte, hat sich die Justiz nicht mehr als einheitlicher Block gegen Kriegsgegner gewandt. So hat ein Berliner Amtsrichter den Einsatz der Bundeswehr gegen

Jugoslawien im Rahmen des NATO-Angriffs als völkerrechtswidrig bezeichnet und wegen dieser Völkerrechtswidrigkeit an Soldaten gerichtete Aufrufe zur Desertion für nicht strafbar erklärt.[117] Ähnlich entschied das Landesarbeitsgericht Baden-Württemberg (LAG), als ein Hörfunkredakteur des Südwestrundfunks abgemahnt worden war, weil er in einem Bericht über den sogenannten Kosovo-Krieg vom »NATO-Angriffskrieg« gesprochen hatte. Das LAG befand, er habe mit dieser Bezeichnung die reine Wahrheit gesagt.[118] Die Welt wäre sicherer, sicherer vor allem vor militärischer staatlicher Gewalt, würden die Juristen sich weniger nachgiebig gegenüber den Erwartungen der Militärpolitiker zeigen und sich stärker für den Frieden und gegen leichtfertig vom Zaun gebrochene Kriege engagieren.

Auf der Suche nach Pazifisten unter den Juristen fällt auch Fritz Hartnagel in den Blick, der Verlobte Sophie Scholls, später mit Elisabeth, der Schwester Sophies, verheiratet. Nach dem Zweiten Weltkrieg, als Richter in Stuttgart, engagierte er sich in der Friedensbewegung und war Vorsitzender des baden-württembergischen »Landesvereins der Deutschen Friedensgesellschaft – Verein der Kriegsgegner«.[119] Ebenso hatte sich Heinz Drossel im Krieg gegen die Sowjetunion zum Kriegsgegner entwickelt. Der Vollstreckung seines Todesurteils entgangen, lebt er noch heute als Sozialgerichtspräsident i. R. bei Freiburg.[120]

Die Funktion der Justiz im Konflikt zwischen Krieg und Frieden

Wenn nach den Ursachen gefragt wird, warum im 20. Jahrhundert und noch im Jahre 2003 von machthungrigen Politikern immer wieder Angriffskriege vorbereitet und geführt werden konnten, oftmals unter Einsatz völkerrechtswidriger Waffen, wird man neben willfährigen Massenmedien nicht zuletzt die Juristen nennen müssen. Immer wieder haben sich Juristen dazu bereit gefunden, politischen Maßnahmen, insbesondere auch militärpolitischen Aktionen, den Anstrich des Legalen und des Richtigen zu verleihen. Daß die Juristen auch anderer Länder allzu oft der Gefahr der Machtnähe erliegen und das vielfältig verwendbare juristische Instrumentarium in den Dienst macht- und militärpolitischer Interessen stellen, ist alles andere als ein Grund zur Beruhigung. Ein besonders eindrucksvolles Beispiel – zugleich ein Beispiel für eine parteiisch gefärbte Exkulpation der Täuschung der Öffentlichkeit über die Kriegsnotwendigkeit – ist der Bericht des Lord Hutton zum Tod des Waffenexperten David Kelly im Zusammenhang mit dem Irak-Krieg.[121]

So wird die Feststellung von Ralf Dahrendorf für das Verhältnis der Justiz zu staatlicher Militärpolitik vorerst weiterhin Gültigkeit haben: »Obwohl in jedem Machtprozeß Juristen auf beiden Seiten des Zauns zu finden sein werden, ist es wahrscheinlich, daß die höher Qualifizierten der Seite anhängen werden, die eine schon bestehende Machtposition hält und verteidigt. [...] Juristen werden Situationen ungemütlich finden, in denen die Machtverhältnisse ungeklärt oder im Fluß sind. Die resultierende Ungewißheit ist unvereinbar mit der Persönlichkeitsstruktur vieler Juristen, und sie dürften sich nicht sicher fühlen, bevor nicht ein dominierendes Machtzentrum errichtet ist.«[122] Auch deshalb ist das Recht eine viel zu wichtige Sache, als daß man es den Juristen allein überlassen darf. Wie jede demokratische Institution bedarf auch das Recht der Partizipation des Bürgers. Es ist die Aufgabe aller, sich um das Recht zu kümmern, in aktiver Einmischung über die Möglichkeiten zur Verwirklichung des Rechts nachzudenken, auch darüber, wie mit den Mitteln des Rechts pazifistischen Positionen mehr Beachtung zu verschaffen ist und wie Angriffskriege zu ächten sind.

Christian Jansen

Pazifismus in Deutschland
Entwicklung und innere Widersprüche (1800 bis 1940)[1]

In der jüngeren deutschen Geschichte dominierte vielfach das Militär und die kriegerische Vorstellungswelt. Dabei gerät häufig aus dem Blick, daß auch in den deutschen Staaten bereits im Vormärz Bewegungen große Resonanz fanden, deren Ziel eine zivile und friedliebende Gesellschaft war. Während der Revolution von 1848/49 erhielten diese Strömungen des Republikanismus, der europäischen Zusammenarbeit und des Internationalismus Auftrieb. In der nachrevolutionären Epoche und im Deutschen Kaiserreich konnten sie zeitweise eine beachtliche Anhängerschaft gewinnen. Aber sie konnten sich historisch nicht durchsetzen. Die Sieger von 1866 und die weitere Entwicklung des deutschen Nationalstaats verschütteten die demokratisch-republikanische Traditionslinie, in die auch die frühe pazifistische Bewegung gehört. Eine nähere Beschäftigung mit jenen Traditionen zeigt, daß viele ihrer Ziele bis heute nicht erreicht, viele ihrer Ideen nach wie vor Utopien und auch ihre inneren Konflikte bis heute aktuell sind.

Bis zur Gründung der Deutschen Friedensgesellschaft (1800–1900)

Am Anfang der Friedensbewegung in Deutschland steht Immanuel Kants Schrift »Zum ewigen Frieden« aus dem Jahre 1795. Kant war für den Linksliberalismus und den humanistischen Radikalismus außerordentlich prägend. Seine politische Position kann als republikanisch, weltbürgerlich und föderalistisch charakterisiert werden. Kant postulierte die Möglichkeit einer friedlichen Lösung aller Konflikte. Er glaubte, daß in einer rationalen Diskussion immer ein Kompromiß zwischen unterschiedlichen Interessen gefunden werden könne. Diese rationale Lösung sollte in der Sphäre der bürgerlichen Öffentlichkeit gefunden werden – auf lokaler Ebene im direkten Gespräch, innerstaatlich mit Hilfe einer republikanisch-repräsentativen Verfassung und international mit Hilfe von Schiedsgerichten.

Der Pazifismus läßt sich als eine Bewegung aufgeklärter Bürger definieren, die rationale, also friedliche Konfliktlösungen auf allen politischen Ebenen für möglich hielten. An der Wiege dieser Bewegung stand die Französische Revolution – vor allem mit den Ideen des Universalismus, mit dem Gleichheits- und dem Brüderlichkeits(Solidaritäts)gedanken. Zugleich gehört aber die Entfesselung des modernen Nationalismus zu den Folgen der bürgerlichen Revolutionen. Damit stehen die Ideen von 1789 auch an der Wiege der modernen Kriegführung, die nicht nur durch ganz neue Möglichkeiten der Massenvernichtung, sondern durch die *levée en masse*, das Volksheer, zu charakterisieren ist, das sich aus der Idee von der Verantwortlichkeit aller Bürger für »ihren« Staat ableitet.[2] Diese für die bürgerliche Revolution konstitutive Vorstellung eignet sich nur zu gut zur nationalistischen Aufladung und Überformung.

Die Idee von der Verantwortlichkeit der Bürger für ihr Gemeinwesen und damit die liberalen und demokratischen Ideen sind also durch Ambivalenz charakterisiert. Auf der einen Seite zielten sie emanzipatorisch auf die Gleichheit aller Menschen als Weltbürger und auf eine föderalistische Weltgesellschaft. Andererseits können das liberale Konkurrenzprinzip und der Nationalismus, mit dem der Liberalismus und die Demokratie von Anfang an eine »Wahlverwandtschaft« (Jörg Echternkamp) eingingen, innenpolitisch eine Ellenbogengesellschaft, außenpolitisch Chauvinismus und Imperialismus begründen.

Es ist kein Zufall, daß die erste organisierte pazifistische Gruppe in Deutschland 1850 in Königsberg entstanden ist. Diese Tatsache verweist nicht nur auf die überragende Bedeutung, die der Königsberger Philosoph Immanuel Kant für das Denken des deutschen Humanismus und bürgerlichen Radikalismus hatte. Sie verdeutlicht auch die engen Zusammenhänge zwischen der Weltoffenheit der Handelsbourgeoisie, die auf international gültige Rechtsnormen angewiesen war, und den Anfängen der Friedensbewegung. Diese setzte sich deshalb während des 19. Jahrhunderts immer auch für die Förderung des Freihandels ein. Die Handels- und Universitätsstadt Königsberg am östlichen Rand Preußens mit ihrem starken jüdischen Bevölkerungsanteil, die sich immer als liberal-aufgeklärter Gegenpol zur Hauptstadt Berlin ansah, war eine Hochburg des bürgerlichen Radikalismus. Der führende Kopf der Königsberger Friedensgesellschaft war ein Großvater von Käthe Kollwitz, einer Protagonistin der Weimarer Friedensbewegung, die vor allem wesentliche Beiträge zur pazifistischen Ikonographie leistete.

Es ist kein Zufall und symptomatisch für die besonderen Schwierigkeiten, die die Friedensbewegung in Deutschland und vor allem in Preußen hatte, daß die Königsberger Friedensgesellschaft als erste organisierte pazifistische Gruppe in Deutschland nicht einmal ein Jahr bestanden hat. Bereits 1851 wurde sie verboten. Im Reaktionsjahrzehnt, das auf die Niederschlagung der Revolution von 1848/49 folgte, war eine Organisierung des oppositionellen politischen Spektrums in Deutschland fast unmöglich. Durch diese Phase der Repression, aber auch durch die nationalistische und militaristische Überformung großer Teile der liberalen und der demokratischen Bewegung in der Reichsgründungszeit entstand eine historische Verspätung der deutschen Friedensbewegung im Vergleich zur westlichen Welt. Diese Verzögerung ist eng verbunden mit der Problematik der Nationalstaatsgründung und der schleppenden Durchsetzung selbstbewußter Bürgerlichkeit in Deutschland.

Erst in den 1880er Jahren bildeten sich erneut lokale Friedensgesellschaften – nun vor allem in Regionen, in denen es einen starken, föderalistischen Linksliberalismus gab, das heißt in den im preußisch-deutschen Krieg von 1866 unterlegenen süddeutschen Staaten und hier insbesondere in Württemberg mit seiner ausgeprägten föderalistischen Tradition sowie in der ehemals freien Stadt Frankfurt. Sie war 1866 von Bismarck stellvertretend für die demokratischen und föderalistischen Strömungen, die sich der Reichsgründung unter preußischer Vorherrschaft widersetzten, bestraft worden, indem sie ihrer Selbständigkeit beraubt und Preußen angeschlossen wurde. Seit 1884 bildeten sich zunächst in Stuttgart, Frankfurt und Darmstadt, danach in 70 weiteren Orten vornehmlich Süd- und Südwestdeutschlands Friedensgruppen. Viele dieser Neugründungen gingen zurück auf den britischen Pazifisten Hodgson Pratt, der durch Europa zog und im Stile eines Wanderpredigers Friedensgruppen zu initiieren versuchte.

Neben diesen lokalen Ansätzen kam auch der zweite Impuls für die Entstehung einer reichsweiten pazifistischen Organisation von außen. 1888 hatten die Parlamentsabgeordneten Randal Cremer aus Großbritannien und Frédéric Passy aus Frankreich die bis heute bestehende Interparlamentarische Union gegründet. Nachdem bis 1890 bei internationalen Friedenskonferenzen kaum je deutsche Delegierte vertreten waren, gründeten einige linksliberale Reichstagsabgeordnete, darunter die Alt-48er Ludwig Bamberger und Rudolf Virchow, ein parlamentarisches Komitee für Frieden und Schiedsgerichtsbarkeit. Um die Breitenwirkung dieses Komitees zu erhöhen, strebten die Initiatoren die Gründung einer Friedensgesellschaft in der Reichshauptstadt an, die bis dahin zur pazifistischen Diaspora gehörte. Weitere Impulse zur Gründung der Deutschen Friedensgesellschaft (DFG) im Dezember 1892 gingen erneut vom Ausland aus. Diesmal kamen sie aus Österreich, von dem gesinnungsethischen Tendenzroman »Die Waffen nieder!« der späteren Friedensnobelpreisträgerin Bertha von Suttner.

Da in Berlin und Preußen die Basis für eine pazifistische Bewegung fehlte, blieb die Tätigkeit der Berliner DFG-Zentrale ohne Erfolg. Sie war gelähmt von internen Querelen und konnte deshalb kaum koordinierende Funktionen übernehmen. Bis zum Ersten Weltkrieg lag der organisatorische Schwerpunkt der DFG in Süd- und Südwestdeutschland. Im Jahr 1900 lebte ein Drittel der etwa 5000 Mitglieder in Württemberg. Der Pazifismus war immer (und nicht nur in Deutschland) im wesentlichen eine bürgerliche Bewegung. Die rationalistischen und harmonistischen Ideale des Pazifismus konnten im ungezügelten Kapitalismus des 19. und frühen 20. Jahrhunderts die Unterschichten nicht ansprechen. Zu sehr widersprach ihre Lebenserfahrung der Vorstellung, daß alle Konflikte friedlich, durch Kompromisse gelöst werden könnten. Gleichwohl weisen die europäischen Friedensbewegungen unterschiedliche Distanz zu den jeweiligen Arbeiterbewegungen auf. In Deutschland war der Gegensatz sehr stark ausgeprägt, in den romanischen Ländern weniger, und in Großbritannien war er kaum vorhanden. Der Gegensatz zwischen Friedens- und Arbeiterbewegung war um so schroffer, je eher sich die Arbeiterbewegung vom bürgerlichen Radikalismus, von Linksliberalismus und Demokratie geschieden hatte. Je früher und je stärker sich in der Arbeiterbewegung marxistische Vorstellungen durchgesetzt hatten, desto schärfer lehnten ihre führenden Vertreter die harmonistische »Friedensduselei« der pazifistischen »Schwärmer« ab.

Der Pazifismus war wie fast alle bürgerlichen politischen Verbände vor dem Ersten Weltkrieg als Honoratiorenverein organisiert. Das heißt, es konnte prinzipiell jeder oder jede beitreten, aber man legte keinerlei Wert auf eine hohe Mitgliederzahl, sondern vielmehr darauf, möglichst viele einflußreiche Männer am Ort – die Honoratioren – an sich zu binden. Ein Spezifikum der pazifistischen Organisationen in Deutschland war der ungewöhnlich hohe Frauenanteil unter den Mitgliedern und in führenden Positionen. Daneben führten aber auch die von der Friedensbewegung verfolgten politischen Ziele, die in Opposition zu den herrschenden, männlich-chauvinistischen Werten des Wilhelminischen Deutschlands standen, dessen soziales Ideal der Reserveleutnant und dessen dominante Vergesellschaftungsform der Männerbund war, dazu, daß Pazifisten häufig als weibisch, feige oder kampfesunwillige Schwätzer diffamiert wurden. Wer sich im Kaiserreich zum Pazifismus bekannte, war gesellschaftlich geächtet und wurde in vielen Fällen sogar von der Justiz verfolgt.

»Organisatorischer« versus »demokratischer« Pazifismus (1900–1914)

Ziel der Hauptströmungen des deutschen Pazifismus war nie die Durchsetzung absoluter Gewaltlosigkeit, sondern die Verrechtlichung der internationalen Beziehungen mit dem Ziel der Etablierung möglichst gewaltfreier Wege der Konfliktaustragung. Dabei wurde die innerstaatliche Entwicklung, in deren Verlauf im 19. und 20. Jahrhundert gesellschaftliche Konflikte zunehmend rechtlich geregelt wurden und sich das staatliche Gewaltmonopol durchsetzte, auf die internationale Sphäre übertragen. Eine zeitgenössische Formel sprach davon, »Frieden durch Recht« zu schaffen. Aus dieser Strategie, der vornehmlich bildungsbürgerlichen Herkunft der Pazifisten und der allgemeinen Wissenschaftsgläubigkeit des 19. Jahrhunderts ergab sich – ähnlich wie in der Arbeiterbewegung – das Bemühen um »Verwissenschaftlichung«. Die daraus entstehende pazifistische Völkerrechtslehre wollte nicht nur »Frieden durch Recht« erreichen, sondern auch den Einfluß des Militärs auf die Außen- und Innenpolitik der Staaten begrenzen.

Der Fortschrittsoptimismus und die Wissenschaftsgläubigkeit, die für das gesamte 19. Jahrhundert und für die frühe

Friedensbewegung charakteristisch waren, sind uns heute fremd. Bertha von Suttner und andere führende Pazifisten schöpften dabei häufig aus den gleichen Quellen wie der Sozialdarwinismus. Sie gingen davon aus, daß die Menschen sich in einem naturgesetzlichen Prozeß sittlich immer höher entwickelten, bis sie schließlich zu sogenannten »Edelmenschen« und erkennen würden, wie absurd und unmoralisch Krieg ist. Solange dies noch nicht bei allen Menschen der Fall sei, müßten die Pazifisten als »Geistes- und Charakteraristokraten«[3], die bereits die Stufe des Edelmenschentums erreicht hätten, die Menschheit aufrütteln.

Da diese Strategie angesichts des nationalistischen und militaristischen Zeitgeistes wenig erfolgversprechend schien, entwickelte ein führender deutscher Pazifist, der Verleger und Publizist Alfred Hermann Fried, ein Theoriegebäude, das nicht primär ethische Forderungen stellte. Es sollte dazu beitragen, die deutschen Pazifisten aus ihrer gesellschaftlichen Isolierung herauszuführen. Frieds sogenannter »organisatorischer Pazifismus« ging davon aus, daß im Rahmen des allgemeinen ökonomischen und kulturellen Fortschritts die Nationen immer stärker voneinander abhängig würden. Auch nach seiner Auffassung hatten die Menschen »von Natur aus« einen Kampfestrieb; dieser dürfe sich jedoch nur mehr auf wirtschaftlich-kulturellem Gebiet ausleben, wollten die Nationen nicht ihre eigenen Interessen verletzen. Die zunehmende Organisierung der Welt werde – so prognostizierte Fried – in einen Zustand internationaler Verflechtung münden, der nur noch friedliche Konfliktaustragung erlaube. Deshalb glaubte er, die Friedensbewegung könnte ohne ethische Motivation auskommen. Ein Hinweis auf ihre ökonomischen Interessen würde die Menschen vom Unsinn des Krieges überzeugen. Fried, der 1911 den Friedensnobelpreis bekam, wollte also die pazifistische Agitation von einer rein ethischen auf die Ebene zweckrationalen Handelns umstellen. Die Entstehung des organisatorischen Pazifismus ist einerseits als Reaktion auf die Erfolglosigkeit rein moralischer Agitation im

Wilhelminischen Deutschland zu verstehen, andererseits als Ausdruck des Fortschrittsglaubens, der das 19. Jahrhundert geprägt hat. Ähnlich wie bei der Arbeiterbewegung führte diese vorgebliche Verwissenschaftlichung und Objektivierung einer primär aus subjektiver, ethisch-moralischer Empörung sich nährenden Bewegung dazu, daß die Träger der Bewegung politisch passiver wurden. In der Gewißheit, daß ein »objektiver« gesellschaftlicher Fortschritt ihre Anliegen ohnehin durchsetzen werde, waren sie nicht mehr so häufig bereit, die mit Engagement in der Friedensbewegung verbundenen Risiken für die eigene Karriere einzugehen und die Unannehmlichkeiten, die sich aus der Verfolgung durch Polizei und Justiz ergaben, auf sich zu nehmen.

Die Pazifisten, die im Gegensatz zu Frieds organisatorischer Richtung an ihrer Fundamentalopposition zum Herrschaftssystem des Wilhelminismus festhielten, waren vornehmlich in der DFG organisiert. Für sie drohte die Entladung der inneren Probleme Deutschlands in einer kriegerischen Auseinandersetzung zu enden, falls das Reich nicht demokratisiert werde. Ein führender Kopf dieses demokratischen Pazifismus war der Historiker und spätere Nobelpreisträger Ludwig Quidde. Bereits 1894 hatte er mit dem Ende seiner wissenschaftlichen Karriere dafür büßen müssen, daß er es gewagt hatte, den Charakter Wilhelms II. einer psychologischen Analyse zu unterziehen. Sein Buch »Caligula. Eine Studie über römischen Cäsarenwahnsinn« war zwar als historische Arbeit getarnt, das Publikum erkannte aber unschwer den wahren Gegenstand. Die Justiz, die sich bis 1933 fast immer auf die Seite des Militärs stellte und viele Pazifisten und Pazifistinnen erbarmungslos verfolgte, verurteilte Quidde wegen Majestätsbeleidigung zu drei Monaten Gefängnis, was den Verlust seiner Lehrberechtigung zur Folge hatte.[4] Fortan lebte der aus einer großbürgerlichen Bremer Kaufmannsfamilie stammende Quidde als Privatgelehrter und seit der Jahrhundertwende als *de facto* hauptamtlicher Funktionär der DFG, deren Vorsitzender er während des

Weltkriegs war und für deren Ziele er sich auch als linksliberaler Abgeordneter im bayerischen Landtag einsetzte.

Durch die Haager Konferenzen von 1899 und 1907, bei denen die europäischen und lateinamerikanischen Staaten über künftige Rüstungsbegrenzungen diskutierten, und durch die stetige Ausweitung internationaler Verkehrs-, Handels- und Kommunikationsverbindungen fühlten sich die Vertreter des organisatorischen Pazifismus seit der Jahrhundertwende im Aufwind. Um für seine Ideen vor allem in den Führungsschichten des Reichs neue und einflußreiche Anhänger zu gewinnen, plante Fried die Gründung einer exklusiv bildungsbürgerlichen Organisation. Diese sollte sich von der DFG lösen, die ihm zu demokratisch war. 1911 wurde die Idee von dem Frankfurter Völkerrechtler und Redakteur der »Frankfurter Zeitung«, Otfried Nippold, aufgegriffen und der Verband für internationale Verständigung gegründet.

Den Gründungsaufruf unterzeichneten 26 führende Vertreter des liberalen Bildungsbürgertums. Zu ihnen gehörten zahlreiche Professoren – darunter so prominente Gelehrte wie der Theologe Ernst Troeltsch, der Völkerrechtler Georg Jellinek und der Soziologe Max Weber, die alle in Heidelberg, der Hochburg des antiwilhelminischen Liberalismus lehrten, aber auch der Zentrumsabgeordnete Julius Bachem und einer der Vordenker des liberalen Imperialismus, Friedrich Naumann. Der Leitgedanke des Verbandes für internationale Verständigung war die Verbindung des nationalen mit dem internationalen Gedanken. Die politischen Organisationen der Kulturwelt seien hinter der technischen Entwicklung zurückgeblieben, die längst in eine Epoche des Internationalismus eingetreten sei. Der Rüstungswettlauf der Großmächte müsse außerdem zum wirtschaftlichen Ruin führen, vor allem wenn nun zu der Land- und Seearmee, für die hinreichende Mittel kaum noch aufzutreiben seien, eine Luftarmee komme.

Zur internationalen Verständigung schlug der Verband den

Ausbau der internationalen Schiedsgerichtsbarkeit, zwischenstaatliche Verträge sowie die Mobilisierung und Organisierung der öffentlichen Meinung der Völker vor. Der Verband für internationale Verständigung distanzierte sich von einer »einseitige[n] ethisch-humanitäre[n] Bekämpfung des Krieges, mit der allein wenig auszurichten ist,« und damit von der existierenden Friedensbewegung. Er betonte, nicht in Fundamentalopposition zum herrschenden Regime zu stehen. Das Haupthindernis für die internationale Verständigung seien nicht die Regierungen, sondern die öffentliche Meinung – besonders in Deutschland, wo man infolge der späten Nationalstaatsbildung in der Erfüllung der einseitig nationalen Aufgaben das höchste politische Ideal erblicke und leicht verkenne, daß die Kulturstaaten bei der Lösung dieser nationalen Aufgaben voneinander abhängig seien.[5] Der Verband verstand sich als Gegengewicht zu einflußreichen, nationalchauvinistischen Massenorganisationen wie dem Alldeutschen Verband, dem Wehrverein, dem Flottenverein usw. Neben seiner betonten politischen Mäßigung, die verhindern sollte, daß man mit dem sozialistischen Internationalismus in einen Topf geworfen wurde, verrieten die Formulierungen des Aufrufes, daß seine Hauptpromotoren Juristen waren – und zwar vornehmlich Personen, die sich bemühten, an den deutschen Universitäten internationales Recht als vollwertiges Fach zu etablieren.[6]

Im Juni 1911 wurde der Verband für internationale Verständigung feierlich gegründet. Sein Vorstandsmitglied und einer der Begründer des Völkerrechts in Deutschland, Hans Wehberg, nannte ihn charakteristischerweise, »eine Art Oberhaus der Friedensbewegung«. Neben seiner Zentrale in Frankfurt hatte er vier Ortsgruppen: in Heidelberg, Nürnberg, München und Straßburg. Die regionale Verteilung war ebenso wie die hinter den Erwartungen zurückbleibende Mitgliederentwicklung – bis 1913 konnten nur 350 Honoratioren gewonnen werden[7] – ein Zeichen dafür, daß man in Preußen als Kernland des deutschen Imperialismus keinen Fuß fassen konnte und daß auch sonst im chauvinistisch aufgeheizten Klima der letzten Vorkriegsjahre der Gedanke internationaler Verständigung auf wenig Resonanz stieß.

Das Trauma des Ersten Weltkriegs (1914–1923)

Die internationale Friedensbewegung war sich bis 1914 weitgehend einig, daß Verteidigungskriege moralisch legitim seien. Angesichts der Propaganda der Reichsregierung zu Beginn des Ersten Weltkriegs und der großen Bereitschaft der Öffentlichkeit, ihr zu folgen, kann es nicht überraschen, daß auch die meisten Pazifisten glaubten, Deutschland sei von Rußland und den Westmächten angegriffen worden. Sogar die demokratisch-oppositionelle DFG schrieb in ihrem zweiten Kriegsflugblatt vom 15. August 1914: »Wir deutschen Friedensfreunde [...] haben versucht zu tun, was in unseren schwachen Kräften war, gemeinsam mit unseren ausländischen Freunden, um den Ausbruch des Krieges zu verhindern. Jetzt, da die Frage, ob Krieg oder Frieden, unserem Willen entrückt ist und unser Volk von Ost, Nord und West bedroht, sich in einem schicksalsschweren Kampf befindet, hat jeder deutsche Friedensfreund seine Pflichten gegenüber dem Vaterlande genau wie jeder andere Deutsche zu erfüllen.«[8] In deutlicher Parallele zur Arbeiterbewegung war der deutsche Pazifismus im August 1914 bereit, sich in die allseits proklamierte Volksgemeinschaft zu integrieren und den Burgfrieden zu wahren. Viele DFG-Mitglieder meldeten sich freiwillig zum Kriegsdienst.

Auch im Krieg verfolgte die DFG ihre honoratiorenpolitische Strategie weiter und protestierte nur intern, aber mit zunehmender Schärfe gegen die größenwahnsinnigen deutschen Kriegsziele. Aus Unzufriedenheit mit dieser Taktik entstand eine neue demokratisch-pazifistische Kaderorganisation, der Bund Neues Vaterland (BNV). Ihm gehörten prominente Professoren und Publizisten unterschiedlicher politischer Couleur an, aber auch führende Feministinnen und pazifistische Sozialdemokraten, unter ihnen Albert Einstein, Lujo Brentano, Ferdinand Tönnies, Leopold von Wiese, René Schickele, Gustav Landauer, Minna Cauer, Helene Stöcker, Eduard Bernstein, Kurt Eisner und Ernst Reuter. Die neue Organisation sollte bestimmter auftreten können als die DFG, deren weitverzweigte Strukturen und Beziehungen durch mögliche Konfrontationen mit den Militärs und der Reichsleitung nicht gefährdet werden sollten. Der DFG-Vorsitzender Quidde trat aber gleichfalls dem BNV bei. Der BNV setzte keineswegs auf Massenmobilisierung, was wegen der rigiden Verfolgung aller offenen Kriegsgegner und der verbreiteten Kriegseuphorie wenig Sinn gehabt hätte. Vielmehr wollte er über ihm nahestehende Diplomaten die Reichsleitung zu Friedensverhandlungen bewegen. Nachdem der BNV sich im April 1915 in Den Haag mit Gleichgesinnten aus den gegnerischen Staaten getroffen hatte, wurden seine Mitglieder durch Polizei und Justiz massiv verfolgt. Briefzensur, Postsperren, Hausdurchsuchungen, willkürliche Verhaftungen von Aktivistinnen und Aktivisten sowie Hetzkampagnen in der Presse bildeten das Vorspiel zum Verbot weiterer Tätigkeiten durch die Militärs im Februar 1916 und zur Inhaftierung der Geschäftsführerin Lilli Jannasch für vier Monate.

Erst unmittelbar vor der deutschen Niederlage und der Novemberrevolution konnte der BNV seine Arbeit wieder aufnehmen. In den von einer hoffnungsvollen Stimmung erfüllten Monaten vom Kriegsende im November 1918 bis zur Annahme des Versailler Friedensvertrages im Sommer 1919, die der gemäßigte Pazifist und zeitweilige Staatssekretär im preußischen Kultusministerium Ernst Troeltsch das »Traumland der Waffenstillstandsperiode« nannte, wurde Pazifismus in Deutschland vorübergehend richtig populär. Alle waren des Krieges überdrüssig. Das alte Regime hatte durch seinen überstürzten und verantwortungslosen Abgang alle Legitimität verloren. Auf dem US-Präsidenten und religiösen Pazifisten Woodrow Wilson ruhten die Hoffnungen der Deutschen auf einen milden Frieden. Die Parteien, denen sich die meisten Pazifisten anschlossen, die linkssozialistische USPD (sie hatte als erste deutsche Partei ein pazifistisches Programm), die SPD und die linksliberale DDP, erhielten bei den Reichstagswahlen vom 19. Januar 1919 fast zwei Drittel der abgegebenen Stimmen.

Allerdings erwies sich diese Unterstützung für die zuvor marginalisierten Friedensfreunde als Strohfeuer. Denn einerseits reichte die Kriegsmüdigkeit allein nicht aus, um ein parlamentarisch-demokratisches System in Deutschland zu verankern. Andererseits setzte bereits unmittelbar nach der Kapitulation eine massive Verdrängung ein. Fast niemand wollte wahrhaben, daß Deutschland eine totale Niederlage erlitten hatte. Von den Militärs und den Trägern des alten Regimes wurde diese Weigerung, Tatsachen zu akzeptieren, mit absichtsvoller Legendenbildung über die Ursachen der Niederlage gefördert. Die weitgehende Kontinuität der Funktionseliten vom Kaiserreich in die Republik hinein trug dazu bei, daß das völlige Versagen der militärischen wie der politischen Führung verdrängt werden konnte.

Auch Politiker der republikanisch-demokratischen Regierungsparteien beteiligten sich an diesen fatalen Verschleierungen. Der provisorische Regierungschef und spätere Reichspräsident Friedrich Ebert etwa begrüßte die demobilisierten Truppen in Berlin mit der Formel, sei seien »im Felde unbesiegt«, was von diesen und von der Öffentlichkeit nur so verstanden werden konnte, als sei die sogenannte Heimatfront ihnen mit dem vielzitierten »Dolchstoß« in den Rücken gefallen. Auch die Regierungen der sogenannten Weimarer Koalition beteiligten sich aus zweifelhaften taktischen Motiven daran, Akten zurückzuhalten, die über die deutsche Kriegsschuld hätten Aufschluß geben können. Drei Gründe trugen dazu bei, daß sich in der ersten deutschen Republik zunehmend Revanchismus ausbreitete und der Erste

Weltkrieg ein unbewältigtes Trauma blieb. Erstens ist hier die Verdrängung der Niederlage zu nennen, zweitens die fortdauernde Militarisierung der deutschen Politik durch den Bürgerkrieg, der in den Jahren 1919/20 in Teilen des Reiches herrschte. Und drittens – *last but not least* – der von der überwältigenden Mehrheit des deutschen Bürgertums – auch von den meisten Pazifisten – als demütigend und ungerecht empfundene Versailler Vertrag.

Die Nation blieb darüber hinaus tief gespalten, weil das Kriegserlebnis völlig unterschiedlich verarbeitet wurde. Das reichte vom radikalen Antimilitarismus bis zur rauschhaften Überhöhung des Fronterlebnisses durch die Autoren des soldatischen Nationalismus (z. B. Ernst Jünger). Militärische Traditionen wurden in Veteranenverbänden gepflegt, deren wichtigster der »Stahlhelm« mit mehreren Millionen Mitgliedern war. Um solchen Verbänden, die die Schützengrabengemeinschaft stilisierten und die auf die nachwachsende Generation einen verheerenden Einfluß hatten, etwas entgegenzusetzen, gründeten im Herbst Intellektuelle wie Carl von Ossietzky, Kurt Tucholsky, Berthold Jacob und Emil Julius Gumbel den Friedensbund der Kriegsteilnehmer.

Der Friedensbund steht für eine neue, erst in der Weimarer Republik relevante Richtung innerhalb des deutschen Pazifismus, die man radikalpazifistisch nennt. Die Radikalpazifisten standen der radikalen Arbeiterbewegung nahe. Sie propagierten die Kriegsdienstverweigerung, forderten die Ausrufung eines Generalstreiks bei Kriegsgefahr, die Abschaffung der Wehrpflicht (die in Deutschland aufgrund des Versailler Vertrages ohnehin nicht bestand) und des Militärs überhaupt, verlangten Friedenserziehung in den Schulen und die Einrichtung eines internationalen Völkerparlaments. Daneben machten sie sich die traditionelle Forderung der Pazifisten nach Schiedsgerichten zur Schlichtung internationaler Streitigkeiten und politische und soziale Forderungen der radikalen Arbeiterbewegung zu eigen. Die Anfangserfolge des Radikalpazifismus und seine bald zunehmende Unzeitgemäßheit spiegeln sich in der Mitgliederzahl des Friedensbundes, die nach einem Jahr zwar bereits bei 30000, 1926 jedoch nur noch bei 750 lag, ebenso wie in der Resonanz auf seine alljährlichen »Nie wieder Krieg«-Kundgebungen.

Die erste solche Kundgebung fand am 1. August 1920, zum sechsten Jahrestag des Kriegsbeginns in Berlin statt. Zur Teilnahme riefen neben dem Friedensbund auch die DFG, der BNV, Kriegsbeschädigten- und Kriegsgefangenenverbände sowie die Jugendorganisation der linksliberalen DDP auf. Es kamen etwa 50000 Menschen, obwohl die Arbeiterbewegung am selben Tag eigene Antikriegskundgebungen abhielt. Die Kundgebungen des folgenden Jahres bildeten den Höhepunkt der »Nie wieder Krieg«-Bewegung. Die pazifistischen Organisationen, die beiden sozialdemokratischen Parteien und die ihnen nahestehenden Freien Gewerkschaften mobilisierten diesmal gemeinsam. Allein in Berlin demonstrierten rund 200000 Menschen, in weiteren 2–300 Städten fanden Kundgebungen mit insgesamt etwa einer halben Million Teilnehmern statt. In den Jahren 1922–1924 gab es jeweils am 1. August weitere eindrucksvolle Antikriegskundgebungen. Aber die Aktionseinheit zwischen pazifistischer und Arbeiterbewegung kam nie wieder in der Breite des Jahres 1921 zustande. Außerdem störte die KPD immer wieder die Demonstrationen, die sie als »Friedensrummel« diffamierte, der von den wesentlichen Kampfzielen ablenke. Der Niedergang der Antikriegsbewegung ist symptomatisch für den Wandel des Zeitgeistes in der Weimarer Republik. In den frühen 20er Jahren waren erhebliche Teile des Bürgertums bereit, eine nüchterne »Arbeitsbeziehung zur Republik« aufzunehmen,[9] ohne daß allerdings eine emotionale Bindung an die neue Staatsform entstanden wäre. Nach der politischen und wirtschaftlichen Stabilisierung der Republik fielen große Teile des Bürgertums zurück in ältere Denk- und Verhaltensweisen, in Nationalchauvinismus und Militarismus.

Die Verschlechterung der Rahmenbedingungen für die pazifistische Agitation seit Mitte der 20er Jahre hatte zur Folge, daß sich die Friedensbewegung mehr mit sich selbst und ihren inneren Gegensätzen beschäftigte als mit ihren Gegnern. Sektierertum breitete sich aus. Exemplarisch für die zunehmende Schärfe, mit der interne Konflikte ausgetragen wurden, kann das Urteil stehen, das der Radikalpazifist Carl von Ossietzky über die Friedensbewegung, ihre »Urmutter« Bertha von Suttner und deren Buch »Die Waffen nieder« abgab: »Es ist wahrscheinlich das Schicksal der Bewegung gewesen, daß ihr Ausgangspunkt der larmoyante Roman einer sehr feinfühligen und sehr weltfremden Frau war. […] Sie kämpfte mit Weihwasser gegen Kanonen, sie adorierte mit rührender Kindlichkeit Verträge und Institutionen – eine Priesterin des Gemütes, die den Königen und Staatsmännern ins Gewissen redete und die halbe Aufgabe als gelöst ansah, wenn sie freundlicher Zustimmung begegnete. […] Wie so viele Frauen, die aus reiner Weiberseele für die Verwirklichung eines Gedankens kämpfen, der männliche Spannkraft und ungetrübten Tatsachenblick erfordert, glitt sie ins Chimärische […] So war um die ›Friedensbertha‹ allmählich ein sanftes Aroma von Lächerlichkeit […] Und es hat nach außen so stark gewirkt, daß auch die tüchtigsten und bedeutendsten Männer es nicht haben beseitigen können.«[10] Die männlich-chauvinistische Überheblichkeit, mit der sich Ossietzky über Suttner ausließ, war symptomatisch für die verletzende Form, in der innere Auseinandersetzungen geführt wurden. Dabei wurde das gemeinsame Ziel oft aus den Augen verloren. Ebenso wie Ossietzky die Suttner beharkten die Radikalpazifisten die seit der Revolution staatstragend gewordene DFG-Führung unter Quidde. Auch innerhalb der DFG verschärfte sich der Ton bei den Konflikten, die vor allem zwischen dem Vorstand und dem Westdeutschen Landesverband unter seinem ehrgeizigen Vorsitzenden Fritz Küster ausgetragen wurden. Er trat wie die Radikalpazifisten für eine stärkere Massenmobilisierung und für eine Verbindung von Pazifismus und Sozialismus ein. Die Auseinandersetzung führte 1929 zum Rückzug der alten bürgerlich-demokratischen Garde um Quidde aus der DFG-Führung. Diese innerpazifistischen Differenzen waren auch Ausdruck der Generationengegensätze, die fast alle politischen Konflikte der Weimarer Republik prägten.

Während die DFG nach dem Weltkrieg, zumindest bis die jüngere Generation um Küster ans Ruder kam, an die Vorkriegstradition der Friedensbewegung anknüpfte und weiterhin den Ausbau internationaler Organisationen und der Schiedsgerichtsbarkeit forderte, ging der BNV neue Wege. Als sich im Niedergang der »Nie wieder Krieg«-Bewegung 1922 die abnehmende Anziehungskraft rein kriegsgegnerischer Parolen erwies, benannte er sich um in Deutsche Liga für Menschenrechte (DLM). Er nahm damit nach dem Vorbild der französischen Gesinnungsgenossen, die bereits nach der Dreyfus-Affaire eine *Ligue des droits de l'homme* gegründet hatten, eine Erweiterung des klassischen pazifistischen Programms vor. Die Liga kämpfte nicht nur gegen die geheime Wiederaufrüstung Deutschlands durch die »Schwarze Reichswehr«, sondern auch gegen nationalistische Geheimbünde, trat für eine Demokratisierung der autoritär-nationalistischen Weimarer Justiz und für die deutsch-polnische wie für die deutsch-französische Aussöhnung ein. Zugleich warf das Eintreten für die Menschenrechte für konsequente Pazifisten ein neues Dilemma auf: Lassen sich die Menschenrechte mit rein friedlichen Mitteln durchsetzen?

Das politische Klima in der ersten Republik verschärfte sich bedrohlich, lange bevor die konservativen Eliten den Nationalsozialisten die Regierungsgewalt übertrugen, so daß immer weniger Menschen die Zivilcourage besaßen, sich öffentlich zum Pazifismus zu bekennen.[11] Seit Ende der 20er Jahre wurden die Nationalsozialisten die führende Kraft in der antipazifistischen Agitation. Goebbels erster großer

Erfolg in dieser Hinsicht war das Verbot des Antikriegsfilmes »Im Westen nichts Neues« durch die staatliche Filmprüfungsstelle im Dezember 1930. Er erreichte dies mit einer Verbindung von inhaltlichen Attacken in der NS-Presse und Veranstaltungsstörungen durch SA-Trupps, die nicht nur ihre Parolen brüllten, sondern auch weiße Mäuse laufen ließen und Stinkbomben warfen. Die Pazifisten gerieten in eine Pariasituation, je mehr sich erwies, daß Deutschland zwar im Versailler Vertrag demilitarisiert, der Zeitgeist aber keineswegs entmilitarisiert worden war und sich immer stärker nationalistisch und revanchistisch auflud. Angesichts zunehmender Verfolgung ging eine Reihe führender Köpfe der Weimarer Friedensbewegung bereits ins Exil, bevor Hitler Reichskanzler wurde. Albert Einstein hatte nach dem Krieg seinen Wohnsitz vorsichtshalber gar nicht wieder ganz nach Deutschland verlegt; der Mediziner Georg Friedrich Nicolai ging bereits 1922 nach Lateinamerika, nachdem er seine Lehrberechtigung an der Berliner Universität verloren hatte; Friedrich Wilhelm Foerster floh im selben Jahr nach dem Mord an Walter Rathenau in die Schweiz; Kurt Tucholsky, nicht nur als Publizist pazifistisch engagiert, sondern auch in DFG und Liga aktiv, siedelte 1929 nach Schweden über; Helene Stöcker, eine führende Feministin innerhalb der Friedensbewegung, Berthold Jacob oder Emil Julius Gumpel verließen Deutschland 1932.

Die nationalsozialistische Machtübernahme bedeutete dann eine Systematisierung der Verfolgung der Pazifisten. Symbolisch für die Erbarmungslosigkeit, mit der sie vonstatten ging, steht das Leiden Carl von Ossietzkys, dem der Nobelpreis, den er 1936 nach einer großangelegten Kampagne seiner rechtzeitig außer Landes gegangenen Gesinnungsgenossen erhielt, zwar die Entlassung aus dem KZ brachte, dessen Gesundheit aber bereits durch die Haft zerstört war. Bei den Bücherverbrennungen stellten die Nationalsozialisten Ossietzky und andere prominente Pazifisten an den Pranger. Einer der eindrucksvollsten Belege, wie verhaßt den Nationalsozialisten der Pazifismus war, ist die erste Ausbürgerungsliste, mit der die Hitlerregierung im August 1933 33 Personen die Staatsbürgerschaft entzog und sie damit öffentlich zu Hauptstaatsfeinden erklärte. Neben einigen prominenten Kommunisten ist fast die Hälfte der Ausgebürgerten der Friedensbewegung zuzurechnen. Wir finden auf der Liste unter anderen Tucholsky, Foerster, Gumbel, Heinrich Mann, Ernst Toller und die beiden Generalsekretäre der Liga für Menschenrechte, Kurt Grossmann und Otto Lehmann-Rußbüldt.

1933 stand der deutsche Pazifismus vor einer totalen Niederlage. Die äußeren Umstände, vor allem der Versailler Vertrag, die mehrheitlich militaristische und nationalistische Mentalität der Zwischenkriegszeit, sowie innere Streitigkeiten und Sektierertum machten die Pazifisten mit ihrem Eintreten für internationalen Ausgleich und eine zivile Gesellschaft

Emil J. Gumbel; Foto Lotte Jacobi (1931)

chancenlos. Die Zeit des Exils war auch eine Zeit des Nachdenkens über die Ursachen für das Scheitern der deutschen Friedensbewegung. Es entstanden einige selbstkritische Analysen, die allerdings von der Friedensbewegung der zweiten Nachkriegszeit kaum rezipiert worden sind, obwohl sie Fragen reflektierten, die bis heute aktuell geblieben sind.[12]

Karl Holl

Pazifistische Programmatik und pazifistische Lebensbilder im Wandel der Generationen zwischen 1830 und 1945

Eine Problemskizze

Ausgangspunkt der hier skizzierten Überlegungen ist die triviale Beobachtung, daß zwischen den Programmatiken, Konzepten und Agitationsformen des älteren organisierten Pazifismus im 19. und frühen 20. Jahrhundert und jenen seit dem Ersten Weltkrieg erhebliche Unterschiede bestehen. Dieser Befund legt den Versuch nahe, die Unterschiede aus den verschiedenen historischen Erfahrungen der Generationen zu erklären, die die Geschichte kontinentaleuropäischer Friedensbewegungen geprägt haben. Gegenstand der Betrachtung sollen also die programmatischen und konzeptuellen Veränderungen in der Selbstpräsentation des organisierten Pazifismus und deren verschiedene organisatorische und agitatorische Erscheinungsformen sein. Einschränkend sei betont, daß die Betrachtung ausschließlich dem organisierten Pazifismus Kontinentaleuropas gilt, da der angloamerikanische Pazifismus von anderen historischen Bedingungen abhängt und deshalb andere Verlaufsformen zeigt. Ihre Verankerung in bürgerlichen Schichten weist die kontinentaleuropäischen Friedensbewegungen während des 19. Jahrhunderts und bis in den Ersten Weltkrieg hinein als eine Erscheinung des Bürgertums und bürgerlicher Emanzipation aus.

Auf lokaler Ebene stellten sich die Friedensbewegungen in lockeren organisatorischen Formen von Friedensvereinigungen, auf nationaler und internationaler Ebene von Kongressen dar. Sie folgten der Einsicht in die ökonomische und politische Unproduktivität von Kriegen, in Deutschland auch individualethischen Argumentationsmustern, die sich an Immanuel Kants Friedensethik orientierten. Der appellative

Charakter der auf den Kongressen verkündeten Friedensbotschaften, die sich an die Monarchen und an deren Regierungen in der Hoffnung auf Einsicht wandten, setzte den Diskursstil der lokalen Friedensassoziationen auf höherer Ebene fort.

Demgegenüber warb in den Anfängen der europäischen Friedensbewegungen ein radikaler, demokratischer Flügel der pazifistischen Pioniergeneration (ca. 1830 bis 1870) im Gleichklang mit der zeitgenössischen revolutionären Rhetorik der demokratischen Linken für die gewaltsame Abschüttelung monarchischer Herrschaft in Europa. Das monarchische Prinzip erschien diesem Flügel als eine wesentliche Ursache für Kriege. Geworben wurde hier gleichzeitig für den nationalen Befreiungskampf unterdrückter Völker gegen landfremde Herrschaft – in zweifacher Hinsicht also für eine in der Logik eines militanten Republikanismus und Anti-Monarchismus angelegte Praxis »legitimer«, da »pazifistisch« begründeter Gewaltpolitik, gewissermaßen für das *bellum iustum* im Dienste dauerhafter Friedenssicherung. Völkerkongresse und schiedsgerichtliche Verfahrensregeln zur Beilegung zwischenstaatlicher Konflikte sollten in mittel- und langfristiger Perspektive den angestrebten Zustand stabilisieren helfen. Die im Idealfall dann sämtlich republikanisch verfaßten Nationalstaaten waren selbstverständlich bei Angriffen von außen zum Verteidigungskrieg berechtigt. Höhepunkt und Abschluß dieses militanten Pazifismus bildete die Gründung der Internationalen Liga für Frieden und Freiheit in Genf im Jahre 1867.

Im Gegensatz zu einem solchen Erwartungshorizont hatte es die Gründer- und Pioniergeneration der europäischen Friedensbewegungen außer mit den multinationalen Großmächten Österreich-Ungarn und Rußland mit alten Nationalstaaten wie Frankreich zu tun, aber auch mit jungen wie Deutschland und Italien. Deren Monarchien saßen nach dem Scheitern bzw. Verebben der revolutionären Bewegungen und nach dem Gelingen des deutschen und italienischen Einigungsprozesses fest im Sattel. In Frankreich dagegen vollzog sich der Übergang von einer kurzlebigen Republik über eine cäsaristische, plebiszitär abgestützte Herrschaft mit weitgespannten außenpolitischen Aspirationen eines neuen Bonapartismus unter Napoleon III. schließlich zu einer Republik konservativen Zuschnitts.

Die jetzt folgende Friedensbewegung, in der nunmehr die radikaleren mit gemäßigten, liberalen Elementen verschmolzen, übernahm in der zweiten pazifistischen Generation von etwa 1870 bis an die Schwelle des Ersten Weltkrieges das programmatische Erbe ihrer Vorgängergeneration. Forderungen nach Abrüstung und Schiedsgerichtsbarkeit – jedoch unter Verzicht auf jegliche revolutionäre, systemstürzende Ansprüche – wurden ebenso beibehalten wie das Prinzip, nach welchem nationale Verteidigungskriege legitime Kriege sind. Während die zweite pazifistische Generation immer noch im Bann optimistischer Erwartungen für die segensreiche Wirkung ihrer Programmatik stand, übersah sie, wie sehr sich inzwischen die Bedingungen internationaler Politik im Zeichen des Imperialismus der Großmächte – der alten Mächte England, Frankreich, Österreich-Ungarn und Rußland sowie der neuen Deutschland, Italien und der ganz neuen USA und Japan – verändert hatten.

Aus der späteren Rückschau läßt sich erkennen, daß im Kontext der Epoche die Chancen für die Verhinderung der ersten globalen Großkatastrophe des 20. Jahrhunderts äußerst gering waren. Innergesellschaftlich stand – in der militarisierten Gesellschaft Deutschlands am stärksten ausgeprägt – jeglicher Pazifismus unter dem Verdacht eines Mangels sowohl an Virilität wie an Patriotismus. In der internationalen Politik war es um die Chancen zur Realisierung pazifistischer Konzepte nicht besser bestellt. Der Abschluß bilateraler Schiedsgerichtsverträge oder die Errichtung eines Systems multilateraler Schiedsgerichtsverträge wurde durch die Haltung der Großmächte unmöglich gemacht. Sie verweigerten sich einem Souveränitätsverzicht als unvermeidlicher

Konsequenz fakultativer und mehr noch obligatorischer Schiedsgerichtsbarkeit, wobei das deutsche Beispiel besonders desillusionierend wirken mußte. Das pazifistische Postulat allseitiger (nicht einmal einseitiger) Abrüstung scheiterte am Rüstungswettlauf der Großmächte, der mit der Flottenrüstung begann, die durch die Verbindung von imperialistischer Ideologie, verbreitetem Sozialdarwinismus und der Rezeption modernen navalistischen Gedankenguts gefördert wurde.

Theoretiker wie Alfred Hermann Fried und Norman Angell waren dagegen von der pazifizierenden Wirkung »mondialisierender« (heute würde es heißen: globalisierender) Tendenzen in Politik und Ökonomie überzeugt. Fried bemerkte überall Anzeichen internationaler friedlicher Vernetzung, und Angell maß der Aussicht auf die mit einem Weltkrieg höchstwahrscheinlich verbundenen desaströsen Schäden sowohl für die Volkswirtschaften der einzelnen Akteure wie für die Weltwirtschaft insgesamt eine abschreckende Wirkung bei.

Die Entfesselung des Ersten Weltkrieges hatte für die Sprecher sämtlicher pazifistischer Positionen eine niederschmetternde Wirkung. Die Werbung für Schiedsgerichtsbarkeit hatte sich als Sackgasse erwiesen, die an die Großmächte gerichtete Aufforderung zur Abrüstung stieß auf taube Ohren, und die Erwartungen von Fried und Angell hatten sich nicht erfüllt. Ebensowenig hatten am Vorabend des Weltkrieges gestartete Unternehmungen eines »Verständigungspazifismus« akademischer und protestantisch-kirchlicher Minderheitsgruppierungen, so der 1911 gegründete Verband für internationale Verständigung und bilaterale deutsch-französische, deutsch-englische goodwill-Aktionen, den Zusammenprall der europäischen Nationalismen und deren Instrumentalisierung durch die Regierungen verhindern können. Durchweg wohlsituierte Bürger – Bankiers, Rechtsanwälte, Ärzte, Professoren, allerdings mit geringer repräsentativer Geltung für ihre gesellschaftliche Schicht – bestimmten das soziale Profil des Führungspersonals innerhalb der Friedensbewegung der ersten und zweiten Generation.

Aus der Erfahrung des Scheiterns der älteren pazifistischen Programmatik ging die pazifistische Radikalität einer jungen Generation von Kriegsteilnehmern als »Schützengrabenpazifismus« folgerichtig hervor. Forderungen wie Massenagitation, Massenstreik, massenhafte Kriegsdienstverweigerung, Protestformen wie die Massen-Meetings der Antikriegsbewegung prägten deshalb wesentlich das Erscheinungsbild europäischer Friedensbewegungen in den 20er und 30er Jahren des 20. Jahrhunderts. Dazu gehörte in Deutschland die Verbreiterung der sozialen Basis der Friedensbewegung in die sozialdemokratisch orientierte Arbeiterschaft und in kleinbürgerliche Kreise hinein. Was sich im Ersten Weltkrieg innerhalb der Friedensbewegung – auch international – vorbereitet hatte, war inzwischen unbestrittene Überzeugung geworden. Die Frage nach Krieg oder Frieden sei auch eine Frage des Verhältnisses von Innen- und Außenpolitik; Pazifismus bedeute deshalb auch, sich in die inneren Verhältnisse des Staates einmischen zu dürfen, ja, zu müssen.

Die Unbedingtheit der zu Pazifisten gewordenen Frontsoldaten traf in Deutschland nun allerdings auf Männer der selben Generation, die aus dem Fronterlebnis ganz andere Schlüsse zogen. Für den härtesten Kern dieser Teilgeneration nämlich, aus dem sich binnen kurzem die verharmlosend »Landknechtsnaturen« genannten Freikorpskämpfer, die Fememörder, die Attentäter von rechts und die Hitleranhänger der ersten Stunde rekrutierten, lebte der Krieg gewissermaßen in Permanenz fort. Er wurde vorgeblich als Vernichtungskrieg gegen den »inneren Feind« legitimiert, da diesem der »Dolchstoß« in den Rücken der Front und somit die deutsche Niederlage zugeschrieben wurde. Nun erst wurden Pazifisten Opfer von Mordanschlägen. Auf solche Weise kehrte die Gewalt des Kriegsalltags wieder: als Gewalt im Alltag des Friedens. Die Unerbittlichkeit des Feind-Feind-Verhältnisses der Front manifestierte sich jetzt als dessen Fratze in der Gestalt äußerster Verrohung und Enthemmung. Das unausgesprochene Ziel der jungen Pazifisten des

Ersten Weltkrieges bestand also auch darin, der Gewöhnung an die Gewalt im Friedensalltag entgegenzutreten, also Zivilität in einer demokratischen und sozialen Republik herzustellen. An dieser Aufgabe scheiterten sie ebenso wie die Pazifisten der Vorgängergeneration, und das Ereignis des 30. Januar 1933 besiegelte deren Scheitern.

Für die Begegnung des älteren Pazifismus mit der Justiz waren allenfalls Prozesse wegen Majestätsbeleidigung charakteristisch (instruktiv im Falle Ludwig Quiddes). Die typische Erfahrung der jungen Weimarer Pazifistengeneration mit einer der Republik nur widerwillig dienenden Justiz bestand in der Strafverfolgung wegen angeblichen Landesverrats. Und es sollte sich zeigen, daß dies nur das Vorspiel der Pazifistenverfolgung im NS-Staat darstellte.

Offensichtlich war die Fähigkeit zur politischen Analyse und zur sicheren Prognose bei den Vertretern des radikalen deutschen Jungpazifismus schärfer ausgeprägt als bei den Sprechern der moderateren Vorgängergeneration. Denn daß »Hakenkreuz und Stahlhelm Deutschlands Untergang« bedeuten werden, wie ein radikalpazifistischer Slogan lautete, stand für den deutschen Jungpazifismus außer Frage. Die Haltung des älteren Pazifismus gegenüber dem Nationalsozialismus schien dagegen eher Zeichen von Ratlosigkeit und Immobilität an sich zu tragen. Vertreten durch »Altpazifisten«, deren Geburtsjahre zwischen 1850 und 1880 lagen, hatte er sich mit dem sogenannten organisatorischen Pazifismus verbinden können, wie er Alfred Hermann Fried vorgeschwebt hatte: in der Verteidigung des Völkerbundes, einer alten pazifistischen Hoffnung, die als Frucht und Werkzeug des Entente-Sieges indes bald mißraten wirkte. In diesem pazifistischen Lager wurden die offenkundigen Mängel des Völkerbundes durchaus erkannt. Seine Existenz wurde gleichwohl wegen seiner Bedeutung als potentieller Instanz der Konfliktregulierung als unverzichtbar angesehen, die notfalls die Konsequenz des Sanktionskrieges als neues *bellum iustum* zur Abschreckung oder Eindämmung von Friedensbrechern einschloß.

Keiner der neuen Spielarten des europäischen Pazifismus blieb die Auseinandersetzung mit den von den Diktaturen des 20. Jahrhunderts drohenden Kriegsgefahren erspart. In idealtypischer Vereinfachung treten in den 30er Jahren zwei weitere Varianten als bedeutsam hervor, nicht zuletzt wegen der weitreichenden Wirkung, die von den in ihnen enthaltenen Lektionen ausgehen sollte. Der »pazifistische Absolutismus« bzw. der »integrale« Pazifismus in der französischen und britischen Friedensbewegung der 30er Jahre stand im Zeichen des *appeasement*. Von ihm unterscheidet sich der seit dem 30. Januar 1933 ins Exil vertriebene deutsche Pazifismus, der das Prinzip absoluter Gewaltlosigkeit angesichts der Aggressivität der zeitgenössischen Diktaturen als unproduktiv und als potentiell friedensgefährdend ansah.

Einige ausgewählte Lebensläufe deutscher Pazifisten sollen die generationell bedingten Unterschiede pazifistischer Profile, aber auch deren Gemeinsamkeiten – signifikante Abweichungen von Haltungen des gesellschaftlichen Hauptstroms – verdeutlichen.

Georg Arnhold (1859 in Dessau geboren, 1926 in Innsbruck gestorben) war Sohn eines Arztes. Während sein älterer Bruder Eduard als Teilhaber des Bankhauses Wollheim in Berlin erfolgreich war und die Firma nach dem Tod des Inhabers übernahm, blieb Georg Arnhold in Dresden und eröffnete hier ein bald florierendes Bankhaus. Wie sein Bruder trat Georg Arnhold mäzenatisch hervor. Er unterstützte großzügig soziale Einrichtungen, förderte zeitgenössische bildende Künstler und fungierte als Geldgeber für Friedensaktivitäten. Im Hinblick auf sein segensreiches öffentliches Wirken, das ihm Ansehen über die Grenzen Sachsens hinaus eintrug, erhielt er, wie sein Bruder in Preußen, den Titel eines Kommerzienrates.

Seine ökonomischen Einsichten ließen Georg Arnhold den Krieg als Unheil erkennen, und seine Gesinnung tiefer

Menschlichkeit führte ihn, gemeinsam mit seiner Ehefrau, in die Friedensbewegung. Noch gegen Ende des 19. Jahrhunderts trat er der Deutschen Friedensgesellschaft (DFG) bei, die er mit häufigen Zuwendungen unterstützte. Er gründete die DFG-Ortsgruppe Dresden und stand längere Zeit an deren Spitze. Seine finanzielle Hilfe ermöglichte bis 1911 das Erscheinen der zentralen deutschsprachigen Zeitschrift der Friedensbewegung, »Die Friedens-Warte«, und des »Handbuchs der Friedensbewegung« von Alfred H. Fried. Sein förderndes Interesse erwies er auch dem Verband für internationale Verständigung und dem Deutsch-französischen Annäherungskomitee sowie der Esperanto-Bewegung.

Erschüttert vom Ausbruch des Ersten Weltkrieges, war Georg Arnhold vom Massenerfolg der Friedensbewegung nach dem Krieg überzeugt. Er nahm während des Krieges lebhaft Anteil an der Gründung einer pazifistischen Vereinigung neuen Stils, des Bundes Neues Vaterland (BNV), warnte jedoch im Sinne des älteren Pazifismus davor, innenpolitische Probleme in pazifistische Diskussionen einzubeziehen. Das erklärt, weshalb er die Radikalisierung der deutschen Friedensbewegung in den 20er Jahren mit Bedenken beobachtete. Ihre vielfältigen öffentlichen Verdienste wurden der jüdischen Familie Arnhold, die 1933 emigrieren konnte, von den Nazis übel vergolten.

Harry Graf Kessler (1868 in Paris geboren, 1937 in Lyon gestorben) war der Sohn eines 1881 in den preußischen Grafenstand erhobenen Hamburger Bankiers Schweizer Herkunft und einer britischen Mutter, die begütertem irischem Adel entstammte. Sein Jurastudium sollte ihn auf hohe Aufgaben in der Verwaltung oder auf eine diplomatische Laufbahn vorbereiten. Die Entscheidung für ein gleichzeitiges Studium der Kunstgeschichte verwies dagegen auf seine weitgespannten künstlerischen Interessen, die sich bald mit mäzenatischem Wirken verbanden und seiner zivilen Haltung ebenso Raum gewährten wie dem seinem Potsdamer Garde-Ulanen-Regiment bezeugten Korpsgeist.

Kosmopolitische Überzeugungen, Weltläufigkeit, sicheres Stilgefühl und Aufgeschlossenheit für moderne künstlerische Entwicklungen verschafften ihm enge Beziehungen zu zeitgenössischen Schriftstellern und zu deutschen wie ausländischen bildenden Künstlern. Die politische Dimension seiner Kunstgesinnung bestand darin, die Förderung internationaler Strömungen der künstlerischen Moderne für Zwecke der Völkerverständigung und der Friedenssicherung einzusetzen. Im Jahre 1902 zum Leiter des Großherzoglichen Museums für Kunst und Kunstgewerbe in Weimar berufen, geriet er in Konflikte mit der konservativen Kunstpolitik in Weimarer und Berliner Hofkreisen, weshalb er 1906 den Abschied von seinem Posten nahm.

In den Jahren vor dem Weltkrieg versuchte sich Kessler in selbständiger literarischer Produktivität. Er befand sich dabei in der nicht konfliktfreien Nähe zu Hugo von Hofmannsthal und in der Bewunderung der Kunst Aristide Maillols, mit dem er als Schöpfer der Cranach-Presse eine gemeinsame eindrucksvolle Leistung hervorbrachte. Zwar scheiterte er trotz rastloser Tätigkeit in der Vollendung zahlreicher eigener Entwürfe, ist aber als großer Anreger, als Förderer vieler Talente, alles in allem als exemplarische Verkörperung der dem großen Krieg vorausgehenden inneren Unruhe einer jungen Intellektuellengeneration zu sehen.

Seine ungebrochene patriotische Zustimmung zum Krieg, mit der er 1914 als Rittmeister zu den Waffen eilte, wurde ersten Zweifeln ausgesetzt, als er vor Verdun Zeuge des massenhaften Soldatentodes wurde. Die ihm 1916 vom Auswärtigen Amt anvertraute Mission, von der deutschen Gesandtschaft in Bern aus deutsche Kulturpropaganda zu organisieren, verhinderte zunächst, daraus konkrete Entscheidungen für sich selbst abzuleiten. Den Auftrag erfüllte er mit großem Eifer und nicht ohne Erfolg, wobei er mit einer gewissen Selbstüberschätzung seine vielfältigen Kontakte für Friedensfühler zu nutzen versuchte.

Der Umbruch von 1918/19 löste eine Neu- und Umorientierung bei Kessler aus, die ihren Ausdruck in der – allerdings nur kurzzeitigen – Übernahme des Postens als Gesandter in Warschau fand, in seinem Beitritt zur Deutschen Demokratischen Partei (DDP) und vor allem in seiner Hinwendung zum Pazifismus. Seine stets auf geistige und politische Unabhängigkeit bedachte Einstellung zu einer öffentlichen Tätigkeit fand in seinem pazifistischen Engagement noch am ehesten Erfüllung. Im Bund Neues Vaterland (BNV) und in dessen Nachfolgeorganisation, der Deutschen Liga für Menschenrechte (DLM), und in der DFG nahm er eine bedeutende und geachtete Stellung ein und unterstrich seine Übereinstimmung mit deren Zielen durch Geldzuwendungen in beträchtlicher Höhe. Auch innerhalb der Friedensbewegung der Weimarer Republik legte er bei all seiner Präferenz von Linkspositionen Wert auf seine ideologische Eigenständigkeit. Er blieb zugleich besorgt um die Abstimmung pazifistischer Aktionen mit den Regierungsstellen, und er war ein prononcierter Anhänger eines den Völkerbund und dessen Ausbau fordernden organisatorischen Pazifismus. Kesslers Entwurf für einen »wahren Völkerbund« (1920) grenzte sich dezidiert sowohl von dem Entwurf der Siegermächte wie von dem regierungsamtlichen deutschen Gegenentwurf ab. Kesslers nun voll einsetzende Völkerbundpropaganda verband sich mit den Anstrengungen deutscher Pazifisten zur Wiederanbahnung friedlicher deutsch-französischer Beziehungen. Für die Erfüllung dieser Aufgabe brachte er wie nur wenige andere Deutsche seiner Zeit die kulturellen Voraussetzungen und die notwendige Glaubwürdigkeit mit. In überwiegend offiziöser Mission des Auswärtigen Amtes war Kessler in den nächsten Jahren in London, in den USA und beim Völkerbund in Genf tätig.

Seit 1926 war Kessler von schwerer Krankheit gezeichnet. Zusehends büßte er seinen ohnehin geringen Einfluß in der deutschen Außenpolitik, der DDP und in der DFG ein, deren Vorstand er angesichts der sich radikalisierenden Entwicklung innerhalb der deutschen Friedensbewegung mit anderen gemäßigten Mitgliedern 1929 verließ. Seine Arbeitskraft widmete er nun erneut literarischen Projekten, vor allem der Biographie Walter Rathenaus (1928), die ein großer Erfolg wurde, und seinen Lebenserinnerungen, deren erster Teil »Gesichter und Zeiten« 1935 erschien.

Seit den Reichstagswahlen vom 5. März 1933 war Kessler im Exil. Da sein Vermögen 1935 von den Nationalsozialisten beschlagnahmt wurde, verschlechterten sich seine finanziellen Verhältnissen weiter. Über Paris und Mallorca kam er schließlich als schwerkranker Mann nach Lyon, wo er, in verzweifelter Lage und völlig von der Unterstützung seiner Schwester Wilma Marquise de Brion abhängig, am 30. November 1937 starb.

Otto Lehmann-Rußbüldt (1873 in Berlin geboren, 1964 dort gestorben), Sohn eines Berufssoldaten und späteren Zollbeamten, fügte aus Dankbarkeit gegenüber dem Ehepaar Rußbüldt, das nach seiner unglücklichen Kindheit und frühen Jugend seine Erziehung übernahm, seinem Namen den seiner Zieheltern hinzu. Nach seiner Ausbildung als Buchhändler arbeitete er als Berichterstatter einer parlamentarischen Nachrichtenagentur.

Die geistige Unabhängigkeit des nonkonformistischen Autodidakten Lehmann-Rußbüldt wurde früh erkennbar. Zu Beginn des 20. Jahrhunderts trat er dem Giordano-Bruno-Bund bei, wenig später auch dem Deutschen Monistenbund, und er betätigte sich noch vor dem Ersten Weltkrieg als Mitglied des Komitees Konfessionslos in der Kirchenaustrittsbewegung. Seinen Lebensunterhalt sicherte damals ein von ihm betriebener Versandhandel mit Schriften der monistischen Bewegung.

Im November 1914 gehörte Lehmann-Rußbüldt zu den Gründern des BNV, dessen Geschäftsleitung er über-nahm. (Aus seiner Feder stammt eine Darstellung der Geschichte des BNV von 1927.) Nach Kriegsende wirkte er in der Nachfolgeorganisation des Bundes, der Deutschen Liga für

Menschenrechte (DLM) maßgeblich mit, deren Geschäftsführung er bis 1926 innehatte. Während des Weltkrieges trat er dem deutschen Annexionismus mit einem föderalistischen, an den Vorstellungen eines Vereinigten Europa orientierten Konzept mit dem Titel »Die Schöpfung der Vereinigten Staaten von Europa« entgegen. Im April 1915 nahm er als Delegierter des BNV in Den Haag an der Gründung der Zentralorganisation für einen dauerhaften Frieden teil.

Seine Übereinstimmung mit manchen Positionen der sozialdemokratischen Linken stand seiner Mitarbeit bei kommunistischen Aktionen, wenn er sie für erforderlich hielt, nicht im Wege. Jedoch war er überzeugt von der Vereinbarkeit pazifistischer Ziele mit dem kapitalistischen System. Er setzte sich für eine Politik deutsch-französischer und deutsch-polnischer Verständigung ein und warb für den Eintritt Deutschlands in den Völkerbund und für die konstruktive Mitarbeit der deutschen Regierung in diesem Gremium. Er gehörte zu den entschiedensten Kritikern der geheimen Aufrüstung Deutschlands und damit auch der »Schwarzen Reichswehr«. In solchen Vorgängen erkannte er bedenkliche Zeichen für ein Wiederaufleben des preußischen Militarismus. Eine von ihm besorgt beobachtete unheilvolle Verbindung von militärischen und rüstungsindustriellen Interessen prangerte er in seiner vielbeachteten Schrift »Die blutige Internationale der Rüstungsindustrie« von 1929 an. Lehmann-Rußbüldt gehörte zu den Mitarbeitern der »Weltbühne« und des pazifistischen Wochenblatts »Das Andere Deutschland«.

Als ein den Nazis besonders verhaßter Pazifist wurde Lehmann-Rußbüldt am 28. Februar 1933, am Tage nach dem Reichstagsbrand, verhaftet. Aus der Haft entkommen, konnte er im März 1933 in die Niederlande fliehen. Von dort gelangte er nach England, wo er als ein herausragender Sprecher der Deutschen Liga für Menschenrechte im Exil auftrat. Sein Name stand auf der ersten Liste der ausgebürgerten deutschen Staatsbürger.

Von London aus nahm er an der Vorbereitung einer deutschen Volksfront im Exil in Paris teil. Seine publizistischen Aktivitäten erlahmten auch während seiner Exilzeit nicht, wobei er sich mit Nachdruck Gedanken zum Neuaufbau einer deutschen Demokratie nach dem Zweiten Weltkrieg zuwandte. Die »Entpreußung« eines künftigen Deutschland, die Dezentralisierung der Verwaltung und die Schaffung eines föderal gegliederten Europa blieben seine wichtigsten Anliegen.

Im Jahre 1951 kehrte Lehmann-Rußbüldt nach Berlin zurück. Er erfuhr nun seine Anerkennung durch die Ehrenpräsidentschaft der neu gegründeten DLM, brach aber mit der Organisation wegen ihrer Zusammenarbeit mit dem politischen System der DDR.

Hans Wehberg (1885 in Düsseldorf geboren, 1962 in Genf gestorben) war der Sohn eines für Reformbewegungen aufgeschlossenen Arztes. Bereits vor dem Ersten Weltkrieg kam er mit der Friedensbewegung in Berührung, als er sich mit den Ergebnissen der Friedenskonferenzen von 1899 und 1907 in Den Haag und im Rahmen seiner juristischen Dissertation über das Seebeuterecht im Land- und Seekrieg (1909) mit Fragen des Völkerrechts beschäftigte.

Seit 1912 war Wehberg an der Herausgabe der »Zeitschrift für Völkerrecht« beteiligt, was als Ausdruck für früh erworbene wissenschaftliche Anerkennung gelten konnte. Nach Ausbruch des Ersten Weltkrieges kam es wegen eines Konfliktes zum Bruch mit der Zeitschrift. Er hatte die Verletzung der belgischen Neutralität durch das Deutsche Reich verurteilt. Dieser Vorgang machte ihn zur Zielscheibe heftiger Angriffe chauvinistischer Kreise in Deutschland. Überdies wurde er den deutschen Militärbehörden verdächtig, die seine pazifistischen Aktivitäten – so seine Mitarbeit im BNV – mit vielfältigen Schikanen, zuletzt durch seine Einberufung zum Militärdienst zu behindern versuchten.

Nach seiner Entlassung aus dem Militärdienst 1917 wurde Wehberg Mitarbeiter am Institut für Weltwirtschaft und Seeverkehr in Kiel. Im Jahre 1919 übernahm er die Leitung der

Abteilung für Völkerrecht bei der Deutschen Liga für Völkerbund (DLV) und trat seither in enge Beziehungen zu dem pazifistischen Völkerrechtslehrer Walther Schücking. Innerhalb der DFG gehörte er zu den maßgeblichen Vertretern des organisatorischen Pazifismus. Als Repräsentant eines gemäßigten Pazifismus schied er 1929 wegen der Radikalisierung ihres Kurses aus der Geschäftsleitung der DFG aus.

Im Jahre 1924 übernahm Wehberg die verantwortliche Herausgabe und Redaktion der »Friedens-Warte«, zu deren Herausgeberkreis er bereits vorher gehört hatte. Diese Aufgabe behielt er auch nach seiner Übersiedlung in die Schweiz bei, als er 1928 an das *Institut de Hautes Études Internationales* in Genf berufen wurde. Als international hoch angesehener Gelehrter und als akademischer Lehrer wirkte er auch am *Institut de Droit International*, seit 1921 als *Associé*, seit 1923 als Mitglied, 1933/34 als Vizepräsident, und häufig an der *Académie de Droit International* in Den Haag. Gegenstand seiner wissenschaftlichen Forschungen als Völkerrechtler waren vor allem die Probleme einer friedlichen Konfliktregulierung, der internationalen Organisation und der Kriegsächtung.

Den Kontakt zur internationalen Friedensbewegung hielt Wehberg durch seine Mitgliedschaft im Rat des Internationalen Friedensbüros in Genf 1929–1932 aufrecht, seither als dessen Ehrenmitglied. In gewisser Hinsicht befand er sich seit 1933 im Exil, und er kehrte erst nach dem Zweiten Weltkrieg aus der Schweiz gelegentlich zu Vorträgen nach Deutschland zurück.

Heinrich (Hein) Herbers (geboren 1895 in Warendorf, gestorben 1968 in Bilthoven/Niederlande) war als zweitjüngstes Kind von neun Geschwistern Sohn eines Kaufmanns und späteren Prokuristen eines Textilbetriebes. Er wuchs in einer betont katholischen und bürgerlichen Familie auf, die mit den Zielen der Zentrumspartei übereinstimmte und in der die Erinnerungen an die Tradition der Welfenpartei fortlebten. Kirchlich-religiöse wie nationalistische Einflüsse wirkten in seiner Jugend auf ihn ein. Während des letzten Abschnitts seiner Schulzeit am katholischen Stiftsgymnasium in Andernach schloß er sich der Wandervogelbewegung an und nahm am Freideutschen Jugendtreffen 1913 auf dem Hohen Meißner teil, Zeichen der beginnenden Ablösung von den Wertvorstellungen seines Elternhauses und des katholischen Milieus. Das durch den Ausbruch des Ersten Weltkrieges veranlaßte und 1915 abgelegte Notabitur ermöglichte ihm die freiwillige Meldung zum Kriegsdienst, den er in Münster antrat und dort anfangs mit einem Studium der Fächer Germanistik, Geschichte und Philosophie verband.

Im ersten Kriegsjahr fiel einer seiner Brüder an der Ostfront, zwei weitere Brüder starben vor Verdun, ein vierter wurde mit einer schweren Verwundung entlassen. Hein Herbers selbst schied wegen einer Lungenerkrankung, die er sich an der Front zugezogen hatte, 1917 aus dem Militärdienst aus. Im Laufe des Jahres 1918 nahm er sein Studium an der Universität Münster wieder auf und erwarb 1921 die Lehrbefähigung für das Lehramt an Höheren Schulen mit den Fächern Deutsch, Geschichte und philosophische Propädeutik.

Als der Krieg zu Ende ging, kamen einige frühere Gewißheiten seines Denkens ins Wanken. Die Erfahrung des Krieges führte ihn zu radikaler Neuorientierung und ließ ihn zum Pazifisten werden. Mit seiner sozialistischen und pazifistischen Einstellung fand er Ende 1918 bei den Unabhängigen Sozialdemokraten (USPD) eine politische Heimat.

Die Berührung mit der Friedensbewegung brachte ihn in engere Beziehungen zu dem radikalen, aktivistischen Flügel, der sich um Friedrich (Fritz) Küster in Hagen gruppierte. Seine pazifistischen Überzeugungen orientierten sich wie bei allen »Hagenern« an der Philosophie und an der politischen Pädagogik Friedrich Wilhelm Foersters mit ihrem antipreußischen Affekt. Diese Pazifisten schlossen es aus, den wehrpolitischen Kurs der Mehrheitssozialdemokratie zu unterstützen und vertraten stattdessen einen kompromißlosen Antibellizismus. Bloß materialistischen Erklärungsmodellen für Kriege innerhalb des kapitalistischen Systems konnte Herbers nichts abgewinnen. Er vertrat demgegenüber eine individualethische Sicht, die dem Einzelnen die Entscheidung über Beteiligung oder Weigerung im Kriegsfall zumutete. Kriegsdienstverweigerung und Massenstreik erschienen ihm legitime Mittel zur Verhinderung einer Neuauflage der gewaltsamen Konfrontation der europäischen Nationen. Die Frage der deutschen Schuld am Ersten Weltkrieg bejahte er ohne Einschränkung, und er bildete damit keine Ausnahme von der allgemeinen Einstellung der Leute um Küster. Er wollte die Republik von Weimar, litt aber daran, daß sie bei den republikanischen Parteien eine so schwächliche Verteidigung fand.

Als Herbers seinen pädagogischen Vorbereitungsdienst 1923 als Studienassessor beendete, arbeitete er angesichts geringer Aussichten auf eine dauernde Anstellung ein Jahr lang unbezahlt an seinem Warendorfer Gymnasium. Dann folgten Gelegenheitsarbeiten, Reisen und ein intensives Engagement für die Ziele des Westdeutschen Landesverbandes der DFG und für »Das Andere Deutschland«. Im Jahre 1926 geriet Herbers zum ersten Mal in Konflikt mit der reichswehrhörigen Justiz von Weimar. Er hatte die Soldaten in einer ironischen Glosse dazu aufgefordert, das von dem Reichswehrminister Otto Geßler ausgesprochene Verbot, den Film »Panzerkreuzer Potemkin« zu besuchen, zu mißachten.

1928 kehrte Herbers wieder zurück in den gymnasialen Schuldienst. Von 1929 bis 1931 unterrichtete er in Bad Ems, wo er überaus erfolgreich war und von den Schülern sehr geschätzt wurde. Zugleich engagierte er sich für die Friedensbewegung und die SPD, für die er kommunalpolitisch tätig war und zeitweise als Mitglied des Magistrats der Stadt fungierte. Nachdem Herbers in allen Schulkollegien auf Gegner der Weimarer Republik und auf nationalistische und nationalsozialistische Gesinnung gestoßen war, erlebte er in Bad Ems die erste extreme Steigerung derartiger Erfahrungen.

Auch bei Teilen der Schülerschaft stieß er zunehmend auf Ablehnung, da er seine politischen Überzeugungen offensiv vertrat. Die immer schwieriger werdende Lage in Bad Ems veranlaßte Herbers zu einer Bewerbung an ein Gymnasium in Kassel. Die politischen Konflikte, die sich aus seiner Überzeugung ergaben, hörten jedoch weder dort noch nach seinem Wechsel an ein weiteres Kasseler Gymnasium auf. Die Unzufriedenheit mit dem Kurs der SPD, die zur Tolerierung Brünings bereit war, veranlaßten ihn zum Austritt aus der Partei und zum Anschluß an die Sozialistische Arbeiterpartei Deutschlands (SAPD).

Schon seit Mitte der zwanziger Jahre hatte Herbers im »Anderen Deutschland« Angriffe gegen Hindenburg gerichtet, den er als Statthalter einer möglichen monarchischen Restauration und als Repräsentanten revanchistischer deutscher Kriegsbereitschaft bekämpfte. In seinem Artikel »Willst Du lange leben?« von 1929 hatte er auf die statistisch unwiderlegbare Tatsache hingewiesen, daß die Lebenserwartung von Generälen eine signifikant höhere sei als die der ihnen anvertrauten Soldaten und als Beispiel ausdrücklich Hindenburg genannt. Die sich daran knüpfenden wüsten Beschimpfungen durch die Rechtspresse setzten sich an Herbers neuen Wirkungsstätten in Kassel fort. Auf solche Weise längst ins Visier der NSDAP geraten, entschloß Herbers sich im Frühjahr 1933, Kassel zu verlassen und unterzutauchen. Ständig auf der Hut vor Verhaftung durch die Gestapo, fand er Zuflucht bei Freunden in Norddeutschland und bei seiner Familie in Warendorf. Er wußte sich so lange dem Zugriff durch die Gestapo zu entziehen, bis er sich 1934 zur sorgfältig vorbereiteten Flucht in die Niederlande entschließen konnte.

An einer Quäkerschule in Bilthoven fand Herbers eine Anstellung als Lehrer und wirkte dort als erfolgreicher Erzieher. Unter seinen Schülerinnen waren die Prinzessinnen des niederländischen Königshauses, darunter die jetzige Königin Beatrix. 1936 heiratete er seine Freundin Lisa Klemm, die ihm ins Exil gefolgt war. Von den Niederlanden aus wagte

Herbers gelegentlich Reisen nach Deutschland, wo er den Kontakt zu Gesinnungsgenossen und zu einem Dortmunder pazifistisch-sozialistischen Widerstandskreis aufnahm. Während der Besetzung der Niederlande entging er dank der Hilfe niederländischer Freunde deutschen Nachstellungen. Nach Kriegsende entschied Herbers sich endgültig für die Niederlande als seine neue Heimat, nahm aber lebhaften Anteil an der politischen Entwicklung im Nachkriegsdeutschland.

Gerhart Seger (geboren 1896 in Leipzig, gestorben 1967 in New York) war der Sohn des Schneiders Friedrich Seger, der später Journalist wurde, dann von 1915 bis 1918 sächsischer Landtagsabgeordneter der SPD, 1919 bis 1922 Reichstagsabgeordneter der USPD und 1922 bis 1928 Reichstagsabgeordneter der SPD war. Gerhart Seger arbeitete erst als Steindrucker und war später als Redakteur beim »Volksblatt für Anhalt« und bei der »Freiheit« tätig. Er wurde früh Mitglied der SPD, dann der USPD. Am Ersten Weltkrieg nahm er als Frontsoldat teil und fand aufgrund seiner Kriegserlebnisse den Weg zur Friedensbewegung. In der DFG übernahm er 1923 bis 1928 die Funktion des Generalsekretärs.

Seine Kritik an der Reichsregierung, die sich nach seiner Überzeugung dem Friedensvertrag von Versailles gegenüber nicht vertragstreu verhielt, trug ihm Anklagen wegen Landesverrats ein. In der SPD vermißte er eine entschiedene Unterstützung des Pazifismus, und er kritisierte die nach seiner Beobachtung bestehenden militaristischen Tendenzen im »Reichsbanner Schwarz-Rot-Gold«. Er unterstützte 1928 die Haltung seiner Partei in der Diskussion um den Panzerkreuzerbau. Insgesamt folgte er auch in der DFG einem auf Ausgleich bedachten Kurs, wie er von dem Vorsitzenden der Organisation Ludwig Quidde gesteuert wurde. Die Geschäftsleitung der DFG verließ er 1929 gemeinsam mit deren gemäßigten Mitgliedern um Quidde aus Protest gegen die von Küster ausgehende Radikalisierung. Er schloß sich 1930 dem moderater auftretenden Deutschen Friedensbund an. Seit 1930 war Seger für die SPD als Abgeordneter für Dessau Mitglied des Reichstages. Als Redakteur der »Leipziger Volkszeitung« mahnte er 1932 zur Ausweisung Hitlers aus Deutschland wegen Hochverrats.

Am 12. März 1933 wurde Seger in der Wohnung seiner Mutter in Leipzig verhaftet, in »Schutzhaft« genommen und in das Gerichtsgefängnis Dessau eingeliefert. Während er dort einigermaßen korrekt behandelt wurde, erlitt er entsetzliche Mißhandlungen, nachdem er im Juni 1933 in das Konzentrationslager Oranienburg überführt worden war. Anfang Dezember 1933 gelang Seger die Flucht in die Tschechoslowakei, wo er sich bis Anfang 1934 in Prag aufhielt. Seine Frau und seine kleine Tochter befanden sich von Januar bis Mai 1934 in Geiselhaft im Konzentrationslager Rosslau (Dessau). Seit seiner Flucht setzte er seine Kräfte dafür ein, die Welt über die Greuel im nationalsozialistischen Deutschland aufzuklären. Er veröffentlichte einen Bericht über seine Erlebnisse in Oranienburg mit einem Vorwort von Heinrich Mann (Oranienburg. Erster authentischer Bericht eines aus dem Konzentrationslager Geflüchteten, Karlsbad 1934. Nachdruck 1979). Zuerst in Prag, dann in zahlreichen Städten des demokratischen Europa berichtete er in öffentlichen Vorträgen über die Verhältnisse im neuen Deutschland. Mit viel Energie und Phantasie bemühte er sich, die Wiedervereinigung mit seiner Frau und seinem Kind zu erzwingen. Deren Geiselhaft wurde nach internationalen Protesten, vor allem von Frauen in mehreren Ländern bei den jeweiligen deutschen Botschaften, aufgehoben. Seger wie auch seiner Frau und seiner Tochter wurde die deutsche Staatsangehörigkeit Anfang November 1934 aberkannt.

Inzwischen hatte Seger begonnen, den Aufbau einer neuen beruflichen Existenz vorzubereiten. Nach einigem Zögern entschloß er sich im Herbst 1934 zur Emigration mit seiner Familie in die USA, deren Staatsbürgerschaft er annahm. Er ließ sich in New York nieder, wo er Redakteur der »Neuen

Volkszeitung« wurde. Seine über NS-Deutschland aufklärende Redetätigkeit setzte er auf Reisen in zahlreiche Städte in den USA fort. Über die Anfänge seines Exillebens berichtete er in seinem Buch »Reisetagebuch eines Emigranten«, das 1936 in Zürich erschien.

Die hier vorgestellten biographischen Kurzporträts sollen zu zweierlei Überlegungen anregen. Erstens ist zu fragen, ob pazifistische Lebensläufe wirklich in so eklatantem Maße von Normen bürgerlicher Kultur abwichen, daß es selbstverständlich war, sie als besonders exzentrische Fälle, als Fälle signifikanter gesellschaftlicher Devianz zu registrieren. Falls diese Frage zu bejahen wäre, ergäbe sich folgende: Was machte jenes *aliud* aus, das mit dem Begriff »Pazifismus« dann doch nur unvollkommen und unscharf benannt ist? Und hypothetisch gefragt: Hätte Pazifismus als Modus einer bestimmten Einstellung zu Lebensfragen der Nation in einem anders strukturierten mentalen Kontext, unter anderen historischen Voraussetzungen und unter den Bedingungen anderer Weichenstellungen vielleicht auch in Deutschland Akzeptanz finden können?

Die zweite Überlegung betrifft den Pazifismus als gesellschaftlichen Tabubruch und die Reaktion darauf. Im Deutschen Kaiserreich bildete sich zunächst eine mehrheitlich gleichgültige und verächtliche, dann zunehmend aggressive und haßerfüllte gesellschaftliche Einstellung zum Pazifismus heraus. Sie steigerte sich seit dem Beginn der Weimarer Republik und in ihrem Verlauf und wurde schließlich, gewissermaßen im Vollzug jener Einstellung, im Zeichen der NS-Herrschaft zu einem kalten Vernichtungswillen. Bekennende Pazifisten wurden – unabhängig vom Grad ihrer Radikalität – entweder ins Exil getrieben und ihrer deutschen Staatsbürgerschaft beraubt oder in Gefängnissen und Konzentrationslagern physischer Auslöschung preisgegeben. Weshalb und wie konnte Pazifismus in Deutschland zur gesellschaftlichen Provokation werden, wo er sich doch bei oberflächlicher Betrachtung und dem Anschein nach nur unerheblich vom gesellschaftlichen Hauptstrom unterschied? Seit Ende 1918 entwickelte sich ein binnen kürzester Frist aktivierbarer Antipazifismus neuen Stils. Zu seinen wichtigsten Elementen zählen bellizistisches Denken, Gewaltbereitschaft, Chauvinismus, Verweigerung der Niederlage und die Wirkung der »Dolchstoßlegende«, Revanchebedürfnis, antidemokratische Haltungen, Antisemitismus – und doch bleibt die Geschwindigkeit, mit der sich diese Entwicklung vollziehen konnte, frappierend und bedarf komplexer Erklärungen. Jedenfalls erweist sich sowohl für die Entwicklung des Pazifismus wie für die Entstehung eines eliminatorischen Antipazifismus der Erste Weltkrieg als entscheidende Zäsur.

Wolfram Wette

August Bebel und Wilhelm Liebknecht: Die Sozialistenführer als Gegner des deutsch-französischen Krieges von 1870/71

Zu Beginn des letzten der drei Reichseinigungskriege, also des deutsch-französischen Krieges von 1870/71, herrschte sowohl in Deutschland als auch in Frankreich eine chauvinistische Stimmung. Die deutschen Sozialistenführer August Bebel und Wilhelm Liebknecht, die als die einzigen Vertreter der Sozialdemokratischen Deutschen Arbeiterpartei (SDAP) – der sogenannten »Eisenacher« – über ein Abgeordnetenmandat im Reichstag des Norddeutschen Bundes verfügten, stellten sich im Sommer 1870 gegen den Strom und hatten den Mut, den von der Regierung Bismarck geforderten Kriegskrediten nicht zuzustimmen, sondern sich – nach reiflicher Abwägung unterschiedlicher Gesichtspunkte – der Stimme zu enthalten.

Bebel und Liebknecht machten – in Unkenntnis der Manipulation der Emser Depesche durch Bismarck – zunächst deutlich, daß sie den von Frankreichs Kaiser Napoleon III. erklärten Krieg hinsichtlich der deutschen Seite als einen Verteidigungskrieg anerkennen müßten. Gleichzeitig erklärten sie jedoch, der Krieg werde von beiden Seiten als »ein dynastischer Krieg« geführt, dessen prinzipielle Gegner sie seien. Sie verstünden sich als Mitglieder der Internationalen Arbeiter-Assoziation, und diese bekämpfe »ohne Unterschied der Nationalität alle Unterdrücker« und suche »alle Unterdrückten zu einem großen Bruderbande zu vereinigen«. Daher könnten sie sich »weder direkt noch indirekt für den gegenwärtigen Krieg erklären«.[1]

Als der Krieg nach dem raschen Sieg der deutschen Truppen über Frankreich, der Gefangennahme Napoleons III. und der Ausrufung der französischen Republik fortgesetzt

Wegen ihrer kriegsgegnerischen Haltung im Reichstag des Norddeutschen Bundes am Beginn des deutsch-französischen Krieges von 1870/71 wurden die sozialdemokratischen Parlamentarier August Bebel und Wilhelm Liebknecht im Leipziger Hochverratsprozeß (1872) zu zwei Jahren Festungshaft verurteilt.

wurde, kam ein weiteres Argument für die Ablehnung des Krieges hinzu: Er nehme jetzt den Charakter eines dynastischen Eroberungskrieges an, der sowohl gegen die Interessen der deutschen als auch der französischen Republikaner gerichtet sei.[2] Da sie die französische wie auch die preußisch-deutsche Militärmonarchie als die eigentlichen Verursacher des Krieges ansahen, erklärten es Bebel und Liebknecht als das Ziel ihrer Partei, daß diese Staatsform überwunden werden müsse, damit Kriege überflüssig würden.

Das große Aufsehen, das diese – gegen den kriegerisch-chauvinistischen Hauptstrom gerichtete – Haltung der beiden Abgeordneten erregte, muß vor dem Hintergrund des Sachverhaltes verstanden werden, daß es zu dieser Zeit in Deutschland – anders als in Frankreich, England und Italien – noch keine pazifistische Organisation gab. Die kleine

SDAP mit ihrem Schwerpunkt im Königreich Sachsen war damals in Deutschland die einzige politische Kraft überhaupt, die ihre Stimme gegen den Krieg erhob und damit das Selbstverständnis der den Militärstaat tragenden Schichten und ihrer Anhänger in Frage stellte.

Die übrigen Abgeordneten des Reichstages des Norddeutschen Bundes stimmten in der patriotisch aufgeheizten Stimmung des Sommers 1870 geschlossen für die von der Regierung geforderten Kriegskredite in Höhe von 120 Millionen Talern. Als einzige, die es gewagt hatten, diese Zustimmung zu verweigern, sahen sich Bebel und Liebknecht alsbald in die Rolle von Staatsfeinden gedrängt und mit dem Vorwurf des Landesverrats konfrontiert. Auch die Diffamierung der Sozialdemokraten als »vaterlandslose Gesellen« dürfte hier ihren Anfang genommen haben. Später, als er aus dem Abstand von zwei Jahrzehnten noch einmal die Vorgänge im Reichstag betrachtete, stand Wilhelm Liebknecht die aggressive Stimmung, die ihnen damals entgegengeschlagen war, noch lebhaft vor Augen: »Welche Summe von Haß in den herrschenden Klassen, unter den Machthabern, sich gegen uns angesammelt hatte, das konnten wir so recht deutlich im Reichstag bemerken, wo doch die Zwangsjacke der guten Sitte in gewöhnlichen Zeiten die Leidenschaften einschnürt. Wir zwei wurden mit unverhohlenem Haß und Abscheu betrachtet. Wir galten als Landesverräter in des Wortes verwegenster Bedeutung – nicht platonische Landesverräter, die mit den Franzosen aus sentimentalen Revolutions-Reminiszenzen liebäugelten –, sondern richtige, praktische, aktive Landesverräter, die mit der französischen Regierung verschworen waren gegen das eigene Vaterland und den teuflischen Plan verfolgten, die französischen Kriegsgefangenen zu befreien und an ihrer Spitze, wenigstens als ihre Wegweiser, nach Frankreich zu marschieren, den siegreichen Truppen Deutschlands meuchlings in den Rücken zu fallen und sie zwischen zwei Feuern zu vernichten. Wahnwitz wäre es gewesen. Wahnwitz war's, es zu glauben. Aber es wurde geglaubt. Auch ein Zeichen der Zeit.«[3] Nicht bloß im Reichstag sei diese Verunglimpfung damals geglaubt worden, sondern auch von dem Untersuchungsrichter, der später die Ermittlungen gegen Bebel und Liebknecht wegen des Verdachts des Landesverrates leitete.

In einer weiteren Abstimmung über neue Kriegskredite am 20. November 1870 stimmte Bebel im Namen seiner Partei konsequent mit Nein und löste damit einen Sturm der Entrüstung der anderen Abgeordneten gegen seine Person aus: »Ein großer Teil des Hauses hatte einen förmlichen Tobsuchtsanfall«, beschreibt er selbst die Szene. »Man überschüttete uns mit Schimpfworten der gröbsten Art, Dutzende von Mitgliedern drangen mit erhobenen Fäusten auf uns ein und drohten, uns hinauszuwerfen.«[4]

Am 17. Dezember 1870 wurden Bebel und Liebknecht verhaftet und in das Bezirkgefängnis Leipzig eingesperrt. Im Verlaufe der dreimonatigen Untersuchungshaft sollte sich dann herausstellen, daß »für den gesuchten Landesverrat nicht der Schatten eines Anhaltes gefunden« werden konnte.[5] Es sah so nun aus, als ob der Prozeß im Sande verlaufen würde. In dieser Situation machte die preußische Regierung, die den Anstoß zum gerichtlichen Vorgehen gegen Bebel und Liebknecht gegeben und die zuständigen sächsischen Behörden entsprechend gedrängt hatte, einen charakteristischen Schwenk. Sie ließ den Vorwurf des Landesverrats – also der Begünstigung des äußeren Feindes – einfach fallen und beschuldigte die beiden Sozialistenführer statt dessen nunmehr »der Vorbereitung zum Hochverrat«.[6] Nach einjähriger Vorbereitungszeit kam es dann zum Leipziger Hochverratsprozeß. Er dauerte vom 11. bis zum 23. März 1872. Obwohl die im Reichstag verweigerte Zustimmung Bebels und Liebknechts zu den Kriegskrediten diese juristische Verfolgung ursprünglich angestoßen hatte und die öffentliche Abstrafung der Angeklagten für dieses Verhalten das eigentliche Ziel der Justiz blieb, wurde das damalige Abstimmungsverhalten in dem Prozeß vor dem Leipziger

Schwurgericht gar nicht mehr angesprochen. Ins Zentrum der Anklage wurde nunmehr die Behauptung gerückt, die beiden sozialdemokratischen Politiker – sowie der mitangeklagte »Volksstaat«-Redakteur Adolf Hepner – arbeiteten als Führer ihrer revolutionären Arbeiterpartei auf einen gewaltsamen Sturz des bestehenden Staates hin.[7]

Die Angeklagten ihrerseits waren bestrebt, das Agitationsmaterial der Partei, das dem Gericht vorlag, dahingehend zu interpretieren, daß die Partei zwar revolutionäre Veränderungen anstrebe, aber nicht mit Gewalt, sondern mittels eines geistigen Kampfes. Bebel und Liebknecht nutzten das Leipziger Schwurgericht als eine Plattform, um die politischen Vorstellungen ihrer Partei sowie der Internationalen Arbeiter-Assoziation (IAA) nicht nur dem Gericht und dem zahlreich anwesenden Publikum darzulegen, sondern auch einer breiteren politischen Öffentlichkeit. In diesem Zusammenhang wurde den beiden angeklagten Politikern während des Prozesses auch wiederholt die Gelegenheit geboten, ihre friedenspolitischen Vorstellungen darzulegen. Sie standen, wie leicht zu erkennen war, in einem deutlichen Gegensatz zu den von Nationalismus und Kriegsgeist geprägten Anschauungen der herrschenden Eliten des Deutschen Reiches. Hier blitzte mehrfach die Vision einer friedlichen Zukunftsgesellschaft auf – als Kontrastprogramm zum Militärstaat und zu den militaristischen Tendenzen der Gegenwart.

Die Arbeiter der verschiedenen Länder, führte Liebknecht einmal vor dem Gericht aus, wollten »in brüderlicher Eintracht gemeinsam dem gemeinsamen Ziel des freien Menschentums zueilen« und »in Frieden miteinander leben«, statt »durch das sogenannte Nationalgefühl sich gegeneinander hetzen zu lassen« und sich »gegenseitig für Interessen, die nicht die ihrigen sind, die Gurgeln abzuschneiden«.[8] Er erstrebe – im Einklang mit der Programmatik der IAA – einen »allgemeinen freien Völkerbund«, den er aber nicht als eine Sammlung von Monarchien, sondern von republikanisch verfaßten Staaten verstanden wissen wollte. Die IAA (später auch I. Internationale genannt) war im Jahre 1864 auf Initiative englischer Gewerkschaftsführer und französischer Arbeitervertreter zur Verständigung der Völker gegen die nationale Großmachtpolitik gegründet worden.[9] Seit ihrer Gründung, führte Liebknecht vor dem Leipziger Gericht aus, habe die Internationale Arbeiter-Assoziation immer wieder im Namen der Völkerverbrüderung ihre Stimme gegen die nationalistische Hetze erhoben. Insbesondere in Frankreich habe sie auch Demonstrationen von Arbeitern gegen den Krieg organisiert.[10] Als Beweisdokument lag dem Gericht in Leipzig eine Protestresolution gegen den Krieg vor, welche die Pariser Sektion der Internationalen vom Sommer 1870 an die gesamte Arbeiterwelt adressiert hatte. Sie richtete sich gegen den vorherrschenden Chauvinismus und die Kriegsbegeisterung in beiden kriegführenden Ländern. Wörtlich hieß es: »Angesichts des brudermörderischen Krieges, welcher soeben zur Befriedigung des Ehrgeizes unseres gemeinsamen Feindes erklärt worden ist – des furchtbaren Krieges, in welchem Tausende unserer Brüder hingeopfert werden sollen …, protestieren wir im Namen der Völkerverbrüderung gegen den Krieg und seine Anstifter und fordern wir alle Freunde der Arbeit und des Friedens auf, … die Freiheit der Welt zu begründen. Es leben die Völker! Nieder mit den Tyrannen!«[11] So wie hier wurde im Leipziger Hochverratsprozeß für viele Zeitgenossen erstmals erkennbar, daß es in Deutschland überhaupt so etwas wie ein politisches Antiprogramm zu den dynastischen Kriegen, dem reaktionären Militärstaat und dem Militarismus gab. Die Wortführer der – noch in den Kinderschuhen steckenden – internationalen Arbeiterbewegung machten bei dieser Gelegenheit auch deutlich, daß das Ideal des Friedens und der Völkerverbrüderung nach ihrer Überzeugung nur in einem demokratischen Zukunftsstaat realisiert werden konnte, in welchem die Klassenspaltung der Gesellschaft überwunden sein würde.

Da dieser Zukunftsstaat nur durch eine Umwälzung der gegenwärtigen politischen und gesellschaftlichen Verhältnisse erreicht werden konnte, beharrte das Leipziger Gericht, nachdem es den Vorwurf des Landesverrats hatte fallen lassen müssen, auf dem Verdacht der Vorbereitung des Hochverrats. Mit besonderer Aufmerksamkeit ging es der Frage nach, wie es die »Eisenacher« mit dem wichtigsten Machtinstrument des Staates hielten, nämlich dem Militär und dessen Funktion in der Innenpolitik. August Bebel führte während des Prozesses aus, die herrschenden Klassen des kaiserlichen Deutschland fühlten »mit Schrecken die steigende Macht der Arbeiterbewegung« und stützten daher »die Militärherrschaft, weil man in ihr den Schirm und Schutz gegen die soziale Bewegung erblicke«. Bei der Praktizierung der allgemeinen Wehrpflicht sah Bebel eine »flagrante Ungleichheit«, die sich wiederum aus dem Klassenunterschied ergab. Daran anknüpfend deutete er an, daß er auf einen inneren Wandel des Militärs setzte, da die einfachen Soldaten doch »nur wieder aus dem Volke stammten«: »Mit dem Immer-weiter-um-sich-Greifen der sozialistischen Idee werde dieselbe auch unter dem Militär verbreitet werden, und schließlich könne es wohl dahin kommen, daß, wenn das Militär zum Schießen kommandiert werde, es ganz woanders hin schieße, als ihm geheißen werde.«[12]

In einer früheren öffentlichen Rede hatte Bebel sinngemäß ausgeführt, die stehenden Heere würden nicht nur gegen den äußeren Feind verwendet, sondern auch gegen das eigene Volk gehalten. Damit werde einmal mehr demonstriert, daß in Deutschland »Recht vor Gewalt« gehe, wie Bismarck einmal gesagt hatte. »Wenn wir aber erst eine gehörige Zahl von Brüdern in der Armee haben, denen das sozialdemokratische Gift eingeimpft ist, dann wird das Militär woanders hin schießen, als wohin es kommandiert wird.« Bebel meinte damit, daß sozialdemokratisch eingestellte Soldaten dann nicht mehr bereit sein würden, auf das eigene Volk zu schießen.[13] Daraufhin erhob der Gerichtspräsident den Vorwurf, der Sozialdemokratische Arbeiterverein würde eine Agitation unter den Soldaten betreiben, um das Militär zu »unterwühlen« und damit den »gewaltsamen Umsturz« vorzubereiten.[14]

Wenn man aus der Distanz von mehr als einem Jahrhundert auf die Zeit des Deutschen Kaiserreichs (1871–1918) zurückblickt, so wird man konstatieren müssen, daß sich die geschilderten Erwartungen des Arbeiterführers Bebel als reine Illusion erwiesen haben. Die Prägekraft der preußisch-deutschen Armee war damals wesentlich stärker als die der »revolutionären« sozialdemokratischen Gesinnung. Nur ein einziges Mal, nämlich im Oktober 1918, als die Mannschaftssoldaten der deutschen Hochseeflotte meuterten, um nicht mehr in einer sinnlosen Prestigefahrt »verheizt« zu werden, haben deutsche Soldaten den Gehorsam verweigert und damit den entscheidenden Anstoß zu revolutionären Veränderungen in Deutschland gegeben.

Von dem Leipziger Schwurgericht des Jahres 1872 erwarteten die drei angeklagten Sozialdemokraten von vorneherein keine »objektive Gerechtigkeit«, wie Liebknecht einmal formulierte. Es war für ihn und seine Mitangeklagten Bebel

Der

Hochverraths-Prozeß

wider

Liebknecht, Bebel, Hepner

vor dem

Schwurgericht zu Leipzig vom 11. bis 26. März 1872.

Mit einer Einleitung von W. Liebknecht.

Berlin 1894.
Verlag der Expedition des „Vorwärts" Berliner Volksblatt
(Th. Glocke).

und Hepner »etwas gar zu Selbstverständliches«, daß es sich um einen politischen Prozeß handelte und daß das Gericht als ein Organ der »Klassenjustiz« agieren würde.[15] So kam es für sie nicht unerwartet, daß das Leipziger Schwurgericht nach zweiwöchigen Verhandlungen mehrheitlich zu einem Schuldspruch gelangte. Bebel und Liebknecht wurden wegen Vorbereitung zum Hochverrat zu zweijähriger Festungshaft verurteilt, die sie in der Folgezeit auch absitzen mußten.[16] In einem zweiten Prozeß erhielt Bebel zusätzlich neun Monate Gefängnis wegen Majestätsbeleidigung. Er verlor zwangsläufig sein Reichstagsmandat, konnte 1873 aber erneut kandidieren und gewann wiederum seinen sächsischen Reichstagswahlkreis.[17] Bebel und Liebknecht wurden während der Festungshaft nicht als Kriminelle behandelt, sondern als politische Gefangene. Dieser privilegierte Status versetzte sie in die Lage, auch dort ihre Parteiarbeit in gewissem Umfang fortzusetzen.

Feliks Tych

Das Vorgehen der Justiz gegen Pazifisten im Wilhelminischen Deutschland: Die Strafprozesse gegen Rosa Luxemburg und Karl Liebknecht

Mit dem Thema Militarismus befaßte sich Rosa Luxemburg zum ersten Mal ausführlicher in der Artikelserie »Miliz und Militarismus«, die im Februar 1899 in der »Leipziger Volkszeitung« erschien. Dort setzte sie sich mit Max Schippel auseinander, der als Vertreter des rechten Flügels der deutschen Sozialdemokratie die Einführung des Milizsystems anstelle eines stehenden Heeres – einen traditionellen Programmpunkt der SPD – in Frage gestellt hatte. Der Gedanke selbst, eine Miliz zu fordern, stammte bekanntlich von Friedrich Engels und war von der deutschen Sozialdemokratie akzeptiert worden. Im Gothaer Programm von 1875 hieß es: »3. Allgemeine Wehrhaftigkeit. Volkswehr anstelle der stehenden Heere.« Analog, nur etwas ausführlicher, stand in dem um 1900 verbindlichen Erfurter Programm von 1891 zu diesem Punkt: »3. Erziehung zur allgemeinen Wehrhaftigkeit. Volkswehr anstelle der stehenden Heere. Entscheidung über Krieg und Frieden durch die Volksvertretung. Schlichtung aller internationalen Streitigkeiten auf schiedsgerichtlichem Wege.«[1]

Rosa Luxemburg war realistisch genug, in Deutschland nicht die sofortige Einführung des Milizsystems statt eines stehenden Heeres zu verlangen. Ihr ging es ums Prinzip, um die Frage, ob die Miliz als Programmpunkt erhalten bleiben sollte. Das meinte sie auf dem Parteitag der SPD in Hannover 1899, als sie wieder mit Max Schippel über den Militarismus stritt: »Wir brauchen uns auf technische Einzelheiten [in der Milizfrage; Anm. d. Verf.] schon deshalb nicht einzulassen, weil uns keine konkrete Vorlage zur Einführung der

Miliz beschäftigt (Heiterkeit im Saal).«[2] Sie wollte durch ihren Kampf gegen den Militarismus erreichen, daß die SPD keine programmatische Selbstamputation betrieb.

Luxemburg verteidigte ein Milizsystem nach Schweizer Vorbild, in dem sie eine Möglichkeit erblickte, sowohl Eroberungskriegen vorzubeugen als auch eine Militärkamarilla zu verhindern, die bislang in der deutschen Gesellschaft eine besondere politische Position einnahm. Ihre Schrift »Miliz und Militarismus« wurde später häufig als Anhang zu der bekannteren Broschüre »Sozialreform oder Revolution« publiziert, die zum ersten Mal 1899 veröffentlicht wurde und seitdem jahrzehntelang in vielen Ländern eine Kultpublikation des antirevisionistischen Flügels der sozialdemokratischen und später der kommunistischen Bewegung war.

Mit der deutschen Rechtsprechung wurde Rosa Luxemburg in Sachen Militarismus kurz vor Beginn des Ersten Weltkrieges, und zwar sogleich als Angeklagte konfrontiert. Zur Vorgeschichte der Prozesse, die vor den Gerichten in Frankfurt am Main und in Freiburg im Breisgau gegen sie geführt wurden, gehört eine ihrer bekanntesten publizistischen Arbeiten: »Die Bilanz von Zabern«, ein Artikel, der 1914 in der »Sozialdemokratischen Korrespondenz« erschien. Es ging hierbei um eine politische Affäre, die das preußische Militär durch seine Ausschreitungen gegen die Einwohner der kleinen elsässischen Garnisonsstadt Zabern verursacht hatte. Die Geschichte ist so absurd, daß sie kaum glaubwürdig klingt, doch sie ist wahr.

Ende Oktober 1913 hatte ein 20jähriger Leutnant, Freiherr von Forstner, in einer Instruktionsstunde vor Rekruten geäußert, daß sie nicht bestraft würden, sondern zehn Mark Belohnung erhielten, sollten sie während ihres Ausgangs in der Stadt einen »Wackes« [Schimpfname für die Elsässer; Anm. d. Verf.] niederstechen. Dies wurde in der lokalen Presse bekannt gemacht, und die Empörung der Bevölkerung entlud sich schließlich in Demonstrationen, durch die sich angeblich die Regimentsangehörigen nun ihrerseits bedroht fühlten. Die Spannung erreichte ihren Höhepunkt, als das Militär mehrere Bürger aus Schikane und um sie einzuschüchtern von der Straße weg verhaftete und eine Nacht lang in einem Kasernenkeller festhielt. Zur Verschärfung trug weiterhin bei, daß Leutnant von Forstner einen verkrüppelten Schneider, der ihm gedroht haben soll, mit seinem Säbel schlug. All das spielte sich unter der »Schirmherrschaft« des Regimentskommandeurs Oberst von Reuter ab.

Der Eingriff des Militärs in die Zivilgerichtsbarkeit bedeutete selbst nach damaliger Auffassung einen gravierenden Rechtsbruch. Die Ereignisse lösten in ganz Deutschland Proteste gegen das Verhalten der preußischen Militärkamarilla aus. Der Fall kam im Reichstag zur Sprache und am 4. Dezember 1913 wurde Reichskanzler Bethmann Hollweg vor dem Hintergrund der Zabern-Affäre mit 293 gegen 54 Stimmen das Mißtrauen ausgesprochen.[3] Dennoch sprach das Kriegsgericht in Straßburg, vor dem gegen Oberst von Reuter im Januar 1914 verhandelt wurde, diesen von aller Schuld frei, und noch im selben Monat wurde er vom Kaiser demonstrativ mit einem Orden dekoriert.

Nach Rosa Luxemburg hatte die ganze Zabern-Affäre gezeigt »wie die überragende Herrscherstellung des Militarismus im gesamten öffentlichen Leben des Reiches [...] unerschüttert bleibt.«[4]

Diese besondere Position des Militärs in der deutschen Gesellschaft rief – da sie das demokratische Rechtssystem bedrohte – unterschiedliche Abwehrreaktionen hervor. Carl Zuckmayer, zur Zeit der Ereignisse in Zabern ein 18jähriger Gymnasiast in Mainz, gab 17 Jahre später den Militärkult im Wilhelminischen Deutschland dem allgemeinen Gespött preis. Der Umstand, daß sein bekanntes Schauspiel »Der Hauptmann von Köpenick« 1931 aufgeführt und 1932 auch verfilmt wurde, deutet wohl darauf hin, daß seine politische Satire nicht nur rückwärts gewandt war. Rosa Luxemburg machte dagegen den Fall Zabern zum Gegenstand einer tiefschürfenden politischen und moralischen Analyse. Ihrer

Meinung nach hatte der Fall samt seiner Justizgeschichte »den Schein der bürgerlichen Gesetzlichkeit, den Nimbus der ›Zivilbehörde‹ und ihrer angeblichen Unabhängigkeit von den ›Militärbehörden‹ zerrissen«. Sie schloß mit dem prophetischen Satz: »Was in Zabern [durch die bürgerliche öffentliche Meinung; Anm. d. Verf.] als Verstoß wider Gesetz und Recht verschrien wird, wird von demselben Bürgertum als Heldentat mit dem Lorbeer geschmückt, wenn [...] in Kriegszeiten zum Recht und zur Pflicht erhoben wird, was ein ruchloses Verbrechen wider Menschlichkeit und Sitte ist.«[5]

Einen Monat später veröffentlichte Rosa Luxemburg in der »Sozialdemokratischen Korrespondenz« einen weiteren Artikel zum Fall Zabern, über den sie diesmal befand, er sei ein Grund mehr für die SPD, die Errichtung einer Republik in Deutschland zu fordern, da vom Kaiser die stärksten Impulse zur Glorifizierung des Heeres und des Militarismus ausgingen, die beide über das Gesetz gestellt würden. Ihrer Ansicht nach war die »Ermunterung und Auszeichnung der Zabernhelden«[6] hierfür ein deutliches Zeichen. Doch die deutsche Sozialdemokratie, der immer noch die *de facto* schon damals wenig reale Drohung eines erneuten Parteiverbots zu schaffen machte, konnte sich bis zur Novemberrevolution von 1918 nicht zu diesem Schritt durchringen.

Im Fall Zabern hatte Rosa Luxemburg nur kommentiert. Doch in der nächsten Auseinandersetzung mit dem Militarismus war sie dann Hauptfigur und damit Mittelpunkt des Geschehens.

Am 20. Februar 1914 begann vor der 2. Strafkammer des Landgerichts Frankfurt am Main ein Prozeß gegen Rosa Luxemburg. Ihr wurde vorgeworfen, in zwei Versammlungen – am 25. September 1913 in Fechenheim und am 26. September 1913 in Bockenheim – zum Kampf gegen die Kriegsgefahr aufgerufen und die Arbeiter aufgefordert zu haben, im Kriegsfall nicht auf ihre französischen Brüder zu schießen. Die Anklage, die auf die Denunziation eines gewissen Henrici, des Kronzeugen des Staatsanwaltes, hin erfolgte, wurde auf Grund einer geheimen Anordnung des Reichsinnenministeriums erhoben, deren Adressat der Regierungspräsident in Wiesbaden war.

Der beanstandete Satz in Rosa Luxemburgs Ansprache, auf den die Anklage des Staatsanwalts gründete, hatte gelautet: »Wenn uns zugemutet wird, die Mordwaffe gegen unsre französischen oder anderen Brüder zu erheben, dann rufen wir: Nein, das tun wir nicht!«[7] In diesen Worten sah die Anklage ein »Attentat auf den Lebensnerv unseres Staates«; denn Rosa Luxemburg habe die Soldaten zur Meuterei gegen ihre Vorgesetzten aufgerufen. »Sie spielt mit dem Massenstreik, sie animiert zum Mord, sie fordert zur Meuterei auf. Das läßt erkennen, von welcher Todfeindschaft die Angeklagte gegen die bestehende Staatsordnung erfüllt ist.«[8]

Ankläger war Staatsanwalt Dr. Hoffmann. Ihr Verteidiger war der 47jährige Dr. Kurt Rosenfeld, ein bekannter Berliner Rechtsanwalt und Stadtverordneter, ein linker Sozialdemokrat; nach der Revolution von 1918 wurde er preußischer Justizminister (von November 1918 bis Januar 1919) und anschließend Mitglied des Reichstages (von 1920 bis Juni 1932). Rosa Luxemburgs Hilfsverteidiger war Dr. Paul Levi, ein 30jähriger sozialdemokratischer Rechtsanwalt aus Hechingen, der vier Jahre zuvor in Frankfurt eine Kanzlei eröffnet hatte. Später wurde er Rosa Luxemburgs enger politischer Mitarbeiter und auch ihr Geliebter. Ab Frühjahr 1919 war er Vorsitzender der Zentrale der Kommunistischen Partei (KPD), aus der er 1921 ausgeschlossen wurde, weil er gegen die von Moskau aufgezwungene putschistische Taktik der KPD protestiert hatte. Eine wesentliche Rolle bei der Verteidigung übernahm jedoch Rosa Luxemburg selbst. Während ihre Rechtsanwälte in erster Linie die juristische Seite der Anklage in Frage stellten, befaßte sie sich in einer langen Verteidigungsrede mit den politischen Inhalten und Motiven.[9]

Sie stritt den Tatbestand nicht ab; doch brachte sie vor, daß ihre Auftritte den Interessen des deutschen Volkes nicht geschadet hätten, sondern im Gegenteil zur Verteidigung der breitesten Massen der deutschen Gesellschaft unternommen worden seien, vor allem zur Verteidigung ihres Rechts auf ein Leben in Frieden. Die Behauptung der Anklage, sie habe durch ihre Kritik des Militarismus »einen Angriff auf den Lebensnerv des Staates« unternommen, bezeichnete sie als eine Bestätigung der pathologischen Zustände in der Politik des Deutschen Reiches. »Sie hören«, sagte sie, »die Agitation gegen den heutigen Militarismus ist ein Angriff auf den Lebensnerv des Staates. Sie sehen, der Lebensnerv unseres heutigen Staates ist nicht der Wohlstand der Massen, nicht die Liebe zum Vaterland, nicht die geistige Kultur, nein, es sind die Bajonette!«[10]

Rosa Luxemburg war nach Paragraph 110 des Strafgesetzbuches für das Deutsche Reich angeklagt worden, der besagte, daß derjenige, der öffentlich – mündlich oder schrift-

Die prominenten Kriegsgegner und linken Sozialisten Rosa Luxemburg und Karl Liebknecht wurden in Berlin von rechtsradikalen Offizieren ermordet. Die Justiz ließ die Mörder laufen.

lich – zum Ungehorsam gegen die herrschende Ordnung auffordert, mit Geldstrafe oder mit Gefängnis bis zu zwei Jahren bestraft wird.

Das Urteil lautete auf ein Jahr Gefängnis und löste in ganz Deutschland eine Welle von Protestkundgebungen aus. An einigen von ihnen – in Berlin, Frankfurt und Freiburg i. Br. – nahm Rosa Luxemburg auch selbst teil, weil das Urteil noch nicht rechtskräftig war. In Freiburg kommentierte sie das Urteil, das gegen sie ergangen war, folgendermaßen: »Der Leutnant von Forstner, der eine Aufforderung zum Mord in aller Form getan hat, ist freigesprochen worden. Derjenige, der gegen den Krieg agitiert, muß auf ein Jahr ins Gefängnis wandern.«[11] Ihre Strafe mußte sie vom 31. März 1915 bis zum 18. Februar 1916 im Königlich Preußischen Gefängnis für Frauen in der Berliner Barnimstraße verbüßen. Sechs Monate später, am 10. Juli 1916, wurde sie erneut inhaftiert, diesmal »aus Sicherheitsgründen«; frei kam sie erst durch die deutsche Novemberrevolution. Zwei Monate später wurde sie kaltblütig von Vertretern der Militärkaste ermordet.

Kehren wir noch einmal kurz zum Jahr 1914 zurück. Mit dem Frankfurter Urteil sah die Militärkamarilla ihre Rechnung keineswegs als beglichen an. Bevor Rosa Luxemburg 1915 ins Gefängnis in der Barnimstraße »wandern muß[te]«, stand sie im Juni 1914 noch einmal vor Gericht. Diesmal klagten das Kriegsministerium und sein Chef, General von Falkenhayn, sie an, die deutsche Armee beleidigt zu haben, d. h. Offiziere, Unteroffiziere und Mannschaften. Als Beweis diente der Anklage Luxemburgs Ansprache in Freiburg i. Br. am 7. März 1914, in der sie über Mißhandlungen von Soldaten in den Kasernen gesprochen hatte. Die Sache war nicht neu. Bereits einige Jahre zuvor hatte August Bebel selbst die Öffentlichkeit und den Reichstag in dieser Sache alarmiert. Zwischen 1870 und 1911 war es im Heer infolge von Soldatenmißhandlungen zu 10 439 vollendeten Selbstmorden, 2 353 Selbstmordversuchen und 6 676 tödlichen Unfällen gekommen.

Rosa Luxemburgs Prozeß in dieser Sache begann am 29. Juni 1914 vor der 4. Strafkammer des Landgerichts Berlin im Gerichtsgebäude in Moabit. Die Anklage vertrat diesmal Dr. Seligmann, »der erste Staatsanwalt des Staates«. Verteidiger waren wie zuvor die Rechtsanwälte Rosenfeld und Levi. Der Prozeß nahm jedoch sehr bald eine für die anklagende militärische Elite sehr unbequeme Wendung. 922 Soldaten oder ehemalige Soldaten stellten sich als Zeugen zur Verfügung, um an Hand eigener Erfahrungen während ihres Militärdienstes das zu bestätigen, was Rosa Luxemburg behauptete. Die Presse hatte ihr Thema. Die Rollen waren vertauscht. Rosa Luxemburg klagte an. Nach zwei Verhandlungstagen wurde der Prozeß vertagt. Am 3. Juli wurde er wieder aufgenommen, um jedoch nur erneut unterbrochen und nie wieder aufgenommen zu werden. Dies vergaß die Militärkamarilla Rosa Luxemburg gewiß nicht.

In ihrer letzten größeren Arbeit, in der Einleitung zu Wladimir Korolenkos Buch »Die Geschichte meines Zeitgenossen« – Rosa Luxemburg hatte sie im Juli 1918, sechs Monate vor ihrem Tod, im Strafgefängnis Breslau verfaßt –, äußerte sie sich generell zur Frage der Gewalt mit philosophischen Worten, die einer Legende zufolge dem weisen Menachem, dem Sohn Jehudas, in den Mund gelegt werden (es geht dort um bewaffneten Widerstand gegen die Römer in Judäa): »Gewalt ist weder Wohltat noch Übel, sie ist Gewalt; wohl oder übel ist nur ihre Anwendung. Die Gewalt des Armes ist ein Übel, wenn er zum Raub oder zur Bedrückung Schwacher erhoben ist; wird er aber zur Arbeit oder zur Verteidigung des Nächsten erhoben, dann ist seine Gewalt eine Wohltat.«[12] Man wird annehmen dürfen, daß diese Worte auch ihre Einstellung zu Krieg und Militarismus einschlossen.

Rosa Luxemburgs Warnung vor dem Militarismus im allgemeinen und dem deutschen im besonderen gewinnt erst dann ihre eigentliche Dimension, wenn man sich bewußt macht, daß der deutsche Militarismus die beiden blutigsten Weltkonflikte in der Geschichte der Menschheit ausgelöst hat – den einen noch zu Rosa Luxemburgs Lebzeiten, den andern zwanzig Jahre nach ihrer Ermordung – und daß mit den militärischen Eroberungen des nationalsozialistischen Deutschland und mit der spezifischen Koalition von Nazismus und Militarismus – konkret der preußischen Militärkaste – die Voraussetzungen für den Holocaust, das größte Mordprojekt in der Geschichte der Zivilisation, gegeben waren.

Karl Liebknechts Fall lag etwas anders und zwar in dem Sinn, als die Militaristen hier nicht wie im Fall von Rosa Luxemburg vorgeben konnten, daß eine Ausländerin, noch dazu eine Jüdin, ein Fremdkörper in der deutschen Gesellschaft, sie angegriffen habe. Die Anklage hatte derartiges angedeutet, die Kommentatoren der rechten Presse operierten offen mit derlei »Argumenten«.

Der Fall Liebknecht war auch noch aus einem weiteren Grund anders gelagert. Für Rosa Luxemburg gehörten Kritik und Analyse des Militarismus zu ihrer allgemeinen Einschätzung der Politik des Wilhelminischen Deutschland und des Imperialismus samt seinen Mechanismen, die sie in ihrer scharfsinnigen politischen Publizistik bloßlegte. Liebknecht arbeitete darüber hinaus für den Kampf gegen den Militarismus in Deutschland eine konkrete Organisationsstrategie aus, mit der er praktisch von Beginn seiner politischen Arbeit an befaßt gewesen war. Seine Strategie bestand – in aller Kürze umrissen – darin, daß er angesichts einer Situation, in der eine politische Agitation in den Kasernen verboten war, die jungen Arbeiter antimilitaristisch und pazifistisch aufzuklären versuchte, noch ehe sie zum Militärdienst eingezogen wurden. In Preußen konnten Jugendliche vor dem 18. Lebensjahr keiner politischen Organisation angehören, doch in Süddeutschland gab es diese Beschränkung nicht. Folglich hatte sich Liebknecht als Zentralfigur der deutschen sozialdemokratischen Jugendorganisationen ganz auf diese Gegend konzentriert. Das war denn auch der eigentliche

Grund, weshalb die Militärkamarilla sofort schweres Geschütz gegen ihn auffuhr. Vom 9. bis 12. Oktober 1907 fand vor dem Reichsgerichtshof in Leipzig ein Hochverratsprozeß gegen Karl Liebknecht auf Grund seiner Broschüre »Militarismus und Antimilitarismus unter besonderer Berücksichtigung der internationalen Jugendbewegung« statt, der auf Betreiben des preußischen Kriegsministers Karl von Einem angestrengt worden war. Wie aus dessen Erinnerungen hervorgeht, handelte er im Einvernehmen mit Kaiser Wilhelm II., der die verlangten scharfen Maßnahmen gegen die antimilitaristische Agitation befürwortete. Die entsprechende Stelle in Karl von Einems Erinnerungen lautet: »Im Hinblick auf die von Liebknecht und Rosa Luxemburg betriebene, jedes Maß übersteigende Hetzpropaganda gegen die Armee hatte ich damals Seiner Majestät erklärt, diesen Dingen nicht mehr länger zusehen zu können. Ich hatte ein festes Zugreifen verlangt, einmal, weil durch diese Hetze die Armee geschädigt werde und zum andern, weil niemand es verstehen würde, wenn man sie sich weiterhin untätig gefallen lasse. Der Kaiser trat diesem Standpunkt denn auch bei und berief einen Kronrat, in dem er meine Bedenken bekanntgab und den Kanzler – es war noch Bülow – um Stellungnahme ersuchte. Dieser wich jedoch vorsichtig aus, schob die Sache auf Bethmann Hollweg, den damaligen Staatssekretär des Innern, ab, der die Einsetzung einer Kommission in Anregung brachte, die zunächst einmal den im Kriegsministerium bereits ausgearbeiteten Gesetzentwurf einer sorgfältigen Prüfung unterziehen solle.

Die Kommission wurde daraufhin gebildet [...] Nun mischte sich Bethmann Hollweg ein und erklärte es für einen großen Fehler, durch ein derartiges Gesetz die Verbürgerlichung der Sozialdemokraten zu stören. Er bäte dringend darum, diese Mauserung nicht zu erschweren und keinerlei Vorlagen an den Reichstag zu bringen, durch welche die radikalen Elemente von neuem Oberwasser gewinnen würden. Alle meine Einwände und Proteste blieben erfolglos: das Staatsministerium trat dem Standpunkt Bethmanns bei, und es blieb in der Bekämpfung der Hetzpropaganda alles ruhig beim alten. Es fehlte eben die Erkenntnis der Gefährlichkeit der sozialdemokratischen Partei und demzufolge auch der Entschluß, unter allen Umständen – koste es, was es wolle – Wandel zu schaffen.«[13] Karl Liebknechts Broschüre war im Februar 1907 in einer Auflage von 5000 Exemplaren erschienen. Wie er im Vorwort schrieb, war es ihre Aufgabe, »den antimilitaristischen Gedanken zu fördern«.

Helmut Trotnow, von dem die bisher wohl beste und objektivste politische Liebknecht-Biographie stammt, sieht in dem Hochverratsprozeß die erste wichtige Etappe der politischen Karriere des damals 36jährigen Sozialdemokraten.[14] Er weist auch zu Recht darauf hin, daß Liebknecht – anders als die meisten Sozialdemokraten seiner Zeit – den Militarismus nicht als eine »spezifisch kapitalistische« Erscheinung ansah. Liebknecht wußte, daß der Militarismus an der Oberfläche spezifische Unterschiede zeigen kann, die dem wirtschaftlichen Entwicklungsstand einer gegebenen Gesellschaft entsprechen, doch daß das Phänomen an sich nicht nur für den Kapitalismus charakteristisch ist. Diese Ansicht bezieht sich nicht allein auf vorkapitalistische Strukturen, sondern – was inzwischen allgemein bekannt ist und Liebknecht nicht vorausgesehen hatte – auch auf Strukturen, die als sozialistisch galten. Liebknecht formulierte die These, daß sich im Militarismus »das innerste Wesen der menschlichen Entwicklungsgeschichte« finden ließe. Er sei zugleich ein Produkt der »politischen, sozialen, wirtschaftlichen und überhaupt kulturellen Spannungsverhältnisse zwischen den Staaten und Nationen wie auch die Geschichte der Klassenkämpfe innerhalb der staatlichen und nationalen Einheiten.«[15] Der Militarismus hatte – so Karl Liebknecht – neben seiner äußeren und inneren Funktion als Machtmittel im Laufe der gesellschaftlichen Entwicklung auch ein Eigenleben mit eigener Dynamik entwickelt und war damit zu einem mitbestimmenden Faktor der politischen Entwicklung selbst geworden. »Wie sehr der Militarismus zu einem mitgestaltenden Faktor in der gesellschaftlichen Entwicklung werden konnte«, schreibt Helmut Trotnow, »glaubte Liebknecht, vor allem am Beispiel des preußisch-deutschen Militarismus veranschaulichen zu können, der nicht nur zu einem ›Staat im Staate‹, sondern geradezu zu einem ›Staat über dem Staate‹ geworden war.«[16]

Zwei Monate nachdem Karl Liebknechts Schrift erschienen war, wurde der preußische Justizapparat von Kriegsminister Karl von Einem in Bewegung gesetzt. Dieser verlangte in einem Schreiben vom 17. April an den Oberreichsanwalt Olshausen, gegen Karl Liebknecht einen Hochverratsprozeß auf Grund seiner Broschüre anzustrengen. Fünf Tage später wurde der Antrag auf Beschlagnahme der Broschüre gestellt. Justiz und Militär arbeiteten erstaunlich effektiv zusammen.

Im Beschluß des Senats des Reichsgerichts vom 9. August über die Eröffnung des Verfahrens gegen Karl Liebknecht hieß es, der »Rechtsanwalt Dr. Karl Paul August Friedrich Liebknecht in Berlin [erscheine] hinreichend verdächtig [...], in den Jahren 1906 und 1907 im Inland ein hochverräterisches Unternehmen: die gewaltsame Abänderung der Verfassung des Deutschen Reiches, nämlich die Beseitigung des stehenden Heeres durch den Militärstreik, gegebenenfalls in Verbindung mit der Aktivierung der Truppen für die Revolution, durch Abfassung sowie durch Veranlassung der Drucklegung und Verbreitung der Schrift ›Militarismus und Antimilitarismus‹ vorbereitet zu haben [...]« Dies sei ein »Verbrechen gegen § 86 des Strafgesetzbuchs«. In der Anklageschrift wurde ihm vorgeworfen, er wolle mit der Veröffentlichung seiner Broschüre die verfassungsmäßig festgelegte Befehlsgewalt des Kaisers im Falle eines deutsch-französischen Krieges außer Kraft setzen.[17]

In der Broschüre, die im Zuge der Vorbereitungen zur I. Internationalen Konferenz der sozialistischen Jugendorganisationen in Stuttgart entstanden war, die Ende August 1907 stattfinden sollte, analysierte Liebknecht den Militarismus als eine Erscheinung, die alle Bereiche des sozialen Lebens – Wirtschaft, Politik und Moral – intensiv durchdringe und sich diese unterordne. Er beließ es jedoch nicht nur bei einer Beschreibung, sondern verwies als Hauptorganisator des Jugendtreffens auch darauf, wie notwendig es sei, von Seiten der Sozialdemokratie eine spezielle Taktik zur Bekämpfung des Militarismus auszuarbeiten und hierfür unter der Arbeiterjugend soviel Agitation wie möglich zu betreiben.

Was Liebknecht in »Militarismus und Antimilitarismus« schrieb, war nicht sehr typisch für die damalige deutsche Sozialdemokratie, aus der auch gänzlich andere Stimmen zu hören waren. Am 25. April 1907 hatte beispielsweise der sozialdemokratische Abgeordnete Gustav Noske in der Militärdebatte im Reichstag versichert, die Sozialdemokraten würden im Falle eines Angriffs auf Deutschland ihr Vaterland begeistert verteidigen. Für sich genommen ist dieses *statement* noch nicht schockierend; problematisch daran war aber, daß Noske seine Rede in einem ganz bestimmten Zusammenhang gehalten hatte: Er hatte Deutschlands Aufrüstungspolitik befürwortet und – was kein Wunder war – sofort den besonderen Beifall des Kriegsministers gefunden. In breiteren Kreisen der Sozialdemokratie wurde Noskes Rede damals zwar eher kritisch aufgenommen, aber die nächsten Jahre sollten zeigen, daß sie ein wichtiges Vorzeichen für den Entwicklungstrend innerhalb der SPD darstellte. Wenn Noske und Liebknecht also diametral entgegengesetzte politische Positionen in ein und derselben Partei vertraten, bedeutete das aber auch, daß Liebknechts kompromißlose Ansichten in der Militarismusfrage ebenfalls für das Zentrum der sozialdemokratischen Partei nicht sehr bequem waren. August Bebel fand – wie seine Zeugenaussage im Gerichtsverfahren deutlich werden ließ – den Hochverratsprozeß gegen Karl Liebknecht nicht sehr opportun für seine Partei; wahrscheinlich befürchtete er, Liebknechts Bestrafung werde auf die Parteimassen einschüchternd wirken und in der Zukunft potentielle Teilnehmer von jeder antimilitaristischen Aktion der Partei abschrecken. Der Parteiführer, den das Gericht als einzigen Zeugen der Verteidigung zugelassen hatte, distanzierte sich bei seiner Aussage vor dem Reichsgerichtshof im Grunde von Karl Liebknechts politischer Tätigkeit, und alles scheint darauf hinzudeuten, daß er dies nicht nur aus taktischem Kalkül tat.

»Der Angeschuldigte hat seit einer Reihe von Jahren auf unseren Parteitagen Anträge befürwortet, die dahin gingen, daß die Partei in höherem Maße als bisher sich auf die antimilitaristische Seite zu werfen habe, da der Militarismus der Hauptfeind des Sozialismus sei. Die bisherige Tätigkeit der Partei hat dem Angeschuldigten nicht genügt, und er hat fortgesetzt versucht, Anträge durchzubringen, die dahin gingen, daß ein besonderer Ausschuß eingesetzt werden sollte, der diese Agitation speziell zu leiten habe. Dieser Auffassung sind wir in der Partei und namentlich ich bisher mit der größten Energie entgegengetreten. Wir sind der Ansicht, daß dieses Hervorheben einer besonderen antimilitaristischen Agitation, wie sie der Angeschuldigte betrieben zu sehen wünscht, praktisch falsch und taktisch unrichtig ist. Wir sind eine Partei, die die gesamte bestehende Wirtschafts- und Staatsordnung bekämpft [...] Aber ich habe die Ansicht des Angeklagten noch aus anderen Gründen bekämpft. Zunächst habe ich mir gesagt, daß die Genossen, die draußen in der Agitation stehen, juristisch nicht so geschulte Leute sind wie der Angeschuldigte und daher sehr leicht mit dem § 112 des Strafgesetzbuches in Konflikt kommen können, und das ist eine so unangenehme Sache, daß wir diese Genossen davor nach Möglichkeit bewahren möchten. Schließlich habe ich die Taktik des Angeschuldigten bekämpft, weil es mir bekannt ist, daß es im Deutschen Reiche große einflußreiche Kreise gibt, die den Moment abwarten, wo sie gegen die Sozialdemokratie eventuell mit einer Verschärfung des Strafgesetzbuches oder einem Ausnahmegesetz einen entscheidenden Schlag ausführen können.«[18]

Wir haben hier mit den Erinnerungen des Ministers Karl

von Einem auf der einen Seite und in der Zeugenaussage des Parteivorsitzenden August Bebel auf der anderen Seite die Strategie beider Hauptbeteiligten am Konflikt vor uns; denn Liebknecht bewegte sich nicht im *mainstream* der Partei, sondern stand außerhalb des Parteiestablishments und war sich seiner Isolierung in der Partei sehr wohl bewußt.[19]

Vor Gericht befand sich Karl Liebknecht, der ohne Einschränkung zu seiner Schrift »Militarismus und Antimilitarismus« stand, in einer nicht weniger prekären Lage: Ebenso wie Bebel wollte auch er der Regierung keinerlei Vorwand liefern, um ihren Kurs gegen die Sozialdemokratie zu verschärfen. Da er aber auch bei der Ansicht blieb, daß seine Partei nicht auf eine antimilitaristische Tätigkeit verzichten dürfe, beruhte seine Verteidigung auf dem Versuch nachzuweisen, daß die Begründung der Anklage haltlos war, daß sie seine Broschüre falsch auslegte und unzulässig zitierte. Mit Hilfe seiner drei Verteidiger Hugo Haase, Dr. Kurt Rosenfeld und Dr. Hazel erreichte er sogar, daß die Broschüre in vollem Wortlaut vor Gericht verlesen wurde. Er rechnete damit, daß ihr Inhalt auf diese Weise dem lesenden Publikum durch die Berichterstattung in der Presse bekannt werden würde.

Der Ankläger Oberreichsanwalt Olshausen warf dem Angeklagten nicht nur umstürzlerische staatsfeindliche Tätigkeit, sondern auch »ehrloses Handeln« vor, und beantragte eine Zuchthausstrafe von zwei Jahren sowie den Verlust der bürgerlichen Rechte auf fünf Jahre. Das Reichsgericht hielt Karl Liebknecht nach viertägiger Verhandlung zwar im Sinne der Anklage »der Vorbereitung eines hochverräterischen Unternehmens [für] schuldig«, verurteilte ihn aber nicht zu zwei, sondern zu 1 ½ Jahren und nicht zu Zuchthaus, sondern zu Festungshaft. Wenigstens auf diese Weise erkannte das Gericht an, daß Karl Liebknecht Staatsgefangener und kein Verbrecher war. Wie aus der mündlichen Urteilsbegründung hervorgeht, entschied sich der Richter für Festungshaft und nicht für Gefängnishaft, weil er zur Kenntnis nahm, daß der Verfasser bei Abfassung der Broschüre nicht aus einer »ehrlosen Gesinnung« heraus gehandelt hatte.[20]

Die Strafe verbüßte Karl Liebknecht in der schlesischen Festung Glatz (Kłodzko), wo er sich schon zwölf Tage nach der Urteilsverkündung befand. Die Rache der Militaristen beschränkte sich jedoch nicht auf das Urteil. Außer, daß »[d]ie Kosten des Verfahrens [...] dem Angeklagten auferlegt«[21] wurden, beschloß man, ihm auch die weitere Berufsausübung als Rechtsanwalt unmöglich zu machen und damit seinen weiteren Lebensunterhalt zu nehmen. Bei der Anwaltskammer in Berlin wurde – allerdings vergeblich – ein Ehrengerichtsverfahren auf Ausschluß aus dem Anwaltsstand beantragt.[22]

Trotnow zufolge war die von Liebknecht geforderte antimilitaristische Agitation der SPD weder implizit noch explizit radikal, ja nicht einmal illegal, weshalb denn auch nicht die Justiz, sondern der Kriegsminister das Verfahren wegen Hochverrats einleitete. So hatte Liebknecht mehrmals öffentliche Vorträge halten können, auf denen er über ähnliche Dinge sprach wie in der beanstandeten Broschüre, ohne daß der Justizapparat eingriffen hätte.[23] Wie der im Ersten Weltkrieg gefallene deutsche Sozialdemokrat Ludwig Frank kurz nach Abschluß des Leipziger Prozesses bemerkte, erwachte die Justiz erst aus ihrem Schlaf, als hohe und höchste militärische Kreise sich für Liebknecht interessierten.[24]

Liebknecht ließ sich bekanntlich durch die Festungshaft nicht davon abhalten, weiterhin Propaganda gegen Militarismus und Krieg zu betreiben, besonders als dieser begonnen hatte. Um dies abzustellen, wurde er eingezogen. Urlaub erhielt er nur für die Reichstagssitzungen. Zum Jahrestag des Kriegsbeginns faßte er das Ergebnis der ersten zwölf Kriegsmonate wie folgt zusammen: »Die Bilanz des Jahres ist: Tötung, Verstümmelung, Erkrankung, Verseuchung von Millionen der kräftigsten Männer; Ausrottung der Menschenblüte Europas; moralische Rebarbarisierung der Völker; Verwüstung geheiligter Kulturschöpfungen von

Generationen; Verschleuderung Hunderter von Milliarden; Dezimierung des von der Vergangenheit gespeicherten gesellschaftlichen Reichtums zu Lasten der Zukunft; Teuerung; Hungersnot; eine Sintflut von Kummer und Tränen; ein endloser Gespensterzug trauernder Mütter und Väter, Witwen und Waisen.«[25]

Am 1. Mai 1916 wurde er in Berlin auf dem Potsdamer Platz im Verlauf einer von der Spartakusgruppe veranstalteten Demonstration gegen den Krieg verhaftet. Der Haftbefehl des Kommandanturgerichts Berlin vom 3. Mai 1916 lautete: »Der Armierungssoldat Karl Liebknecht ist in Untersuchungshaft zu nehmen, weil er dringend verdächtig ist, in Berlin am 1. Mai 1916 durch eine fortgesetzte Handlung öffentlich vor einer Menschenmenge und durch Verbreitung von Schriften zum Ungehorsam gegen die von der Obrigkeit innerhalb ihrer Zuständigkeit getroffenen Anordnung aufgefordert, ferner seinen Ungehorsam gegen einen Befehl in Dienstsachen durch Nichtbefolgung betätigt und dadurch die Gefahr eines erheblichen Nachteils im Felde herbeigeführt und endlich einem Beamten, der zur Vollstreckung von Befehlen und Anordnungen der Verwaltungsbehörden berufen war, in der rechtmäßigen Ausübung seines Amtes durch Gewalt Widerstand geleistet zu haben (§§ 110, 113 RStGB, §§ 92, 93, 9[2] MStGB und Allerh[öchste] Verordnung vom 31.7.[19]14), und weil die Aufrechterhaltung der militärischen Disziplin die Verhaftung erfordert (§ 176, 3 MStGO).«[26]

Karl Liebknecht blieb bis November 1916 in Untersuchungshaft. Unter Kriegsbedingung zog diesmal die Militärgerichtsbarkeit die »Rechtsprechung« direkt an sich. Am 4. November 1916 wurde er vom Oberkriegsgericht wegen »versuchten Kriegsverrats in Tateinheit mit erschwertem Ungehorsam im Felde sowie wegen Widerstandes gegen die Staatsgewalt« mit vier Jahren und einem Monat Zuchthaus und der Aberkennung der bürgerlichen Ehrenrechte für die Dauer von sechs Jahren bestraft. Von Dezember 1916 bis zum 23. Oktober 1918, als er amnestiert wurde, saß er im Zuchthaus Luckau ein. Elf Wochen später kam er bei einem Meuchelmord ums Leben, zusammen mit Rosa Luxemburg, von Hand der gleichen Feinde, die ihn seit 1907 nicht aus den Augen gelassen hatten.

Aus dem Polnischen von Jürgen Hensel

Wolfram Wette

Justiz und pazifistische Offiziere in der Zeit der Weimarer Republik

In den Jahren der Weimarer Republik gab es in Deutschland eine kleine Anzahl von Offizieren, die sich – hauptsächlich infolge des Kriegserlebnisses 1914–1918 – zu Pazifisten gewandelt hatten. Sie wurden schon damals als »pazifistische Offiziere« bezeichnet. Alleine schon wegen ihrer spannungsreichen Rolle als Renegaten oder Abtrünnige des Militärapparats dürfen sie unser Interesse beanspruchen. In jüngster Zeit ist über diese ehemaligen Offiziere erstmals intensiv biographisch geforscht worden.[1] Während der Jahre der Weimarer Republik entfalteten sie innerhalb der mächtig angewachsenen Friedensorganisationen eine öffentliche Werbetätigkeit für pazifistisches Gedankengut. Der Sachverhalt, daß sich Militaristen und Pazifisten[2] in den 20er Jahren erbitterte Auseinandersetzungen lieferten, brachte es mit sich, daß kaum einer der pazifistischen Offiziere davon verschont blieb, seine Erfahrungen mit der Justiz zu machen.

In der unmittelbaren Nachkriegszeit, also in den Jahren 1919–1923, wurden die politischen Meinungsunterschiede in Deutschland häufig gewaltsam ausgetragen, was in der Regel damit erklärt wird, daß die Angehörigen der – zur Niederschlagung der Revolution gebildeten – Freikorps ihre im Weltkrieg erlernten Formen des Konfliktaustrags nun auch in die deutsche Innenpolitik hineintrugen – und dabei auch noch unterstützt wurden von einer Justiz, die auf dem rechten Auge weitgehend blind war. In den Jahren 1924–1932 sollte die Anwendung direkter Gewalt in den innenpolitischen Auseinandersetzungen dann tendenziell zurücktreten. Jetzt wurden die pazifistischen Kritiker der illegalen Rüstungen unter anderem mit Landesverratsprozessen[3] überzogen.

Verwischen der Spuren im Mordfall Luxemburg/Liebknecht

Wegen ihres mutigen politischen Bekenntnisses als Kriegsgegner waren Rosa Luxemburg und Karl Liebknecht bereits vor 1914 reichsweit bekannt. In den Kriegsjahren wurden sie zu einer Zielscheibe der Repräsentanten des kriegführenden deutschen Machtstaats.[4] Es ist alles andere als ein Zufall, daß gerade diese beiden Politiker zu den ersten gehörten, die in der revolutionären Umbruchsphase zwischen Kaiserreich und Weimarer Republik ermordet wurden. Bei den Mördern handelte es sich – wie zuvor schon bei der Ermordung des ebenfalls pazifistisch gesonnenen bayerischen Ministerpräsidenten Kurt Eisner (USPD) – um rechtsradikal eingestellte Offiziere, die der in Berlin stationierten Garde-Kavallerie-Schützen-Division (GKSD) angehörten.

Hergang und Hintergründe dieses politischen Mordes sind gründlich erforscht worden, so weit das erhalten gebliebene schriftliche Quellenmaterial dies überhaupt ermöglicht.[5] Das Ergebnis der historischen Forschung lautet, daß es vom Tage des Mordes am 15. Januar 1919 an ein enges Zusammenspiel zwischen den militärischen Vorgesetzten der Mörder, die zugleich deren Auftraggeber waren, und der zuständigen Militärjustiz gab, nämlich dem Feldgericht der GKSD, der die Mörder angehörten. Zwar befahl der Divisionskommandeur, Generalleutnant Heinrich von Hofmann, sogleich die Einleitung eines kriegsgerichtlichen Verfahrens. Aber als erkennbar wurde, daß der mit der Untersuchung beauftragte Kriegsgerichtsrat den dringenden – und damit der Wahrheit entsprechenden – Verdacht gewann, daß sich Offiziere der GKSD eines schweren Verbrechens schuldig gemacht hatten, griff die Divisionsführung ein. Der politisierende Hauptmann im Generalstab Waldemar Pabst, der im Jahre 1919 immer wieder die treibende konterrevolutionäre Kraft im Stabe dieser Division war, sorgte für die Ablösung des besagten Kriegsgerichtsrats. Er ersetzte ihn durch einen anderen namens Paul Jorns, auf den – was den Haß auf die linken Kriegsgegner und die Wahrung der Interessen des Militärs anging – Verlaß war, und der aus diesem Grunde auch noch eine große Karriere vor sich haben sollte: in der Zeit des Nationalsozialismus wurde er Richter am sogenannten Volksgerichtshof.[6] Jorns ließ denn auch sogleich zwei der hauptverdächtigen Offiziere frei, obwohl eindeutig Verdunkelungsgefahr bestand. Andere Verdächtige wurden gar nicht erst verhaftet. In der Folgezeit wußten Pabst und Jorns es einzurichten, daß der Schriftverkehr über die Ermittlungen des Kriegsgerichtsrats von einem Offizier im Stabe der GKSD kontrolliert werden konnte, der selbst einer der Hauptverdächtigen war.

Schon das Ermittlungsverfahren gegen die Mörder von Luxemburg und Liebknecht wäre im Sande verlaufen, hätte sich nicht der ehemalige Volksbeauftragte Hugo Haase (USPD) protestierend eingeschaltet. Aber auch diese Aktion hatte keinen durchschlagenden Erfolg. Im Mai 1919 kam es zwar zu einem Prozeß, in dem jedoch von Seiten der Divisionsführung wie auch der Militärjuristen alles getan wurde, um die Mörder zu decken. Das gelang auch. Keiner der Täter wurde wegen Mordes verurteilt. Einem zu Gefängnis verurteilten Oberleutnant namens Kurt Vogel verhalf der Kapitänleutnant Wilhelm Canaris mit falschen Papieren zur Flucht.[7] Canaris, der spätere Abwehrchef im Oberkommando der Wehrmacht, tat ebenfalls im Stabe der GKSD Dienst. Zugleich fungierte er als Richter im Feldgericht der Division.

Der Prozeß gegen die Mörder von Liebknecht und Luxemburg konnte diesen skandalösen Verlauf nehmen, obwohl er aufgrund der Prominenz der Ermordeten größte öffentliche Aufmerksamkeit auf sich zog. Manche Anzeichen sprechen dafür, daß auch der Reichswehrminister Gustav Noske (SPD) kein sonderliches Interesse an der Aufklärung des Falles hatte, weil er sich bereits zu sehr auf die Zusammenarbeit mit dem überkommenen Militär eingelassen hatte.[8] Die Regierung hätte es in der Hand gehabt, den Fall an ein Zivilgericht zu übergeben. Sie ist in dieser Hinsicht jedoch nicht tätig geworden. So kamen die Mörder der beiden Politiker ungestraft davon.

Die Pressestelle der Garde-Kavallerie-Schützen-Division hatte gleich nach den Morden den wahren Tathergang zu vernebeln versucht. Sie setzte die Behauptung in die Welt, Liebknecht sei »auf der Flucht« erschossen und Rosa Luxemburg sei von einem unbekannten Mann aus der Menge heraus mit einem Pistolenschuß getötet worden.[9] Ähnliche Formulierungen sollte die deutsche Öffentlichkeit in den Jahren der Weimarer Republik noch des öfteren zu hören bekommen, wenn es darum ging, den Hergang und die Hintergründe politischer Morde von rechts zu vertuschen.

Die Ermordung des pazifistischen Offiziers Hans Paasche

»Auf der Flucht erschossen« wurde angeblich auch Hans Paasche. Dieser ehemalige Kapitänleutnant der kaiserlichen Kriegsmarine entstammte einer prominenten großbürgerlichen preußischen Familie. Sein Vater war vor dem Krieg Abgeordneter der Nationalliberalen Partei und Vizepräsident des Deutschen Reichstages gewesen. Hans Paasche selbst hatte große schriftstellerische Erfolge gefeiert.[10] Bekannt geworden war er jedoch insbesondere dadurch, daß er sich in Etappen zum Pazifisten gewandelt und diese Entwicklung auch öffentlich gemacht hatte.[11] Während des Krieges wurde durch Denunziation bekannt, daß der verabschiedete Kapitänleutnant zum Jahrestag der Französischen Revolution zusammen mit französischen Kriegsgefangenen, die auf seinem Landgut arbeiteten, die französische Flagge gehißt hatte. Im Herbst 1917 wurde er daraufhin wegen Aufforderung zum Hochverrat verhaftet und für 13 Monate ins

Hans Paasche, Kapitänleutnant der kaiserlichen Kriegsmarine a. D., wurde im Jahr 1920 von Reichswehrsoldaten wegen seiner pazifistischen Gesinnung »auf der Flucht erschossen«.

Gefängnis geworfen. Um eine Anklage wegen Hochverrats und einen anschließenden Prozeß zu verhindern, der aller Voraussicht nach mit der Todesstrafe geendet hätte, konnte sein einflußreicher Vater damals seine Einweisung in eine Heilanstalt für Nervenkranke erwirken.[12] Aus dieser sollten ihn dann am 9. November 1918 aufständische Matrosen befreien. Wenig später wurde Paasche in den Vollzugsrat der Berliner Arbeiter- und Soldatenräte gewählt.

In der revolutionären Umbruchsphase exponierte sich Paasche im Umfeld der Unabhängigen Sozialdemokratischen Partei Deutschlands (USPD) politisch, ohne allerdings je Mitglied dieser oder einer anderen Partei zu werden. Ihm wurde nachgesagt, er sei Mitglied der neugegründeten KPD gewesen. Das ist Legende. Als die Revolution nicht die Veränderungen mit sich brachte, die er sich erhofft hatte, zog sich Paasche im Laufe des Jahres 1919 resigniert aus dem politischen Leben zurück und nahm in seinem Landgut in Pommern wieder eine praktische Arbeit auf.

Dort verfaßte er auch den Text einer Broschüre, der deutlich zu machen vermag, weshalb dieser ehemalige Marineoffizier zur besonderen Zielscheibe des Hasses seiner ehemaligen Offizierskameraden – und wohl auch der gleichgesinnten Männer in der Justiz – wurde. Paasche rief in dieser Flugschrift seine deutschen Mitmenschen in bedrängendem Ton zu einer Abkehr von den verhängnisvollen militaristischen Traditionen auf. Die Schlüsselstelle des Textes lautete folgendermaßen: »Mache dir das ganz klar, Deutscher: Du bist ausgestoßen aus der Gemeinschaft der Völker, wenn du nicht endlich Erbitterung zeigst gegen das System, das dich zum Henker deiner Nachbarn machte und dich schließlich selbst zerschunden hat. Du hast dich anstiften lassen, friedliche, glückliche Länder zu überfallen und in eine hoffnungslose Wüste zu verwandeln. Dein feldgrauer, animalischer Gehorsam hat das Elend, die Trauer und Kraftlosigkeit dieser Zeit herbeigebracht. Und du sprichst nur von deutschen Interessen, bevor du einmal die Tränen der Verzweiflung mitgeweint hast, die die ganze Menschheit weinen muß beim Anblick der Landstriche, in denen wir Siegfried- oder Hindenburgstellung spielten. Die Welt steht dir nicht offen, bevor du Mensch wirst.«[13]

Wie man sieht, mischten sich in diesem Text analytische Kraft und große Illusionen. Sein Verfasser überschätzte die Lernfähigkeit seiner Zeitgenossen gründlich, deren Mentalität von einer militarisierten Gesellschaft geprägt worden war. Für seine früheren Offizierskameraden war Paasche nichts anderes als ein Verräter an ihren militaristischen Grundüberzeugungen. Zudem galt er in ihren Augen als gefährlich, weil er über ein erkennbares schriftstellerisches Talent verfügte und damit über potentiellen Einfluß auf die Millionen von Menschen in Deutschland, die sich in den ersten Nachkriegsjahren in öffentlichen Demonstrationen und Massenkundgebungen als Kriegsgegner bekannten.

Hans Paasche wurde am 21. Mai 1920, zwei Monate nach dem Kapp-Lüttwitz-Putsch gegen die Republik, gerade 39 Jahre alt, auf seinem Landgut, nur mit einer Badehose bekleidet und vor den Augen seiner minderjährigen Kinder, von Soldaten der Reichswehr erschossen.[14] Betrachtet man die näheren Umstände, so wird man sagen müssen: Hans Paasche wurde ermordet. Denn es lag nicht einmal ein Haftbefehl gegen ihn vor. Offenbar hatte eine anonyme Denunziation, die besagte, daß der aus dem Militärdienst verabschiedete Marineoffizier auf seinem abgelegenen Gut »Waldfrieden« in der Neumark ein Waffenlager für Kommunisten versteckt habe, die Militäraktion ausgelöst. In dem Behördenschriftverkehr wurde Paasche als »ein bekannter Pazifist und ein bekannter Antimilitarist« bezeichnet.[15] An jenem 21. Mai 1920 erschien ein Kommando der Reichswehr, bestehend aus zwei Offizieren, zehn Unteroffizieren und 40 Soldaten mit zwei Lastwagen und darauf montierten Maschinengewehren in Paasches Landgut »Waldfrieden«. Was sich dort im einzelnen abspielte, ist nicht mehr vollständig zu rekonstruieren.[16] Nur eines steht fest: Paasche wurde erschossen, und Waffen wurden nicht gefunden. In den späteren Verhören konnte sich keiner der Soldaten mehr genau daran erinnern, was die Offiziere ihnen in der Befehlsausgabe erzählt hatten.

Ungesühnter Mord

Über Paasches Tod berichtete die Presse reichsweit.[17] Es fehlte durchaus nicht an Stimmen, die öffentliche Aufklärung forderten. Mit der juristischen und kriminalistischen Aufklärung war es allerdings nicht weit her. Ein gegen die Todesschützen eingeleitetes Verfahren wurde von der Staatsanwaltschaft Schneidemühl zum Jahresende 1920 eingestellt. Wie der Publizist Magnus Schwantje berichtet, erteilte die Staatsanwaltschaft dem Rechtsvertreter der Kinder von

Hans Paasche die Auskunft, »das Verfahren sei ›eingestellt‹ worden, weil der Tod Hans Paasche's ›lediglich auf ein Zusammentreffen nicht voraussehbarer unglücklicher Umstände zurückzuführen‹ sei, ›für die niemand strafrechtlich verantwortlich gemacht werden‹ könne.«[18]

Daraufhin hielt die Berliner Ortsgruppe der Deutschen Friedensgesellschaft (DFG) eine Versammlung ab und verabschiedete eine Resolution, in welcher die Begründung der Staatsanwaltschaft als »unglaubwürdig« bezeichnet wurde. Weiter hieß es in der Erklärung, »daß es eine ewige Schmach und Schande der deutschen Justiz sein würde, wenn diese abscheuliche Tat wirklich dauernd ungesühnt bliebe.« Die DFG-Ortsgruppe verlangte vom Justizministerium, dem Parlament und der Presse, »mit dem größten Nachdruck die Sühne der Freveltat, der Hans Paasche zum Opfer fiel, wie aller seit dem Ende des Krieges an Pazifisten verübten Morde und sonstiger Gewalttaten zu fordern«.[19] Die Bestrafung der Schuldigen müsse gefordert werden, sagte Schwantje, »um das Leben anderer Pazifisten zu schützen. Wenn die Militaristen und Nationalisten wissen, daß ihnen selbst für solche Taten kein Haar gekrümmt wird, so müssen wir befürchten, daß sie noch viele weitere Bluttaten gegen Pazifisten wagen werden. Und um diese zu verhindern, müssen auch wir, die wir, gleich Hans Paasche, die Rache verwerfen, fortfahren, die Bestrafung der Menschen, die, absichtlich oder fahrlässig, den Tod Hans Paasche's verschuldet haben, zu verlangen.«[20]

Dies alles blieb in den Wind gesprochen. Der Mord an Paasche blieb ungesühnt, wie der an Luxemburg, Liebknecht und vielen anderen.

Die politischen Morde von rechts und die Militärstaatsjustiz

Die allgemeinen Motive der Mörder von rechts und ihrer Hintermänner müssen aus dem politischen Kontext der Zeit erschlossen werden. Zur gewaltsamen Niederschlagung aller revolutionären Regungen im Reich kam eine Serie politischer Morde, die zumeist von rechtsradikal eingestellten Offizieren begangen wurden. Die Liste der Opfer ist lang: Neben den schon Genannten enthält sie bekannte Namen wie die des Reichsfinanzministers Matthias Erzberger und des Reichsaußenministers Walther Rathenau[21], aber auch die Namen vieler weniger prominenter Menschen. Der Mathematiker und Statistiker Emil Julius Gumbel[22], ein engagierter Pazifist, sammelte schon damals sämtliche öffentlich zugänglichen Informationen über diese politischen Gewalttaten sowie ihre Behandlung durch die Justiz und publizierte seine Erkenntnisse in eigenen Schriften.[23] Das erschreckende Fazit lautete: 354 rechtsradikale Mörder wurden von der deutschen Justiz systematisch gedeckt, während 10 der 22 linksradikal eingestellten Mörder die Todesstrafe erhielten und erschossen wurden. Weiterhin konnte Gumbel aufzeigen, wie viele der Mörder damals unbestraft geblieben sind. Sein Resümee des Geschehens in den ersten Jahren der Weimarer Republik lautete: »Immer und immer wieder wird mit eintöniger Einheitlichkeit die Geschichte von dem ›Fluchtversuch‹ erzählt, von den mißverstandenen Befehlen, von dem guten Glauben des Mörders, einen Dienstbefehl vor sich zu haben. Jahrelang wird regelmäßig das Verfahren verzögert, bis dann endlich der Mörder freigesprochen wird.«[24]

Der Historiker Martin Sabrow, der in einer sorgfältigen Untersuchung den Rathenau-Mord rekonstruiert hat, spricht vom »terroristischen Treiben des Rechtsradikalismus unter dem Deckmantel einer wohlwollenden Justiz«.[25] Das konnte man im übrigen schon damals wissen: Denn weder das Reichsjustizministerium noch die einzelnen Staatsanwaltschaften vermochten Gumbels Statistiken zu widerlegen. Eine vom damaligen Reichsjustizminister Gustav Radbruch (SPD) in Auftrag gegebene »Denkschrift des Reichsjustizministers über ›Vier Jahre politischer Mord‹«[26] bestätigte sie vielmehr.

Was machte die Pazifisten in den Augen ihrer Mörder zu Feinden, die nichts als den Tod verdienten? Aufschluß gibt die nationalistische Haß-Vokabel »Novemberverbrecher«.[27] Mit ihr wurden seinerzeit jene Menschen bezeichnet, die 1918 für die Beendigung des Krieges und für die Revolution eingetreten waren. Aus der Sicht der Nationalisten machte es dabei kaum einen Unterschied, ob es sich bei diesen Menschen um Kommunisten, Juden, Sozialdemokraten oder Pazifisten handelte. Die im Lager der radikalen Rechten produzierten Feindbilder bündelten diese unterschiedlichen Gruppen zur Figur des »inneren Feindes«: Da wurde der Pazifist schnell zum »jüdischen Bolschewiken« und der kriegsgenerische Kommunist zum »Staatsfeind«. Im Visier der gewalttätigen Nationalisten waren also jene Menschen, die sich nach der militärischen Niederlage Deutschlands den geheimen Vorbereitungen zu einer Wiederaufnahme der militärischen Machtpolitik entgegenstellten. Die Nationalisten fürchteten um die Existenz des militärischen Machtstaats und sie sahen in den Pazifisten dessen Hauptfeind. Die Justiz spielte in diesen Auseinandersetzungen die Rolle einer Militärstaatsjustiz.

Landesverratsprozesse gegen Rüstungskritiker

Hauptmann Carl Mertens kam aus der Freikorpsszene und dem Umfeld der »Schwarzen Reichswehr«. Er kannte infolge dessen die Praktiken der Geheimrüstungen wie auch die Gewaltatmosphäre in diesem Milieu. Mertens wurde aufgrund dieser Erfahrungen sowie der Denkanstöße des Pädagogen Friedrich Wilhelm Foerster zum Pazifisten. Die Gruppe um

Foerster war schon zu Beginn der 20er Jahre zu der Überzeugung gelangt, daß das Programm der gemäßigten Völkerrechtspazifisten um Ludwig Quidde, Hans Wehberg, Walther Schücking, Berthold von Deimling und anderen nicht ausreichen würde, um einen neuen, von Deutschland ausgehenden Krieg zu verhindern. Völkerbund, Völkerrecht, Verständigungspolitik sowie die Forderungen nach allgemeiner Abrüstung würden, so glaubten sie, zum Mißerfolg verdammt sein, wenn die nationalistischen deutschen Machteliten an dem tradierten »Schwertglauben« festhielten, um zu gegebener Zeit einen neuen Griff nach der Weltmacht zu wagen. Daher waren diese Pazifisten betont antimilitärisch eingestellt. Ihre Strategie bestand darin, die nationale und internationale Öffentlichkeit über die deutschen Geheimrüstungen aufzuklären.

Der pazifistische Autor Berthold Jacob[28], ein kompetenter Militärjournalist, hatte bereits 1924 – möglicherweise über Carl Mertens – Informationen erhalten, die besagten, daß in der Reichswehr – entgegen den Bestimmungen des Versailler Vertrages – Pläne für die Aufstellung eines Millionenheeres entworfen wurden. Jacob publizierte den substanziellen Kern seiner Informationen im April 1925 in der pazifistischen Zeitschrift »Das Andere Deutschland«.[29] Die Öffentlichkeit solle wissen, schrieb er, »daß Herr von Seeckt alle Vorbereitungen innerhalb der Reichswehr hat treffen lassen, die ermöglichen sollen, in einem ihm angezeigt erscheinenden Moment die deutsche Reichswehr in die acht mobilen Armeen des ersten Mobilmachungstages von 1914 zu verwandeln«.[30] Prompt handelten sich Jacob und der Chefredakteur von »Das Andere Deutschland«, Fritz Küster, einen Landesverratsprozeß ein. Er zog sich über drei Jahre hin und endete im Jahre 1928 mit einer Verurteilung zu neunmonatiger Festungshaft.[31]

Heute wissen wir, daß der Militärjournalist Berthold Jacob von einem äußerst geheimen Planungswerk Kenntnis erhalten hatte, nämlich von dem sogenannten »Großen Plan«

von 1925, der damals im Auftrag des Generalobersten Hans von Seeckt unter allerstrengsten Sicherheitsvorkehrungen ausgearbeitet worden war.[32] Mit dem »Großen Plan« lag sieben Jahre nach dem Ende des Ersten Weltkrieges ein bis ins letzte Detail ausgearbeitetes Stärke-, Gliederungs- und Ausrüstungskonzept für ein Heer der Zukunft vor, das um das Achtundzwanzigfache größer war als das von den Siegermächten des Weltkrieges zugestandene 100000-Mann-Heer. Es sollte 102 Divisionen mit 2,8 Millionen Mann umfassen, also denselben Umfang haben wie die deutsche Armee bei Kriegsbeginn 1914. Berthold Jacob hatte mit seiner Mitteilung also völlig recht.

Wahrscheinlich hatte Hauptmann a.D. Carl Mertens die Informationen über diese Aufrüstungsvision beschafft.[33] Ohne ihn wäre es der Deutschen Liga für Menschenrechte wohl auch kaum möglich gewesen, ihr »Weißbuch über die Schwarze Reichswehr«[34] zu veröffentlichen (1925), das einen hochbrisanten Einblick in die geheimen Rüstungen Deutschlands bot und wiederum zu Anklagen wegen Landesverrats führte.[35] Als Autoren zeichneten die Pazifisten Emil Julius Gumbel, Berthold Jacob, Polizeioberst a.D. Hans Lange und Generalmajor a.D. Paul Freiherr von Schoenaich. Der Name von Mertens tauchte nicht auf. Auch seine Aufklärungen über die Vaterländischen Verbände, in der »Weltbühne« ab August 1925 in mehreren Folgen publiziert, erschienen als Drei-Sterne-Artikel, also anonym. Der ehemalige Offizier fürchtete einen Fememord.[36] Daher hielt er sich auch an wechselnden Orten unter wechselnden Namen auf.[37] Erstaunlicherweise exponierte sich Mertens dann doch auch namentlich, indem er – noch im Jahre 1925 – zusammen mit anderen Autoren eine Aufsehen erregende Dokumentation mit dem Titel »Die deutsche Militärpolitik seit 1918« über die illegale Rüstung Deutschlands herausbrachte.[38] Sein 1926 veröffentlichtes Buch über »Verschwörer und Fememörder«[39] zeichnete er ebenfalls namentlich, obwohl der Leser sofort bemerkte, daß hier ein unmittelbar Beteiligter berichtete, der über die intimsten Kenntnisse verfügte. Als Folge dieser Enthüllungen kam es zu Debatten über die »Schwarze Reichswehr« im Parlament, zur Einsetzung einer Untersuchungskommission und zu mehreren Prozessen. Doch er mußte erleben, daß die Justiz nicht gegen die von ihm namentlich genannten 40 Fememörder vorging, sondern sie und ihre Hintermänner deckte und ihn selbst, den Überbringer der schlechten Nachrichten, verfolgte.

Um Mertens zum Schweigen zu bringen, wurde im Dezember 1926 ein Haftbefehl gegen ihn erlassen und ein Verfahren wegen Landesverrats eingeleitet, dem sich weitere Verfahren anschlossen.[40] Sie wurden auf Drängen des Reichswehrministers Otto Geßler, der von einer »Gefährdung der Staatssicherheit« sprach, unter weitgehendem Ausschluß der Öffentlichkeit geführt.[41] Der unerschrockene Aufklärer Mertens, der hinsichtlich der Zahl der gegen ihn angestrengten Landesverratsprozesse »ehrenvoll die Spitze« hielt[42], starb im Jahre 1932 bei einem Autounfall.

In die Emigration gedrängt

Die Pazifisten der Weimarer Zeit fühlten sich von der deutschen Justiz nicht geschützt. Diese Lage wurde von den pazifistischen Offizieren, die von ihren früheren Kameraden als Verräter und Renegaten verleumdet wurden, als besonders bedrohlich wahrgenommen. Daher trafen einige von ihnen bereits in den Anfangsjahren der Weimarer Republik, andere erst später, die Entscheidung, das für sie gefährlich gewordene Deutschland zu verlassen.

Unter dem Eindruck konkreter Morddrohungen entschloß sich der Hauptmann im Generalstab Hans-Georg von Beerfelde dazu schon im Jahre 1919.[43] Gegen ihn war noch während des Weltkrieges ein Landesverratsprozeß angestrengt worden, weil er seine Zweifel an der offiziellen Darstellung geäußert hatte, daß die deutsche Regierung 1914 zu einem Verteidigungskrieg gezwungen worden sei. Zu einer Verurteilung war es nur deshalb nicht gekommen, weil das Reichsmilitärgericht im März 1918, als die »innere Front« zu bröckeln begann und sich an der Westfront ein »verdeckter Militärstreik« abzeichnete[44], einen Schauprozeß hatte vermeiden wollen. Statt dessen hatten die deutschen Behörden den unauffälligeren Weg gewählt, den Offizier in Haft zu nehmen und ihn gleichzeitig für unzurechnungsfähig zu erklären. In der Revolutionszeit wurde Beerfelde zum Soldatenrat gewählt und wohl aus diesem Grunde mehrfach mit dem Tode bedroht. Daher sah er sich im Jahre 1919 gezwungen, Deutschland zu verlassen.

Der führende Pazifist Friedrich Wilhelm Foerster emigrierte aufgrund von Warnungen befreundeter Offiziere im Jahre 1922 in die Schweiz. Auch der bayerische Oberst a.D. Falkner von Sonnenburg, der sich zu den Pazifisten hingezogen fühlte und in freundschaftlichem Kontakt mit Foerster stand, wanderte Anfang der 20er Jahre in die Schweiz aus. Major a.D. Franz Carl Endres, der hochkarätige wissenschaftliche Analytiker des Militarismus, der einen Teil seiner militärischen Dienstzeit beim türkischen Generalstab verbracht hatte, folgte ihm 1926, um später dann auch die schweizerische Staatsbürgerschaft anzunehmen. Auch Hauptmann Carl Mertens, der mutige Kämpfer gegen die deutschen Geheimrüstungen, verlegte seinen Wohnsitz Ende der 20er Jahre ins Ausland. Kapitänleutnant a.D. Heinz Kraschutzki[45], der verantwortliche Redakteur des Periodikums »Das Andere Deutschland« und in dieser Funktion mit mehreren Landesverratsprozessen überzogen, flüchtete 1932 nach Spanien. Der ehemalige Offizier und pazifistische Schriftsteller Fritz von Unruh[46], 1932 einer der Mitbegründer der republikanischen Kampforganisation »Eiserne Front«, floh im gleichen Jahr vor den Nationalsozialisten nach Italien, dann nach Frankreich, Spanien und schließlich – mit Unterstützung von Albert Einstein und Thomas Mann – in die USA. In Deutschland wurden seine Bücher verbrannt. Major a. D. Karl Mayr[47], ein »Vernunftrepublikaner« und gemäßigter Pazifist, der sich jahrelang im »Reichsbanner Schwarz Rot Gold« engagiert hatte, mußte nach Paris emigrieren, wo ihn die Gestapo 1940 verhaftete. Er starb 1945 im Konzentrationslager Buchenwald. Nur die Generäle a. D. Berthold von Deimling und Paul Freiherr von Schoenaich blieben im Lande und konnten hier einigermaßen unbehelligt leben.

Über politische Justiz wußte schon Friedrich II. von Preußen Wichtiges zu sagen. Titelblatt der satirischen Zeitschrift »Lachen links« (Nr. 6/1925); gezeichnet von Herbert Anger

Ergebnis

Die deutsche Justiz zur Zeit der Weimarer Republik empfand sich als ein Teil der traditionellen deutschen Eliten, die sich nach der Revolution von 1918 politisch nach rückwärts orientierten. Ihre Denkmuster entnahmen sie dem nationalen Obrigkeits- und Militärstaat wilhelminischer Provenienz. Ihr Anliegen bestand – von Ausnahmen abgesehen – nicht darin, zur Stabilisierung der ersten Republik auf deutschem Boden beizutragen. Vielmehr ging es auch den Juristen um die Wiederherstellung des untergegangenen militärischen Machtstaats, den sie sich als einen Staat mit Weltmachtstatus vorstellten. Daher glaubten die Vertreter der damaligen deutschen Justiz, daß es ihre legitime Rolle sei, im Zusammenspiel mit anderen traditionellen Eliten die geheime und rechtswidrige Aufrüstung justiziell abzusichern. In der Verfolgung dieses Ziels arbeiteten sie insbesondere mit der Reichswehrspitze zusammen.

Während die pazifistischen Kritiker der Geheimrüstungen der Auffassung waren, daß das Staatswohl die Einhaltung der Rechtsnormen gebot, sahen die Richter das ganz anders. Sie hielten die Bestimmungen der Verfassung, zumal die militärischen, für aufgezwungen und damit nicht für bindend. Aus dieser Position heraus entwickelte sich die deutsche Justiz der Zwischenkriegszeit zum klassischen Fall einer politischen Justiz, die sich an den Interessen eines künftigen deutschen Machtstaates orientierte. Sie versuchten die Pazifisten, namentlich die mit Sachkenntnis ausgestatteten pazifistischen Offiziere, mit Landesverratsprozessen einzuschüchtern und sie von weiteren »Enthüllungen« über die illegalen Rüstungen abzuschrecken. Ein Militärkritiker, der sich auf Recht und Gesetz berief, hatte vor diesen Richtern keine Chance.

Ingo Müller

Landesverratsprozesse und Beleidigungsverfahren gegen Pazifisten in der Weimarer Republik

»Das hat mit Justiz überhaupt nichts zu tun. Das ist gar keine ... das ist alles Mögliche. Justiz ist es nicht.«
(Kurt Tucholsky über den Prozeß gegen die Mörder Rosa Luxemburgs und Karl Liebknechts)

Folgen des Weltkrieges 1914–1918

Je länger der Weltkrieg dauerte, desto stärker wurde der Widerstand gegen ihn; und je größer der Widerstand wurde, desto schärfer urteilten die Gerichte gegen die Opponenten, was wiederum erneuten Widerstand hervorrief. So kam es im August 1917 bei der Kriegsmarine in Wilhelmshaven zu größeren Protestaktionen. Die Rädelsführer der »Augustauflehnung« wurden vor ein Kriegsgericht gestellt. Dieses verurteilte sie zu langjährigen Zuchthausstrafen, fünf von ihnen sogar zum Tode. Drei begnadigte man zwar, aber die Matrosen Albin Köbis und Max Reichpietsch wurden am 15. September 1917 von einem Exekutionskommando erschossen. Zur gleichen Zeit verurteilte das Reichsgericht in Leipzig zehn Arbeiterjugend-Funktionäre, die eine Demonstration »für einen baldigen Verständigungsfrieden« organisiert hatten, wegen Hochverrats zu langjährigen Zuchthausstrafen. Die Vorsitzende des Dresdner Jugendbildungsvereins, Wella Henker, bekam zweieinhalb Jahre, der Jugendfunktionär Erich Lewinsohn sogar acht Jahre Zuchthaus.[1]

Der mit einer bis dahin unbekannten Brutalität geführte Krieg hatte eine ganze Generation junger Männer verroht, und sein unbefriedigender und überraschender Ausgang – bis kurz vor der Kapitulation hatte die Heeresleitung nur Siegesmeldungen veröffentlicht[2] – führte dazu, daß vaterländische Kreise ihn auch nach dem Waffenstillstand und selbst noch nach dem Friedensschluß unbedingt weiterführen wollten. Währenddessen war eine Minderheit unter dem Eindruck dieses bis dahin grausamsten aller Kriege zu Pazifisten geworden. Mit ähnlicher Härte wie der Krieg wurde in der ersten deutschen Republik die innenpolitische Auseinandersetzung zwischen Bellizisten und Pazifisten geführt.

Nach dem Versailler Vertrag, der als »Gesetz über den Friedensschluß« vom 16. Juli 1919 deutsches Reichsgesetz geworden und damit für alle deutschen Staatsbürger verbindlich war[3] und der nach Art. 178 Abs. 2 der Reichsverfassung im Range sogar über dieser stand, war die deutsche Republik starken Rüstungsbeschränkungen unterworfen. Der Vertrag enthielt genaue Vorschriften über Stärke, Ausrüstung und Rekrutierung sowie Ausbildung der deutschen Wehrmacht. Art. 160 Abs. 2 des Vertrages schränkte den Zweck des Heeres auf Erhaltung der Ordnung innerhalb des deutschen Gebietes und den Grenzschutz ein. Alle Mobilisierungsmaßnahmen waren in Art. 178 ausdrücklich untersagt. Allerdings waren das Militär und andere »vaterländische Kreise« nicht bereit, den »Schandfrieden« zu akzeptieren. Die ebenso weitverbreitete wie im offensichtlichen Widerspruch zur Realität stehende »Dolchstoßlegende« schob alle Schuld am militärischen Versagen der Heimatfront zu und trug von Anfang an dazu bei, daß die neue Armee – in Wahrheit war es die alte – kein Verhältnis zur Republik fand. Sie blieb »Staat im Staate«, nutzte jede Möglichkeit, sich illegal zu verstärken und schmiedete Mobilmachungspläne gegen Frankreich. Diese geheimen Rüstungen und die dahinterstehende militaristische Mentalität wurden von der ebenfalls aus dem Kaiserreich übernommenen Bürokratie und vor allem von der Justiz nach Kräften unterstützt. Treuherzig offenbarte Reichsgerichtspräsident Dr. Walter Simons den Übergang der Justiz vom Kaiserreich in die Republik: »Bei uns ist das Richtertum der Monarchie als Ganzes in den neuen Staat hineingegangen … mit vollem Bewußtsein …, aber mit dem neuen Regime bekam der Richter nicht den neuen Geist. […]

Der Geist mußte bleiben«, und nach Simons' Beobachtung »schwangen stets Sympathien für das Militärische« mit.[4]

Landesverratsprozesse

Nach klassischer Auffassung in der Rechtsprechung war als Landesverrat und Spionage nur die Bekanntgabe offizieller militärischer Geheimnisse strafbar. Das änderte sich mit In-

Auf dem rechten Auge blind: Landesverratsprozesse der Justiz in den 20er Jahren; Zeichnung von Karl Holtz

krafttreten des Versailler Vertrages mit seinen Restriktionen: alles, was in der Lage schien, die Reichswehr zu verstärken, legal oder illegal, wertete die Justiz nun als Staatsgeheimnis. Selbst hochverräterische Unternehmen, Umsturzversuche und kriminelle militärische Vereinigungen wurden für »geheim« erklärt, mit der Konsequenz, daß Mitteilungen über sie als Landesverrat galten.

Von 1882 bis 1913 waren nur 32 Personen wegen Hoch- und Landesverrats und 127 wegen Spionage verurteilt worden, also nicht mehr als fünf Personen pro Jahr. Dagegen wurden allein in den Jahren von 1924 bis 1927 über 10000 Verfahren wegen Hoch- und Landesverrats eingeleitet und 1071 Personen verurteilt.[5]

Das erste Strafverfahren, dem der erweiterte Landesverratsbegriff zugrunde lag, richtete sich gegen den Journalisten Felix Fechenbach, den ehemaligen Sekretär Kurt Eisners, des ersten republikanischen Ministerpräsidenten Bayerns.[6] Eisner war besessen von der Idee, Deutschlands Schuld am Ersten Weltkrieg zu beweisen, und nachdem er im Februar 1919 einem Mordanschlag zum Opfer gefallen war, wollte Fechenbach sein Werk fortsetzen. Zu diesem Zweck hatte er einem Schweizer Journalisten in München zwei Urkunden übergeben: ein Memorandum Matthias Erzbergers, in dem dieser alldeutsche Annexionspläne für den Fall eines Krieges entwickelt hatte, und ein Telegramm des bayerischen Gesandten beim Vatikan, von Ritter, vom 24. Juli 1914 an die bayerische Regierung, in dem behauptet wurde, der Papst billige ein scharfes Vorgehen Österreichs gegen Serbien. Außerdem, und das schien das größere Verbrechen zu sein, hatte Fechenbach für den Berliner Korrespondenten der englischen Trans-Atlantik-News-Agency, Gargas, Artikel über umstürzlerische Geheimorganisationen in Bayern geschrieben. Sie betrafen die rechtsradikalen Vereinigungen »Organisation Escherich« und »Organisation Kanzler«, benannt nach dem Gründer der bayerischen Einwohnerwehr Georg Escherich und dessen Stellvertreter Rudolf Kanzler, sowie den Hochschulring deutscher Art, Heimatbund der Königstreuen, den »Stahlhelm« und die Bayerische Einwohnerwehr. Allein diese hielt rund 300000 Mann unter Waffen.[7] Das Volksgericht München verurteilte Fechenbach am 20. Oktober 1922 zu elf Jahren Zuchthaus, Gargas allein wegen der Weitergabe der Berichte über die umstürzlerischen Organisationen zu 12 Jahren. Die Verhandlung fand unter Ausschluß der Öffentlichkeit statt, und den Beteiligten wurde ein Schweigegebot auferlegt. Aufgrund des ungeheuren Aufsehens, das dieser Prozeß erregte, entließ die bayerische Regierung Gargas und Fechenbach schließlich am 20. Dezember 1924 und setzte die Reststrafen zur Bewährung aus. Der Verteidiger des Fechenbach-Prozesses, Max Hirschberg, stellte zu dem Verfahren fest: »Mit der Frage inwiefern illegale Organisationen, die den Sturz der geltenden Verfassung betreiben, gegen Aufdeckung durch die gesetzlichen Bestimmungen geschützt sein können, machte sich das Gericht keine große Mühe. Es stellte einfach fest, daß dies alles Urkunden und Nachrichten seien, die anderen Regierungen gegenüber geheim gehalten werden müßten und daß jede Veröffentlichung dieser Geheimnisse gegen § 92 Nr. 1 StGB verstoße.«[8] Der Fechenbach-Prozeß eröffnete eine lange Reihe von Strafverfahren wegen Landesverrats gegen Journalisten, die sich die Aufdeckung illegaler verfassungswidriger Organisationen und geheimer Aufrüstung zur Aufgabe gemacht hatten.

Offenbar war Zweck solcher Strafverfahren, die pazifistischen und links stehenden Journalisten mundtot zu machen und die Organisationen zu schützen, die sich den Sturz der Reichsregierung und die Beseitigung der geltenden Verfassung zum Ziel gesetzt hatten. Der bereits im Kaiserreich verfolgte Ludwig Quidde veröffentlichte am 10. März 1924 in der »Welt am Montag« einen Beitrag mit dem Titel »Gefahr der Stunde«. Dem waren Eingaben des Deutschen Friedenskartells an den Reichskanzler, den Reichspräsidenten, den Chef des Heeres, General von Seeckt, den Reichswehrminister und den Außenminister wegen der »Schwarzen Reichwehr« vorangegangen.

Mit einer Vielzahl von Landesverratsprozessen ging die politische Justiz während der Zeit der Weimarer Republik gegen Pazifisten vor. Die Prozesse verfolgten in erster Linie das Ziel, die geheimen und illegalen Rüstungsmaßnahmen zu decken und deren Kritiker abzuschrekken und einzuschüchtern.

„1200 Landesverratsprozesse!" — „Wir erleben die Inflation in der Justiz!"

Als die angeschriebenen Stellen ausnahmslos mit Drohungen und Einschüchterungsversuchen reagierten, veröffentlichte Quidde als Vorsitzender des Deutschen Friedenskartells seine Eingaben und wurde prompt am 15. März 1924 in München wegen Landesverrats verhaftet. Erst nach einem weltweiten Sturm der Entrüstung entließ man ihn aus der Haft und stellte das Verfahren ein.[9]

Als Staatsgeheimnis wurden in der Folgezeit gewertet: die Verbindung der Reichswehr zu den oben erwähnten Geheimbünden, die Bildung einer Verkehrswehr zur Verübung von Sabotageakten im Ruhrgebiet, Mobilmachungspläne vaterländischer Verbände und Staatsstreichpläne der Nationalsozialisten, die Beschäftigung »Zeitfreiwilliger« in der Reichswehr, die Bewaffnung der Kampforganisation »Stahlhelm« zum Kampf gegen die preußische Polizei sowie der Aufbau nationalsozialistischer Kampforganisationen. In allen Fällen wurde gegen die Person, die den jeweiligen Rechtsbruch öffentlich gemacht hatte, ein Landesverratsverfahren eingeleitet. Wegen der Straftaten, die den Berichten zugrunde lagen, wurde in keinem einzigen Fall ermittelt.

Nachdem der sächsische Ministerpräsident Dr. Erich Zeigner am 26. Februar 1923 von der Tribüne des Landtags aus die Reichsregierung aufgefordert hatte, den Umtrieben der »Schwarzen Reichswehr« ein Ende zu bereiten, wurde ein Landesverratsverfahren gegen ihn eingeleitet. Der damalige Reichsjustizminister Gustav Radbruch führte sogar die von Reichswehrminister Geßler vollzogene Absetzung der sozialdemokratisch-kommunistischen Koalitionsregierung in Sachsen auf diesen »Verrat« zurück: »Zeigner hatte die Decke, die über diesen dunklen Dingen lag, an einigen Zipfeln gelüftet.«[10] In seiner Weihnachtsnummer 1923 berichtete der »Vorwärts« über schwere Ausschreitungen der Reichswehr beim Einmarsch in Sachsen und der Absetzung der Regierung Zeigner. Auf Antrag des Reichswehrministeriums wurde umgehend ein Landesverratsverfahren gegen den Redakteur Reuter eingeleitet.

Am 11. Dezember 1925 verurteilte der 4. Strafsenat des Reichsgerichts den Oberlagerverwalter Bullerjahn wegen Landesverrats zu 15 Jahren Zuchthaus. Ihm war vorgeworfen worden, ein illegales Waffenlager an die »Interalliierte Militärkommission« verraten zu haben, deren Aufgabe es war, die Einhaltung des Versailler Vertrages zu kontrollieren. Im Bullerjahn-Prozeß spielte nicht nur die Konstruktion des »illegalen Staatsgeheimnisses« eine Rolle; auch die Art und Weise, in der das Reichsgericht die Strafprozeßordnung handhabte, führte zu erregten Debatten im Reichstag. Der Abgeordnete Paul Levi kritisierte dieses Verfahren in seiner Plenarrede vom 16. Februar 1926 als den »schwärzesten Fall von Landesverratsjudikatur in diesem Lande«.[11]

Nahezu alle engagierten Pazifisten der damaligen Zeit wurden durch Landesverratsverfahren verfolgt, und Carl von Ossietzky brachte es auf den Punkt: »Für das Reichsgericht genügt schon die Kenntnis antimilitaristischer Einstellung. Das ist Landesverrat.« Gegen den eifrigsten Chronisten der Weimarer Justiz, den Heidelberger Statistikprofessor Emil Julius Gumbel, liefen zeitweilig gleich drei Landesverratsverfahren, vor allem wegen seiner Berichte über das am Kapp-Lüttwitz-Putsch beteiligte »Freikorps Rossbach«. In jedem Jahr der Republik wurden doppelt so viele Personen wegen Landesverrats verurteilt wie in den 32 Vorkriegsjahren zusammen. Die ebenso simple wie arrogante Argumentation, die diesen Verfahren zugrunde lag, charakterisierte Gumbel so: »1. Eine schwarze Reichswehr hat nie existiert. 2. Sie ist längst aufgelöst. 3. Wer von ihr redet, begeht Landesverrat.«[12]

Auf die politischen Folgen solcher Justiz hatte die SPD schon 1924 in einer Reichstagsinterpellation hingewiesen. Sie beschwor die Regierung, »daß diese Rechtsprechung eine Gefahr für die Republik bedeutet, insofern sie Organisationen, die staatsfeindlich und monarchistisch sind, die Möglichkeit der Waffenrüstung gewährt, ohne der republikanischen Bevölkerung die Möglichkeit zu geben, sich dagegen zu wehren oder auf Einhaltung von Recht und Gesetz zu bestehen.«[13]

Das Ausmaß der vom Reichsgericht betriebenen Auflösung der Rechtsordnung wird erst klar, wenn man die Landesverratsurteile gegen pazifistische Journalisten im Zusammenhang mit den sogenannten Fememord-Urteilen sieht. Das Reichsgericht hatte nämlich Mitgliedern der Organisation Consul, auf deren Konto schon die Ermordung der Reichsminister Erzberger und Rathenau ging, »Notwehr« zugebilligt, nachdem sie mutmaßliche Verräter in ihren Reihen ermordet hatten. Die Doppelmoral, mit der das Reichsgericht gegen Militaristen und Pazifisten zweierlei Maß anwandte, hatte es unfreiwillig in seiner Veröffentlichungspraxis offengelegt: Im 62. Band der amtlichen Entscheidungssammlung findet sich unmittelbar hinter einem Urteil, in dem die Konstruktion der »Staatsnotwehr« erneut als Rechtfertigungsgrund für ein Verbrechen anerkannt wurde, das »Ponton-Urteil« gegen die Journalisten Berthold Jacob und Fritz Küster.[14] Am 31. März 1925 waren anläßlich eines Reichswehrmanövers 61 Soldaten nahe Veltheim an der Porta Westfalica beim Übersetzen über die Weser ertrunken.

Aus der Tatsache, daß für verschiedene Opfer des Unglücks Todesanzeigen in den Zeitschriften »Der Jungdeutsche« und »Wiking« erschienen waren, die keine militärischen Dienstränge, sondern zivile Berufe nannten, hatte der Journalist Berthold Jacob geschlossen, daß unter den Ertrunkenen mindestens 11 Zeitfreiwillige waren. Er veröffentlichte seine Überlegungen unter dem Titel »Das Zeitfreiwilligengrab in der Weser« in Fritz Küsters pazifistischer Zeitschrift »Das Andere Deutschland«. Aufgrund dreier Gutachten des Reichswehrministeriums über die Geheimhaltungsbedürftigkeit der recherchierten Tatsachen wurden Jacob als Autor und Küster als verantwortlicher Redakteur am 14. März 1928 zu je neun Monaten Festungshaft verurteilt. Die entscheidenden, später so oft zitierten Sätze des Urteils lauteten: »Dem eigenen Staate hat jeder Staatsbürger die Treue zu halten. Das Wohl des eigenen Staates wahrzunehmen, ist für ihn höchstes Gebot.«

Der große Verhandlungssaal im Reichsgericht Leipzig. In diesem Saal fand im November 1931 der »Weltbühnen«-Prozeß statt.

Das bekannteste Urteil gegen einen pazifistischen Journalisten, die formell noch heute geheime Entscheidung des Reichsgerichts im »Weltbühnen«-Prozeß gegen Carl von Ossietzky, stellt in weiten Passagen nur eine Abschrift des »Ponton-Urteils« dar.[15]

Beleidigungsverfahren

Neben den vielen Strafverfahren gegen Pazifisten wegen Landesverrats gab es auch zahlreiche Beleidigungsprozesse gegen sie, deren folgenreichste der Jorns-Prozeß und der Zweite »Weltbühnen«-Prozeß waren.

In dem oben beschriebenen »Ponton-Prozeß« gegen Küster und Jacob vertrat der für Landesverratssachen zuständige Reichsanwalt Paul Jorns die Anklage. Während des Verfahrens erschien am 28. März 1928 in der Zeitschrift »Das Tagebuch« ein anonymer Beitrag mit dem Titel »Kollege Jorns«. Der damals von der Justiz nicht ermittelte Autor – heute weiß man, es war Berthold Jacob – bescheinigte Jorns, »daß sein juristisches Können weit unter Mittelmaß bleibe, ihn jedenfalls keineswegs zur Dienstleistung im Verbande der Reichsanwaltschaft qualifiziere, deren ganzem Niveau er in keiner Weise adäquat« sei. Er warf dem Reichsanwalt vor, 1919 als untersuchungsführender Kriegsgerichtsrat in dem Verfahren gegen die Mörder Rosa Luxemburgs und Karl Liebknechts »den Angeklagten nicht weh getan« zu haben. Eine eher noch untertreibende Beschreibung der Tatsache, daß Jorns die Mörder in strafbarer Weise begünstigt und die Geschehnisse verdunkelt hatte, statt sie aufzuklären. Die Intensität der Ermittlungen gegen die Mörder belegte Jacob mit der Aussage des mordbeteiligten Husaren Runge: »Die Untersuchung ist eine Komödie gewesen. Ich sprach mit Kriegsgerichtsrat Jorns wiederholt privat, und er sagte mir: ›nehmen sie nur alles auf sich, vier Monate werden es nur, und sie können sich dann immer wieder an uns wenden, wenn sie in Not sind …‹ Die Zellentüren standen offen.« Jacob schloß den Artikel mit den Worten: »Wie eine solche Erscheinung am obersten deutschen Gericht als Reichsanwalt fungieren kann, ist unerfindlich.« Berthold Jacob ging wegen ständiger Morddrohungen schon 1932 ins Exil. 1935 wurde er von der Gestapo aus der Schweiz entführt. Nach einer jahrelangen Leidenszeit im Konzentrationslager wurde er am 26. Februar 1944 im Gestapo-Hauptquartier in Berlin ermordet. Die Traditionslinie der Verfolgung von Pazifisten setzte sich noch aggressiver, aber aus der gleichen Mentalität heraus fort.

Auf einen so national gesinnten Kollegen wie Jorns durfte aber kein Schatten fallen. Er hatte doch nichts anderes getan, als die Mörder von Revolutionären und Pazifisten zu schützen. Oberreichsanwalt Werner stellte Strafantrag gegen den verantwortlichen Redakteur Joseph Bornstein. Jorns schloß sich dem Verfahren als Nebenkläger an. In den ersten Instanzen wurde der Prozeß zu einem vernichtenden Tribunal gegen Jorns. Nachdem es die einzelnen Vorwürfe untersucht hatte, stellte das Schöffengericht des Amtsgerichts Berlin-Mitte nämlich fest: »Erwiesen ist, daß der Nebenkläger bei der Führung der Untersuchung 1. Spuren, die zur Aufklärung dienen konnten, nicht aufgenommen hat … 2. Spuren, deren Wichtigkeit er erkannt hatte, nicht verfolgte … 3. Spuren verwischte, indem er das Gegenteil des Ermittelten ins Protokoll aufnahm.« Nach dem Ergebnis der Beweisaufnahme hielt das Gericht »für erwiesen, daß der Nebenkläger durch sein Verhalten das Ergebnis der Untersuchung gefährdet und den Tätern Vorschub geleistet« habe. Daher schien dem Gericht »die Folgerung des Angeklagten berechtigt, daß der Nebenkläger zu einer Tätigkeit im Verbande der Reichsanwaltschaft nicht geeignet ist« und sprach am 27. April 1927 Bornstein frei.[16] Auf Jorns' Berufung fand eine neue Verhandlung vor der Großen Strafkammer in Berlin statt, die lediglich den Vorwurf der mangelnden juristischen Qualifikation als keinem Wahrheitsbeweis zugänglichen Werturteil ansah und Bornstein zu milden 200 Reichsmark Geldstrafe verurteilte.

Bornstein und Jorns legten beide Revision gegen das Urteil ein. Der Zweite Strafsenat des Reichsgerichts verwarf am 7. Juli 1930 Bornsteins Revision, gab der Jorns' statt und verwies die Sache zur erneuten, inzwischen vierten Verhandlung an das Landgericht Berlin III. Um Jorns eine volle Rehabilitation zu ermöglichen, wies das Reichsgericht das Landgericht an, Bornstein nur dann freizusprechen, wenn Jörns den Mördern nicht nur bewußt und vorsätzlich, sondern mit einer besonders bösen Absicht Vorschub geleistet habe.[17] Mit dieser geradezu akrobatischen Begriffsaufspaltung zwecks Ehrenrettung des Kollegen Jorns brach das Reichsgericht mit seiner eigenen Rechtsprechung. Diese Steigerung der Anforderungen für die Bestrafung wegen Rechtsbeugung sollte Jahre später, in der Bundesrepublik, zur Nichtverfolgung der NS-Juristen führen. Nun wurde Bornstein zu einer immer noch milden Strafe von 500 Reichsmark verurteilt, weil er nicht habe beweisen können, daß die nachweislich von Jörns begangene Begünstigung der Mörder »willentlich« erfolgt sei. Bornstein korrigierte sich darauf im »Tagebuch«: »Es leuchtet mir jetzt ein, daß ... Herr Jorns für das Reichsgericht keine unpassende Erscheinung ist.« 1934 wurde Jorns Chefankläger beim neuerrichteten Volksgerichtshof.[18]

Ein bis in unsere Zeit nachwirkender Beleidigungsprozeß fand im Herbst 1932 in Berlin statt. »Die Weltbühne« hatte entdeckt, daß deutsche Bischöfe eine Kriegsverdammung Papst Benedikts XV. vom Juni 1915 entstellend übersetzt hatten, pazifistische Passagen hatten sie einfach unterschlagen. Die Redaktion ließ eine eigene Übersetzung anfertigen[19] und veröffentlichte dazu Ignaz Wrobels (Kurt Tucholskys) Glosse »Der bewachte Kriegsschauplatz«. Darin hieß es: »Da gab es vier Jahre lang ganze Quadratmeilen des Landes, auf denen war Mord obligatorisch, während er eine halbe Stunde davon ebenso streng verboten war. Sagte ich: Mord? natürlich Mord. Soldaten sind Mörder.«[20]

Reichswehrminister Groener stellte Strafantrag gegen den verantwortlichen Redakteur Carl von Ossietzky. Zunächst lehnte das Schöffengericht Berlin-Charlottenburg die Eröffnung des Hauptverfahrens ab, auf Beschwerde der Staatsanwaltschaft eröffnete jedoch die Strafkammer beim Landgericht das Verfahren. Der Strafantrag lautete auf sechs Monate Gefängnis. Die Verteidiger Ossietzkys belegten, daß eine Vielzahl von Literaten und Philosophen, unter ihnen Lessing, Schiller, Goethe und Friedrich II von Preußen, Soldaten Mörder genannt hatten und daß vor dem selben Gericht der Revolutionär Max Hölz mit seinem Strafantrag gegen eine NS-Zeitung, die ihn Mörder und Massenmörder genannt hatte, gescheitert war.[21] Darüber hinaus führten sie mehrere Reichsgerichtsurteile an, in denen bei Beleidigung von Kollektiven regelmäßig einzelnen Personen die Legitimation bestritten worden war, sich beleidigt zu fühlen. Das Gericht sprach Ossietzky frei. »Ein guter Tag für die Justiz« notierte sein Verteidiger Alfred Apfel in der »Weltbühne«. Das Kammergericht verwarf die Revision der Staatsanwaltschaft als unbegründet.

Straftaten gegen Pazifisten

In schroffem Gegensatz zur eifrigen Verfolgung der Pazifisten stand das Bemühen der Justiz, Straftaten, deren Opfer Pazifisten waren, zu vertuschen und die Täter zu decken. Mit welcher Verve das Verfahren gegen die Mörder Luxemburgs und Liebknechts betrieben wurde, illustrierte schon der Jorns-Prozeß. In dem Verfahren wegen des zweifachen Mordes wurden drei Angeklagte freigesprochen und drei zu höchstens zwei Jahren und vier Monaten Gefängnis verurteilt. Nachdem sich zwei von ihnen der Strafe durch Flucht entzogen hatten, wurden alle am 23. Dezember 1920 amnestiert.[22]

Noch kläglicher verlief die Suche nach den Mördern Hans Paasches.[23] Das Verfahren gegen die beteiligten Soldaten wurde am 27. November 1920 eingestellt, weil der Tod des Pazifisten auf »ein Zusammentreffen nicht voraussehbarer unglücklicher Umstände zurückzuführen [war], für welche niemand strafrechtlich verantwortlich zu machen ist«. Bei den Schützen habe ein »entschuldbarer, ihre Strafbarkeit ausschließender Irrtum vorgelegen«.

Graf Arco-Valley, der Mörder Kurt Eisners, des ersten republikanischen Ministerpräsidenten Bayerns, wurde zwar am 16. Januar 1920 vom Volksgericht München I zum Tode verurteilt. Aufgrund der indirekten Gnadenempfehlung des Gerichts wurde er aber vom bayerischen Ministerrat zu lebenslanger Festungshaft begnadigt und nach nur zwei Jahren komfortablen Aufenthalts in der Festung Landsberg in Freiheit entlassen.[24]

Im Verfahren wegen der Erschießung des Schriftstellers Gustav Landauer konnte laut Stellungnahme des bayerischen Justizministers trotz eingehender Ermittlungen nicht festgestellt werden, wer außer dem Ulanen Diegele, der nur wegen gefährlicher Körperverletzung verurteilt wurde, an der Abgabe der tödlichen Schüsse beteiligt war. Auch dieses Verfahren wurde eingestellt.[25]

Die Mörder des Reichsfinanzministers Matthias Erzberger, Heinrich Tilissen und Heinrich Schulz, ließ man nach Ungarn entkommen. Der mutmaßliche Mörder des bayerischen USPD-Abgeordneten Karl Gareis, Schwesinger, konnte mit tatkräftiger Hilfe des damaligen Münchener Polizeipräsidenten Ernst Poehner fliehen. Nachdem Schwesinger im Oktober 1921 in Tirol unter Mordverdacht verhaftet worden war, wurde er im Dezember 1922 in Bayern aus der Untersuchungshaft entlassen.[26] Hugo Haase, ehemaliger Parteivorsitzender der SPD, seit 1916 der USPD, der als Rechtsanwalt zur Aufklärung der Morde an Liebknecht und Luxemburg beigetragen hatte, starb am 7. November 1919 an den Folgen eines Attentats. Das Gericht erklärte den Mörder zum Geisteskranken und vermied damit jede Frage nach Hintermännern. Liebknecht, Luxemburg,

Vergeßt nicht die deutsche Justiz! Ein Hohn auf Recht und Gerechtigkeit! Gegen rechts milde – gegen links brutal!

Der antidemokratische und obrigkeitsstaatliche Justizapparat wurde 1918/19 kaum verändert. Während gegen alle Personen, die links standen, hart durchgegriffen wurde, war die Justiz auf dem rechten Auge blind.
Fememorde und brutale Gewalt reaktionärer Vereinigungen wurden als Kavaliersdelikte behandelt.

Eisner, Landauer, Erzberger, Gareis und Haase waren nicht nur Parteipolitiker der Linken, sondern sämtlich auch engagierte Pazifisten. Nach einem Attentat auf Emil Julius Gumbel blieb die Justiz ebenso untätig wie nach studentischen Attacken auf die Professoren Georg Nicolai und Albert Einstein sowie nach tätlichen Angriffen auf den Schauspieler Alexander Moissi und den Sexualforscher Magnus Hirschfeld, auch sie bekannte Pazifisten.

Radikalisierung der Pazifistenverfolgung im Dritten Reich

Wie eine NS-Justiz mit Pazifisten umgehen sollte, beschrieb schon ein Antrag der NSDAP-Reichstagsfraktion zum Republikschutzgesetz aus dem Jahre 1930.[27] Der Entwurf sah die Todesstrafe für Landesverrat in seiner weitesten Form, also auch für publizistischen Landesverrat vor. Darüber hinaus sollte die Aufforderung zur Kriegsdienstverweigerung und die Werbung für »die geistige, körperliche oder materielle Abrüstung des deutschen Volkes« als »Wehrverrat« mit dem Tode bestraft werden. Todeswürdig sollte auch sein, wer nur »die Wehr- oder Dienstpflichtentziehung, Meuterei oder Fahnenflucht billigt« und wer »an einer Vereinigung der Verabredung wehrfeindlicher Bestrebungen« teilnimmt, weiterhin, wer »öffentlich in Wort, Schrift, Druck, Bild oder in anderer Weise Deutschlands Alleinschuld oder Mitschuld am Weltkrieg behauptet«. Für das Verächtlichmachen »deutscher Kriegshelden, Heerführer oder Inhaber der höchsten Tapferkeitsorden« sah der Entwurf Zuchthaus und körperliche Züchtigung, in schweren Fällen auch die Todesstrafe vor.

Im Dritten Reich war für Pazifisten mehr die Polizei zuständig als die Justiz. Hunderte von ihnen standen auf den Verhaftungslisten, wurden nach dem Reichstagsbrand festgenommen und in die Konzentrationslager verschleppt, oft unter Bezug auf Verurteilungen der Justiz der Weimarer Republik. In den Folgejahren verschwanden tausende Kriegsdienstverweigerer in den Konzentrationslagern, insbesondere Anhänger der internationalen Bibelforschervereinigung, die im KZ eine eigene Häftlingskategorie bildeten.[28] Unmittelbar nach Kriegsbeginn gab es jedoch beim Reichskriegsgericht (RKG) eine regelrechte Welle von Anklagen gegen Kriegsdienstverweigerer. Nach Änderung der Militärstrafprozeßordnung war das RKG nicht länger Rechtsmittelgericht in Militärstrafsachen, sondern in Analogie zum Volksgerichtshof, erste und letzte Instanz in Staatsschutzsachen mit militärischem Bezug. Die Verfahren gegen Pazifisten, größtenteils Bibelforscher, hatten ausgesprochen demonstrativen Charakter und endeten regelmäßig mit dem Todesurteil wegen »Zersetzung der Wehrkraft« nach § 5 der Kriegssonderstrafrechtsverordnung (KSSVO), oft mit dem entlarvenden Standardsatz: »Der Angeklagte verdient keine

Milde. Auch in Anbetracht der seinem Verhalten innewohnenden Werbekraft ist aus Abschreckungsgründen die härteste Strafe geboten.«[29] Die befürchtete Werbekraft des Pazifismus sollte durch abschreckende Urteile eingedämmt werden und tausende Todesurteile von Feldkriegsgerichten, Bordgerichten und zuletzt Fliegenden Standgerichten gegen Deserteure, »Wehrkraftzersetzer« und andere Kriegsmüde verfolgten das gleiche Ziel. Das Standardwerk über die Wehrmachtjustiz von Manfred Messerschmidt und Fritz Wüllner[30] schätzt, daß die Wehrmachtjustiz mehr als 30000 Todesurteile gefällt hat, 22000 allein gegen Deserteure.

Otmar Jung

»Ein weißer Rabe« unter den Richtern der ersten Republik: Senatspräsident Freymuth

Biographischer Überblick

Arnold Freymuth wurde 1872 als Sohn einer bildungsbürgerlichen Familie ursprünglich jüdischen Glaubens – der Vater war Arzt in einem ostpreußischen Flecken, später in Danzig – geboren. Der vorzügliche Jurist machte Karriere in der Justiz, seit 1911 war er als Oberlandesgerichtsrat in Hamm (Westfalen) tätig. Mehr als vier Jahrzehnte lebte Freymuth unauffällig: Familie, Baupläne, Fachschriftstellerei, Standespolitik, begeisterter Burschenschafter seit Studentenzeiten, ein musterhafter Richter im kaiserlichen Deutschland.

Der biographische Bruch erfolgte im Ersten Weltkrieg, sichtbar von Herbst 1918 an: gemeinsame Rednerauftritte mit dem regionalen SPD-Führer Nikolaus Osterroth im Oktober, während der Novemberrevolution Eintritt in den »Arbeiter- und Soldatenrat« Hamm und Übernahme des stellvertretenden Vorsitzes, Bewerbung als sozialdemokratischer »Beamtenkandidat« für die Deutsche Nationalversammlung und Eroberung eines Mandats in der Verfassunggebenden Preußischen Landesversammlung. Später wurde Freymuth sogar zum Parlamentarischen Staatssekretär im Preußischen Justizministerium ernannt, wo er ein sozialdemokratisches Gegengewicht zu dem Zentrums-Minister Hugo am Zehnhoff bilden sollte. Freilich gab es auch Querelen mit den neuen Freunden: Der Quereinsteiger brachte weder den »Stallgeruch« des Milieus noch die jahrzehntelange Gewöhnung an die Parteidisziplin der alten deutschen Sozialdemokratie mit und erlaubte sich z. B. gleich in seiner parlamentarischen Jungfernrede, gegen die »Volkswahl der

Richter« zu sprechen und damit von dem 1891, also 28 Jahre zuvor, in Erfurt beschlossenen Parteiprogramm der SPD abzuweichen. So endete Freymuths Wirken als Politiker im Frühjahr 1921. Zur Wahl des ersten Landtags kandidierte er nicht mehr, sondern nahm seine Berufstätigkeit als Richter wieder auf. Insgesamt fällt die Bilanz dieser Jahre zwiespältig aus: Freymuth hatte sich in der Parteipolitik engagiert und war in Regierungskreisen bekanntgeworden, aber er hatte keine politisch-administrative Karriere zu begründen vermocht. Beruflich hatte ihm sein Engagement lediglich die Versetzung an das Kammergericht in Berlin eingetragen, und bezahlen mußte er dies noch mit einem psychologischen Dilemma. Die Welt der »heilen Justiz« gab es für ihn nicht mehr, Freymuth hatte sich in seinen Kreisen »unmöglich gemacht«. Andererseits war es ihm auch nicht gelungen, in der organisierten Arbeiterbewegung wirklich Fuß zu fassen.

Von 1922 an zeichnete sich ab, in welchem politischen Umfeld Freymuth weiterwirken und sich wohlfühlen sollte: in der 1892 gegründeten Deutschen Friedensgesellschaft (DFG) und vor allem in der Deutschen Liga für Menschenrechte (DLM), gegründet 1914 als Bund Neues Vaterland (BNV), also in ihrem Ursprung bürgerlichen, pazifistischen, teils deutlich linksintellektuellen Organisationen. Dem Eintritt folgte der innerverbandliche Aufstieg auf dem Fuße. Bald schickte man Freymuth regelmäßig vor, wenn es Skandale auf politisch-staatsrechtlichem Gebiet anzuprangern galt. Bei allem, was die demokratische, linke, pazifistische Öffentlichkeit an Versammlungen, Konferenzen, Eingaben, Denkschriften, Broschüren und Artikeln unternahm bzw. aufbot, begegnet man Freymuth sozusagen auf Schritt und Tritt. Zu diesen Ad-hoc-Einsätzen kamen noch reguläre Führungsaufgaben, denen sich ein solcher »Star« nicht entziehen konnte. Von 1923 bzw. 1924 an gehörte Freymuth den Vorständen des Republikanischen Richterbundes (gegründet 1921) bzw. der DLM und der DFG an. Alle diese politischen Aktivitäten pflegte er neben der normalen Berufsarbeit als

Arnold Freymuth,
Senatspräsident am
Kammergericht
1923–1925

Richter und fand auch noch Zeit und Kraft für fachschriftstellerische Arbeit, insbesondere für die Neubearbeitung eines Kommentars zum Bürgerlichen Gesetzbuch (1923). So hoch man Freymuths Arbeitskapazität wird veranschlagen dürfen, zeichnete sich hier doch auch Raubbau ab.

Freymuths Image nachhaltig prägen sollte aber der »Fall Fechenbach«. Felix Fechenbach, den Privatsekretär des bayerischen Ministerpräsidenten Kurt Eisner (USPD), hatte das Volksgericht München 1922 wegen vollendeten Landesverrats zu einer Strafe von zehn Jahren Zuchthaus verurteilt – eine drakonische Vergeltung dafür, daß der junge Journalist ein wenig belangvolles diplomatisches Schriftstück unberufen aus der Hand gegeben hatte. Mit seinem Engagement für den vermeintlichen Landesverräter erwarb sich Freymuth seinen endgültigen Ruf. »Der bekannte Vorkämpfer für Fechenbach« – lautete nun die Einführungsformel, wenn man ihn irgendwo vorstellen wollte. Zusammen mit dem ihm wenig später übertragenen Amt des Senatspräsidenten war damit im linken, pazifistischen Milieu sozusagen ein Markenartikel geschaffen: Mythos für die einen – Abstempelung für die anderen.

Der politische Richter Freymuth wurde in dieser Zeit vielfach angefeindet: fachlich von der Rechten, die in einer vergifteten politischen Atmosphäre seine Beförderung nicht anders denn als parteipolitische Schiebung wahrnehmen konnte; »rassisch« von den Antisemiten, die den Assimilierten wegen des jüdischen Glaubens der Eltern bzw. Großeltern mit Schmäh verfolgten; politisch von dem deutschdemokratischen Reichswehrminister Otto Geßler, der Freymuth vorwarf, daß durch eine Denkschrift der DLM über friedensvertragswidrige Geheimrüstungen »ein ungeheurer Schaden für Deutschland« entstanden sei. Ende 1925 gab Freymuth auf. Zum Jahresende trat er, dreiundfünfzigjährig – aus gesundheitlichen Gründen, wie es hieß – in den Ruhestand.

In den folgenden Jahren betätigte sich Freymuth vor allem in der 1924 von dem Journalisten Alfred Falk gegründeten Republikanischen Beschwerdestelle, einer Art privatem Verfassungsschutz. Was wohl »streitbare Republikaner« sein wollten, die zur Beobachtung der republikanischen Legalität anhielten, geriet nicht ganz unberechtigt in den Ruch eines Denunziationsbüros. Vor allem entwickelte sich die Arbeit dort im Widerspruch zu Freymuths früherer Grundhaltung. In der Friedensgesellschaft und der Menschenrechtsliga hatte er um Menschen geworben – nun setzte er auf Disziplinieren nach oft kleinlichem Maßstab. Früher hatte er auf die Kraft des vernünftigen Arguments gebaut – jetzt begnügte er sich mit dem Hinweis auf die bestehende Rechtslage. Damals hatte er sich voller Skepsis über die republikanische Zuverlässigkeit der (Straf-)Justiz ausgelassen – nun vermeinte er, just mit Hilfe jenes Repressionsapparates die Republik in seinem Sinne festigen zu können: vielleicht eine Fehlverarbeitung seiner Erfahrung vor seinem Ausscheiden aus dem Richteramt selbst – in einem gewissen Maße – Opfer diszplinarer Maßnahmen geworden zu sein.

Eine große Verantwortung und Bürde lud Freymuth in den Jahren 1929 bis 1932 noch auf sich, als dem organisierten Pazifismus wegen interner Konflikte das Ende drohte. Gegen den jakobinischen Zug der Verbandsdemokratie, mit dem die Führung der DFG unter Fritz Küster seit 1927 versuchte, aus den bisherigen losen Diskussionskreisen einen entschlossenen Kampfbund zu schmieden und womöglich gar eine politische Massenorganisation ins Leben zu rufen, wurde Freymuth zum Widerpart. 1930 gründete er als Konkurrenz zur Deutschen Friedensgesellschaft den Deutschen Friedensbund (zunächst) in Berlin. 1932 half er mit, den Allgemeinen Deutschen Friedensbund ins Leben zu rufen. Während Küster die Friedensgesellschaft bis dahin fast zugrunde gerichtet hatte, blieb Freymuths Bemühen um Sammlung der Trümmer und um Wiederaufbau eine Episode, weil die Nationalsozialisten alsbald jedwede organisierte Friedensarbeit unterbanden.

1933 floh Freymuth als einer der ersten, zunächst in die Schweiz. Im Juli reiste er mit seiner Ehefrau, inzwischen fast mittellos, nach Paris. Am 14. Juli 1933 brachte sich das Ehepaar dort mit Schlaftabletten und Gas um. In einem Abschiedsschreiben an die beiden Söhne soll Freymuth erklärt haben: Er sterbe, »weil ich an der Möglichkeit einer gerechten Justiz in Deutschland verzweifle«.

Ein Richter wird Pazifist

»Unter den außerordentlich schweren Eindrücken des Krieges und durch den ungeheuren Zusammenbruch, den nach meiner inneren Überzeugung das herrschende System erlitten hat«, hatte sich Freymuth »davon überzeugt, daß das Richtige, dasjenige, was zum Wiederaufbau des Landes führen könnte, der Socialismus sein müßte«. Zweieinhalb Jahre angespannter Aktivität für die SPD folgten. Dann kam noch einmal ein ganzes Jahr unauffälliger Berufstätigkeit, ehe Freymuth im April 1922 mit seiner Unterschrift unter einen Aufruf »An die Demokratien Deutschlands und Frankreichs«, den die Ligen für Menschenrechte der beiden Länder gemeinsam erlassen hatten, als Pazifist hervortrat. Natürlich lagen auch bei diesem neuen Engagement die Erfahrungen von Krieg und Zusammenbruch als Ursachen nahe. Aber es erscheint doch bemerkenswert, daß es erst einer dreieinhalbjährigen Verarbeitungszeit – um nicht zu sagen: des Umwegs über die Sozialdemokratie – bedurfte, ehe Freymuth daraus die pazifistischen Konsequenzen zog.

Allein war er im einen wie im anderen Falle. In der SPD-Fraktion der Preußischen Landesversammlung war Freymuth der einzige Volljurist unter juristischen Laien (ein Kollege hatte immerhin das Referendarexamen abgelegt), während in den anderen Fraktionen 13 Richter und 22 Rechtsanwälte saßen. Ein Richter wurde eben nicht Sozialist – keiner seiner Standesgenossen hatte eine solche politische Wende vollzogen. Umgekehrt sollte es noch (fast) Generationen dauern, bis ein Sozialist Richter werden konnte – in Preußen wurden bis zur Revolution gewisse »Berufsverbots«-Praktiken gepflegt, die nachwirkten. Entsprechend unterzeichneten jenen Ligen-Aufruf für die Versöhnung der Völker Deutschlands und Frankreichs zwar neben Freymuth fünf andere Richter bei 130 Unterschriften insgesamt, bei seinem rasch nachfolgenden verbandlichen Engagement – Vorsitz im Justizausschuß der DLM, Sachverständiger in einer Kommission des Deutschen Friedenskartells, der 1921 gegründeten Dachorganisation der deutschen Friedensbewegung, später gar die Führungspositionen in den entsprechenden Vereinen – folgte ihm jedoch kein Kollege. Obwohl viele Richter die Ausgangserfahrung beider Engagements – die Kriegserlebnisse im Feld und in der Heimat – gemacht hatten, zog er allein seine radikalen Konsequenzen des Eintretens für Sozialismus und Pazifismus.

Der Konfliktgehalt von Freymuths Hinwendung zum Pazifismus im allgemeinen ist als vergleichsweise gering einzuschätzen. Selbstverständlich war auch dieses Engagement ein Verstoß gegen den Komment in der Justiz – ein Richter wurde eben nicht Pazifist, so wie auch erst Generationen später Pazifisten Richter werden konnten[1] –, aber wer schon in einem Arbeiter- und Soldatenrat gesessen und sich parteipolitisch für die Sozialdemokratie betätigt hatte, war gesellschaftlich ohnehin »unten durch«. Rechtsgrundsätzlich freilich gewährleistete die neue Reichsverfassung Freymuth die Freiheit seiner politischen Gesinnung (vgl. Art. 130 Abs. 2 WRV), und auf der praktischen Ebene des Beamtenrechts zählte Freymuths Engagement zu seinen außerdienstlichen Aktivitäten, die seine Vorgesetzten – wie unmutig auch immer – hinnahmen. Für größere Unternehmungen wie z. B. seine Reise nach Paris im November 1923 zur Teilnahme an Kongressen der Internationalen und der Französischen Liga für Menschenrechte beantragte Freymuth ordnungsgemäß Urlaub. Das preußische Justizministerium trug zwar in diesem Falle Bedenken, weil Freymuth den Versuch zu einer politischen Aktion machen könnte, mochte sich aber letztlich nicht dazu entschließen, die Beurlaubung abzulehnen. Man beließ es dabei, auf Freymuth einzuwirken, daß er – beamtenrechtlich selbstverständlich – die nötige Zurückhaltung üben solle.

Gewiß paßte der Justiz an Freymuths einschlägigen Aktivitäten – der Institution wie den Kollegen – die ganze Richtung nicht, kämpfte er doch gegen den Mißbrauch der Ausnahmegewalt durch Bayern im Herbst 1923, die Militarisierung des Ausnahmerechts unter der parlamentarisch verbrämten Militärdiktatur des Generals Hans von Seeckt (1923), den Mißbrauch mit dem Ermächtigungsgesetz und Verordnungsrecht für die Emmingersche Justizreform 1924, die rüde Verhaftung des pazifistischen Nestors Ludwig Quidde wegen angeblichen Landesverrats (1924), die Wahl eines Monarchisten, des Kaiserlichen Generalfeldmarschalls Paul von Hindenburg, zum

Präsidenten der Deutschen Republik (1925) oder die empörende Praxis von Millionenabfindungen für die in der Novemberrevolution gestürzten ehemaligen Fürsten (1925/26). Auch bei seinem »positiven« Einsatz, z.B. für die Verständigung mit Frankreich und mit Polen oder die Verschärfung des Republikschutzgesetzes nach der Ermordung des Reichsaußenministers Walther Rathenau, stritt Freymuth stets von einer linken, pazifistischen Minderheitsposition aus gegen die herrschende politische Richtung. Gleichwohl nahmen Justiz und Öffentlichkeit in der ersten Hälfte der 20er Jahre Freymuths Engagement hin. Er war eben, wie nach seinem Rückzug in den Ruhestand ein weit links stehendes Blatt gönnerhaft, doch mit einer gewissen Anerkennung schrieb, unter den Richtern der Republik »ein weißer Rabe«.

Ein Richter kritisiert die Justiz

Deutlich schwieriger wurde seine Lage, als Freymuth begann, die Justiz zu kritisieren. Seine Aktivitäten auf dieser analytisch zu unterscheidenden, zweiten Ebene setzten fast zeitgleich ein, zunächst eher abstrakt mit einer Ansprache bei einer Kundgebung der Menschenrechtsliga unter dem Titel »Deutsche Justiz?«, in der er die aus dem alten System übernommenen und geistig und gefühlsmäßig ihm noch verhafteten Richter(-Kollegen) kritisierte, und mit einer – ebenfalls für die DLM verfaßten – Denkschrift zur Republikanisierung der Justiz. Dann aber griff Freymuth einzelne Urteile in konkreten Fällen an, vornehmlich in dem Bereich, wo Justiz und Pazifismus damals am heftigsten zusammenstießen, nämlich bei der exzessiven strafrechtlichen Verfolgung des sogenannten publizistischen Landesverrats, unter dem man die Kritik der liberalen, linken und pazifistischen Presse an Verstößen gegen die Abrüstungsbestimmungen des Versailler Vertrages verstand. Auftakt und Höhepunkt zugleich war sicher der schon erwähnte »Fall Fechenbach«. Ärger verursachten auch Freymuths öffentliche Kritik an den lächerlich geringen Strafen, die der »Staatsgerichtshof zum Schutz der Republik« gegen die Anführer der fememörderischen Organisation Consul verhängt hatte (1924), und seine Forderung, gegen den Anklagevertreter, Reichsanwalt Emil Niethammer, disziplinarisch vorzugehen. Sehr schwierig wurde es wieder im »Fall [Heinrich] Wandt«, bei dem ebenfalls – wie im Fall Fechenbach – die eher unbedachte Publikation eines relativ unbedeutenden Dokuments über eine Schuldkonstruktion als Landesverrat erfaßt und exzessiv mit fünf Jahren Zuchthaus bestraft worden war.

Daß Freymuth im – größtes Aufsehen erregenden und hier exemplarisch vorzustellenden – Fall Fechenbach selbst unter Druck geriet, hing mit seinen spezifischen Leistungen und der Art seines Engagements zusammen. Erstere bestanden darin, daß er das Schweigegebot des Münchner Volksgerichts durch eine Rückübersetzung der ausländischen Publikation elegant unterlief (»Freymuth lüftet das Geheimnis des Ritter-Telegramms«) und nachwies, daß nach den historischen Fakten eine Geheimhaltung der fraglichen Urkunde für das Wohl des Deutschen Reichs 1919 gar nicht erforderlich war, das Volksgericht Fechenbach vielmehr über eine historische Fiktion verurteilt hatte. Letztere betraf nicht seine fachliche Kritik an jenem Urteil des Volksgerichts. Über dessen strafrechtliche Problematik sollten nicht weniger als zehn Strafrechtsprofessoren arbeiten, die dabei triftigere Einwände gegen jenen Spruch fanden als Freymuth, der schließlich von Haus aus Zivil- bzw. Handelsrechtler und kein Strafrechtsexperte war. Aber während jene Autoren in Fachzeitschriften für ein engeres Fachpublikum schrieben, begriff Freymuth das Fechenbach-Urteil als einen politischen Skandal und wandte sich leidenschaftlich an die Öffentlichkeit. Schon im Frühjahr 1923 veröffentlichte er im Auftrag des Republikanischen Richterbundes eine Broschüre »Das Fechenbach-Urteil« und warb anschließend – veranlaßt von der DLM –

auf Vortragsreisen durch das ganze Reich und mit aufrüttelnden Artikeln in vielen Zeitungen und Zeitschriften für ein Wiederaufrollen dieses Falles bzw. eine Freilassung des Gefangenen.

Ein solches Engagement hatte bereits einen mittleren Konfliktgehalt. Hier ging es nicht mehr um einen Komment, sondern um die Verletzung des Korpsgeistes. Obwohl selbstverständlich immer noch außerdienstlich handelnd, wurde Freymuth von Freund wie Feind als hoher Richter wahrgenommen: durchaus beabsichtigt, wo er doch als Kammergerichtsrat und später Senatspräsident selbst die Taktik der kalkulierten Prestigeverwertung befolgte. »Wenn ein Mitglied eines hohen, ja des berühmtesten deutschen Gerichtes hier Verwahrung einlegt gegen einen Justizskandal, der ungesühnt auf deutschem Boden begangen wird«, hoben die Wohlgesinnten an. Freymuth, »der selbst Mitglied des höchsten preußischen Gerichtshofs ist, durfte ein anderes deutsches Gericht nicht in dieser Weise verunglimpfen und verdächtigen«, argumentierte der Präsident des ebenfalls in diesem Zusammenhang angegriffenen bayerischen Obersten Landesgerichts zur Begründung seines Verlangens nach dienststrafrechtlicher Würdigung. Freymuth hatte »eine Art Zunftbruch« begangen, wie ein sozialdemokratischer Reichstagsabgeordneter sein Vergehen übersetzte. Während die erwähnte fachwissenschaftlich-professorale Kritik, soweit bekannt, keine vergleichbare Aufregung auslöste, beging der Richter Freymuth, wenn er seine Ansprachen mit dem zündenden Ausruf schloß: »Fort mit dem Urteil! Fort mit dem bayerischen Volksgericht!« und dafür auch noch stürmischen Beifall erhielt, eine schwere, standespolitische Sünde: Er bot – ein Hauch von Kulturrevolution – die Plebs gegen studierte Fachleute auf.

Ein Richter verbreitet die Wahrheit über geheime Rüstungen

Freymuth hatte im Fall Fechenbach eine doppelte Motivation: Zwar war der Gefangene nicht der »politische Testamentsvollstrecker« Eisners und seiner »Politik der unbedingten Wahrhaftigkeit«, wie er in der von verklärender Tendenz nicht freien Fechenbach-Literatur manchmal überhöht wird. Freymuth teilte aber mit den an der zeitgenössischen Fechenbach-Kampagne Beteiligten die Überzeugung, daß der Verurteilte nicht etwa kühn mit einem Dokument den gesamten kunstvollen Bau der deutschen Unschuldspropaganda zum Einsturz gebracht, sondern eine ziemlich unbedeutende Urkunde hatte bekannt werden lassen. Freymuth sah in Fechenbach nicht den Justiz-Märtyrer, der für eine Heldentat seine verdiente Strafe empfing, sondern das Justizopfer, gegen das wegen einer Torheit ein Schreckensurteil verhängt wurde. Der Fall Fechenbach forderte also vor allem Freymuths Gerechtigkeitsempfinden angesichts einer exzessiven Strafzumessung heraus.

Daneben aber ging es Freymuth hier – ebenso wie im Fall Wandt – immer auch um das politische Interesse daran, daß »die Wahrheit« bekannt werde, getreu dem pazifistischen Ansatz, daß – wider eine Mehrheitsströmung, die an den historischen Tatsachen (»Kriegsschuld«) bloß ein funktionales Interesse hatte – nur die rückhaltlos ausgesprochene Wahrheit über jene Vorgänge die Völker frei machen und vor Wiederholung bewahren könne.

In den Fällen Fechenbach und Wandt setzte sich Freymuth für andere ein, die vor Jahren – wie problematisch auch immer im einzelnen – etwas zu dieser Wahrheit beigetragen hatten, dafür mehr als hart bestraft worden waren und nun im Zuchthaus büßten. Eine neue Qualität aber erreichte Freymuths Engagement, als er selbst begann, die Wahrheit zu verbreiten, und dies ausgerechnet in Rüstungssachen. »Verbreiten« ist durchaus rechtstechnisch zu verstehen. Die einschlägige Denkschrift unter der Überschrift »Deutschlands geheime Rüstungen?« hatten im Auftrag der DLM Emil Julius Gumbel, Berthold Jacob, Hans Lange und Paul Freiherr von Schoenaich (also der bekannte Statistiker, ein Militärjournalist und zwei pensionierte Fachleute aus den Sicherheitsapparaten) herausgegeben. Freymuth verschickte sie nur als Vorstandsmitglied der beauftragenden Liga – gemeinsam mit dem SPD-Reichstagsabgeordneten Heinrich Ströbel – Anfang Mai 1925 mit einem Begleitschreiben an die Regierungsmitglieder, die Parlamentarier, die Gewerkschaftsfunktionäre der republikanischen Parteien und die deutsche politische Presse. Entscheidend aber war, daß in dieser Broschüre – wohlweislich nur auf Grund veröffentlichten Materials – der Komplex »Schwarze Reichswehr« ausgiebig erörtert wurde (daher auch der Titel der erweiterten Buchhandelsausgabe »Weißbuch über die Schwarze Reichswehr«), und dies zu einem unglücklichen Zeitpunkt, nämlich gerade vier Wochen vor der angekündigten sogenannten »Entwaffnungsnote« der Alliierten.

Diese Geheimrüstungsdenkschrift schlug ein wie eine Bombe, und nun attackierte die große Politik den pazifistischen Richter. Weit entfernt davon, das Anliegen der Menschenrechtsliga – die loyale Erfüllung des Friedensvertrages und seiner Entwaffnungsbestimmungen – aufzunehmen, schäumte die Rechtspressse wider die »Hochverräter im schlimmsten Sinne des Wortes«. Konservative Abgeordnete hieben verbal auf die Verantwortlichen ein, und mit Reichsaußenminister Gustav Stresemann (eine »geradezu psychopathische(n) Auffassung der Dinge«) und Reichswehrminister Geßler (»ein ungeheurer Schaden für Deutschland«) nahmen zwei politische Schwergewichte der Reichsregierung die Aufklärer der Menschenrechtsliga unter Beschuß. Letzterer wandte sich zudem in vertraulichen Schreiben an das Preußische Justizministerium und verlangte, in einem Disziplinarverfahren gegen Freymuth zu prüfen, »ob der Umstand, daß ein höherer Beamter des Staates es unternimmt, der deutsch-feindlichen Propaganda des Auslandes gegen sein eigenes Vaterland verwertbares Material zugänglich zu machen, mit den außerdienstlichen Pflichten seiner amtlichen Stellung vereinbar ist«.

Zum Jahresende 1925 trat Freymuth – nach drei Jahren heftiger Konflikte – in den Ruhestand. Aber er war den Gegenattacken der von ihm Kritisierten bzw. den Angriffen der großen Politik keineswegs erlegen. Der Rückzug in den Ruhestand war vielmehr Ausdruck einer Krise, bei der eine Reihe von Faktoren mitwirkte. Die angegebenen gesundheitlichen Gründe waren durchaus nicht vorgeschützt; Freymuth war tatsächlich seit der Kriegszeit physisch angeschlagen. Hinzu kam die Sorge vor einem Disziplinarverfahren, das Freymuth wegen seines Engagements im Fall Wandt einerseits und der Verbreitung der Geheimrüstungsdenkschrift der Deutschen Liga für Menschenrechte andererseits befürchtete. Daß Freymuth die ihm hierbei drohende Gefahr wohl übertrieb, schließt natürlich nicht aus, daß solche Befürchtungen ihn zur Flucht vor dem Disziplinarverfahren motiviert haben könnten. Schließlich war Freymuth in eine sehr persönliche Krise geraten, wie auch daraus zu ersehen ist, daß er sich just zu jener Zeit nach etlichen Querelen mit einigen pazifistischen Mitstreitern überwarf. Er legte alle Ämter in der Deutschen Friedensgesellschaft nieder und trat aus der Deutschen Liga für Menschenrechte aus.

Ein Richter i. R. als Stachel der Justiz

Kurze Zeit später nahm Freymuth sein einschlägiges Wirken wieder auf. Neben der intensiv gepflogenen Fachschriftstellerei waren es vor allem rechtspolitische Aktivitäten, darunter insbesondere an dem sozusagen geometrischen Ort von Justiz und Pazifismus: dem publizistischen Landesverrat. Anlaß bot die geplante Strafrechtsreform, die gerade in ein aktuelles Stadium getreten war, und für Motivation sorgte die anscheinend nicht einzudämmende »Seuche« der Landesverratsprozesse im Zusammenhang der geheimen Rüstungen der Reichswehr. Freymuth unternahm dazu im Herbst 1926 eine Vortragsreise im Rahmen der pazifistischen Bildungsarbeit der Friedensgesellschaft zum Thema »Rechtspflege in Deutschland« und schrieb eine ganze Reihe von Artikeln in Zeitungen und linken bzw. pazifistischen Zeitschriften über die Dogmatik des Landesverrats und die Praxis seiner strafrechtlichen Verfolgung. Die einschlägige Publizistik veröffentlichte er 1929 noch einmal in der Schrift »Was ist Landesverrat?«, die der Republikanische Juristenbund für Mitteldeutschland als Auftakt der Sammlung »Deutsche Rechtsnot« herausgab.

Abermals lief Freymuth zu besonderer Form auf, als er wieder einen »Fall« bekam und aus der abstrakten Sorge die konkrete Bemühung für einen Gefangenen wurde. Diesmal ging es um den Verleger und Redakteur der pazifistischen Zeitschrift »Die Menschheit«, Fritz Röttcher. Sein Blatt hatte im Juli 1927 ein aufsehenerregendes Dokument veröffentlicht, das Aufschluß über politische Planungen innerhalb der Reichswehr und über ihre Verbindung mit rechtsradikalen Organisationen, besonders dem »Stahlhelm«, gab. Da die beiden Autoren im Pariser Exil vor Zugriff geschützt waren, wurde eben der presserechtlich Verantwortliche wegen des Verdachts des versuchten Landesverrats in Untersuchungshaft genommen. Freymuth brach alsbald wieder zu einer Vortragsreise auf, die ihn in 16 Tagen in neun Städte führte. Jeweils im Anschluß an seinen Vortrag »Landesverrat und Pressefreiheit« ließ er eine Entschließung verabschieden, in der die Versammelten nach einer einschlägigen, politischen Argumentation die Freilassung Röttchers forderten und die an den Reichsjustizminister, den Oberreichsanwalt, den Präsidenten des Reichsgerichts und andere geschickt wurde.

Freymuths Tätigkeit in der Republikanischen Beschwerdestelle, der er sich in den Jahren des Ruhestands vor allem widmete, bot übrigens eine weitere Schnittstelle von Justiz und Pazifismus. Die Reichsverfassung schrieb ja als Unterrichtsprinzip unter anderem den Geist der Völkerversöhnung vor (vgl. Art. 148 Abs. 1 WRV), und so beantragte die Beschwerdestelle Disziplinarverfahren gegen Lehrer und Direktoren, die den Schulunterricht dazu benutzten, um die Schüler systematisch gegen Frankreich und Polen aufzuhetzen. Das Paradox, das hier bei der Zweck-Mittel-Relation bestand, wurde eingangs schon erwähnt.

Der Konfliktgehalt dieser Aktivitäten Freymuths nach dem Rückzug in den Ruhestand ist eher niedrig einzuschätzen. Gewiß spürte die Justiz den Stachel der Kritik dieses unerschrockenen und hartnäckigen Kämpfers gegen ihre überzogene Strafrechtspraxis gerade in Landesverratssachen. Aber während jener Stachel bei dem aktiven Richter tief eingedrungen war und richtig geschmerzt hatte, konnte Freymuth im Ruhestand, obwohl er immer noch sein Prestige als Senatspräsident in die Waagschale warf, nicht die gleiche Wirkung erzielen. Seine Kritik empfand die Justiz nun nur noch als lästig.

Freymuth zwischen Justiz und Pazifismus

Bis zum Ersten Weltkrieg war Freymuth ein musterhafter Richter im kaiserlichen Deutschland gewesen. Seit 1918 läßt sich von Muster in keinem Sinne mehr sprechen. Freymuth war kein Modell für seinesgleichen, sondern ging einen sehr einsamen Weg zu Sozialismus und Pazifismus. Er war auch, jedenfalls in den Augen seiner Kollegen, alles andere als ein Vorbild, wenn er so kraß verletzte, was der Komment gebot und der Korpsgeist verlangte. Solange der Richter Freymuth sich (heute würden manche ironisieren: als Gutmensch) für Frieden und Völkerverständigung einsetzte, fiel er zwar aus dem Rahmen dessen, was in der – ja komplett aus dem Kaiserreich übernommenen – Richterschaft der Weimarer Zeit üblich war. Aber dies begründete keinen Konflikt, der von beiden Seiten – der Justiz bzw. diesem einzelnen Richter und Pazifisten – nicht auszuhalten gewesen wäre.

Als Freymuth sich für andere zu engagieren begann, die – in welchen Schattierungen auch immer – beim Konflikt von Justiz und Pazifismus zu Opfern geworden waren, als er konkrete Urteile – unter namentlicher Nennung beteiligter Richter – politisch bekämpfte, öffentlich wider die Justiz Gerechtigkeit einforderte und damit, wie es die Gegner sahen, die Autorität der Gerichte erschütterte, wurde die Auseinandersetzung heftig, und es kam schon das Stichwort »Disziplinarverfahren« auf.

Doch als Freymuth sich selbst an der Aufklärung über die geheimen Rüstungen des Reiches beteiligte, griff ihn die große Politik so hart an, daß er diese Auseinandersetzung – jenseits des individuell-zufälligen Verlaufs – eigentlich nur verlieren konnte. Strafrechtlich war er zwar nicht zu belangen; insoweit waren die Akteure der Menschenrechtsliga vorsichtig genug gewesen. Aber wenn es nicht mehr (nur) darum ging, daß sich ein Gericht beleidigt fühlte, sondern wenn angeblich »ein ungeheurer Schaden für Deutschland« entstanden war, bot Freymuth als aktiver Richter – im Gegensatz zu den anderen für die Geheimrüstungsdenkschrift Verantwortlichen – die offene Flanke des Disziplinarrechts, und in diese stieß der Reichswehrminister hinein.

Mit Freymuth ging ein tapferer Einzelner seinen sehr individuellen Weg. Gewiß kann man Freymuths politisches Leben im Überblick zu strukturieren versuchen mit dem Begriff der problematischen Integration: der Integration des deutschen Judentums, der Integration in die juristische Zunft und der Integration in die Arbeiterbewegung. Aber das ändert nichts daran, daß die Art, wie dieser erfolgreiche Richter zum beruflichen Außenseiter, zum politischen Verlierer und endlich zum verzweifelten Exilierten wurde, einen einmaligen Vorgang darstellt, der letztlich auf das Geheimnis der Persönlichkeit verweist.

Gerd Hankel

Auf verlorenem Posten: Friedenspolitik und Völkerrecht in der Weimarer Republik

Der Völkerrechtler Hans Wehberg, einer der Protagonisten der deutschen und internationalen Friedensbewegung, faßte in einem Gutachten über Deutschlands Haltung auf den Haager Friedenskonferenzen von 1899 und 1907 diese mit den Worten zusammen: »Die deutsche Regierung hat, ungleich allen anderen zivilisierten Regierungen dem Friedensgedanken niemals auch nur das geringste Wohlwollen entgegengebracht, wohl aber sehr deutlich und merkbar das Gegenteil. Sie steht in dieser Hinsicht mit der Türkei oder Montenegro oder sonst einem Staate von dieser Sorte.«[1] Das waren klare Worte, die eben darum 1922, als sie formuliert wurden, auf wenig Gegenliebe stießen. Von einer, verglichen mit den anderen Kriegsparteien, erhöhten deutschen Verantwortlichkeit für den Ausbruch des Ersten Weltkrieges wollten die Mitglieder des Parlamentarischen Untersuchungsausschusses, der sich mit der Frage nach der Schuld am Kriege beschäftigte, nichts wissen. Erst 1929, also sieben Jahre nach seiner Fertigstellung, wurde das Gutachten Wehbergs veröffentlicht[2] – immerhin nur sieben Jahre später, könnte man sagen, wenn man an das Gutachten von Hermann Kantorowicz denkt, das dieser damals zum gleichen Thema verfaßt hatte und das erst 1967 veröffentlicht wurde.[3]

Kritik an der deutschen Politik vor 1914 war nicht erwünscht im Deutschland nach dem Ersten Weltkrieg. Schon im Frühjahr 1919, als die Friedensbedingungen des Versailler Vertrages bekannt wurden, der dem Deutschen Reich die alleinige Kriegsschuld zuwies, es zu Gebietsabtretungen zwang und außerdem noch die Bestrafung von deutschen

Soldaten und Politikern wegen angeblicher Kriegsverbrechen verlangte, war es bis weit in das republikanische Lager hinein zu einem Schulterschluß gekommen. Daß Deutschland gut ein Jahr zuvor im Friedensvertrag von Brest-Litowsk Rußland ungleich härtere Bedingungen diktiert und vorher auch im Westen annexionistische Ziele verfolgt hatte, geriet darüber in Vergessenheit. Was im öffentlichen Bewußtsein allein zählte, waren das durch Versailles auferlegte »Diktat« und die dadurch erlittene »nationale Schmach«.

Der Versailler Vertrag regelte allerdings nicht nur die Friedensbedingungen für das Deutsche Reich, sondern diesen vorangestellt war das Statut für einen Völkerbund, der einen Krieg wie den eben erlebten künftig unmöglich machen sollte.[4] Sanktionen gegenüber einem Staat, der sich nach Überzeugung seiner Gegner durch diesen Krieg aus der Gemeinschaft der zivilisierten Staaten ausgeschlossen hatte, gepaart mit einem Projekt, das sich als realistische Perspektive für eine friedlichere Welt verstand – aus Sicht der Siegermächte, insbesondere Frankreichs, war das eine verständliche und vernünftige Kombination. Ganz anders aus Sicht Deutschlands, das zunächst vom Völkerbund ausgeschlossen bleiben sollte und für das dieses Projekt durch seine Verbindung mit dem Friedensvertrag ohnehin desavouiert war. Im Laufe der kommenden Jahre sollte sich das zwar ändern – Deutschland wurde 1926 Mitglied des Völkerbunds und zuvor waren schon eine Reihe von friedensvertraglichen Regelungen abgemildert worden[5] –, doch blieb diese Änderung größtenteils folgenlos. Weder der Völkerbund noch das Völkerrecht wurden zu ernstzunehmenden Kategorien in der deutschen Politik. Der Umgang mit ihnen gehorchte oftmals taktischen Erwägungen, die alle dem Ziel einer »Revision von Versailles« untergeordnet waren. Die wenigen anderen Stimmen, die es gab, vermochten sich nicht durchzusetzen, ja sie gingen schließlich unter im Chor derjenigen, die das Recht in der Außenpolitik nach wie vor ausschließlich unter dem Gesichtspunkt machtpolitischer Ambitionen bewerteten.

Ist Völkerrecht Recht? Kann es zwischen Staaten überhaupt so etwas wie Rechtsbeziehungen geben? Das waren zwei wichtige Fragen, die im 19. Jahrhundert die Rechtswissenschaft, die deutsche zumal, beschäftigten. Hintergrund der Debatte war der zu jener Zeit rasant ansteigende zwischenstaatliche Verkehr, in dem das Recht als Mittel der Legitimierung und Regulierung von Außenpolitik zunehmend an Bedeutung gewann.[6] Als wesentlichster Ausdruck dieses Rechts galten der Vertrag oder die Gewohnheit, da beide für ein konsensuelles Verhältnis zwischen zwei oder mehr Parteien standen. Was sich in diesen immer wieder an übereinstimmenden Merkmalen fand, sei das Resultat einer wechselseitigen Überzeugung und somit Völkerrecht, erklärten die Positivisten, deren Auffassung in Kontinentaleuropa rasch vorherrschend wurde. Allerdings sahen sie sich dabei einem gewichtigen Problem gegenüber: Wie sollte die Bindungswirkung des so verstandenen Völkerrechts begründet werden? Die Staaten waren souverän, eine über ihnen stehende Macht, welche die Beachtung des Rechts hätte erzwingen können, gab es nicht.

Die Rechtsnatur des Völkerrechts existierte demzufolge nur insoweit, als der einzelne Staat ihr zuzustimmen bereit war. Er konnte auch gänzlich unabhängig sein, in seiner Machtvollkommenheit allein durch sich selbst beschränkt und beschränkbar. Das wiederum bedeutete für diejenigen unter den deutschen Rechtspositivisten, die an der Hegelschen Lehre vom »äußeren Staatsrecht« anknüpften, daß das Völkerrecht nicht den Anspruch erheben könne, ein verpflichtendes Recht zu sein. Mit unterschiedlichen politiktheoretischen und vor allem philosophischen Begründungen legten sie dar, warum ein Staat sich nicht weiter binden müsse, als es seine eigenen Interessen und das eigene Recht zuließen.[7]

Auch in anderen europäischen Ländern wurde die Verbindlichkeit des Völkerrechts in Frage gestellt, und selbst im angloamerikanischen Recht gab es eine Reihe von Rechtswissenschaftlern, die ähnlich argumentierten. In zweierlei und für das hier behandelte Thema folgenschwerer Hinsicht aber unterschied sich die angloamerikanische Diskussion von der kontinentaleuropäischen und namentlich von der deutschen: Erstens fand sie vor einem anderen theoretischen Hintergrund statt. Bestimmend war nicht die positivistische Argumentation, sondern die naturrechtliche. Das heißt, der Geltungsgrund des Völkerrechts wurde nicht mittels einer vom Vorhandenen ausgehenden Analyse definiert, sondern als Ergebnis und Manifestation von Regeln verstanden, die allen Staaten gemeinsam und deshalb naturgegeben und vernünftig waren. Zweitens gab es in der angloamerikanischen Diskussion nicht so viele Stimmen, die das Völkerrecht als Recht ablehnten, wie in Deutschland.[8] Daß dies nicht nur an der unterschiedlichen theoretischen Fundierung des Völkerrechts lag, zeigt die kontinentaleuropäische Diskussion, in der die Völkerrechtsleugnung und -ablehnung in erster Linie von Deutschland ausging.

Am deutlichsten wurde das in einem Bereich, der seinerzeit die detailliertesten völkerrechtlichen Regelungen enthielt, nämlich im Bereich des Kriegsrechts. So äußerte sich der führende Kommentar zum Militärstrafgesetzbuch über das Verhältnis von Völkerrecht und deutschem Kriegsrecht wie folgt: »Die kriegerische Gewalt dem Feinde gegenüber unterliegt von Haus aus keinen rechtlichen Schranken. [...] Die Kommandogewalt [...] ist nach innen hin frei und für die Kriegführung allein maßgebend. Sie kann ausdrücklich oder stillschweigend das Völkerrecht als Bestandteil ihres Willens erklären, sie kann es auch ganz oder teilweise ablehnen.«[9]

Von dieser Möglichkeit machten die deutsche Militärführung und die Reichsleitung dann auch ausgiebig Gebrauch. Unter Verweis auf den deutschen Kriegsbrauch und die Erfordernisse oder Zwänge des Krieges – Kriegsnotwendigkeit oder militärische Notwendigkeit genannt – setzten sie sich über kriegsrechtliche Regeln hinweg, die erst gut zehn Jahre zuvor, auf der Zweiten Haager Friedenskonferenz, bekräftigt worden waren. Nicht, daß nicht auch andere Kriegsparteien Kriegsrechtsverstöße begangen hätten – man denke nur an die britische Blockade der deutschen Küsten mit ihren gravierenden Folgen für die deutsche Zivilbevölkerung –, im schlimmsten Sinne maßstabsetzend war aber das Deutsche Reich (Bekämpfung des angeblichen belgischen Volkskriegs, uneingeschränkter U-Bootkrieg, Verwüstung besetzter Gebiete, Deportationen).

Kein Wunder also, daß die Alliierten den noch während des Krieges und auch kurz nach dem Krieg unternommenen deutschen Versuchen, das angeblich von allen Seiten zerstörte Völkerrecht wieder zu einem Regulierungselement internationaler Politik zu machen, schroff abwiesen. Abgewiesen wurde zum Beispiel der Vorstoß des Reichskanzlers Bethmann Hollweg, der Ende 1916, als man die Möglichkeit eines Verständigungsfriedens diskutierte, in völliger Verkennung der Sicht des Auslands auf Deutschland und seine Kriegführung erklärte: »Deutschland ist jederzeit bereit einem Völkerbunde beizutreten, ja sich an die Spitze eines Völkerbundes zu stellen, der Friedensstörer im Zaume hält.« Abgewiesen wurden im Herbst 1918, als sich die Niederlage schon deutlich abzeichnete, selbst regimekritische Appelle, die auf eine »Herrschaft des Rechts« hofften, da nur sie Deutschland vor der Zerstörung bewahren könne. So hatte der Pazifist Ludwig Quidde beschwörend gemeint: »Kein Volk ist überhaupt so stark am Völkerbund interessiert wie wir Deutsche. Die Waffen sind uns genommen [...] Wir können also Schutz für unsere Interessen nur in der Herrschaft des Rechts finden.« Und abgewiesen wurde schließlich auch der von der Deutschen Gesellschaft für Völkerrecht Anfang 1919 unter Beteiligung von »Diplomaten, Politikern, Kaufleuten, Industriellen und Bankiers« erarbeitete Entwurf für eine Völkerbundsatzung, der in großen Teilen in den offiziellen Entwurf der republikanischen Reichsregierung überging, der im April 1919 fertig gestellt worden war.[10]

Parallel zur Aufwertung des Völkerrechts gewann auch die Friedensbewegung an Popularität. Das Eintreten für eine internationale Staatenorganisation erschien um so glaubhafter und nachdrücklicher, als damit ein Bekenntnis zum Frieden einherging. Doch wie die plötzliche Hinwendung zum Völkerrecht stand auch die Betonung des Weltfriedens in verdächtiger Nähe zu dem Versuch, Verantwortlichkeiten zu verwischen. Und wie dort kam auch hier in einzelnen Fällen eine gehörige Portion Hybris hinzu.

Insgesamt gesehen lassen sich die verschiedenen pazifistischen Gruppierungen zwei Richtungen zuweisen: Zur gemäßigten pazifistischen Bewegung zählten alle diejenigen, für die Deutschland nicht die alleinige Schuld am Weltkrieg hatte und für die der Versailler Vertrag folglich in all den Teilen abzulehnen war, in denen Deutschland als Alleinschuldiger bezeichnet oder vorausgesetzt wurde. Zur zweiten, radikalpazifistischen Richtung gehörten all jene, die keinen Zweifel an der deutschen Kriegsschuld hatten und den Versailler Vertrag als die Folge einer »größenwahnsinnigen preußisch-deutschen Macht- und Eroberungspolitik« verstanden.[11] Für sie war es daher das vordringlichste Ziel, den deutschen Militarismus und die ihn stützenden gesellschaftlichen und politischen Kräfte zu bekämpfen. Erst wenn dieses Ziel erreicht sei, könne der Kampf auf eine internationale Ebene gehoben werden, um dort über den Ausbau des Völkerbunds und Rüstungsbeschränkungen zu einer Sicherung des Friedens zu gelangen.[12]

Völkerrechtliche Überlegungen spielten also für die radikalpazifistische Richtung innerhalb der deutschen Friedensbewegung (noch) keine Rolle, sie würden erst in einem künftigen zweiten Stadium angestellt werden. Genau umgekehrt sahen dies die Vertreter der gemäßigten Richtung. Ihr internationaler Blick auf den Krieg und seine Vorgeschichte und ihre Feststellung einer letztlich kollektiven Verantwortlichkeit aller Kriegsparteien erforderten notwendigerweise den Rückgriff auf das Völkerrecht und das Eintreten für seine

Weiterentwicklung. Über einen immer enger werdenden Zusammenschluß der Staaten sollte die kriegerische Gewalt aus dem zwischenstaatlichen Verkehr gebannt werden. In diesem Sinne erklärte der Rechtstheoretiker Hans Kelsen, daß das Primat des Völkerrechts die »Vorstellung einer über alle Staaten gleichmäßig stehenden Rechtsordnung« ermöglicht, in der gewaltsame Übergriffe und Eingriffe als rechtswidrig erscheinen. Eine solche Rechtsordnung – Kelsen nannte sie auch die »civitas maxima« – wäre notwendigerweise pazifistisch und damit das Gegenstück zur Vorstellung zum Primat der eigenstaatlichen Ordnung, die notwendigerweise imperialistisch wäre.[13]

Zu den wichtigsten Vertretern dieser Form des deutschen Pazifismus, der wegen seines angestrebten staatenübergreifenden Beziehungsgeflechts auch als »organisierter Pazifismus« bezeichnet wurde,[14] gehörten die Völkerrechtler Walther Schücking (1875–1935) und der hier schon mehrfach genannte Hans Wehberg (1885–1962). Beide gelangten international zu höchstem Ansehen – Schücking wurde 1930 Richter am Ständigen Internationalen Gerichtshof in Den Haag, Wehberg folgte 1928 einem Ruf an das *Institut Universitaire de Hautes Études Internationales* in Genf. Beide stehen aber auch in besonderer Weise für das Scheitern eines friedlichen Zielen verpflichteten Völkerrechts in Deutschland.

Zunächst, das heißt nach der Bekanntgabe des Versailler Vertrages im Mai 1919, gab es zwischen Walther Schücking und Hans Wehberg sowie den anderen deutschen Völkerrechtlern keinen Unterschied. »Natürlich stürzten wir uns zu Hause auf die Lektüre des Friedensdokumentes und waren mehrere Tage krank davon. So etwas von Niedertracht hatte niemand erwartet«, schreibt Schücking an seine Frau.[15] Und Wehberg notierte kurz und bündig: »Zivilrechtliche Sätze wie: ›Wer verliert, zahlt‹, dürften nicht in das Völkerrecht eindringen.«[16] Aber schon bald zeigte sich, daß Schükking wie auch Wehberg wenig mit der nationalegoistischen

Kritik gemein hatten, wie sie von anderen beharrlich geäußert wurde. So widmete die systematische Darstellung des Völkerrechts von Franz von Liszt und Max Fleischmann aus dem Jahre 1925 dem Völkerbund nur einen aus wenigen Sätzen bestehenden Absatz, während sie sich über Seiten mit den Friedensregelungen des Versailler Vertrages und dessen Ungerechtigkeiten gegenüber Deutschland befaßt, um dann, nach einem kurzen Rückblick auf den Zustand des Völkerrechts im Weltkrieg zu folgender Schlußfolgerung zu gelangen: »Den schwersten Stoß [i.e. schwerer als während des Krieges; Anm. d. Verf.] hat das Völkerrecht erst durch die ›Friedensverträge‹ erlitten, die sich in der Art des Zustandekommens und vielfach im Inhalte von dem entfernten, was bis dahin als Recht angesehen worden ist. Eine Rückkehr zum Völkerrechte ist deshalb durch eine Abkehr von diesem Inhalte der Friedensverträge bedingt, und auch von dem Geiste der Friedensverträge, in dem die Geißel der sog. ›Sanktionen‹ eine verhängnisvolle Rolle spielt, die gegen einseitig festgestellte Verstöße gegen den Vertrag mit einem schweren eigenen Verstoß gegen das Recht erwidern.«[17]

Schücking und Wehberg wollten den Gedanken an einen Völkerbund fördern. Obschon sie keinen Zweifel daran ließen, daß sie für eine sanfte Revision des Vertrages im Hinblick auf die darin Deutschland auferlegten territorialen Verluste eintraten, daß sie, gerade was das Selbstbestimmungsrecht der Völker anbelangt, dessen Widersprüchlichkeit mit den Wilsonschen Ankündigungen erkannten und daß sie das plötzliche Desinteresse der Vereinigten Staaten am Völkerbund bedauerten, war der Völkerbund in ihren Augen immer noch weit besser als der vorherige Zustand, dessen Stabilität von einem prekären Machtgleichgewicht abhängig war. Die Vorteile des Völkerbunds überstrahlten für sie gewissermaßen die mit ihm verbundenen Nachteile, besonders diejenigen, die mit den Sanktionsbestimmungen des Versailler Vertrages zusammenhingen. Ihrer Meinung nach konnte der Wert einer Institution schwerlich in Augenblicken der Krise und vor allem kaum von Angehörigen eines Staates wirklich objektiv beurteilt werden, die in ihrer gesamten Existenz unter den Nachwirkungen desselben Vertrages zu leiden hätten, dessen erster Teil die Satzung des Völkerbundes enthält.[18] Welches waren die entscheidenden Punkte der Völkerbundsatzung, die Schücking und Wehberg zu dieser Meinung gelangen ließen?

Kurz gefaßt konzentrieren sie sich um die Begriffe »Abrüstung«, »friedliche Streiterledigung« und »Sanktionen«. In Artikel 8 bekannten sich die Völkerbundmitglieder zu dem Grundsatz, »daß die Aufrechterhaltung des Friedens eine Herabsetzung der nationalen Rüstungen auf ein Mindestmaß erfordert, das mit der nationalen Sicherheit und mit der Erzwingung internationaler Verpflichtungen durch gemeinschaftliches Vorgehen vereinbar ist.« Nach Artikel 11 begründete jede Kriegsdrohung eine Zuständigkeit und Handlungspflicht des Völkerbundes, was allerdings erst auf Initiative der Mitgliedstaaten geschehen kann. In Artikel 12 verpflichteten sich die Mitglieder, »alle zwischen ihnen entstehenden Streitfälle, die zum Bruch führen können, einem Schiedsverfahren [i.e. vor einem Ständigen Internationalen Gerichtshof, dessen Schaffung in Artikel 14 vorgesehen ist; Anm. d. Verf.] oder einer Untersuchung durch den Rat […] zu unterbreiten […] und in keinem Fall vor Ablauf einer Frist von drei Monaten nach Fällung des Schiedsspruchs oder Erstattung des Berichts des Rates zum Kriege zu schreiten«. Nach Artikel 16 wurde ein Völkerbundmitglied, das entgegen den Verpflichtungen aus Artikel 12 und weiteren Präzisierungen in den Artikeln 13 und 15 zum Kriege schritt, »ohne weiteres so angesehen, als hätte es eine Kriegshandlung gegen alle anderen Bundesmitglieder begangen«. Diese verpflichteten sich, gegen den schuldigen Staat eine Reihe von Maßnahmen zu ergreifen, die von wirtschaftlichen Boykottmaßnahmen über den Ausschluß des Aggressors bis hin zum Einsatz militärischer Gewalt reichen konnten.

In diesen Regeln ist ganz zweifellos ein Fortschritt zu sehen, denn erstmals wurden ein Mechanismus der Streitschlichtung und das Prinzip der kollektiven Sicherheit etabliert. Zwar war beides noch mit Schwächen behaftet; beispielsweise gab es keine klaren Kriterien für die Art der Probleme, die in einem Schiedsverfahren behandelt werden mußten. Dies hatte zur Folge, daß letztlich die obligatorische Schiedsgerichtsbarkeit zu einer fakultativen wurde. Berücksichtigt man aber, daß das Statut des Völkerbunds keine aus der Not geborene diplomatische Übung sein sollte, hinter der sich altes Machtstaatsdenken verbarg, so verblassen diese Einwände.

An ermutigenden Zeichen fehlte es denn auch nicht. In den Verträgen von Locarno vom 16. Oktober 1925, die allgemein als Ausweis der neuen deutschen Friedfertigkeit anerkannt wurden und Deutschlands Eintritt in den Völkerbund ermöglichten, garantierten sich Deutschland, Belgien und Frankreich wechselseitig die Unverletzlichkeit der durch Versailles geschaffenen Grenzen. Außerdem verpflichteten sie sich, keinen Angriff und keine Invasion zu beginnen, auf keinen Fall zum Krieg zu schreiten und, falls es doch zu einer Verletzung dieser Verpflichtungen käme, dem angegriffenen Staat unverzüglich zu Hilfe zu eilen.[19]

1928 wurde der Briand-Kellogg-Pakt geschlossen und in der Folgezeit von vielen Staaten ratifiziert (1929 betrug die Zahl der Ratifikationen schon 31). Die Vertragsparteien erklärten darin, »daß sie den Krieg als Mittel für die Lösung internationaler Streitfälle verurteilen und auf ihn als Werkzeug nationaler Politik [...] verzichten«. Zwischenstaatliche Streitigkeiten und Konflikte jeglicher Art sollten »niemals anders als durch friedliche Mittel« gelöst werden.[20]

Mit diesem Pakt sei, so Wehberg, ein »für die Ewigkeit bestimmtes (weil nicht kündbares) neues Völkerrecht« geschaffen worden. »Der Krieg [sei] fortan untersagt.« Natürlich war auch Wehberg klar, daß der Pakt an zwei empfindlichen Lücken litt. Er sah keine Sanktionen für den Fall eines Verstoßes gegen seine Bestimmungen vor, und er sprach allgemein nur von der Ächtung des Krieges, mit dem aber nur der Angriffskrieg gemeint sein konnte, ohne diesen jedoch zu definieren oder vom Verteidigungskrieg zu unterscheiden.[21] Für Wehberg überwog jedoch – und in dieser Hinsicht wußte er sich mit Schücking einer Meinung – die Folgerichtigkeit des Briand-Kellogg-Paktes aus der Grundaussage der Völkerbundsatzung heraus. In der häufigen Ratifikation des Paktes sahen sie sich das vollziehen, was sie als eine »dem wahren Geist des Völkerrechts entsprechend[e]« Auslegung der Satzung verstanden. Nicht die a priori restriktive Auslegung, die das einzelstaatliche Interesse zum Maßstab für die Grundlage einer internationalen Organisation macht, nicht die Erforschung des ominösen Willens der Vertragsparteien oder logisch-begriffliche und systematische Analyse könne die Aufgabe sein, im Gegenteil: die Auslegung müsse mehr sein als »Buchstabenjurisprudenz«, sie müsse vielmehr dem »tiefen Sinn« der Verträge entsprechen, und das sei die Aufrechterhaltung des Friedens.[22]

Wenn beide vor einer antipazifistischen Interpretation vor allem der Völkerbundsatzung warnten und einer teleologischen Interpretation »vom Standpunkt der Humanität, vom Wohl der Allgemeinheit her« das Wort redeten, so stand eine solche Interpretation jedoch unweigerlich vor dem Problem, wie sie ihre Wertungen als richtig begründen wollte. Ein »Standpunkt der Humanität« oder mehr noch das »Wohl der Allgemeinheit« können von der Regierung eines Staates anders definiert werden als von anderen Staaten, und die Wahrscheinlichkeit ist groß, daß in bestimmten Situationen die Sorge um die »Humanität« oder das »Wohl der Allgemeinheit« an den eigenen Staatsgrenzen halt macht.

Genau genommen ist das Problem einer homogenen Auslegung (geschweige denn Anwendung) völkerrechtlicher Regeln nicht zu lösen. Solange es keine Instanz gibt, die dieses festlegt – und ob eine solche »gute« Weltmacht ein Ideal ist, muß bezweifelt werden –, besteht die einzige Lösung darin, über das Mittel der Auslegung ein gemeinsames Wertebewußtsein zu schaffen. Dieses Bewußtsein muß stark genug sein, um auch in politisch schwierigen Momenten eine Abkehr von den früher geschlossenen völkerrechtlichen Vereinbarungen zu verhindern.

Wie weit der Weg dorthin damals allerdings noch war, erweist sich, wenn man sich die Rezeption des Völkerbundes in Deutschland vergegenwärtigt und außerdem noch einen kurzen Blick auf die Außenpolitik der damals mächtigen Staaten wirft. Auf die Ablehnung des Völkerbunds aufgrund der Verbindung von dessen Statut mit den Friedensbedingungen wurde bereits hingewiesen. Aus deutscher Sicht versagte der Völkerbund zudem noch in einer Reihe von Fragen, die Deutschland unmittelbar betrafen. Als Stichworte mögen hier genügen: der Einmarsch französischer Truppen in das Ruhrgebiet 1923, die Entscheidung des Völkerbundrates im Falle Eupen-Malmédy, das Belgien zugesprochen wurde, die Lage in Danzig und im Saargebiet, die Rolle des Rates bei der Grenzziehung in Oberschlesien und die Umwandlung der ehemaligen deutschen Kolonien in Völkerbundmandate mit den Siegermächten als Mandataren. Soweit es sich um diese Fragen handelte, war die deutsche Politik völkerbundkritisch bis völkerbundfeindlich.[23] Der Ruf nach einer Revision von Versailles ging einher mit Hinweisen auf die Unterschiede zwischen Völkerbundswirklichkeit und Völkerbundsatzung. Der »wahre« Völkerbund wurde gefordert, der auch Deutschland einen gleichberechtigten Platz unter den Großmächten zugestand und es vor allem nicht an der Aufrüstung hinderte.[24]

Die deutsche Forderung nach Aufrüstung entbehrte, formal gesehen[25], nicht einer gewissen Logik. Denn die Verpflichtung zur Abrüstung, der nach Artikel 8 der Völkerbundsatzung alle Mitgliedstaaten nachzukommen hatten, wurde von allen ignoriert. Wenn aber die anderen nicht abrüsteten, sondern ganz im Gegenteil ungehemmt aufrüsteten, dann mußte es auch Deutschland gestattet sein, sich von den Fesseln des Versailler Vertrags zu befreien und zumindest Ansätze zur Wiedererlangung eines Großmachtstatus zu unternehmen. So dachte man in der deutschen Politik –

und beileibe nicht nur in national-konservativen Kreisen –, und so akzeptierte es schließlich gegen Ende der Weimarer Republik auch das Ausland. Überhaupt zeigte das Ausland, zeigten insbesondere Frankreich und Großbritannien einen sehr unbekümmerten Umgang mit den Regelungen des Völkerbundes, sobald es um angeblich vitale eigene Interessen ging. »Gegenüber schwachen Staaten ein anspruchsvoller Bund, gegenüber starken Staaten ein dienstbeflissenes Büro«, das sei der Völkerbund, schrieb Carl Schmitt schon 1926, durchaus in diskriminatorischer Absicht, aber nichtsdestoweniger sehr nahe an der Wahrheit.[26]

Hatte angesichts dieses Widerspruchs eine auf das Völkerrecht gestützte Friedenspolitik in Deutschland auch nur eine geringe Chance? Oder war der Spagat, den pazifistische Juristen wie Walther Schücking und Hans Wehberg zwischen einem positivrechtlich gestützten Revisionismus und dem Ideal einer naturrechtlich beeinflußten friedliebenden Weltgemeinschaft machten, von vornherein zum Scheitern verurteilt?

Heute wissen wir, daß sie die Stimmung in Deutschland und die von nationalistischer Seite drohende Gefahr unterschätzten. Das ist kein Vorwurf aus der Sicht einer späteren Generation, denn Ende der 20er Jahre kam noch eine gesellschaftliche Remilitarisierung hinzu, die sich an außenpolitischen Fragen entzündete (Kriegsschuld, Reparationszahlungen, Aufrüstung), in ihrer Vehemenz aber bald eine eigene Dynamik entwickelte.[27] Zusammen bildeten diese Faktoren den Nährboden für eine Entwicklung des Völkerrechts hin zu einem völkischen Recht, das sich nur mehr nationalistischen, großdeutschen Zielen verpflichtet sah. »Hinter dem dünnen Firnis juristischer Legalisierungen erkennt heute jeder die Grimasse einer niedrigen und grausamen Art von Vergewaltigung und Unterdrückung. […] Die Rechtssubstanz des europäischen Völkerrechtsdenkens liegt heute bei uns«, schrieb Carl Schmitt 1934 kurz nach dem Austritt Deutschlands aus dem Völkerbund über eben diesen.[28]

Doch welche Richtung das deutsche Völkerrecht einschlagen würde, war schon einige Jahre vorher erkennbar. Von den vielen Ankündigungen sei hier nur eine erwähnt: Im März 1931, nachdem das Reichsgericht in rechtlich dubioser Weise das Verfahren gegen zwei mutmaßliche Kriegsverbrecher beendet hatte und kurz davor stand, ein drittes zu beenden,[29] war im »Völkischen Beobachter« zu lesen: »Auch dies ist ein Kampf um deutsches Recht: Die Wiederholung so unwürdiger Vorgänge [i.e. die Befassung der deutschen Justiz mit Kriegsverbrechen deutscher Soldaten des Ersten Weltkriegs; Anm. d. Verf.], welche dem Ansehen der deutschen Justiz den größten Abbruch getan haben, durch eine Neuordnung der Dinge zu unterbinden. Dabei ist die Wiederherstellung einer besonderen Wehrgerichtsbarkeit, die den eigenen Lebensgesetzen des Soldatentums Rechnung trägt, nur ein Teil. Die Hauptarbeit liegt auch hier auf erzieherischem Gebiet. Das nationale Prinzip muß das Primat erhalten, und der deutsche Richter muß lernen, die Ehre und das Wohl seines Volkes unter allen Umständen höher zu werten als formaljuristische Bedenken und Triebfedern.«[30]

Ingo Müller

Der »Weltbühnen«-Prozeß

Carl von Ossietzky und die politische Justiz

Am 23. November 1931 verurteilte der 4. Strafsenat des Reichsgerichts den Publizisten und späteren Friedensnobelpreisträger Carl von Ossietzky sowie den Luftfahrtexperten Walter Kreiser wegen Verrats militärischer Geheimnisse zu jeweils 18 Monaten Gefängnis. Das in verschiedener Hinsicht für die Justiz der Weimarer Republik typische Verfahren gilt als einer der bedeutendsten Strafprozesse der jüngeren Justizgeschichte, ein Musterbeispiel für politische Justiz, nach der inzwischen klassischen Definition Otto Kirchheimers der »Verwendung juristischer Verfahrensmöglichkeiten zu politischen Zwecken«.[1]

Ossietzkys Straftat

Am 12. März 1929 hatte die von Carl von Ossietzky redigierte »Weltbühne«, eine im Quartformat erscheinende linksliberale »Wochenschrift für Politik, Kunst, Wirtschaft« mit kleinem Abonnentenstamm (12000) und großer Anhängerschaft, die auch im Reichswehrministerium und bei der Reichsanwaltschaft aufmerksam gelesen wurde, einen Aufsatz mit dem Titel »Windiges aus der Deutschen Luftfahrt« gedruckt, in dem der Journalist und Luftfahrtexperte Walter Kreiser im wesentlichen die Anfrage des sozialdemokratischen Abgeordneten Krüger im Haushaltsausschuß des Reichstags referiert,[2] kaum mehr als im Protokoll der 312. Sitzung des Ausschusses für den Reichshaushalt vom 3. Februar 1928 nachzulesen war.

Der Artikel kritisiert auf vier Seiten allerlei Mißwirtschaft bei der mit 22 Millionen Mark aus dem Reichshaushalt subventionierten Lufthansa, insbesondere üppige Sonderzuwendungen an deren Vorstandsmitglieder. Lediglich in den letzten beiden Absätzen erwähnt er, daß »unter der Bezeichnung ›Severa‹ vor einigen Jahren eine Seeversuchsanstalt gegründet [wurde], deren Zweck immer dunkel geblieben ist ... Nun Pfeifen es aber die Spatzen von den Dächern, daß die Severa nichts anderes als eine getarnte Abteilung der Marineleitung ist.« Schließlich gebe es auch auf dem Berliner Flugplatz Johannistal eine Erprobungsabteilung Albatros und die sei »zu Lande, was zu Wasser die ›Küstenflugabteilung Lufthansa‹ darstellt. Beide Abteilungen besitzen je 30, 40 Flugzeuge, manchmal auch mehr. Aber nicht alle Flugzeuge sind immer in Deutschland ...« Mit dem abgebrochenen Satz am Ende des Artikels deutete Kreiser an, daß die Rote Armee die Reichswehr unterstützte und deutsche Luftfahrtmanöver ausgerechnet in der Sowjetunion stattfanden.[3]

Der Artikel war zunächst nicht sonderlich beachtet worden. Das Reichswehrministerium legte zwar routinemäßig eine Akte an und schickte sie zur Reichsanwaltschaft, Ossietzky wurde im August 1929 einmal vernommen, die Redaktionsräume und Ossietzkys Wohnung wurden durchsucht, aber dann geschah zwei Jahre lang nichts, und man nahm an, das Verfahren werde irgendwann eingestellt. Später erklärte Ossietzky sich die lange Dauer des Ermittlungsverfahrens mit dem Widerstand des Außenministeriums, das, 1929 noch von Stresemann geleitet, die Umtriebe der Reichswehr mißbilligte. Heute zugängliche Akten des Auswärtigen Amtes bestätigen seine Vermutung. Dort wurde moniert, daß ein Großteil der beanstandeten Mitteilungen nicht geheim gewesen sei, allenfalls zu den Tatsachen eines Abschnitts (»Abteilung M«) habe man keine Vorveröffentlichung gefunden, bezweifle aber »ob im Hinblick auf die Erörterungen [...] in der 312. Sitzung des Reichstags-Haushaltsausschusses [...] die in dem fraglichen Artikel weitergegebenen Nachrichten [...] noch als geheim anzusehen waren«.[4]

Nach zweieinhalb Jahren erhob die Reichsanwaltschaft aber doch Anklage vor dem für Hoch- und Landesverrat erst- und letztinstanzlich zuständigen Reichsgericht. Am 17. November 1931 begann die Hauptverhandlung, von der wenig mehr bekannt ist, als daß sie zwei Tage dauerte und mit der eingangs erwähnten Verurteilung endete. Das Gericht hatte allen Beteiligten ein Schweigegebot nach § 174 Abs. 2 GVG auferlegt, selbst das Urteil wurde für geheim erklärt.

Bekannt waren jedoch die Akteure. Der Angeklagte von Ossietzky genoß in republikanischen Kreisen des In- und Auslands große Sympathie, schon damals galt er als herausragender Repräsentant des republikanischen, verständigungsbereiten Deutschland. Die Anklage war in der Abteilung des zuständigen Reichsanwalts Paul Jorns erstellt worden. Jorns war die prominenteste Skandalfigur der Weimarer Justiz. Ein durch alle Instanzen geführter Beleidigungsprozeß gegen einen Journalisten ergab, daß Jorns als ermittelnder Kriegsgerichtsrat die Mörder Rosa Luxemburgs und Karl Liebknechts schamlos begünstigt hatte, indem er laut Gerichtsurteil »Spuren verwischte« und »das Gegenteil des Ermittelten ins Protokoll aufnahm«.[5] Der Vorsitzende, Reichsgerichtsrat Alexander Baumgarten, hatte ein Jahr zuvor Aufsehen erregt, als er im Hochverratsprozeß gegen drei junge nationalsozialistische Reichswehrleutnants, die »Ulmer Reichswehroffiziere«, Hitler eine zweistündige Propagandarede halten und die Legalität der NSDAP in der Art eines mittelalterlichen Reinigungseides beschwören ließ.[6]

Die Verteidigerbank war mit Max Alsberg, Alfred Apfel, Rudolf Olden und Kurt Rosenfeld – »vier Juristenköpfen, die eine schwer berechenbare Summe von Qualität verkörpern« (Ossietzky) – so gut besetzt wie wohl nie wieder, mit vier engagierten Republikanern verschiedener politischer Ausrichtung und prominenten Juristen.[7] Der konservative Honorarprofessor Alsberg, angesehenster Strafverteidiger seiner Zeit

Carl v. Ossietzky mit seinen Verteidigern Rudolf Olden (links) und Dr. Alfred Apfel (rechts) vor dem Reichsgericht in Leipzig, November 1931

und bedeutender Fachautor, hatte bis dahin nur »nationale« Angeklagte vor dem Reichsgericht verteidigt und war daher voller Zuversicht nach Leipzig gefahren. Wie Rosenfeld berichtete, glaubte er »auf viele höchstrichterliche Entscheidungen gestützt, aufgrund von Äußerungen der angesehensten Kommentatoren [...] die Reichsrichter sehr leicht davon überzeugen zu können, daß eine Verurteilung unmöglich sei«.[8] Nach der Verhandlung bekannte er erschüttert, er habe nicht glauben wollen, »daß es in Deutschland Richter gibt, die einen politischen Gegner mit den Mitteln des Strafprozesses zum gemeinen Verbrecher stempelten«.[9]

In der Tat enthielt das Urteil »eine Verfemung, die über das normale Maß hinausgeht«,[10] und Ossietzky merkte an: »Das Reichsgericht hat mich vorsorglich und in unangenehmer Weise abgestempelt. Landesverrat und Verrat militärischer Geheimnisse, das ist eine höchst diffamierende Etikette, mit der sich nicht leicht leben läßt.«[11] Das Gericht hatte ihn allerdings nicht wegen Landesverrats, sondern spezieller »wegen Verbrechens gegen § 1 Abs. 2 des Gesetzes gegen den Verrat militärischer Geheimnisse vom 3. Juni 1914« verurteilt.[12]

Die Überzeugungstäterschaft, die nach § 52 der Reichsratsgrundsätze über den Vollzug von Freiheitsstrafen zur ehrenvollen Festungshaft geführt hätte,[13] sprach das Gericht Ossietzky ab: »Die Straftat der Angeklagten, die ihre Treuepflicht als Staatsbürger verletzt haben, ist als eine staatsschädliche anzusprechen: Unbekümmert um die Interessen ihres Vaterlandes in schwerster Zeit [...] haben sie aus Sensationsbedürfnis das Maß einer sachlichen Kritik weit überschritten.« Vor allem Ossietzky sei ein Mann, »der gerade in militärischen Angelegenheiten leichtfertig mit fremden Rechtsgütern in seinem Beruf als Publizist verfährt«.

Dabei hatte sich das Gericht mit der Feststellung der Motive Ossietzkys und seines Vorsatzes, Geheimnisse zu verraten, wenig Mühe gemacht: »Der Angeklagte war auch Pazifist. Mit der Erwähnung dieser Tatsache soll zu dieser Weltanschauungsfrage keine Stellung zu Ungunsten des Angeklagten genommen werden. Sie rechtfertigt aber psychologisch den Schluß, daß der Angeklagte mit dem fraglichen Artikel ›antimilitärisch‹ wirken wollte, und unter diesem Gesichtspunkt ergibt sich zwanglos der Wille des Angeklagten, etwas von der Militärverwaltung geheim Gehaltenes aufzudecken.«[14]

Das Urteil steckt voller Ungereimtheiten und Widersprüche, insbesondere zu der entscheidenden Frage, ob die mitgeteilten Fakten überhaupt noch geheim waren und ob sie einer ausländischen Regierung verraten wurden. Dazu hatte der Senat Major Himer aus dem Reichswehrministerium und Ministerialrat Dr. Wegert vom Verkehrsministerium gehört und »sich den schlüssigen und den überzeugenden eidlichen Gutachten der beiden Sachverständigen angeschlossen«.[15] Diese hatten freilich »keine positive Unterlage dafür [gefunden], daß der in Rede stehende Artikel [...] von einer ausländischen Nachrichtenstelle ausgewertet worden sei«. Major Himer war lediglich »aufgrund seiner Erfahrungen [...] zu der Überzeugung gelangt, daß dieser Artikel sowohl ausländischen Regierungen, als auch Personen, die in ihrem Interesse tätig seien [...] bekannt geworden sei«, da »der ausländische, insbesondere der französische Geheimdienst alle das Deutsche Luftfahrtwesen betreffenden Nachrichten mit größtem Interesse verfolge«.[16] Warum den Diensten dann die ebenfalls öffentlich zugänglichen Reichstagsprotokolle, in denen das gleiche früher zu lesen war, entgangen sein sollen, darüber schweigt das Urteil. Lapidar stellt das Urteil aber fest: »Diese ›Nachrichten‹ betrafen *geheime* Tatsachen. Geheim ist, was nicht offenkundig oder doch nicht jedermann zugänglich ist.«[17] Den zentralen Beweisantrag der Verteidigung zu der Tatsache, daß die strittigen Luftfahrtaktivitäten ausländischen Luftfahrtexperten und Militärs schon lange bekannt waren – formuliert von Alsberg, dem Meister des Beweisantrags –, lehnte das Gericht als »zu unbestimmt« und »unbeachtlich« ab. Das war nicht nur ein Bruch mit der ständigen Reichsgerichtspraxis bei der Behandlung derartiger Anträge,[18] sondern auch unzutreffend. Unbestimmt war der Antrag nicht, er nannte 19 Namen; unbeachtlich war er auch nicht, denn unter ihnen befand sich ein Deputierter der französischen Nationalversammlung, ein pensionierter französischer Luftwaffen-Oberstleutnant und der Herausgeber der Luftfahrtzeitschrift »l'Aerophile«. Wenn es »entscheidend nur darauf an[kommt], ob die in Rede stehenden Nachrichten einer ausländischen Regierung oder einer in ihrem Interesse tätigen Person bereits bekannt gewesen sind«,[19] ist diese

Bedingung mit den drei erwähnten Personen wohl erfüllt. Ähnlich großzügig behandelt das Urteil die Rechtsfragen. So erklärt es den Einwand der Angeklagten, das Wohl des Reichs sei anders zu definieren als in Militärkreisen üblich, für unerheblich, weil dieses Wohl »kein Rechtsbegriff, sondern ein tatsächlicher« sei. Kurz darauf wird ein möglicher Irrtum der Angeklagten darüber als »unbeachtlicher Strafrechtsirrtum« abgetan.

Derart subtile Erwägungen werden der Entscheidung aber nicht gerecht. Mit juristischen Mitteln war das Urteil nicht anfechtbar, der öffentlichen Überprüfung entzogen es die Richter mit der Geheimerklärung. Juristische Präzision war daher nicht erforderlich, wurde offenbar auch nicht angestrebt. Das »Weltbühnen«-Urteil war eben, wie Thomas Mann treffend anmerkte, »kein Rechtsspruch im strengen und reinen Sinn des Wortes, sondern ein politischer Akt, der die Abneigung gewisser Mächte und Interessen gegen jede öffentliche Kontrolle zu decken bestimmt ist«.[20] Zugleich diente es der Diffamierung und Mundtotmachung eines prominenten Pazifisten und exponierten »deutschen Patrioten«[21], der vom Staat eine ganz andere Vorstellung hatte als das Militär und das Reichsgericht, nämlich die eines verfassungsrechtlich verbürgten demokratischen Rechtsstaats, und von dessen Wohl erst recht.

Zwei umfangreiche Gnadengesuche Alsbergs und Apfels hatten so wenig Erfolg wie eine Interpellation der sozialdemokratischen Reichstagsfraktion und eine Petition von 43 600 Unterzeichnern, darunter Albert Einstein, Lion Feuchtwanger, Heinrich und Thomas Mann, Ernst Toller, Jakob Wassermann, Theodor Wolff und Arnold Zweig.[22] Sich wie sein Mitverurteilter Kreiser ins Ausland abzusetzen, lehnte Ossietzky ab, weil er »als Eingesperrter am unbequemsten« war.[23] Am 10. Mai 1932 trat er, bis ans Gefängnistor von Schriftstellerkollegen und seinen Verteidigern begleitet, die Haft in Tegel an. Nach 227 Gefängnistagen wurde er aufgrund einer großen Weihnachtsamnestie am 22. Dezember entlassen, in

Carl v. Ossietzky, Pazifist und Chefredakteur der »Weltbühne«; Eva Vent, Aquatinta-Radierung, 27,3 x 22,7 cm

der Reichstagsbrandnacht unter Bezugnahme auf das Reichsgerichtsurteil aber wieder verhaftet. Nach fünfjährigem Leidensweg durch verschiedene Haftanstalten und Konzentrationslager starb er am 4. Mai 1938.

Schon der unbestechliche Chronist der Weimarer Jahre hatte als Repräsentant des »anderen« Deutschland gegolten. Nach seinem Opfergang wurde der Häftling Nr. 562, der auf einem Foto, das um die Welt ging, so unheroisch vor seinem Peiniger stand, vollends zum Symbol für den antifaschistischen Widerstand, für seine Schwäche wie für seine Unbeugsamkeit gleichermaßen. Wohl deshalb verlieh ihm das Nobel-Komitee den Friedensnobelpreis 1935.[24]

Verschiedentlich ist den Reichsrichtern vorgeworfen worden, mit dem »Weltbühnen«-Urteil eine strafbare Rechtsbeugung begangen zu haben.[25] Möglicherweise zu Recht – aber gravierender ist, was sie mit ihrem Urteil dem Recht insgesamt antaten. Daß sie nämlich mit dieser Entscheidung die »Rechtsordnung« des Dritten Reichs vorbereitet haben, darüber waren sich Kritiker wie Bewunderer und Mitglieder dieses Gerichts einig. Reichsgerichtsrat Niethammer bestätigte ihm »Schrittmacher«-Dienste für das NS-Recht,[26] und der »nationale« Verteidiger Alfons Sack lobte das Reichsgericht für den »mutigen Schritt, [...] entgegen den Buchstaben der Verfassung dem neuen Staatsgedanken zum Siege zu verhelfen«, womit es seinen Beitrag geleistet habe zur »Schaffung des neuen Rechts, für das allein die Sicherung des Deutschen Volkes den Maßstab bildet«.[27] Mit etwas anderen Worten beschrieb Ossietzky-Verteidiger Rudolf Olden dasselbe: »Von hier stammt jene Verrottung des Rechts und des Rechtsgefühls, die den obersten Gerichtshof bis zur nationalsozialistischen Verdrehung aller Rechtsbegriffe, bis zur Legitimierung des Mords führt, wenn er nur dem ›Staatswohl‹ dient.«[28]

PS: Ossietzky hatte Zeit seines Lebens eine Wiederaufnahme des »Weltbühnen«-Prozesses ersehnt, »unser fernes, zunächst nur vage durch Zukunftsnebel schimmerndes Ziel hieß Wiederaufnahme«, schrieb er 1932 in der »Weltbühne«.[29] 60 Jahre später schien seiner in Schweden lebenden Tochter die Zeit reif, das Vermächtnis ihres Vaters zu erfüllen, zumal das Stigma des Landesverrats bis in jüngste Zeit fortwirkte. Rosalinda von Ossietzky-Palm scheiterte mit ihrem Antrag beim Kammergericht und beim Bundesgerichtshof.[30] Nach ihrem Tod im Herbst 2000 gibt es aber noch eine Antragsberechtigte für ein erneutes Wiederaufnahmeverfahren: die Staatsanwaltschaft. Nachdem sich auch beim Bundesgerichtshof (BGH) die Erkenntnis durchgesetzt hat, daß nicht jedes Reichsgerichtsurteil erhaltenswert ist und der 5. Strafsenat schon die mangelhafte Vergangenheitsaufarbeitung des BGH gerügt hat,[31] wäre es ein nobile officium der deutschen Justiz, das 70 Jahre alte Urteil aufzuheben und den Nobelpreisträger – und nicht zuletzt auch sich selbst – zu rehabilitieren.

Manfred Messerschmidt

Die Wehrmachtjustiz gegen »Zersetzer« und Pazifisten

Der Justiz ist oft Beharren auf konservativen Positionen vorgeworfen worden. Zu wenig wurde gesehen, welches Anpassungsvermögen Justiz und Juristen unter veränderten politischen Verhältnissen zu entwickeln im Stande sind, zumal auf dem Gebiet des Strafrechts.

Die politische Strafjustiz der Weimarer Republik handhabte die Todesstrafe antirepublikanisch, es wurde sortiert nach linken und rechten Tätern, und es gab so etwas wie die Operationsgemeinschaft von Justiz und Reichswehr jenseits der Rechtsordnung. Diese Art politischer Adaptation an partikulare Interessen vollzog sich zwar taktisch wie einst in der Monarchie, als Justiz und Militär bei der Verfolgung streikender Arbeiter kooperierten,[1] sie bewegte sich jedoch unter völlig neuen Prämissen: nämlich, daß der Richter über dem Gesetz stehe, wie das »Weltbühnen«-Urteil des Reichsgerichts[2] zeigte, als es das – von der Reichswehr definierte »Wohl des Reiches« – über die Rechtsordnung stellte. Im Prinzip handelte es sich auch um einen Angriff gegen den positivistischen Gesetzesbegriff. Der parlamentarisch-demokratische Rechtsstaat sah sich auf diese Weise zunehmend in Frage gestellt. Die »neue Rechtsidee« des NS-Staates knüpfte an diese Entwicklung an, anerkannte Rechtslehrer wurden ihre Verkünder. Stärker noch als die Weimarer politische Justiz widmete sich das »neue Recht« der Ausschaltung oppositioneller Kräfte, nunmehr in Übereinstimmung mit der Realität und Ideologie des NS-Führerstaates. Die Verbrechenslehre wurde dynamisiert, Straftäter wurden als Feinde der Gemeinschaft gebrandmarkt. Ein hochangesehener Rechtslehrer ging so weit, festzustellen, daß Täter die

»Front der Gemeinschaft« gefährdeten und ihre Existenz in Frage stellten.[3]

Im Rückblick auf das angebliche Versagen der Militärjustiz im Ersten Weltkrieg forderte der Senior der schon 1933 wieder etablierten militärischen Gerichtsbarkeit, Heinrich Dietz, Herausgeber der ab 1936 erscheinenden »Zeitschrift für Wehrrecht«, schon 1933, die Militärjustiz müsse zur Sicherung der »Blut-, Opfer- und Schicksalsgemeinschaft« so eingerichtet werden, »daß sie im Ernstfalle die geistige schlagkräftige Waffe des Staates ist, die die Widerstandskraft der Truppe und der Bevölkerung überhaupt erhält und steigert, frei von allen Fehlern, die sich psychologisch ungünstig auswirken könnten.«[4] Rudolf Lehmann, seit dem 1. Juli 1938 Chef der Wehrmachtrechtsabteilung im Oberkommando der Wehrmacht (OKW-WR) und damit höchster Jurist der Wehrmacht, erblickte wie führende Vertreter der Rechtswissenschaft im Führerwillen die höchste Rechtsquelle, unabhängig von der Form seiner Kundbarmachung. Ein hochrangiger Jurist beim OKW-WR betrachtete das Richteramt als ein Lehen aus der Hand des Führers: »Der Richter leitet also seine Gewalt unmittelbar vom Führer ab.«[5] Juristen der OKW-Rechtsabteilung waren maßgeblich an der Ausarbeitung der besonderen materiellen und prozessualen Vorschriften für den Kriegsfall beteiligt.

Vorarbeiten für das nicht mehr zustande gekommene neue Militärstrafgesetzbuch sind in diese besonderen Vorschriften eingebracht worden, nämlich in die Kriegssonderstrafrechtsverordnung (KSSVO), die beim ersten Angriffsbefehl gegen Polen am 26. August 1939 in Kraft gesetzt worden ist. Schon 1937 hatte der Vorsitzende des Ausschusses für Wehrstrafrecht der Akademie für Deutsches Recht erklärt, »das neue Strafrecht werde der Vernichtung der friedenstörenden Kräfte und der psychischen Stütze der Kampfbereitschaft des gesunden Volkskerns dienen«.[6] Dieses Anliegen realisierte insbesondere § 5 KSSVO, der Wehrkraftzersetzungsparagraph. Nach Auffassung führender Wehrmachtjuristen war der Ge-

Verordnung
über das Sonderstrafrecht im Kriege und bei besonderem Einsatz
(Kriegssonderstrafrechtsverordnung)

Vom 17. August 1938

Reichsgesetzblatt I S. 1455

. . . . . .

§ 5 Zersetzung der Wehrkraft

(1) Wegen Zersetzung der Wehrkraft wird mit dem Tode bestraft:

1. wer öffentlich dazu auffordert oder anreizt, die Erfüllung der Dienstpflicht in der deutschen oder einer verbündeten Wehrmacht zu verweigern, oder sonst öffentlich den Willen des deutschen oder verbündeten Volkes zur wehrhaften Selbstbehauptung zu lähmen oder zu zersetzen sucht;
2. wer es unternimmt, einen Soldaten oder Wehrpflichtigen des Beurlaubtenstandes zum Ungehorsam, zur Widersetzung oder zur Tätlichkeit gegen einen Vorgesetzten oder zur Fahnenflucht oder unerlaubten Entfernung zu verleiten oder sonst die Manneszucht in der deutschen oder einer verbündeten Wehrmacht zu untergraben;
3. wer es unternimmt, sich oder einen anderen durch Selbstverstümmelung, durch ein auf Täuschung berechnetes Mittel oder auf andere Weise der Erfüllung des Wehrdienstes ganz, teilweise oder zeitweise zu entziehen.

(2) In minder schweren Fällen kann auf Zuchthaus oder Gefängnis erkannt werden.

§ 6 Unerlaubte Entfernung und Fahnenflucht

I. Die §§ 64, 67, 70 des Militärstrafgesetzbuchs sind in folgender Fassung anzuwenden:

„§ 64 Wer unbefugt seine Truppe oder Dienststelle verläßt oder ihr fernbleibt und vorsätzlich oder fahrlässig länger als einen Tag abwesend ist, wird wegen unerlaubter Entfernung mit Gefängnis oder Festungshaft bis zu zehn Jahren bestraft. In minder schweren Fällen kann die Strafe bis auf vierzehn Tage geschärften Arrestes ermäßigt werden.

§ 67 Freiheitsstrafe von einem Jahr bis zu zehn Jahren tritt ein, wenn die unbefugte Abwesenheit länger als drei Tage dauert.

§ 70 Bei Fahnenflucht ist auf Todesstrafe oder auf lebenslanges oder zeitiges Zuchthaus zu erkennen."

Verordnung über das Sonderstrafrecht im Kriege (KSSVO) vom 17. August 1938

setzgeber im Ersten Weltkrieg den »Mächten der Zersetzung« nicht energisch genug entgegengetreten.[7] »Mächte der Zersetzung«, dieses Feindbild, mit dem bei der Schuldzuweisung für die Niederlage 1918 Marxismus und Judentum in erster Linie gemeint waren – Ludendorffs »dunkle Mächte« –, erfuhr durch die nationalsozialistische Strafrechtsauffassung eine noch extremere Konnotation: Gefaßt werden sollte der »Gemeinschaftsfeind und -schädling« schlechthin. Die Reichskriegsanwaltschaft verstand unter Zersetzung der Wehrkraft »die Störung oder Beeinträchtigung der totalen völkischen Einsatzbereitschaft zur Erringung des Endsieges in diesem Krieg«.[8] Speziell gegen »Zersetzer« und Pazifisten, die in den Urteilsgründen gleichgestellt wurden, richteten sich die Tatbestände § 5 Abs. 1 Ziff. 1 und Ziff. 3. Der eigentlich politische Tatbestand hatte mit dem Weltkriegstrauma zu tun.

Er war konzipiert, um Erscheinungen wie Auflösung, Defaitismus, Ablehnung des Krieges und der kriegerischen Politik aufzufangen, letztlich, um revolutionäre Entwicklungen unmöglich zu machen. Daher waren alle Tatbestände von § 5 mit der Todesstrafe »bewehrt«. Gefaßt werden sollte, wer »den Willen des deutschen oder verbündeten Volkes zur wehrhaften Selbstbehauptung zu lähmen oder zu zersetzen sucht«. Weiterhin drohte die Todesstrafe jedem, der sich dem Wehrdienst zu entziehen suchte, etwa aus religiösen Gründen oder durch Selbstverstümmelung. Obwohl § 5 die Strafbarkeit bei öffentlichen Äußerungen von Kritik, Defaitismus und anderem vorsah, entschied der 3. Senat des Reichskriegsgerichts (RKG) am 29. Februar 1940, daß für § 5 Abs. 1 Ziff. 1 KSSVO die Auslegung, die der Begriff der Öffentlichkeit im Friedensstrafrecht gefunden habe, nicht maßgebend sei.[9] Nunmehr war selbst öffentlich, was innerhalb der eigenen vier Wände geäußert worden war. Damit hat das RKG die »Wehrkraftzersetzung« zum Massenereignis programmiert.

Die Lenkung der Rechtsprechung war entsprechend nachhaltig. Das OKW gab in seinem Sonderheft »Gesetzesdienst für die Wehrmachtgerichte« die Grundsätze des RKG bekannt: der Zweckgedanke des § 5 Abs. 1 Ziff. 1 KSSVO sei, die Unterhöhlung des Wehrwillens zu verhindern. Schon eine einzelne Person könne diesen unbestimmten Personenkreis verkörpern.[10] Eine Zersetzungsabsicht war nach der RKG-Entscheidung nicht Voraussetzung für die Bestrafung. Lenkungsmethoden dieser Art förderten die Bereitschaft der Gerichte, drakonische Strafen zu verhängen und häufig davon abzusehen, einen minder schweren Fall anzunehmen, bei dem auf Zuchthaus oder Gefängnis erkannt werden konnte.

Die Wehrmachtkriminalstatistik zeigt ein enormes Ansteigen der Verurteilungen wegen Wehrkraftzersetzung. An der Spitze standen dabei die Fälle von § 5 Abs. 1 Ziff. 1. Die Gesamtzahl der Verurteilten entsprach bis Mitte 1944 etwa der Größenordnung bei Fahnenflucht, das heißt 2 180 im zweiten Quartal 1944. Bei einer Steigerung von mindestens

25 Prozent pro Quartal lag somit bis Kriegsende die Zahl der Verurteilten ab dem zweiten Quartal 1944 bei mindestens 16000. Darin war eine Mindestzahl von 2000 Todesurteilen enthalten.[11] Eine zuverlässige Zuordnung der Urteile auf die verschiedenen Tatbestände von § 5 KSSVO ist nicht möglich, weil die Kriegskriminalstatistik eine solche Differenzierung nicht vorgenommen hat. Einen allerdings nur vagen Anhalt bietet eine Untersuchung von Urteilsunterlagen der Kriegsmarine.[12] Bei 157 Fällen ergab sich bei wehrmacht- oder systemkritischen Äußerungen ein Anteil von rund 26 Prozent, Selbstverstümmelung und Selbstmordversuch 13 Prozent, Krankheitssimulation 10,8 Prozent. Beim Heer, insbesondere bei den Frontverbänden im Osten, sind andere Verhältnisse anzunehmen, speziell im Hinblick auf den Anteil der Verfahren wegen Selbstverstümmelung.

Eine besondere Kategorie bildeten die Verfahren gegen Wehrdienstverweigerer aus religiösen Gründen. In § 5 KSSVO sind sie nicht direkt erwähnt worden. Sie wurden erfaßt mit der Formulierung »wer es unternimmt, sich [...] auf andere Weise der Erfüllung des Wehrdienstes [...] zu entziehen«. Die Masse der Verweigerer stellten die Zeugen Jehovas, meist Ernste Bibelforscher genannt. Im Jahre 1933 zählten sie zwischen 20000 und 30000 Mitglieder. Entsprechend gering war die Anzahl der Wehrpflichtigen. Für ihre Aburteilung war ausschließlich das Reichskriegsgericht zuständig. Am 30. Mai 1940 erstattete der Gerichtsherr des RKG, Admiral Max Bastian, dem Chef OKW, Generaloberst Wilhelm Keitel, einen Tätigkeitsbericht für die Zeit vom 26. August 1939 bis 30. April 1940.[13] Von den in diesen acht Monaten gefällten 100 Todesurteilen des Gerichts waren 63 gegen Bibelforscher verhängt worden. Bis Ende September 1940 erhöhte sich die Anzahl der vollstreckten Todesurteile gegen Verweigerer auf 112, was zu diesem Zeitpunkt einem Anteil von 20 Prozent an der Gesamtzahl der Todesurteile in der Wehrmacht entsprach.[14] Die Richter des RKG folgten bereitwillig den »Rechtsgrundsätzen«, die sie zu § 5 KSSVO formuliert hatten: »Gegen den hartnäckigen Überzeugungstäter (Bibelforscher) wird wegen der propagandistischen Wirkung seines Verhaltens im Normalfall die Todesstrafe angebracht sein.«[15] Bastian meldete Keitel, es habe sich meist um ältere Männer gehandelt, »fast alles primitiv denkende Menschen mit niedrigem Bildungsgrad«. Die problematische Situation der religiösen Minderheit, ihre politischen und sozialen Schwierigkeiten im NS-Staat, die unter anderem durch Verlust des Arbeitsplatzes, KZ-Einweisung – etwa 10000 Männer und Frauen waren verhaftet – gekennzeichnet war,[16] haben die Juristen und Justizoffiziere des RKG und der Reichskriegsanwaltschaft (RKA) nicht interessiert. Obwohl Bastian dem Chef OKW am 30. Mai 1940 gemeldet hatte, die »Massendienstverweigerung« der Bibelforscher sei abgeklungen, stützten die Senate weiterhin ihre Todesurteile auf den Vorwurf der gefährlichen Werbewirkung. Tatsächliche Feststellungen dazu enthielt kein einziges dieser Urteile. Nach dem 30. Mai 1940 wurde nichts geändert; z.B.: Vollstreckungsliste II (2. Senat) (26.8.1939–31.12.1941) Lfd. Nr. 1–999: 177 Todesurteile, davon 86 gegen Bibelforscher, 2 gegen Adventisten.[17] Vollstreckungsliste II (Januar 1943–?), Lfd. Nr. 546–830: 185 Todesurteile, davon 65 gegen Verweigerer.[18] Laut Statistik des RKG vom 7. Februar 1945 sind 251 Todesurteile gegen Verweigerer gefällt worden.[19]

Das RKG bestrafte Bibelforscher als hartnäckige Überzeugungstäter, aber welche Überzeugung bestraft wurde, ist aus keinem dieser oft formularmäßig gehandhabten Urteile zu entnehmen. Als Beispiel für die verwendeten Begründungsstereotypen diene das Urteil des 2. Senats vom 4. Januar 1944[20] gegen den Schützen Franz S., Bergmann und landwirtschaftlicher Hilfsarbeiter. In der Hauptverhandlung hatte der Angeklagte erklärt, »daß er den Wunsch habe, aus dieser Volksgemeinschaft auszuscheiden. Es stehe geschrieben, du sollst nicht töten.« Der 2. Senat unter Vorsitz von RKG-Rat Werner Lueben und mit den militärischen Mitgliedern Vizeadmiral Arps, Generalmajor Schöbel und Oberst

Graf von Pfeil und Klein-Ellgurth befand: »Bezeichnend für die Persönlichkeit des Angeklagten und seine Einstellung zur deutschen Volksgemeinschaft ist die Erklärung in seinem Schlußwort in der Hauptverhandlung. Der Angeklagte verdient keine Milde. Auch in Anbetracht der seinem Verhalten innewohnenden gefährlichen Werbekraft ist aus Abschrekkungsgründen die höchste Strafe geboten. Die Weigerung des Angeklagten ist eine ehrlose Handlung.« Bastian bestätigte das Urteil. Es wurde am 4. Februar vollstreckt.

Wenige Protestanten und Katholiken haben offen den Wehrdienst verweigert. Anders als die Zeugen Jehovas, die sich in der kollektiven Überzeugung ihrer Glaubensgemeinschaft aufgehoben wußten, ist bei ihnen die Weigerung aus Gewissensgründen politischer Protest gewesen, der sich auch gegen die militärfreundliche Haltung der Amtskirche richten konnte, wie etwa bei Franz Jägerstätter, dem Pallotiner-Pater Franz Dionysius Reinisch und dem Allgäuer Bauernsohn Michael Lerpscher.

RKG und RKA haben ihnen gegenüber ebenfalls mit dem Vorwurf der Gemeinschaftsgefährlichkeit und Ehrlosigkeit operiert. An dieser Verfolgung der religiösen Verweigerer waren alle Senate des RKG beteiligt. Die 20 zwischen Mai 1943 und April 1944 in einer Liste erwähnten Todesurteile sind verhängt worden vom 1. Senat 2 (Vorsitzender Otto Neumann), 2. Senat 4 (Vorsitzender Werner Lueben), 3. Senat 4 (Vorsitzender Karl Schmauser), 4. Senat 10 (Vorsitzender Erich Lattmann bzw. Walter Biron).[21] Auch 1942 sind sämtliche Senate beteiligt gewesen. Ende 1943 paßten der 2. und 4. Senat die Begründungsformel dem Kriegsverlauf und der abnehmenden Zahl der Bibelforscher an. Statt des Hinweises auf die gefährliche Werbekraft der Verweigerung hieß es nun in den jeweils nur eine Seite umfassenden Urteilsbegründungen: »Wer seinem Volk in schwerster Kriegszeit den Wehrdienst hartnäckig und unbelehrbar verweigert, kann nur zum Tod verurteilt werden« oder » […] hat sein Leben verwirkt«.[22]

Die Erschießungsstätte im nördlichen Wallgraben des Wehrmachtgefängnisses Torgau Fort-Zinna. Aufnahme von Ende April 1945

Schon am 3. Mai 1940 hatte der 3. Senat entschieden, die Frage der Strafmilderung könne nicht von der Person des Täters, sondern nur vom Standpunkt der Allgemeinheit und den Kriegsnotwendigkeiten her beurteilt werden. Diese Position hat entsprechende Auswirkungen auf die Urteile der Truppengerichte gehabt, die sich mit den anderen Fallgruppen von § 5 KSSVO zu befassen hatten, vor allem mit der Wehrkraftzersetzung im engeren Sinne (§ 5 Abs. 1 Ziff. 1) und der Selbstverstümmelung. Mit seiner Autorität hat das Reichskriegsgericht Einfluß auch auf die Gerichtsherren auf Divisions- und Armee-Ebene genommen. Auf diese Weise sind Lenkungsmechanismen vom RKG und anderen Gerichten selbst initiiert worden.

Abgesehen von den besonderen Zuständigkeiten des RKG und der im Kriege geschaffenen Zuständigkeiten des Gerichts der Wehrmachtkommandantur Berlin und des Zentralgerichts des Heeres für das Ersatzheer verhandelten die Feldkriegsgerichte der Wehrmachtteile gegen alle der Wehrmachtjustiz unterworfenen Personen. Im Ersatzheer oblag die Verfolgung der »Wehrkraftzersetzer« dem Kommandanturgericht Berlin, ab 1944 dem Zentralgericht des Heeres.

Es sind Versuche gemacht worden, die Zunahme der Zersetzungsurteile und die wachsende Schärfe der Strafzumessungen in Zusammenhang mit wichtigen Entscheidungen im Kriegsverlauf zu bringen.[23] Die Niederlage bei Stalingrad ist hier zu nennen. Eine eindeutige Zuordnung dieser Art läßt die Unterschiedlichkeit der Spruchpraxis indes nicht zu. Bei Kritik an Hitler, besonders nach dem 20. Juli 1944, stieg die Bereitschaft der Gerichte, Gutachter, Gerichtsherren und Rechtsabteilungen in den Oberkommandos zum drakonischen Vorgehen. So hat der Gutachter des Marineoberkommandos Nordsee gegen ein »zu mildes Urteil« (drei Jahre Zuchthaus) des Marinegerichts Amsterdam Bedenken erhoben, die vom Oberkommando der Kriegsmarine geteilt wurden: »Bei der derzeitigen Kriegslage ist die Verherrlichung des Attentats auf den Führer von einer derart erheblichen Gefährlichkeit, daß Rücksichten auf die Jugend des Täters aus Gründen der Staatssicherheit nicht genommen werden können.«[24] Der Soldat war 17 Jahre alt. Das Urteil wurde vom Gerichtsherrn aufgehoben. Im neuen Verfahren drohte die Todesstrafe.

Militärjuristen sorgten dafür, daß das sogenannte »Heimtückegesetz« vom 20. Dezember 1934, das Gefängnis androhte für »gehässige, hetzerische oder von niedriger Gesinnung zeugende Äußerungen« über Partei- und Staatsfunktionäre, mit §5 KSSVO in Verbindung gebracht wurde. Nach dem Heimtückegesetz konnten auch nicht öffentliche »böswillige« Äußerungen bestraft werden. Der Große Senat des RKG ging mit Beschluß vom 25. Juni 1941 davon aus, Böswilligkeit liege vor, wenn der Täter das Vertrauen des Volkes zur politischen Führung gefährden wolle. Weil das »Schutzobjekt« von §5 KSSVO die Wehrkraft war, sorgte der Chef des Heeresjustizwesens,

Dr. Karl Sack, im zweiten Sammelerlaß für die Oberstkriegsgerichtsräte vom 25. Januar 1943 für die Beseitigung noch vorhandener Unsicherheiten:[25] »Im nationalsozialistischen Staat bilden militärische und politische Führung eine unlösbare Einheit. Gehässige Kritik an der NSDAP, ihren führenden Persönlichkeiten kann daher grundsätzlich den Tatbestand der Wehrkraftzersetzung erfüllen. Im Einzelfall wird die Willensrichtung des Täters entscheidend sein. Diese wird aus dem militärischen und politischen Vorleben des Beschuldigten in Verbindung mit dem Inhalt seiner Äußerungen den Umständen, unter denen sie gefallen sind, zu ermitteln sein.«

Die Bewertung der »Täterpersönlichkeit« konnte damit aus einer mit Gefängnis bedrohten Tat ein todeswürdiges Verbrechen machen, wie Urteile in »Zersetzungssachen« vielfach belegen. Nachlässigkeit im Dienst, disziplinare Auffälligkeit genügten vielfach, um die Prozedur in Gang zu setzen. Auskünfte von Partei- oder Gestapostellen wurden im Ersatzheer eingeholt. Überdies diente die Behandlung solcher Fälle auch der Beschleunigung, weil »Heimtückesachen« die Einschaltung des Justizministeriums erfordert hätten. Hitler als Parteiführer und Oberbefehlshaber der Wehrmacht wurde Symbolfigur dafür, daß »Heimtücke« zur »Wehrkraftzersetzung« umdefiniert worden ist. An den Urteilen der Feldkriegsgerichte läßt sich dies insbesondere an Vorgängen nach dem 20. Juli 1944 ablesen.

In manchen Fällen halfen Gutachter und Gerichtsherren nach, wenn Urteile »zu milde« ausgefallen waren. Generell ist in diesem Zusammenhang festzustellen, daß die Bilanz der Wehrmachtjustiz auf die Zusammenarbeit von Gerichtsherren und Gerichten, von Juristen und Offizieren zurückzuführen ist. Der Anteil der Generalität war besonders hoch, weil Generale auf der Ebene der Armeeoberbefehlshaber das Recht besaßen, Todesurteile zu bestätigen und »zu milde« Urteile aufzuheben. Ein negatives Täterbild genügte dazu in manchen Fällen auch dann, wenn über das politische Vorleben des Beschuldigten nichts bekannt war, wie im Verfahren gegen den

Maschinenassistenten Arthur W.[26] Er hatte unter Alkoholeinfluß in Gegenwart einiger Soldaten beim Anblick eines Bildes, das nach seiner Meinung Hitler hinter Gittern zeigte, geäußert: »Gott sei Dank, daß sie diesen Spinner hinter schwedische Gardinen gebracht haben, ihm haben wir diesen Krieg zu verdanken, er hat diesen Krieg gewollt.« Das Gericht des Admirals Atlantikküste verhängte zehn Jahre Zuchthaus. Der Oberbefehlshaber Nord hob das Urteil auf, weil die Todesstrafe erforderlich sei. Admiral Warzecha, Vorgesetzter der Marinerechtsabteilung, stellte dazu fest: wenn auch die bisherige politische Haltung des Angeklagten nicht bekannt sei, so sei dennoch die Äußerung völlig eindeutig. Sie könne ihrem Inhalt nach nicht als gelegentlicher Alkoholversager angesehen werden. Er sei dreimal mit Gefängnis vorbestraft worden, er sei faul und fast ständig betrunken. Die Todesstrafe, so Admiral Warzecha, »ist gegenüber dem charakterlich minderwertigen Angeklagten erforderlich«. Dönitz lehnte einen Gnadenerweis ab und ordnete die Vollstreckung des Todesurteils an.

Zur Tätertypologie des »Wehrkraftzersetzers« gehörte für die Wehrmachtjustiz als besonderer Kandidat für ein Todesurteil der militärisch unzuverlässige, aufmüpfige Soldat, dem das Etikett der Minderwertigkeit und Sozialschädlichkeit angehängt werden konnte. Argumentationshilfen hat in diesem Zusammenhang die Militärpsychiatrie schon seit der Zwischenkriegszeit entwickelt. Im Ersten Weltkrieg ging es ihr noch darum, »Minderwertige« und Psychopathen mit rücksichtslosen Methoden möglichst schnell an die Front »zurück zu therapieren« oder Abwehrneurosen ins Trommelfeuer zu schicken – nach Professor Max Nonne ein Vorgehen mit großem therapeutischen Wert.[27] Im NS-Staat brachte die Volksgemeinschaftsideologie eine Politisierung der »Minderwertigen«-Problematik und damit neue strafrechtliche Konsequenzen. Die »Volksgemeinschaft« forderte vollen Einsatz. Wer versagte, fand sich als Soldat bald als »Wehrkraftzersetzer« kriminalisiert. Das Reichsgericht stellte in seinem Urteil vom 16. April 1937[28] fest, die Volksgemeinschaft müsse von demjenigen, der wegen seines geringeren Unterscheidungs- und Hemmungsvermögens »eine größere Gefahr« für sie bedeute, verlangen, daß er durch erhöhte Kraftanstrengung einen Ausgleich schaffe. Tue er das nicht, sei er der Volksgemeinschaft voll verantwortlich. Krankheit wurde zur »gemeinschaftsgefährlichen Anlage«, wie das Reichsgericht mit Urteil vom 25. November 1941 feststellte.[29] Rassenbiologie und rücksichtsloser Sozialdarwinismus begannen sich in der »Wehrgemeinschaft« zu etablieren. Manche Urteile und Weisungen zeugen davon. Der Tatbestand der »Wehrkraftzersetzung« wurde zu einem besonderen Anwendungsfeld.

Der Marine-Artillerist Andreas T. wurde am 2. März 1943 vom Gericht des Küstenbefehlshabers östliche Ostsee zum Tode verurteilt. Er hatte gegenüber zwei Kameraden erklärt, er freue sich über die ernste Lage an der Front bei Stalingrad und Woronesch. Trotz des Todesurteils kritisierte die Marine-Rechtsabteilung: »Die beteiligten Gerichte haben ihre Aufgabe, die Truppe unverzüglich von einem schweren, bereits 23mal vorbestraften Schädling zu befreien, nicht erkannt.« Marinekriegsgerichtsrat Nieschling, der zu den älteren Militärjustizbeamten gehörte, versah das Urteil mit folgendem Rechtsgutachten[30]: »Mit Rücksicht auf den in zahlreichen Vorstrafen hervorgetretenen asozialen Charakter des Verurteilten und sein freches widerspenstiges Verhalten sind die zersetzenden Äußerungen als besonders schwerwiegend anzusehen [...] Das Todesurteil wird ohne Gnade zu vollstrecken sein. Das Bronchialasthma, unter dem der Verurteilte leidet, bietet keinen Grund zur Begnadigung [...]Die psychosomatische Veranlagung bietet keinen Milderungs-, sondern nur einen Strafschärfungsgrund [...] Im übrigen würde der Verurteilte bei einer Begnadigung nur fortlaufend weiter der Volksgemeinschaft als Schädling zur Last fallen. Die Ausmerzung dieses Übeltäters ist zur Verhütung einer schädlichen Gegenauslese dringend geboten.« Marinerichter Nieschling traf damit Hitlers Vorstellungen von den Aufgaben des Richters, die er am 20. August 1942 seinen neuernannten obersten Justizfunktionären Otto Thierack und Curt Rothenberger dargelegt hatte: »Wenn ich das Gute dezimiere, während ich das Schlechte konserviere, dann kommt das, was 1918 war.«[31]

Ein weiteres Anwendungsfeld dieser Sehweisen ergab sich bei Fällen von Selbstverstümmelung, die ebenfalls zur Tatbestandsgruppe der »Wehrkraftzersetzung« nach § 5 KSSVO gehörte. Unter den Militärjuristen war umstritten, ob zum Tatbestand ein »Zersetzungswille« gehörte. Vertreter der rigorosen Auffassung bemühten in ihren Urteilen all jene Begründungsrituale, die bei Fällen der »Zersetzung« im engeren Sinne geläufig waren. So erklärte Oberstabsrichter Dr. Harder im Verfahren gegen einen 22jährigen Soldaten, der sich aus Angst, in russische Gefangenschaft zu geraten, in die linke Hand geschossen hatte: »Er stellt sich durch ein solches Verhalten außerhalb der Volksgemeinschaft und hat im deutschen Volke keinen Platz mehr. Nur allein die Todesstrafe kann wegen der besonderen Gefährlichkeit, die durch solche Zersetzungserscheinungen der Wehrkraft droht, die gerechte Sühne sein und die erforderliche abschreckende Wirkung hervorrufen.«[32] Das Urteil des Gerichts der 11. Infanterie-Division vom 7. November 1944 lautete auf Todesstrafe. Seine Nachgeschichte ermöglicht Einblicke in die Prozeduren bis zur Vollstreckung. Der Divisionskommandeur beantragte beim bestätigungsberechtigten Oberbefehlshaber der 18. Armee zwar die Bestätigung des Urteils, bemerkte aber, daß er die Vollstreckung nicht für erforderlich halte, »da der Verurteilte noch ein junger, kampfunerfahrener Soldat« sei, der sich wieder fangen und bewähren werde. Der gutachtende Richter der Armee schlug dagegen Bestätigung und Vollstreckung durch Erschießen vor. So entschied am 16. November 1944 der Armeeoberbefehlshaber.

In den meisten bekannt gewordenen Fällen sind Todesurteile von den Gutachtern befürwortet worden. Wo das nicht so war, hatten die Spruchgerichte, besetzt mit dem verhandlungsleitenden Juristen und zwei Soldaten, von denen meist einer Offizier war, allgemeine Weisungen und inzwischen eingeübte Begründungsstereotypen schematisch befolgt. Mit solcher Ideologiekonformität hatten insbesondere Wehrmachtstrafgefangene, Straflagerverwahrte und Angehörige von Feldstrafgefangenenabteilungen zu rechnen.

Am Beispiel des Todesurteils gegen den Strafgefangenen Schützen Josef K.,[33] verhängt vom Gericht der 260. Infanteriedivision am 11. April 1944, wird diese Argumentationswillkür sichtbar: Bei schweren Arbeiten in der Feldstrafgefangenenabteilung 15 hatte K. sich an den Ringfingern Erfrierungen zugezogen, die er nicht sogleich meldete, um ins Krankenrevier zu kommen. Für das Gericht war er ein ausgesprochener Drückeberger, der es »unternommen hat, sich der Erfüllung des Wehrdienstes zeitweise zu entziehen und war daher wegen Zersetzung der Wehrkraft [...] zu bestrafen«. Es erkannte »auf die im Gesetz in erster Linie vorgesehene Todesstrafe«. Drei Bestrafungen wegen unerlaubter Entfernung »kennzeichnen den Angeklagten als ein Element, das in jeder Hinsicht geeignet ist, den Wehrwillen des deutschen Volkes zu schädigen«. Das Gericht war überzeugt, »daß Elemente wie der Angeklagte auch nach siegreicher Beendigung des Krieges immer nur eine Belastung auch bei den Anforderungen sein werden, die dann an das Deutsche Volk gestellt werden«. Alle drei Richter, der Verhandlungsleiter Dr. Gottlob, ein Hauptmann und ein Obergefreiter, traten einmütig der Befürwortung eines Gnadengesuchs entgegen und auch der Divisionskommandeur schlug die Bestätigung und Vollstreckung des Urteils vor. Die Wende kam mit dem Rechtsgutachten des Armeerichters Dr. Coenen, der feststellte, bei der Tat habe es sich um Drückebergerei gehandelt, die dem Anwendungsbereich des § 5 KSSVO entzogen sei. Die Division habe wohl einen Mann loswerden wollen, der bei der Erziehung Schwierigkeiten mache. Coenen schlug die Aufhebung des Urteils und eine disziplinare Erledigung vor. Tags darauf, am 18. April 1944, hob der Oberbefehlshaber der 4. Armee, Generaloberst Gotthard Heinrici, das Urteil auf.

Der Gerichtsherr des Gerichts des Festen Platzes Borissow hat bekundet, daß in der »bisherigen Rechtsprechung« solche Verfehlungen »immer als Zersetzung der Wehrkraft abgeurteilt worden sind«.[34] Es sind allerdings häufig Zuchthaus- oder Gefängnisstrafen verhängt worden. Laut Tätigkeitsbericht des Armeerichters der 19. Armee für die Zeit vom 1. Juli bis 31. Oktober 1944 sind bei acht Fällen von Selbstverstümmelung drei Todesstrafen verhängt worden. Zu bedenken sind die Folgen von Freiheitsstrafen: sie führten oft in Feldstrafgefangenenabteilungen oder in die berüchtigten Feldstraflager, die jedem Vergleich mit Konzentrationslagern standhielten.

Urteile wegen Selbstverstümmelung und Krankheitssimulation lassen am wenigsten Aussagen über die politische Haltung der Soldaten zu. Aber auch bei dem eigentlich politischen Tatbestand von § 5 KSSVO sind spezielle Feststellungen zu den Tatmotiven nur in Ausnahmefällen möglich. In den letzten Monaten des Krieges sind Soldaten zunehmend gegen die Endsiegpropaganda resistent geworden. Die Kritik an der Führung, am NS-System, an Hitler, am Sinn des Weiterkämpfens läßt sich vielleicht als Reflex des Selbsterhaltungstriebes ausmachen, sie kann aber nicht als eindeutiges Zeichen politischer Umorientierung interpretiert werden, zumal das Denken der wohl überwiegenden Zahl der Soldaten nach dem Ausbleiben von Siegesnachrichten vom Nachlassen einer zuvor unbefragten Loyalität geprägt worden sein dürfte.

Anders ist die Haltung von Anhängern der kommunistischen Partei und festgebliebener Sozialdemokraten, von Pazifisten und religiösen Verweigerern zu beurteilen. Die wenigsten Beispiele kriegsgerichtlicher Verfahren gibt es nach bisheriger Erkenntnis bei Pazifisten. Zu ihnen zählt das Verfahren gegen den Mitarbeiter der Inneren Mission Hermann Stöhr, der als Weltkriegssoldat bei der Marine als Oberfeldwebel geführt worden ist. Stöhr schrieb schon am 2. März 1939 an das Wehrbezirkskommando Stettin, er lehne den

Dienst mit der Waffe aus Gewissensgründen ab.[35] Diese Entscheidung hielt er vor dem Reichskriegsgericht durch, das ihn wegen Zersetzung der Wehrkraft am 16. März 1940 zum Tode verurteilte (3. Senat). Landesbischof Marahrens unterstützte das Gnadengesuch nicht. Stöhr war der einzige deutsche Staatsrechtler mit dieser kompromißlosen Haltung. Ähnlich eindeutig verhielt sich Franz Jägerstätter, der vom 2. Senat des RKG am 6. Juli 1943 zum Tode verurteilt worden ist. In der Verhandlung saßen ihm der Senatspräsident Reichskriegsgerichtsrat Lueben, General Musshoff, Vizeadmiral Arps, Generalmajor Schreiber und Oberkriegsgerichtsrat Ranft gegenüber. Der 34jährige Bauer und Familienvater erklärte, er würde gegen sein religiöses Gewissen handeln, wenn er für den nationalsozialistischen Staat kämpfe. Er könne nicht gleichzeitig Katholik und Nationalsozialist sein.[36] Er war ebenso Pazifist im NS-Staat wie Pater Dionysius Reinisch, der den Fahneneid dem, »der die Institution des Reichssicherheitshauptamtes geschaffen« habe, verweigert hat. Das am 6. Juli 1943 gesprochene Todesurteil des RKG erging mit der eingespielten Begründungsfloskel.[37]

Das durch Erlaß des Oberbefehlshabers des Heeres, Adolf Hitler, am 11. April 1944 mit sofortiger Wirkung errichtete Zentralgericht des Heeres (ZdH) war insbesondere für politische Strafsachen im Ersatzheer bestimmt. Gerichtsherr war wie beim Gericht der Wehrmachtkommandantur Berlin der Stadtkommandant von Berlin, Generalleutnant Paul von Hase. Übergeordneter Gerichtsherr und zuständig für die Bestätigung von Todesurteilen und längeren Freiheitsstrafen war der Befehlshaber des Ersatzheeres, Generaloberst Fritz Fromm. Das als politische Instanz etablierte Gericht war mit seinen Fahndungsabteilungen das Hauptorgan für die Verfolgung von Kriegsmüdigkeit in allen Erscheinungsformen, vor allem von Desertion und »Wehrkraftzersetzung« im Ersatzheer. Chefrichter wurde Dr. Rosencrantz.

Die Aktenüberlieferung des ZdH ist unbefriedigend.[38] Die Kriegsgeschäftsnachweisung für die Zeit vom 21. August bis

20. September 1944 umfaßt 854 anhängige Strafsachen. Enthalten sind hier Vollstreckungshinweise gegen 57 Soldaten: davon 56 Todesstrafen und hierunter 40 wegen »Wehrkraftzersetzung«. Zusammen mit der Zahl laufender Fahndungen zeigt sich hieran der zunehmende Erosionsprozeß in der Endphase des Krieges. Mit Zuchthaus und Gefängnis Bestrafte sind oft in Strafgefangenenlager und Feldstrafgefangenenabteilungen eingewiesen worden, wenn »infektiöses Material« – Minderwertige, Psychopathen, Versager und Zersetzer – aus der »Wehrgemeinschaft« ausgesondert werden sollten. Hiervon haben der Gerichtsherr des ZdH und der Oberbefehlshaber des Ersatzheeres ebenfalls Gebrauch gemacht. Zuchthausurteile müssen daher vielfach so gelesen werden.

Einen Eindruck von der Begründungsmonotonie in der Endphase geben die im Staatsarchiv Wien verwahrten Urteile der Außenstelle Wien des ZdH, alles Urteile in Wehrkraftzersetzungssachen. In mehreren Urteilen wird das Strafmaß mit Formeln wie »strafschärfend fiel ins Gewicht, daß die Äußerungen des Angeklagten vom Standpunkt der Allgemeinheit aus äußerst schwerwiegend sind«.[39] So auch im Urteil über 18 Monate Gefängnis wegen eines im Vollrausch gesungenen Liedes mit dem Text: »Wenn mal unser Hitler stirbt, trinken wir ein Glaserl Wein.«[40] Eine andere Endphasen-Stereotype lautete: »Eine derartige politische Auffassung und derartige Äußerungen sind gerade jetzt, wo es im fünften Kriegsjahr auf die geschlossene Einsatzbereitschaft des gesamten deutschen Volkes und auf den fanatischen Wehrwillen jedes einzelnen deutschen Volksgenossen ankommt, besonders gefährlich.«[41]

Kritik an Hitler und führenden Parteifunktionären ist in mehreren Fällen mit Zuchthaus bestraft worden. Zwei Soldaten sind nach einem Urteil vom 2. Oktober 1944 der Gestapo zur Verbringung in ein Konzentrationslager überstellt worden. Generalleutnant von Hase zeigte als Gerichtsherr ganz unterschiedliche Einstellungen. Wo er Feigheit unterstellte, ordnete er die Vollstreckung nicht zwecks Frontbewährung an, sondern in einer Feldstrafgefangenenabteilung oder hob ein »zu niedriges« Urteil auf.[42] Andererseits hat er eine Reihe nach damaligen Maßstäben milde Urteile bestätigt und sich damit von vielen Gerichtsherren abgehoben.

Bei einem Todesurteil spielte vielleicht das Weltkriegstrauma und das Feindbild von Reichswehr und Wehrmacht eine Rolle: Ein Soldat hatte im Urlaub im Gespräch mit Studenten unter anderem geäußert, man müsse sich zu der Partei stellen, die an führender Stelle stehe. Das werde in Kürze die Kommunistische Partei sein. In Wien stünden Organisationen für den Umschwung bereit. Es erging ein Todesurteil, das von Generaloberst Fromm am 23. Juni 1944 bestätigt wurde. Die Mutter reichte über Reichsleiter Baldur von Schirach ein Gnadengesuch ein mit dem Hinweis, daß ein Sohn und ein Ziehsohn gefallen, ein dritter verwundet worden sei. Schirach sondierte, ob nicht die Möglichkeit einer Umwandlung der Todesstrafe in eine Freiheitsstrafe bestehe. Hase befürwortete das Gesuch nicht und reichte es am 14. Juli an Fromm weiter mit dem Bemerken, »zumal es nichts Neues enthält«.[43] Ein Rechtsgutachten, vorgelegt von der Rechtsabteilung im OKH, befand am 18. Juni 1944: »Was der Angeklagte getan hat, ist ein gemeiner Volksverrat, ist ein Dolchstoß in den Rücken der geschlossenen Abwehrbereitschaft von Front und Heimat, die im schwersten Existenzkampf steht. Für solche Verbrechen kommt als gerechte Sühne nur die Todesstrafe in Frage.« Die Vollstreckungsanordnung des Befehlshabers des Ersatzheeres wurde nach dem 20. Juli 1944 von seinem Nachfolger Himmler ausgesetzt. Der Soldat wurde unter dem Kennwort »Zwischenhaft« der Gestapo übergeben, das heißt zur Einweisung in ein Konzentrationslager zwecks Arbeitseinsatz bestimmt. Möglicherweise hat er den Krieg überlebt. Das Zentralgericht des Heeres war ein militärisch-politisch funktionierendes Gesinnungsprüf-Instrument. Bei den Ermittlungen sind Gestapo- und Parteistellen eingeschaltet worden, die häufig Anlaufstellen von

Denunzianten waren. Aus 128 Urteilen der Wiener Außenstelle geht hervor, daß 86 Zivilisten und 47 Soldaten als Denunzianten beteiligt gewesen sind. Ihr soziales Umfeld entsprach meist dem ihrer Opfer. »Zersetzende« Äußerungen sind von Soldaten aller Altersstufen gemacht worden. Soldaten im Alter zwischen 18 und 30 Jahren waren in 52 Fällen beteiligt, in 51 Fällen waren sie zwischen 31 und 40 Jahre alt und in 37 Fällen zwischen 41 und 51 Jahren. Die Dunkelziffer war wahrscheinlich enorm. Die meisten Verurteilungen gingen auf die Rechtsprechung des RKG zurück. Hier waren militärische und politische Bewertungsmaßstäbe addiert worden. Bagatellen wurden zu Verbrechen gemacht, ebenso menschliche Katastrophen wie Selbstmordversuche. Viele Angeklagte bewiesen mit ihrer Lageeinschätzung gesunden Menschenverstand, während besonders in der Endphase ihnen gegenüber Richter mit dem Instrumentarium einer in Weisungen und Grundsatzurteilen vorgegebenen Formelsprache ihren Dienst gegen die Realität verrichteten.

Helmut Kramer

Die versäumte juristische Aufarbeitung der Wehrmachtjustiz

Nach der Beendigung eines jeden Krieges müßte es eine Selbstverständlichkeit sein, eine Bilanz vorzulegen. Wie viele Opfer – Opfer im umfassenden Sinn, auf beiden Seiten der Kriegsparteien – hat der Krieg gekostet? Rechenschaft müßte auch darüber abgelegt werden, ob von der vorgegebenen Kriegsbegründung bis zur Wahl der eingesetzten Waffen und deren Zielen alles mit rechten Dingen zugegangen ist. Eine solche Rechenschaft hätte bei der Wehrmachtjustiz in erster Linie eine strafrechtliche Auseinandersetzung erfordert.

Worum ging es? Was hätte geahndet werden müssen? Die Legende von der sauber gebliebenen Wehrmacht war zugleich eine Legende von der integer gebliebenen Wehrmachtjustiz. In der Diskussion über die NS-Militärjustiz wird meist an die maßlose Todesstrafenpraxis der Kriegsgerichte erinnert. In ausufernder Anwendung der Vorschriften über »Fahnenflucht«, Kriegsdienstverweigerung und »Wehrkraftzersetzung« (§ 5 KSSVO) verhängten das Reichskriegsgericht und die anderen Wehrmachtkriegsgerichte, der Volksgerichtshof und die Sondergerichte allein gegen deutsche Soldaten und andere Bürger schätzungsweise 30000 Todesurteile, von denen mindestens 20000 vollstreckt wurden.[1] Als todesstrafenwürdig galten bereits Zweifel an Sinn und Rechtmäßigkeit des Angriffskrieges oder an der Möglichkeit des »Endsieges«. Opfer der NS-Justiz wurden auch Tausende ausländischer Widerstandskämpfer.

Weniger bekannt ist das vielfältige rechtsstaatswidrige Wirken der Juristen in den höheren Verwaltungsinstanzen der Wehrmachtjustiz: In den – mittelgroßen Justizministerien vergleichbaren – Rechtsabteilungen des Oberkommandos der Wehrmacht und der drei Wehrmachtsteile (Heer, Marine, Luftwaffe) schufen sie in gesetzgeberischer Funktion ab 1938 die Kriegssonderstrafrechtsverordnung (KSSVO) und viele andere der gesetzlichen Vorschriften, die die scheinbar rechtsstaatliche normative Grundlage für die rigorose Verurteilungspraxis bildeten. Die Militärverwaltungsjuristen gaben auch Hilfestellung zu den Massenmorden in Polen und in der Sowjetunion. Dazu muß man wissen, daß zu den Aufgaben jeder Militärjustiz nach innerstaatlichem und Völkerrecht auch der Schutz der feindlichen Kombattanten, insbesondere der Kriegsgefangenen, und der Zivilbevölkerung vor Übergriffen der Streitkräfte gehört.
Der bereits im Frühjahr 1941 auf Veranlassung der Obersten Wehrmachtsführung in der Rechtsabteilung des Oberkommandos der Wehrmacht ausgearbeitete Barbarossa-Kriegsgerichtsbarkeitserlaß[2] entzog aber die Verfolgung von Straftaten der deutschen Truppe gegen sowjetische Zivilisten ebenso wie die Verfolgung von gegen die deutsche Truppe gerichtete Aktionen verdächtigter Zivilisten der Zuständigkeit der Kriegsgerichte. Damit machte man große Teile der sowjetischen Zivilbevölkerung, darunter Juden, sowie Sinti und Roma und psychisch Behinderte zu ungeschützten Opfern des einkalkulierten Massenmordes. Die durch die NS-Parole vom »sowjetisch-bolschewistischen Untermenschentum« zunehmend indoktrinierte Wehrmacht konnte gemeinsam mit den SS-Einsatzgruppen unter dem Deckmantel der »Partisanenbekämpfung« Millionen sowjetischer Bürger straflos umbringen.[3] Auch eigenmächtige, von Wehrmachtsangehörigen an Landeseinwohnern verübte Verbrechen waren nur dann zu verfolgen, »wenn es die Aufrechterhaltung der Manneszucht

oder die Sicherung der Truppe erfordert«.[4] Anstelle eines kriegsgerichtlichen Verfahrens waren »Freischärler [...] durch die Truppe im Kampf oder auf der Flucht schonungslos zu erledigen. Auch alle anderen Angriffe feindlicher Zivilpersonen gegen die Wehmacht [...] sind von der Truppe auf der Stelle mit den äußersten Mitteln bis zur Vernichtung des Angreifers niederzukämpfen.«[5] Weitere Millionen Sowjetbürger fielen einer nicht zuletzt rassenpolitisch motivierten Wirtschaftspolitik zum Opfer, die eine ausreichende Lebensmittelversorgung bewußt und gezielt unterband, ein Akt des Völkermordes. Auch die unter militärischen Gesichtspunkten unnötige, ja eher widersinnige, zum Verhungern von ungefähr einer Million Einwohnern führende Blockade Leningrads, des heutigen St. Petersburg,[6] haben die Militärjuristen widerspruchslos hingenommen. Ungestört durch rechtliche Einwände konnte der von der Sicherheitspolizei und SS-Verbänden unter Assistenz der Wehrmacht verübte Massenmord an Erschießungsgruben im Osten vor sich gehen. Auch gegen das bereits vor Beginn des Angriffskrieges einkalkulierte Massensterben der sowjetischen Kriegsgefangenen haben die Wehrmachtjuristen keine Bedenken erhoben. Nach neueren Schätzungen sind dem völkerrechtswidrigen Angriffskrieg mindestens 27 Millionen sowjetische Bürger zum Opfer gefallen. Durch ihre Selbstausschaltung hat die Wehrmachtjustiz dazu einen wesentlichen Beitrag geleistet.

Völkerrechtswidrig war auch der »Kommissar-Befehl«[7], demzufolge die sowjetischen Politoffiziere nach ihrer Gefangennahme »grundsätzlich sofort mit der Waffe zu erledigen« waren, soweit sie nicht später unter anderem in den Genickschußanlagen der Konzentrationslager Buchenwald und Sachsenhausen ermordet wurden.[8] Mitgewirkt hatten die höheren Militärjuristen auch an dem »Nacht- und Nebel«-Erlaß[9], der nach der Methode, Menschen spurlos verschwinden zu lassen, die Verbringung von Widerstandskämpfern aus Frankreich, Belgien und Holland nach Deutschland anordnete, sie völkerrechtswidrig der Jurisdiktion der Kriegsgerichte entzog und sie dem Volksgerichtshof und Sondergerichten, in seiner weiteren Durchführung schließlich der Geheimen Staatspolizei zur Verbringung in Konzentrationslager auslieferte, wo viele von ihnen umkamen.

Die Bestätigung des Unrechts der Militärjustiz

Kein einziger der ungefähr 3 000 Militärjuristen der Wehrmacht mußte sich wegen seiner Tätigkeit in der Kriegsgerichtsbarkeit oder Militärjustizverwaltung vor einem bundesdeutschen Gericht verantworten. Einige wenige Ermittlungsverfahren wurden ohne Nachdruck geführt, aber sämtlich eingestellt.

Der OKW-Prozeß vor dem US-Militärgerichtshof in Nürnberg

Zur Verurteilung eines Militärjuristen kam es nur in einem der Nürnberger Nachfolgeverfahren, dem sogenannten OKW-Prozeß (»Fall 12«). Der US-amerikanische Gerichtshof verurteilte am 28. Oktober 1948 den Generaloberststabsrichter Dr. Rudolf Lehmann zu 7 Jahren Gefängnis.[10] Im Zeichen des Kalten Krieges und der geplanten Wiederaufrüstung der Bundesrepublik wurde Lehmann schon Anfang 1950 vorzeitig entlassen.

In der Bundesrepublik wurden die Verbrechen der Wehrmachtjustiz nur in wenigen, ohne Nachdruck geführten staatsanwaltschaftlichen Ermittlungsverfahren unter Ausschluß der Öffentlichkeit untersucht, ohne daß es zu einer Anklage kam. Niemand sah die Notwendigkeit, den Komplex »Wehrmachtsrechtsabteilungen« und die Todesurteilspraxis der Kriegsgerichte zum Gegenstand einer umfassenden strafrechtlichen Untersuchung zu machen.

Ein Oberlandesgerichtspräsident in ungewohnter Rolle: Dr. Werner Hülle vor dem Schwurgerichtssaal in München am 5. Oktober 1957 als wegen des Verdachts der Beteiligung am Totschlag unvereidigt bleibender Zeuge; Foto: Georg Fruhstorfer, München

Nur einmal wurde das Wirken eines dieser Schreibtischtäter in einem kleinen Ausschnitt Gegenstand der öffentlichen Aufmerksamkeit: In dem Schwurgerichtsverfahren gegen den Generalfeldmarschall Ferdinand Schörner wurde der ehemalige Oberstkriegsgerichtsrat in der Wehrmachtrechtsabteilung Dr. Werner Hülle[11] als Zeuge vernommen. Er war in den Jahren nach 1945 erst zum Richter am Bundesgerichtshof, sodann zum Oberlandesgerichtspräsidenten in Oldenburg aufgestiegen. Hülle hatte als Abteilungsleiter in der Rechtsabteilung des Oberkommandos der Wehrmacht um die Jahreswende 1944/45 die rigorosen standrechtlichen Gesetzesnormen entworfen, auf die Schörner sich zur Rechtfertigung der in den letzten Kriegsmonaten von ihm angeordneten Erschießungen berief. Nach diesen »Bestimmungen für das Verhalten von Offizier und Mann in Krisenzeiten«

vom 28. Januar 1945[12] war die »Kampfmoral der Truppe [...] mit äußerster Härte aufrechtzuerhalten«. Jedem Offizier wurde gestattet, einen Soldaten ohne weiteres zu erschießen oder erschießen zu lassen, wenn er glaubte, daß dieser z.B. durch »Feigheit« die Truppe gefährde. Für den Fall eines Mißbrauchs dieses Schießbefehls wurde dem Vorgesetzten Straffreiheit zugesichert.

Als »der Beteiligung (an den Totschlagstaten Schörners) verdächtig«, blieb Werner Hülle unvereidigt.[13] Um die Einleitung eines disziplinarrechtlichen Voruntersuchungsverfahrens kam das niedersächsische Justizministerium nicht herum. Anstatt eine gründliche Klärung der gesamten Tätigkeit Hülles als hochrangiger Beamter (Abteilungsleiter) in der Wehrmachtrechtsabteilung anzuordnen – Hülle hatte mit zahlreichen Entwürfen und Schreiben und in vielen Besprechungen an der Entwicklung zahlreicher weiterer Unrechtsnormen, darunter besonders intensiv an dem »Nacht- und Nebel«-Erlaß und dessen rigoroser Durchführung, mitgewirkt[14] –, beschränkte das Ministerium das Verfahren auf die Mitwirkung Hülles an jenen Standgerichtsvorschriften. Hülle hatte nach seinen Angaben am Tage der Herausgabe des Schießbefehls eine fiebrige Grippe. Das Verfahren wurde eingestellt.[15] Vergeblich riet ein Mitarbeiter des Ministeriums dazu, die Untersuchung wenigstens auf die Beteiligung Hülles am »Nacht- und Nebel«-Erlaß zu erstrecken. Man scheute das öffentliche Aufsehen bei Bekanntwerden der Beteiligung Hülles am Massenmord.

Schon seit 1965 ermittelte die Zentrale Stelle der Landesjustizverwaltungen zur Aufklärung nationalsozialistischer Verbrechen in Ludwigsburg gegen die führenden Beamten der Rechtsabteilungen der Wehrmacht, darunter auch gegen Werner Hülle. Die Staatsanwaltschaft Kassel, an die das Verfahren im Jahre 1972 abgegeben wurde, stellte nach 11jähriger Verfahrensdauer das Verfahren gegen sämtliche Beschuldigten ein,[16] gegen Werner Hülle mit der Begründung: Der »Nacht- und Nebel«-Erlaß sei »eindeutig dem Gehirn Hitlers entsprungen«. Soweit der Erlaß und die Durchführung völkerrechtswidrig seien, seien Hitler oder Himmler dafür verantwortlich. Die Mitarbeiter der Wehrmachtrechtsabteilung hätten alles in ihrer Macht Stehende unternommen, um den Erlaß abzumildern und seine Durchführung rechtsförmig zu gestalten. Unter anderem ging die Staatsanwaltschaft Kassel stillschweigend darüber hinweg, daß Werner Hülle in einem Schreiben vom 23. Juni 1943[17] mit Erfolg selbst empfohlen hatte, die Justiz völlig auszuschalten und die »offenbar vorhandene Neigung der Gestapo, die Abgeschobenen sogleich zu behalten, zu nutzen und eine solche Lösung anzustreben.« Von den ungefähr 100 000 aus politischen (nicht aus rassischen) Gründen aus Frankreich Deportierten sind nach französischen Schätzungen etwa 65 000 in deutschen Konzentrationslagern umgekommen.[18]

Die gesamte grausame Todesstrafenpraxis der Wehrmachtkriegsgerichtsbarkeit blieb ungesühnt. Dies galt sogar für Todesurteile, die nach Kriegsende gefällt worden waren. Der Oberkriegsgerichtsrat Wilhelm Spies hatte noch nach der Kapitulation am 9. Mai 1945 in Norwegen vier junge Soldaten wegen Fahnenflucht und militärischen Aufruhrs zum Tode verurteilt und hinrichten lassen. Die vier hatten sich nach Schweden absetzen wollen, nachdem der Division trotz eingetretener Waffenruhe befohlen war, »gegen die Bolschewiken auch nach 24 Uhr zu kämpfen«.[19] Nach Erscheinen eines Presseberichts – Spies war inzwischen als Vorsitzender Richter am Landgericht tätig – mußte in Braunschweig die Möglichkeit eines Disziplinarverfahrens geprüft werden. Obgleich das Vorgehen von Spies nicht einmal vom NS-Militärstrafrecht gedeckt war, wurde das Verfahren im November 1973 eingestellt.[20]

In der Personalpolitik der bundesdeutschen Justiz genossen die Akteure der Militärjustiz eine bevorzugte Behandlung. Ähnlich wie Dr. Werner Hülle sah man viele Militärjuristen als Angehörige der angeblich vom Nationalsozialismus völlig unbeeinflußt gebliebenen Wehrmacht als besonders berufen an, hohe Ämter in der westdeutschen Justiz zu bekleiden. So brachte es der Oberstkriegsgerichtsrat Dr. Hans Meier-Branecke, der in der Heeresrechtsabteilung zahlreiche Todesurteile bestätigt hatte, nach dem Krieg als Senatspräsident zum ranghöchsten Strafrichter in Braunschweig.[21] Ernst Mantel[22] war unter anderem an den Todesurteilen gegen die polnischen Verteidiger der von der Wehrmacht am 1. September 1939 überfallenen Post in Danzig beteiligt und hatte als Oberstkriegsgerichtsrat auf einer Kommandeursbesprechung die Generale auf den Kommissarbefehl eingeschworen.[23] Richter am Bundesgerichtshof wurde auch Dr. Ernst Kanter.[24] Er hatte am Reichskriegsgericht an vielen Todesurteilen mitgewirkt. 1943 war er Chefrichter im besetzten Dänemark geworden. Erich Schwinge konnte als Hochschullehrer in Marburg viele Studentenjahrgänge ausbilden. Im Dritten Reich war er einer der führenden Militärstrafrechtler. Als Kriegsrichter im Nebenamt hatte er an mehreren Todesurteilen mitgewirkt.[25] Der bekannteste Fall von personeller Kontinuität ist wohl der Fall des baden-württembergischen Ministerpräsidenten Hans Filbinger, der sich die Mitwirkung an mehreren Todesurteilen vorwerfen lassen muß.[26]

Verunglimpfung des Widerstandes – das Verfahren der Staatsanwaltschaft Lüneburg gegen Dr. Manfred Roeder

In der Frühzeit der Bundesrepublik scheute man sich nicht einmal, die Opfer der Militärjustiz zu den wahrhaft Schuldigen zu erklären, anstatt sie zu rehabilitieren. Ein besonders schlimmes Beispiel dafür ist die ursprüngliche Begründung, mit der die Staatsanwaltschaft Lüneburg das Ermittlungsverfahren gegen den als Untersuchungsrichter am Reichskriegsgericht amtierenden Generalrichter Dr. Manfred Roeder einstellte. Dr. Roeder war einer der Hauptverantwortlichen für die 49 Todesurteile gegen die Mitglieder des Widerstandskreises der »Roten

Kapelle«.[27] Roeder hatte auch die mit der justizförmigen Ermordung der Beschuldigten endenden Ermittlungen gegen Hans von Dohnanyi und Dietrich Bonhoeffer geführt.

In ihrem Abschlußbericht vom 12. Mai 1951 stellte die Lüneburger Staatsanwaltschaft fest, die Prozesse vor dem Reichskriegsgericht seien »ordnungsgemäß abgelaufen und die Angeklagten zu Recht zum Tode verurteilt worden. Grundlage der ›Roten Kapelle‹ [...] war Landesverrat. Landesverrat [...] hat immer und zu allen Zeiten als das schimpflichste Verbrechen gegolten [...] Auch von der Gruppe des 20. Juli [ist] in umfassendem Maße Landesverrat und Spionage betrieben worden.« Die Militäropposition habe ein »ungeheures Maß von Schuld [...] auf sich genommen«. Andere deutsche Männer, die mit Hitlers Kriegs- und Staatsführung nicht einverstanden waren, aber »als Soldaten und in Verwaltung und Wirtschaft ihre Pflicht taten [...], würden es sicher mit Entrüstung abgelehnt haben, mit Männern wie Beck, Canaris, Oster und von Dohnanyi [...] auf die gleiche Stufe gestellt zu werden.« Für die Staatsanwaltschaft Lüneburg stand fest, »daß es sich bei der Geheimen Staatspolizei um eine absolut normale Polizeiorganisation handelte.« Dagegen bestand für sie »die Mehrzahl der überlebenden Zeugen [...] aus Menschen, die sich in einen maßlosen Haß gegen den nationalsozialistischen Staat hineingesteigert haben«.[28] Nachdem der vorzeitig bekannt gewordene Abschlußbericht in der Öffentlichkeit Aufsehen erregt hatte, wurde das Verfahren mit ähnlicher Begründung unter Weglassung lediglich der übelsten Passagen eingestellt.

Das Thorbeck-Huppenkothen-Urteil

Selbst extreme Urteile von SS-Standgerichten ließ man ungeahndet. Eine Schlüsselfunktion kommt hier dem Freispruch des ranghohen SS-Juristen Sturmbannführer Dr. Otto

Thorbeck zu. Er hatte noch am 6. und 8. April 1945 in den Konzentrationslagern Sachsenhausen und Flossenbürg einen KZ-Kommandanten als Beisitzer hinzugezogen und eine gerichtliche Scheinverhandlung durchgeführt. Auf Weisung Hitlers verurteilte er die überlebenden Widerstandskämpfer des 20. Juli 1944, Dietrich Bonhoeffer, Canaris, Oster, Gehre und Sack sowie Hans von Dohnanyi, zum Tode und ließ sie anschließend erhängen.

Nach einem mehr als fünf Jahre dauernden Schwurgerichtsverfahren mit mehrfacher Zurückverweisung sprach der Bundesgerichtshof am 19. Juni 1955[29] den Gerichtsvorsitzenden, den SS-Sturmbannführer Dr. Otto Thorbeck mit folgender Begründung frei: »Ausgangspunkt dabei ist das Recht des Staates auf Selbstbehauptung. In einem Kampf um Sein oder Nichtsein sind bei allen Völkern von jeher strenge Gesetze zum Staatsschutze erlassen worden. Auch dem nationalsozialistischen Staate kann man nicht ohne weiteres das Recht absprechen, daß er solche Gesetze erlassen hat. Allerdings dienten sie [...] zugleich der Aufrechterhaltung der Gewaltherrschaft der nationalsozialistischen Machthaber. In dieser schicksalhaften Verflechtung hat der ernste Gewissenswiderstreit seine Wurzel, in den die Widerstandskämpfer verstrickt waren. [...] Stand schon der Widerstandskämpfer selbst bei einem solchen Widerstreit vor schwerster sittlicher Entscheidung, so sieht sich der Richter, der heute darüber zu urteilen hat, [...] vor eine Aufgabe gestellt, die die Grenze dessen berührt, was mit den Mitteln irdischer Rechtssprechung entschieden werden kann. [...] Einem Richter, der damals einen Widerstandskämpfer wegen seiner Tätigkeit in der Widerstandsbewegung abzuurteilen hatte [...], kann heute in strafrechtlicher Hinsicht kein Vorwurf gemacht werden, wenn er angesichts seiner Unterworfenheit unter die damaligen Gesetze nicht der Frage nachging, ob dem Widerstandskämpfer etwa der Rechtfertigungsgrund des übergesetzlichen Notstands [...] zur Seite stehe, sondern glaubte, ihn des Hoch- oder Landesverrats bzw. des Kriegsverrats (§ 57 MStGB) schuldig erkennen und deswegen zum Tode verurteilen zu müssen.«[30]

Die Urteile des Bundesgerichtshofs zur Kriegsdienstverweigerung im Zweiten Weltkrieg – eine Bestätigung des Angriffskrieges

Ein unverhülltes Ressentiment gegenüber Pazifisten unter Legitimierung der grausamen Wehrmachtjustiz äußerte der Bundesgerichtshof in mehreren Urteilen[31], mit denen er der Weigerung, an dem verbrecherischen Angriffskrieg der Nationalsozialisten mitzuwirken, die Eigenschaft als Widerstandshandlung rundum absprach.

In dem Urteil vom 24. Juni 1964[32] hatte der BGH sich mit dem Wiedergutmachungsanspruch eines Mitglieds der Zeugen Jehovas auseinanderzusetzen. Dieser – schon 1934 vom Sondergericht wegen Zugehörigkeit zu seiner Glaubensgemeinschaft zu zwei Jahren Gefängnis verurteilt – hatte bei Kriegsausbruch den Wehrdienst verweigert. Wegen »Zersetzung der Wehrkraft« wurde er am 19. September 1939 vom Reichskriegsgericht zum Tode verurteilt. In diesem frühen Fall wurde die Todesstrafe in eine Zuchthausstrafe von zehn Jahren umgewandelt. Diese Strafe verbüßte der Verurteilte von 1939 bis zu seiner Befreiung durch die Engländer am 3. Mai 1945 in einem der schrecklichen Moorlandlager (Esterwegen). In der DDR, wohin er nach dem Krieg umgesiedelt war, wurde er wegen seiner Mitgliedschaft bei den Zeugen Jehovas erneut zu zehn Jahren Zuchthaus verurteilt.

Der Bundesgerichtshof vermochte weder in der kriegsgerichtlichen Verurteilung noch in dem grausamen Strafvollzug im Konzentrationslager eine nationalsozialistische Verfolgungsmaßnahme erkennen. Der Straftatbestand des § 5 KSSVO – Todesstrafe bei »Wehrkraftzersetzung« – sei kein Ausdruck einer rechtsstaatswidrigen Ordnung. Die Todes-

Das Münchner Satireblatt »Simplicissimus« kommentiert das Deutsche Richtergesetz vom 8. September 1961.

strafe für Kriegsdienstverweigerung gelte auch in Rechtsstaaten. Deshalb müsse unberücksichtigt bleiben, daß es der NS-Staat gewesen sei, der den Antragsteller zwingen wollte, an einem verbrecherischem Angriffskrieg teilzunehmen. Der Sachverhalt müsse »vielmehr zunächst einmal so betrachtet werden, als handele es sich hierbei um Vorgänge, die sich in einem *Rechtsstaat* [Hervorhebung d. Verf.] abgespielt haben, der einen Angriffskrieg gegen benachbarte Staaten begonnen hat. Es gibt sicherlich keinen Staat, der jedem seiner Bürger das Recht zuspricht, zu entscheiden, ob der Krieg ein gerechter oder ungerechter ist, und demgemäß seiner staatsbürgerlichen Pflicht, Wehrdienst zu leisten, zu genügen oder ihre Erfüllung zu verweigern. Würde der Staat jedem Bürger dieses Recht zubilligen, so würde er sich selbst damit aufgeben. Denn die Frage, ob ein Krieg ein gerechter oder ungerechter ist, kann dem einzelnen Bürger nicht zur Entscheidung überlassen werden. Sie kann vielleicht nicht einmal von der zeitgenössischen historischen Wissenschaft immer mit Sicherheit beantwortet werden. Das Urteil wird sehr oft erst von der Geschichte gesprochen.« Das Recht auf Kriegsdienstverweigerung könne »nicht so weit gehen, Handlungen zu rechtfertigen, die eine ernste Gefahr für jeden Staat bedeuten«.

Nur im Falle einer etwaigen Zumutung, sich an einem konkreten Kriegsverbrechen, z.B. an Judenerschießungen, zu beteiligen, gesteht der Bundesgerichtshof die Möglichkeit zu, den Dienst vorübergehend zu verweigern.[33] Die Frage nach der arbeitsteiligen Durchführung eines jeden Krieges, insbesondere bei der Verwirklichung der im Rahmen des nationalsozialistischen Angriffskrieges verübten Massenmorde, kam dem Bundesgerichtshof nicht in den Blick.

In dem Urteil vom 14. Juli 1961[34], in dem Wiedergutmachungsverfahren des Drehers Georg Bock aus Bremen, kategorisierte der BGH die aus überzeugter Ablehnung des nationalsozialistischen Angriffskrieges erfolgte Kriegsdienstverweigerung als unrechtmäßig. Überhaupt könne nur eine solche Widerstandshandlung als »ernsthafter und sinnvoller Versuch zur Beseitigung des bestehenden Unrechtzustandes gewertet werden, die ihrer Art und ihrem Gewicht nach wenigstens eine gewisse Aussicht bietet, in Bezug auf die Übel der bestehenden Unrechtsherrschaft eine wirkliche Wende zum Besseren herbeizuführen.« Die Verweigerung des Antragstellers »blieb eine Einzelaktion, die an den bestehenden Verhältnissen nichts zu ändern vermochte«. Ein Kriegsdienstverweigerer dürfe keinesfalls jenen vorgezogen werden, die es »als ihre Pflicht angesehen haben, sich dem Wehrdienst, wie er von der staatlichen Gewalt von ihnen gefordert wurde, nicht zu entziehen«.

Die Entscheidungen des BGH zur Berechtigung von Kriegsdienstverweigerern im Zweiten Weltkrieg sind weniger ein Zeugnis sorgfältiger juristischer Arbeit als ein weltanschauliches Bekenntnis zum Krieg, ja sogar zum Angriffskrieg. Der Krieg an sich wird als staatspolitischer Wert über alle anderen Werte gesetzt. Der Ministerialdirektor im Bundesjustizministerium Dr. Gerhard Erdsiek stellte sich hinter solche Urteile mit den Worten: »Auch der Unrechtsstaat, der den Gedanken der Gerechtigkeit täglich verhöhnt, erfüllt doch [...] als Notdach ein Gebot der Rechtssicherheit.«[35]

In ihrer Autoritätsfixiertheit sprach die Nachkriegsjustiz zum Tode verurteilten Deserteuren sogar das Recht ab, sich ihrer Hinrichtung zu widersetzen. Nachdem er im Dezember 1943 kriegsgerichtlich wegen Fahnenflucht und Wehrkraftzersetzung zum Tode verurteilt war, war dem Journalisten Garbe die Flucht gelungen, wobei er den ihn daran hindernden Polizeibeamten niederschlagen mußte. Deshalb wurde er im Dezember 1946 vom Landgericht Lübeck mit Bestätigung durch das Oberlandesgericht Kiel zu fünf Monaten Gefängnis verurteilt: Ein zum Tode Verurteilter müsse die Vollstreckung auch eines unrichtigen rechtskräftigen Urteils eines NS-Gerichts hinnehmen.[36]

»Moralische Pflicht« zum Heldengedenken

Sogar gefallene Soldaten, die den Krieg nur widerwillig aus pazifistischer Gesinnung mitgemacht hatten, mußten sich posthum in den Dienst der Kriegsverklärung stellen lassen: Wie schon nach dem Ersten Weltkrieg witterten geschäftstüchtige Unternehmer nach 1945 in der Vermarktung des »Heldentodes« ein lukratives Geschäft. Zur Finanzierung der den Gemeindeverwaltungen kostenlos zur Anbringung in Rathäusern, Schulen usw. anzubietenden Ehrengedenktafeln für die gefallenen und vermißten Soldaten hausierten sie bei den Hinterbliebenen, an die sie Miniaturnachbildungen der geplanten Gedenktafeln verkauften. Der BGH unterstützte diese unlautere Werbung, indem er Eltern, die der Aufnahme des Namens ihres zur Teilnahme an dem verbrecherischen

Angriffskrieg gezwungenen Sohnes in die Gedenktafel widersprachen, die Verfügung über das grundsätzlich den Hinterbliebenen eines Verstorbenen zustehende Persönlichkeitsrecht absprach. In seinem Urteil vom 5. Dezember 1958 stellte er dem Namensrecht des Toten und seiner Angehörigen »ranghöhere Interessen der Allgemeinheit« und eine »moralische Pflicht« gegenüber. Schließlich habe sich das Schicksal des Sohnes »im Dienste der Gemeinschaft« erfüllt.[37]

Das Landgericht Lüneburg rechnete in einem der vielen im Rahmen des Kalten Krieges geführten politischen Strafprozesse wegen kommunistischer Betätigung in einem Strafurteil[38] einem Kommunisten strafmildernd an, er habe im Krieg gegen die Sowjetunion in der Wehrmacht mitgekämpft. Dabei »ging das Gericht von der Erwägung aus, daß der soldatische Einsatz in Gesinnung und Opferbereitschaft seinen Wert in sich selbst trägt und daß er deshalb ohne Rücksicht darauf gewertet werden muß, welche Ziele die politische Führung mit diesem Einsatz erstrebt«.

Späte Entlegitimierung der Wehrmachtjustiz

Einen – späten – Lichtblick eröffnete das Bundessozialgericht in Kassel. Nachdem es jahrzehntelang praktisch die mehr als 30000 Todesurteile der Wehrmachtkriegsgerichtsbarkeit ausnahmslos für gerechtfertigt erklärt und die Hinterbliebenen von den Leistungen des Bundesversorgungsgesetzes ausgeschlossen hatte, stellte es mit Urteil vom 11. September 1991[39] die Vermutung der »offensichtlichen Rechtswidrigkeit« der Urteile der NS-Militärjustiz auf und sprach der Witwe eines kurz vor Kriegsende in Breslau hingerichteten Soldaten eine Rente zu. Die diesem Rechtsprechungsdurchbruch zugrundeliegende verdienstvolle mühselige Forschungsarbeit war nicht von Justizjuristen, sondern von einem als Historiker tätigen Juristen[40] und einem wissenschaftlichen Außenseiter[41] geleistet worden. Für die meisten Opfer und ihre Hinterbliebenen kam die Rehabilitierung – fast ein halbes Jahrhundert nach Kriegsende – zu spät.

Auch nach dieser Wende beim Bundessozialgericht in Kassel konnte der BGH in Karlsruhe sich nicht dazu durchringen, die Rechtsstaatlichkeit und Unabhängigkeit der Wehrmachtjustiz in Zweifel zu ziehen, indem er einen Wehrmachtsoffizier verurteilte. In dem Urteil vom 1. März 1995[42] stand der Bundesgerichtshof vor der Frage, ob die am 13. Oktober 1943 in der Nähe des italienischen Dorfes Caiazzo auf Befehl des Leutnants Lehnigk-Emden erfolgte grausame Ermordung von 30 Zivilisten, darunter fünf Frauen und zehn Kinder, nun verjährt sei oder nicht. Die Entscheidung hing davon ab, ob die deutsche Militärjustiz bei Kenntnis von der Tat ein Verfahren gegen den Leutnant durchgeführt hatte; dann hätte die Frist zur Verfolgungsverjährung schon zur Tatzeit (Oktober 1943) begonnen und nicht erst am 8. Mai 1945. Der Bundesgerichtshof bejahte diese Frage und bestätigte damit die Verfahrenseinstellung gegen Lehnigk-Emden. Der Bundesgerichtshof unterstellte der deutschen Militärgerichtsbarkeit einen ernstlichen Strafverfolgungswillen in solchen Fällen und setzte sich damit über die Tatsache hinweg, daß wegen der vielen von der deutschen Wehrmacht und der SS an Zivilisten verübten Massenmorde, wie sie in Oradour, Kalavrita, Distomon und Hunderten anderer Orte auch in Italien[43] verübt wurden, kein ernstliches Verfahren vor einem Wehrmachtgericht geführt worden ist. Sämtliche dieser Taten blieben nach dem Kriegsende seitens der deutschen Justiz ungesühnt.[44]

Wolfgang Kraushaar

Protest gegen die Wiederbewaffnung

Kaum ein anderer Konflikt hat die alte Bundesrepublik so sehr gespalten wie der um die Wiederbewaffnung.[1] Trotz der während des Kalten Krieges besonders angespannten Sicherheitslage konnte das im Grunde nicht überraschend sein. Schließlich lag das Ende des Zweiten Weltkrieges nur wenige Jahre zurück und die Lücken, die die Bombenangriffe gerissen hatten, waren in den meisten Städten noch unübersehbar. Als Konrad Adenauer 1965 im ersten Band seiner »Erinnerungen« Rückschau auf die wohl schwierigste Zeit seiner Amtsführung hielt, stellte er mehr oder weniger lakonisch fest, daß der Gedanke, seinerzeit einen Verteidigungsbeitrag in Europa leisten zu wollen, »im deutschen Volk sehr unpopulär« gewesen sei.[2]

Wer sich die Mühe macht, die Umfrageergebnisse aus den ersten Jahren der Bundesrepublik herauszusuchen,[3] der stößt anfangs auf eine regelrechte Ablehnungsfront, die von nahezu Dreiviertel der Bevölkerung getragen wurde: Im Dezember 1949 sprachen sich nach Angaben des Bielefelder Emnid-Instituts 74,6 Prozent der Befragten dagegen aus, wieder Soldat zu werden[4], und im November 1950 mit 73,4 Prozent beinahe ebensoviel.[5] Diese Ergebnisse änderten sich jedoch bereits Mitte der fünfziger Jahre beträchtlich. Unter der massiv gestiegenen Furcht vor einem sowjetischen Angriff und angesichts der Einschränkung, einer Wiederbewaffnung nur in Form einer Beteiligung an einer europäischen Armee zustimmen zu sollen, wuchs die Anzahl der Befürworter nach der gewaltsamen Niederschlagung des Ungarn-Aufstandes im Dezember 1956 auf 63 Prozent. Das Potential der Gegner war inzwischen auf knapp 25 Prozent gesunken.[6]

Die wichtigsten Etappen des Widerstands gegen die Remilitarisierung[7] spielten sich in einzelnen Stufen zwischen 1950 und 1955 ab. Die ersten Ansätze zu einer Friedensbewegung erlebten im Sommer 1950 unter der drohenden Gefahr, daß der Korea-Krieg auf Europa überspringen und der Ost-West-Konflikt in Deutschland eine Entscheidungsschlacht finden könnte, einen breiten Aufschwung.[8] Bereits Ende August erklärte Bundeskanzler Adenauer in einem an die Alliierte Hochkommission gerichteten geheimen Sicherheitsmemorandum seine Bereitschaft, ein deutsches Kontingent im Rahmen einer europäischen Streitkraft aufstellen zu wollen. Dieser Schritt, der ohne Absprache mit seinen Kabinettsmitgliedern erfolgt war, führte zu einem Zerwürfnis mit Bundesinnenminister Gustav W. Heinemann (CDU), der schließlich am 9. Oktober 1950 zurücktrat. Am selben Tag ging im Eifelkloster Himmerod eine Geheimtagung ehemaliger Wehrmachtsoffiziere zu Ende. Ergebnis war eine Denkschrift zur Wiederbewaffnung, in der die Aufstellung einer deutschen Armee im Rahmen einer westeuropäischen Streitmacht vorgeschlagen wurde.[9] Noch im selben Monat wurde der CDU-Bundestagsabgeordnete Theodor Blank damit beauftragt, eine Dienststelle aufzubauen, in der alle, wie es etwas vernebelnd heißt, »mit der Vermehrung der alliierten Truppen zusammenhängenden Fragen« behandelt werden sollten.[10]

Während der ersten Bundestagsdebatte über die Wiederbewaffnung im November erklärte Adenauer seine Bereitschaft für einen deutschen Verteidigungsbeitrag an einer Europa-Armee. Oppositionsführer Kurt Schumacher lehnte eine Beteiligung daran mit dem Argument ab, daß die Deutschen dabei nicht als gleichberechtigte Partner akzeptiert würden. Zu diesem Zeitpunkt hatten bereits mehrere Geheimtreffen des SPD-Vorsitzenden mit den Ex-Generälen Adolf Heusinger und Hans Speidel stattgefunden, in denen Schumacher nicht nur sein grundsätzliches Einverständnis zur Remilitarisierung zu erkennen gab, sondern in seinen Vorstellungen von der Divisionsstärke einer deutschen Armee auch noch die seiner Gesprächspartner bei weitem übertraf.

Ganz anders reagierte ein Teil der evangelischen Kirche.[11] In einer Handreichung propagierten die Bruderschaften der Bekennenden Kirche die Kriegsdienstverweigerung. Und in einem offenen Brief forderte Martin Niemöller, der Repräsentant des kirchlichen Widerstands gegen das NS-Regime und Präsident der Evangelischen Kirche von Hessen und Nassau, den Bundeskanzler auf, Neuwahlen auszuschreiben. Die Regierung sei zur Wiederaufrüstung nicht legitimiert, weil dies im Wahlkampf 1949 noch kein Thema gewesen sei und deshalb auf eine Verfälschung des Wählerwillens hinauslaufe.[12] Nur wenige Tage später trug er zusammen mit Heinemann auf einer Großveranstaltung des Evangelischen Männerwerks in Frankfurt seine Kritik öffentlich vor. Die Wiederaufrüstung in beiden Teilen Deutschlands sei ein »Auftakt zum Brudermord«. Da es niemanden gebe, der dagegen in Ost und West opponiere, müsse die Evangelische Kirche diese Rolle einnehmen.

Es waren Gewerkschaftler, Sozialdemokraten, Christen und Kommunisten, vor allem aber auch die Mitglieder der westdeutschen Freien Deutschen Jugend (FDJ), die sich gegen den Wiederaufrüstungskurs zur Wehr setzten. Sie wandten sich gegen den Einbau von Sprengkammern an der Loreley, erinnerten am 1. September mit dem »Anti-Kriegstag« an den Überfall der deutschen Wehrmacht auf Polen, mit dem der Zweite Weltkrieg begonnen hatte, und sie versuchten trotz Verbots am 1. Oktober bundesweit einen »Tag der hunderttausend Friedenskämpfer« durchzuführen. Da das Auftreten der kommunistischen Friedensbewegung nur einseitig die Abrüstung des Westens forderte und gleichzeitig die Aufrüstung des Ostens als Beitrag zum Frieden guthieß, war ihr Effekt jedoch begrenzt. Das traf auch auf den »Stockholmer Appell« zu.[13] Die Unterschriften-Kampagne des Weltfriedensrates für ein Verbot aller Atomwaffen war numerisch zwar erfolgreich, politisch aber weitgehend wirkungslos.[14] Ihre Durchführung wurde begleitet von massiven Behinderungsversuchen. In West-Berlin wurden auf einen Schlag 1 500 FDJ-Mitglieder allein aus dem Grunde festgenommen, weil sie Unterschriften sammelten. Im August beschloß die Landesinnenministerkonferenz eine Reihe von Maßnahmen gegen die kommunistisch gesteuerte Friedensbewegung: Kongresse, Konferenzen und Demonstrationen gegen die Remilitarisierung wurden verboten.

Auch das gesamte Jahr 1951 war durchzogen von starken Aktivitäten der Friedensbewegung. Kongresse, Konferenzen, Kundgebungen, Demonstrationen und Aktionen wurden veranstaltet, um eine Wiederbewaffnung zu verhindern. Nicht wenige dieser Manifestationen waren von der SED in Ost-Berlin beeinflußt, wenn nicht gar gesteuert.[15] Am deutlichsten wurde das bei dem Versuch, eine bundesweite Volksbefragung gegen Remilitarisierung durchzuführen, deren politische Zielsetzungen mit den von der Volkskammer und der DDR-Regierung vertretenen identisch waren. Zu diesem Zweck wurde in Essen auf einem Kongreß ein zentraler Ausschuß gegründet, der die Durchführung der Kampagne übernehmen sollte.[16] Nach zahlreichen Veranstaltungen wurde die Volksbefragung schließlich von Bundesinnenminister Robert Lehr (CDU) mit der Begründung verboten, damit sollte die »freiheitlich demokratische Grundordnung der Bundesrepublik [...] untergraben« werden. Trotz des Verbots, das von Gustav Heinemann, Helene Wessel, Martin Niemöller und anderen heftig kritisiert wurde, begannen einzelne Komitees mit der Durchführung der Volksbefragung.

Der Friedensbewegung blieb auch 1952 jeder politische Erfolg verwehrt, obwohl sie in ihren Bemühungen kaum nachließ. Von staatlichen Organen zum Teil massiv verfolgt, häufig diskriminiert und untereinander zuweilen auch zerstritten, scheiterte sie an den veränderten politischen Gegebenheiten. Ihre unabhängigen Strömungen konzentrierten sich vor allem in der neutralistisch orientierten »Notgemeinschaft für

Plakat der Gesamtdeutschen Volkspartei, 1954

den Frieden«.[17] Zwei aufeinanderfolgende Kundgebungen ihrer beiden Vorsitzenden in West-Berlin, der ehemaligen Zentrums-Vorsitzenden Helene Wessel und des früheren Bundesinnenministers Gustav Heinemann, wurden durch antikommunistische Demonstranten massiv gestört.[18] Die vor allem in Nordrhein-Westfalen starke Gruppierung wandelte sich Ende November in eine Partei um. Unter der Bezeichnung Gesamtdeutsche Volkspartei (GVP) trat sie zugleich gegen Westintegration und Wiederbewaffnung auf. Ihr Ziel war ein wiedervereinigtes, entmilitarisiertes und neutrales Deutschland. Ein Geheimtreffen Heinemanns mit führenden DDR-Politikern in Ost-Berlin verlief im Sande; die Differenzen für eine taktisch bestimmte Kooperation erwiesen sich als zu groß.

Zu einer blutigen Konfrontation zwischen Polizei und jugendlichen Demonstranten kam es am 11. Mai 1952 in Essen.[19] Eine »Friedenskarawane der Jugend«, zu der 30000 Demonstranten in die vor allem wegen ihrer Rüstungsindustrie bekannte Stadt kamen, wurde im letzten Moment verboten. Als die Jugendlichen dennoch einen Zug bildeten, trat ihnen ein großes Polizeiaufgebot entgegen, das sie mit aller Gewalt zu zerstreuen versuchte. Gegen die Flüchtenden wurden nicht nur Gummiknüppel, sondern auch Schußwaffen eingesetzt. Zwei der Demonstranten wurden schwer verletzt; der 21jährige Philipp Müller, ein Mitglied der verbotenen FDJ aus München, starb an einem Rückenschuß. In den Nachrichten wurde der Sachverhalt zunächst völlig verdreht. Angeblich hatte die FDJ auf die Polizei geschossen, die dann dazu gezwungen gewesen sei, das Feuer zu erwidern.[20] Gegen keinen der für die Todesschüsse verantwortlichen Beamten wurde jemals ein Ermittlungsverfahren eingeleitet. Aber elf von Hunderten von Demonstranten wurden in Dortmund vor Gericht gestellt und zu Gefängnisstrafen verurteilt.

Im November 1954 begann vor dem Bundesverfassungsgericht in Karlsruhe das von der Bundesregierung beantragte Verbotsverfahren gegen die Kommunistische Partei Deutschlands (KPD).[21] Sie war inzwischen nicht mehr im Bundestag vertreten und zeigte sich durch ihre gesellschaftliche Isolierung ebenso wie durch die staatliche Verfolgungspolitik deutlich geschwächt. Ihr Parteivorsitzender Max Reimann, gegen den ein Haftbefehl vorlag, konnte auf dem zum Jahresende in Hamburg durchgeführten Parteitag ebensowenig erscheinen wie zahlreiche andere prominente Vorstandsmitglieder, die entweder inhaftiert waren oder polizeilich gesucht wurden. In einem Manifest »An das deutsche Volk!« forderten die Delegierten Sozialdemokraten und Gewerkschaftler auf, gemeinsam mit ihnen die Wiederbewaffnung zu verhindern und sich für eine nationale Wiedervereinigung Deutschlands einzusetzen.[22] Vorgeschlagen wurde eine Protestform, die bereits in der DDR mehrfach gegen die Remilitarisierung eingesetzt worden war: die Durchführung einer Volksabstimmung gegen den Aufbau einer »westdeutschen NATO-Wehrmacht«.

Einen Höhepunkt erlebte die sich neu formierende Friedensbewegung nach der Unterzeichnung der Pariser Verträge im Oktober 1954. Als der Wehrbeauftragte der Bundesregierung, Theodor Blank, auf Wahlveranstaltungen der CDU auftrat, kam es in einer Stadt nach der anderen zu massiven Protesten und zum Teil auch zu Tumulten. In Gießen, Nürnberg, Augsburg, Fulda und anderen Orten mußte der Politiker, der bundesweit als Personifikation der Remilitarisierung wahrgenommen wurde, von Polizeikräften vor Übergriffen geschützt werden. Auch Diskussionsveranstaltungen mit anderen Vertretern der »Dienststelle Blank« führten häufig zu mehr als nur verbalen Auseinandersetzungen. Landauf, landab stießen die Befürworter einer neuen deutschen Armee auf Unverständnis, Wut und Empörung.

Die Friedensbewegung erlebte 1955 einen weiteren Höhepunkt und mußte dennoch wieder einmal eine politische Niederlage einstecken. Nachdem klar war, daß sich eine parlamentarische Mehrheit für die Verabschiedung der Pariser Verträge wohl nicht verhindern ließ, sich aber gleichzeitig eine Welle des Protests gegen die dadurch möglich werdende Wiederbewaffnung zu formieren begann, beschloß der Parteivorstand der SPD in Bonn, eine außerparlamentarische Kampagne gegen das Vertragsvorhaben zu starten.[23] Mit einer Auftaktveranstaltung in der Frankfurter Paulskirche, auf der ein gegen Wiederbewaffnung und für Wiedervereinigung ausgerichtetes »Deutsches Manifest« verabschiedet wurde, begann eine mehrere Wochen anhaltende Protestkampagne, die »Paulskirchenbewegung«.[24] Obwohl Bundeskanzler Adenauer deren Teilnehmer als Vertreter der »Straße« diffamiert hatte und keinen Zweifel an seiner Entschlossenheit erkennen ließ, daß die Entscheidungskompetenz allein dem Parlament vorbehalten bliebe, beteiligen sich Zehntausende an

Kundgebungen und Demonstrationen, um ihren Befürchtungen vor einer neuen deutschen Armee und einer Vertiefung der Spaltung Deutschlands Ausdruck zu verleihen. Höhepunkte waren Großkundgebungen von SPD und DGB in München, Stuttgart, Frankfurt und Dortmund. Hunderttausende von Bundesbürgern unterzeichneten in einer bundesweiten Unterschriftensammlung das »Deutsche Manifest«.

Je klarer die Bundesregierung zu erkennen gab, daß sie die Bundeswehr atomar aufrüsten wollte, desto stärker schälte sich im Laufe des Jahres eine Anti-Atomtod-Bewegung heraus.[25] Der stärkste Impuls ging dabei von einer Gruppe international angesehener Wissenschaftler aus. Als Reaktion auf Adenauers Verharmlosung der taktischen Atomwaffen, die er auf einer Pressekonferenz als »Fortentwicklung der Artillerie« bezeichnete, stellten 18 Professoren der Universität Göttingen im April 1957 in einer gemeinsamen Erklärung fest, daß jede einzelne solcher Waffen eine Vernichtungskraft wie die Hiroshima-Bombe habe.[26] Die Naturwissenschaftler, darunter die Atomphysiker Max Born, Otto Hahn, Werner Heisenberg und Carl Friedrich von Weizsäcker, forderten die Bundesregierung auf, grundsätzlich auf eine Atombewaffnung zu verzichten. Die »Göttinger Erklärung« wurde in der Folge zur Plattform für die Gegner einer Atombewaffnung der Bundeswehr. Bereits bei den Maikundgebungen der Gewerkschaften erklärten sich Hunderttausende mit diesem Appell solidarisch. Kurz darauf ergriffen 99 Intellektuelle, darunter der Hamburger Verleger Ernst Rowohlt, die Initiative und forderten die Bundesregierung in einem offenen Brief dazu auf, einen Verzicht auf eine Atombewaffnung jeglicher Art zu erklären. Im Juli fand mit ähnlicher Zielsetzung in der Frankfurter Paulskirche eine »Frauenkonferenz gegen die Atomrüstung« statt, und kurz vor den Bundestagswahlen im September forderten 20 Schriftsteller, darunter der Hamburger Hans Henny Jahnn, die Bundesbürger dazu auf, ihre Entscheidung im Bewußtsein der von der Nuklearbewaffnung ausgehenden existentiellen Gefährdung zu treffen.[27] Bei einer ganzen Reihe von Wahlkampfveranstaltungen wurde mit Bundesverteidigungsminister Franz Josef Strauß der stärkste Befürworter einer Atomrüstung zur Zielscheibe wütender Proteste. Kundgebungen in München, Hamburg, Essen und anderen Städten gingen in Tumulten unter oder konnten nur unter starkem Polizeischutz zu Ende geführt werden.

Der Konflikt um die Atombewaffnung der Bundeswehr war einer der tiefstgreifenden, welche die Bundesrepublik erschütterten. Nach den jahrelangen Auseinandersetzungen um die Wiederbewaffnung war die Parteiendemokratie damit erneut einer schweren Belastungsprobe ausgesetzt. Die Bundesregierung wischte alle von der Opposition vorgebrachten sicherheitspolitischen Bedenken beiseite und versuchte unbeeindruckt an ihrem Atomkurs festzuhalten. Hauptmotor war dabei Bundesverteidigungsminister Franz Josef Strauß. Obwohl die Bundesrepublik in den 1954 unterzeichneten Pariser Verträgen ihren Verzicht auf die Herstellung von Atomwaffen zugesichert hatte, suchte sie nach Wegen, dieses Produktionsverbot zu umgehen. Dabei kam ihr zu Hilfe, daß die französische Regierung Ambitionen hatte, selbst Atommacht zu werden. Im Januar 1958 traf Strauß in Bonn mit seinen Amtskollegen aus Frankreich und Italien zusammen, um über Möglichkeiten eines trilateralen Vertrages zur Forschung und Entwicklung von Atomwaffen zu konferieren.[28] Nur wenige Tage später kam es bei einer Bundestagsdebatte über die Atomrüstung zu einer scharfen Konfrontation zwischen der Bundesregierung und den beiden Oppositionsparteien SPD und FDP. Die heftigsten Vorwürfe mußte sich Bundeskanzler Konrad Adenauer von zwei ehemaligen Kabinettskollegen anhören. Der frühere Bundesjustizminister Thomas Dehler (FDP) und der Ex-Bundesinnenminister Gustav Heinemann (SPD) warfen der Regierung vor, durch die Ausrüstung der Bundeswehr mit Nuklearwaffen die letzte Chance für eine Wiedervereinigung Deutschlands zu verspielen. Heinemann unterstellte dem Kanzler nicht nur Eigenmächtigkeit, Engstirnigkeit und Arroganz der Macht, sondern forderte ihn aus Mangel an Glaubwürdigkeit zum Rücktritt auf. Die Rede des ehemaligen GVP-Vorsitzenden, der nun für die SPD in den Bundestag eingezogen war, löste bundesweit ein außerordentlich großes Echo aus. Dennoch konnte nicht verhindert werden, daß der Bundestag Ende März nach einer tagelangen Redeschlacht die Regierungsvorlage annahm und der Atombewaffnung der Bundeswehr im Rahmen der NATO mit großer Mehrheit zustimmte. Zwei Wochen später unterzeichnete Bundesverteidigungsminister Strauß in Rom zusammen mit seinem italienischen und seinem französischen Amtskollegen ein Geheimabkommen über die Herstellung von Atomwaffen. Die Vorbehaltsklausel aus den Pariser Verträgen glaubte man durch die Auslegung umgehen zu können, daß der Bundesrepublik die Produktion von Nuklearwaffen nur im eigenen Land, nicht aber im Ausland untersagt sei.[29]

Da von Anfang an keine Aussicht bestand, bei der Abstimmung über die Atombewaffnung die Mehrheitsverhältnisse im Bundestag anzutasten, blieb der Opposition nur die Hoffnung auf eine außerparlamentarische Bewegung. Auf Initiative des SPD-Bundesvorstands kamen im Februar 1958 in Bad Godesberg Politiker, Gewerkschaftler sowie Kirchenmänner zusammen und riefen die Kampagne »Kampf dem Atomtod« ins Leben. Wenige Tage später unterzeichneten in Köln außerdem 44 Professoren einen Appell, mit dem die Gewerkschaften zum Protest gegen die Atomrüstung aufgerufen wurden. Zum Auftakt der Kampagne versammelten sich einen Monat später 1000 Gegner der Nuklearbewaffnung in der Frankfurter Paulskirche. Am Ende der Veranstaltung, die von weiteren 10000 Menschen im Freien verfolgt wurde und auf der auch der DGB-Vorsitzende Willi Richter sprach, gab der SPD-Vorsitzende Erich Ollenhauer das Bekenntnis ab, solange keine Ruhe zu geben, »solange der Atomtod« das deutsche Volk bedrohe.[30] In den Wochen

Protestdemonstration in West-Berlin, 15. April 1958

darauf folgten dem Aufruf Hunderttausende und beteiligten sich im gesamten Bundesgebiet an Demonstrationen, Schweigemärschen, Fackelzügen und Protestkundgebungen. An der größten Veranstaltung Mitte April auf dem Hamburger Rathausmarkt nahmen allein 170000 Menschen teil. Auch die nahezu 2000 Maikundgebungen wurden von den Forderungen und Parolen der Anti-Atomtod-Kampagne beherrscht. Eine wichtige Rolle spielten auch die Universitäten und Hochschulen. Am 20. Mai führten Studenten, die im Vorfeld eigene Ausschüsse gebildet hatten, in zahlreichen Städten Schweigemärsche und Kundgebungen durch. An den Protestansprachen beteiligten sich auch einzelne Professoren und Assistenten.[31]

Als die SPD versuchte, in den von ihr regierten Bundesländern Hessen, Hamburg und Bremen einzelne Volksbefragungen zur Atombewaffnung durchzuführen, rief die Bundesregierung dagegen das Bundesverfassungsgericht an.

Bundeskanzler Konrad Adenauer vertrat die Überzeugung, daß Verteidigungsangelegenheiten der alleinigen Gesetzgebungskompetenz des Bundes unterliegen und insofern nicht Gegenstand einer Volksbefragung auf Landesebene sein könnten. Dieser Argumentation folgte das Bundesverfassungsgericht und erklärte Ende Juli die bisher beschlossenen Volksbefragungsgesetze für verfassungswidrig. Zwar wurde in der Entscheidung die grundsätzliche Frage nach der Zulässigkeit von Volksbefragungen offengelassen, in den konkreten Fällen jedoch die Unvereinbarkeit konsultativer Aktionen mit der Bundeskompetenz festgestellt. Die SPD ließ keinen Zweifel daran, daß sie das Urteil des höchsten deutschen Gerichts respektierte und von den geplanten Volksbefragungen Abstand nahm. Obwohl sie gleichzeitig betonte, auch weiterhin an den Zielen der Kampagne »Kampf dem Atomtod« festhalten zu wollen, trat in der Folge des Karlsruher Urteilsspruches eine starke Demobilisierung ein. Auch wenn es vereinzelt noch zu Kundgebungen und Protesten kam, war den meisten Aktivisten klar, daß die Anti-Atomtod-Bewegung gescheitert war.

Ein Zerfallsprodukt der Kampagne »Kampf dem Atomtod« war die nach britischem Vorbild ins Leben gerufene Ostermarsch-Bewegung.[32] Sie war das wohl wichtigste kontinuitätsstiftende Element in Jahren einer tendenziellen Demobilisierung des Protests und stellt in gewisser Weise die Verbindungsklammer zwischen 1958 und 1968 her. Je mehr die Anzahl der Teilnehmer im Laufe der Jahre wuchs – von 1000 im Jahr 1960 auf 50000 im Jahr 1963 und 150000 im Jahr 1967 –, desto stärker festigte sich auch ihr organisatorischer Kern. Im Januar 1961 wurde der Zentrale Ausschuß (ZA) gegründet und die Bezeichnung auf »Ostermarsch der Atomwaffengegner« festgelegt.[33]

Die Ostermarsch-Bewegung öffnete sich im Laufe der Zeit mehr und mehr auch anderen Konfliktthemen wie der Notstandsgesetzgebung und dem Vietnam-Krieg. Obwohl die Ostermarschbewegung in mancher Hinsicht die APO vorbereitet hat, wurde sie von ihr Ende der sechziger Jahre überrollt und schließlich – von den Radikalen als historisch überholt angesehen – eingestellt. Nachdem 1969 nicht mehr zu Ostermärschen, sondern zu »Osteraktionen« aufgerufen wurde, löste sich ihr Organisationskern schrittweise auf.[34] Ein Jahrzehnt lang gab es dann keine Ostermärsche mehr. Sie wurden erst wieder zum Leben erweckt, als mit dem Nachrüstungsbeschluß der NATO eine erneute Massenmobilisierung einsetzte, die zwischen 1981 und 1983 aus der Friedensbewegung eine regelrechte Volksbewegung machte. Dies jedoch ist eine andere Geschichte.

Helmut Kramer

Der Widerstand gegen die Aufrüstung der Bundesrepublik vor Gericht

Auf die Seite von Rüstungsbestrebungen und gegen deren Kritiker[1] stellte sich die bundesdeutsche Justiz auch in dem Streit um die Wiederbewaffnung.

Eigene Streitkräfte waren im Grundgesetz vom 23. Mai 1949 nicht vorgesehen. Für die Rüstungsbefürworter in der Politik galt es deshalb, das nach den leidvollen Kriegserfahrungen in der Bevölkerung vorhandene Protestpotential zu bekämpfen. Dazu bot es sich an, die aus dem Dritten Reich tradierten und in der Phase des Kalten Krieges angeheizten Bedrohungsängste gegenüber dem Kommunismus zu nutzen.

Noch bevor es zu gerichtlichen Auseinandersetzungen kam, bemühten sich führende Juristen gemeinsam mit Theologen, die Öffentlichkeit auf die Wiederaufrüstung einzustimmen. In der Stellungnahme eines Arbeitskreises Evangelischer Juristen vom Januar 1952[2] hieß es mit bemerkenswerter rhetorischer Ambition: »Auch wir sehen diese Lage so, daß Gott es war, der uns die Waffen aus der Hand geschlagen hat. Wenn die (angesichts der Bedrohung durch die nackte Gewalt) entstehende Verteidigungsgemeinschaft unserem Volk früher, als es hoffen konnte, wieder einen Platz unter den freien Völkern verschafft, haben wir das dankbar als eine verpflichtende Gnade aufzunehmen. Vor allem die Christen [...], die die Größe dieser Verpflichtung ermessen können, haben die Aufgabe, auf das Denken unseres Volkes einzuwirken.«

Zu den Erstunterzeichnern gehörte der Präsident des Bundesgerichtshofs Hermann Weinkauff[3]. Für die Haltung Weinkauffs zum militärischen Komplex ist bezeichnend, daß er ein Widerstandsrecht selbst gegen einen verbrecherischen

Hermann Weinkauff, Präsident des Bundesgerichtshofes (1950 bis 1960)

Angriffskrieg nur dem zubilligen wollte, der »das wirklich beurteilen kann«.[4]

Ernsthafte Gegner der Wiederaufrüstung waren die seit 1951 gebildeten ›Ausschüsse für Volksbefragung‹ unter dem Dach des am 4. April 1951 in Essen gegründeten »Hauptausschusses für Volksbefragung«. Als Ergebnis der von diesen Ausschüssen betriebenen Kampagne in Betrieben, Wohnvierteln und Dörfern sollen sich ungefähr 9,1 Millionen Bürger gegen die Aufrüstung und für den Abschluß eines Friedensvertrages ausgesprochen haben.[5] Dem mußte aus Regierungssicht ein Riegel vorgeschoben werden. Das geschah in erster Linie durch Kriminalisierung. Der Musterprozeß fand vor dem Bundesgerichtshof (BGH) statt, der damals für bestimmte Staatsschutzsachen in erster und letzter Instanz zuständig war. Am 2. August 1954[6] verurteilte der BGH zwei in dem Hauptausschuß für Volksbefragung führende Kommunisten – Oskar Neumann und Karl Dikkel – als Rädelsführer einer »verfassungsfeindlichen und kriminellen Vereinigung« nach §§ 90 a, 129 a StGB zu je drei Jahren Gefängnis.

Der BGH sah es als erwiesen an, daß die Volksbefragungskampagne zum Ungehorsam gegen die Gesetze und zur Nichtbeachtung von staatlichen Entscheidungen aufgerufen habe. Ziel sei es gewesen, in einer »typisch kommunistischen Agitationsmethode« die Bevölkerung gegen die verfassungsmäßig gebildeten Staatsorgane auszuspielen[7] – eine Logik, die an ein Wort von Bert Brecht erinnert: Wenn die Regierung mit dem Volk nicht zufrieden sei, solle sie doch das Volk auflösen und ein anderes wählen. Der BGH warf den angeklagten Kommunisten vor, sie hätten »seit September 1951 Hetze [betrieben], die sich nicht nur gegen den Bundeskanzler und die Mitglieder der Bundesregierung, sondern auch gegen die sozialdemokratische Opposition richtete. […] *Wegen dieser Hetze* [Hervorhebung d. Verf.], die systematisch ohne Unterbrechung mit einer Flut von Beleidigungen, Beschimpfungen und Verunglimpfungen betrieben wurde, war der Hauptausschuß seit September 1951 eine Vereinigung, deren Tätigkeit darauf gerichtet war, strafbare Handlungen zu begehen.«[8]

In der Tat gingen die Kommunisten in der hochemotionalisierten Debatte mit dem Vokabular nicht zimperlich um; es wimmelte darin von Ausdrücken wie »faschistisch« und »revanchistisch«.[9] Umgekehrt waren die juristischen Konstruktionen und die Terminologie, auf die die politische Justiz die Verurteilung solcher Angeklagten wegen eines Verbrechens stützte, nicht gerade ein rechtsstaatliches Vorbild, um sich von der politischen Strafjustiz der DDR deutlich abzugrenzen. In der DDR wurden oppositionelle Bürger wegen sogenannter »Boykotthetze« (Art. 6 DDR-Verfassung) verurteilt, wobei allerdings das Strafmaß mit oft langjährigen Freiheitsstrafen die Strafpraxis der Bundesrepublik an Rigorosität weit überstieg. Für die unter dem Deckmantel der Kommunismusbekämpfung betriebenen Strafprozesse gegen Gegner der Wiederbewaffnung stand der westdeutschen Justiz ein schlagkräftiges Gesetzesinstrumentarium zu Gebote. Im Kampf gegen den Kommunismus hatte der Bundestag am 30. August 1951 ein Strafrechtsänderungsgesetz verabschiedet. Kernpunkt des neuen politischen Strafrechts waren die Bestimmungen über die »Staatsgefährdung« (§§ 88ff. StGB). Sie enthielten Tatbestände, die dem Strafrecht der Zeit vor 1933 und von 1945 bis 1951 unbekannt waren. Einige Vorschriften (§§ 88ff. StGB, insbesondere § 90 a StGB [10]), die weitgehend an die Gesinnung der Angeklagten, weniger an objektive Sachverhalte anknüpften, ähnelten in den Grundzügen dem erst 1945 von den Besatzungsmächten aufgehobenen NS-Staatsschutzrecht, das man nach den Worten des damaligen Innenministers Gustav W. Heinemann[11] auf diese Weise hatte »wieder aufleben lassen«. Gemeinsamer Grundgedanke dieser Gesetze war die Absicht, »das Kampffeld nach vorn zu verlegen«, also nicht nur auf Hochverrat, Bildung krimineller Vereinigungen und Gewalt gerichtete Handlungen zu bestrafen, sondern möglichst jede Handlung, in der eine scharfe oppositionelle Einstellung zum Ausdruck kam.

Die gegen das neue Staatsschutzrecht gerichteten Angriffe der nun wieder vor Gericht gestellten Pazifisten und Kommunisten waren auch angesichts mancherlei personeller Kontinuitäten im Bundesjustizministerium und in den Gerichten nicht leicht zu entkräften. So war das neue politische Strafrecht unter der Federführung des Ministerialdirektors Dr. Josef Schafheutle[12] entstanden. Er hatte schon 1933/34 als Regierungsrat im Reichsjustizministerium am damaligen Staatsschutzrecht[13] und an zahlreichen anderen Vorschriften des politischen Strafrechts der Nationalsozialisten mitgearbeitet.

Gemeinsames Auftreten mit Kommunisten für Pazifisten verboten

Zur Strategie der Anklagebehörden gehörte es, aus der Protestbewegung gegen die Wiederbewaffnung und die übrige Regierungspolitik zunächst ausschließlich Kommunisten herauszugreifen, um damit den Anschein zu erwecken, es ginge allein um die Bekämpfung kommunistischer, östlicher Propaganda, nicht auch um die Unterdrückung pazifistischer Bestrebungen. Nachdem es gelungen war, den Hauptausschuß als »kriminelle Vereinigung« zu stigmatisieren, war die psychologische Grundlage geschaffen, um auch gegen eine Organisation vorzugehen, die sich in erster Linie gegen die Remilitarisierung wandte und für friedliche Koexistenz eintrat. Das »Westdeutsche Friedenskomitee« (FK) war am 5. Mai 1949 im Bonner Rathaus »als Teil der Weltfriedensbewegung« gegründet worden, »an deren Spitze der Weltfriedensrat steht«. Im FK hatten sich neben Kommunisten an anderer Stelle im ideologischen Spektrum angesiedelte Pazifisten engagiert, darunter der Pfarrer Wolfgang Oberhof und die dem »Pax Christi« angehörende Publizistin Christa Thomas.[14] Obwohl das FK nur in allgemeiner Form und keineswegs »hetzerisch« Wiederaufrüstung und Westintegration kritisiert hatte, lautete die Anklage des Generalbundesanwalts auf Rädelsführerschaft in einer kriminellen und verfassungsfeindlichen Vereinigung und Geheimbündelei in verfassungsverräterischer Absicht. Nach 56tägiger Verhandlung verurteilte das Gericht am 8. April 1960 die sechs Angeklagten wegen »Rädelsführerschaft in einer verfassungsfeindlichen Vereinigung«.[15]

Als Entlastungszeugen hatten sich viele Persönlichkeiten aus dem westlichen und neutralen Ausland angeboten, auch zahlreiche Bischöfe verschiedener christlicher Kirchen sagten als Zeugen aus, darunter Kirchenpräsident Martin Niemöller, Gustav W. Heinemann und Hans-Joachim Iwand.

Bei diesen und anderen Verurteilungen von Nichtkommunisten operierten Staatsanwaltschaft und Gerichte mit der

– juristischer Konstruktionsphantasie entsprungenen – Rechtsfigur der »Kontaktschuld«. Diese Argumentation besagte: Jeder, der mit der KPD oder SED in irgendeinem organisatorischen oder auch nur agitatorischen Zusammenhang auftritt, also z.B. mit gemeinsamen oder ähnlich klingenden Verlautbarungen an die Öffentlichkeit geht, handelt verfassungsfeindlich. »So wie in der griechischen Sage der phrygische König Midas, alles, was er berührte, in Gold verwandelte, so wurde alles, was Kommunisten unterstützten, sofort verfassungsfeindlich. Das war die Faustregel der Urteilsfindung.«[16] Im Unterschied zu der politischen Strafpraxis in der DDR fielen die verhängten Strafen, mit der Zuchthausstrafe von 5 Jahren[17] als Höchststrafe, vergleichsweise milde aus. Auch wurden die meisten der im Rahmen der politischen Justiz gegen Kommunisten insgesamt eingeleiteten 250000 Verfahren gegen annähernd 500000 Personen eingestellt.[18] Doch wurden insgesamt 7321 Helfer der Volksbefragungsaktion für kürzere oder längere Zeit in Untersuchungshaft genommen, was bei der damaligen Arbeitsrechtspraxis oftmals zum Verlust des Arbeitsplatzes und der Werkswohnung führte. Die durch den Verfassungsschutz informierten Betriebe tauschten untereinander schwarze Listen aus.[19] All diese Maßnahmen waren objektiv dazu geeignet, Kommunisten und Pazifisten politisch einzuschüchtern. Weil zudem sämtliche Proteste gegen die Remilitarisierung als kommunistisch und von Moskau aus gesteuert hingestellt wurden, verließen schließlich fast alle Nichtkommunisten die Friedensbewegung, bis mit wenigen Ausnahmen nur ein harter Kern von Kommunisten übrig blieb.

In der politischen Praxis war selbst die Sorge um eine Destabilisierung des Systems der parlamentarischen Demokratie der Bundesrepublik unbegründet. Der tatsächliche Einfluß der KPD war zum Zeitpunkt der genannten Verurteilungen auf ein Minimum gesunken.[20] Die politische Justiz jener Jahre verstärkte aber ihrerseits den Antikommunismus und, indem man die Sowjetunion, die DDR und den »Kommunismus« allgemein zum Aggressor stilisierte, die Bereitschaft, nicht zuletzt diesem Feind militärische Mittel entgegenzusetzen und jede Kritik an der Wiederaufrüstung als Defaitismus zu diffamieren.

Partei bezog die Justiz auch in der Auseinandersetzung um die Ausrüstung der Bundeswehr mit Atomwaffen. Verteidigungsminister Franz Josef Strauß und Bundeskanzler Konrad Adenauer hatten sich am 13. Januar und 4. April 1957 im Widerspruch zu dem völkerrechtlich bindenden Verzicht der Bundesrepublik auf Atomwaffen für eine solche »gleichberechtigte Bewaffnung« ausgesprochen. Zunächst von SPD und DGB angestoßen, bildete sich mit Unterstützung von Theologen, Professoren und Schriftstellern die Protestbewegung »Kampf dem Atomtod«. Nachdem aber der Bundestag am 25. März 1958 die atomare Bewaffnung beschlossen hatte und Regierungsparteien und Medien die Antiatomkampagne als kommunistisch gesteuert zu denunzieren versucht hatten, verbot das Bundesverfassungsgericht die in Hamburg und Bremen bereits angeordneten und in Niedersachsen geplanten Volksbefragungen.[21] Nach Ansicht des Bundesverfassungsgerichts verbiete die repräsentative Demokratie nicht nur die Staatsorgane verpflichtende Volksabstimmungen, sondern auch die Möglichkeit, den Bürgern in amtlichen Befragungen die Gelegenheit zur Äußerung ihres Willens einzuräumen. Dies gelte auch in existenziellen Fragen wie der einer atomaren Bewaffnung.

Darf man Generäle »Massenmörder« nennen?

Besonders schwer tat sich die Justiz, wenn sie es mit pazifistischen Aussagen zu tun hatte, in denen sich die Kritik an der Wiederaufrüstung mit einer Kritik an den personellen Kontinuitäten in der Bundeswehr verband.

Dies bekam auch Lorenz Knorr zu spüren. Knorr, bis 1960 Bundessekretär der Sozialistischen Jugend der SPD, danach

Mitorganisator vieler Friedensinitiativen, hatte in einer Ansprache am 22. Juli 1961 in Solingen führende Offiziere der Wehrmacht – Adolf Heusinger, Hans Speidel und Hermann Foertsch[22] – als »Nazi-Generäle« und »Massenmörder« bezeichnet. Er wurde durch das Landgericht Wuppertal am 27. April 1964 zu 2000 DM Geldstrafe verurteilt. Weil das Landgericht die Beweisanträge der Verteidigung zu Unrecht abgelehnt hatte, hob das Oberlandesgericht das Urteil auf. Nun hätte das Landgericht Beweis über die konkreten Behauptungen der Verteidigung zur Beteiligung der Generäle an Völkerrechtswidrigkeiten insbesondere in der Sowjetunion und in Frankreich erheben müssen. Das Gericht verschleppte das Verfahren aber über weitere acht Jahre hinweg, um sich am 3. Mai 1972 mit einer Einstellung nach § 153 StPO wegen »Zeitablaufs und dadurch bedingter Schuldminderung« aus der Affäre zu ziehen.[23] Auch belastete das Gericht Knorr mit seinen weit über die aufgehobene Geldstrafe hinausgehenden Verfahrenskosten. Die Begründung dieser Kostenentscheidung – eine indirekte Strafmaßnahme – nutzten die Richter zur Ehrenrettung der Generäle.[24] Von der Abgabe solcher förmlichen Ehrenerklärungen, insbesondere auch von Bundestag und Bundesregierung, und der Entlastung der in den alliierten Kriegsverbrecherprozessen verurteilten Wehrmachts- und SS-Angehörigen hatten die deutschen Generäle schon in der »Himmeroder Denkschrift« ihre Beteiligung am Aufbau einer westdeutschen Armee abhängig gemacht.[25]

Ulrich Finckh

Justiz und Kriegsdienstverweigerung in der Bundesrepublik

Vor 1945

1868 beendete die Wehrpflicht des Norddeutschen Bundes das durch zusätzliche Steuern erkaufte Privileg der Freistellung der friedenskirchlichen Mennoniten von Anwerbung und Aushebung in Preußen. Tausende wanderten aus wie Tausende schon in früheren Jahrhunderten. Wer zu Kompromissen bereit war, mußte fortan wenigstens zum Militärdienst als Sanitätssoldat bereit sein – bewaffnet »zur Ehre des Königs« mit einem Seitengewehr. Bis zum Ersten Weltkrieg blieb den Kriegsdienstverweigerern im Deutschen Reich nur die Emigration, nicht nur den Mennoniten, sondern auch Leuten wie Hermann Hesse und Albert Schweitzer. Im Weltkrieg galt Kriegsdienstverweigerung dann als psychische Erkrankung. In den 20er Jahren organisierten sich Pazifisten, aber schon damals waren sie vielfachen Angriffen ausgesetzt, einige wurden ermordet. Die ersten emigrierten wieder, zum Beispiel Friedrich Wilhelm Foerster, Kurt Tucholsky, Emil Julius Gumbel. Erst recht 1933 wurde die Emigration letzte Rettung für viele. Wer nicht ins Ausland floh, als Pazifist bekannt war, gar jetzt noch zur Kriegsdienstverweigerung aufrief oder nach Wiedereinführung der Wehrpflicht den Wehrdienst verweigerte, mußte mit Zuchthausstrafen und/oder Konzentrationslager rechnen. Betroffen waren Funktionäre und Aktivisten der pazifistischen Organisationen, außerdem besonders schlimm die damals sogenannten »Ernsten Bibelforscher« (Zeugen Jehovas) und pazifistisch aktive Kommunisten wie der Friedensnobelpreisträger Carl von Ossietzky. Im Zweiten Weltkrieg wurden die Strafen noch brutaler.

Tausende wurden wegen »Wehrkraftzersetzung«, Fahnenflucht oder Befehlsverweigerung zum Tode verurteilt und hingerichtet, manchmal zu Zuchthaus oder KZ »begnadigt«. Zynisch könnte man sagen: Es war immerhin ein Fortschritt, daß Kriegsdienstverweigerer nicht mehr – wie im Ersten Weltkrieg – für verrückt erklärt, sondern zum Tode verurteilt wurden. Wenigstens hatte ihr Martyrium Folgen.

Als nach 1945 das ganze Ausmaß des verbrecherischen Krieges und der unter dem Schutz militärischer Geheimhaltung begangenen Völkermorde deutlich wurde, forderten viele pazifistische und Frauen-Verbände: »Nie wieder Krieg!« Erst in einigen Landesverfassungen, dann im Grundgesetz, wurden dementsprechende Artikel aufgenommen. Da es um Bundesrecht ging, war das Grundgesetz maßgebend: Menschenwürde (Art. 1), Gleichbehandlung (Art. 3) und Gewissensfreiheit (Art. 4) auch für Kriegsdienstverweigerer, sowie das Verbot des Angriffskrieges (Art. 25) und die Achtung des Völkerrechts (Art. 26) sind darin garantiert. Seitdem ist Kriegsdienstverweigerung ein Grundrecht, inzwischen übrigens auch in Verfassungen anderer Staaten.

Erneut Wehrpflicht gegen Gewissensfreiheit

Aktuell und auf die Probe gestellt wurde das Grundrecht auf Gewissensfreiheit der Kriegsdienstverweigerer mit der Wiedereinführung der Wehrpflicht im Zeichen des Kalten Krieges. Entgegen der Auffassung, die Theodor Heuss erfolglos im Parlamentarischen Rat vertreten hatte, war und ist die Wehrpflicht nicht das »legitime Kind der Demokratie«, sondern ein beliebtes Instrument der Diktatoren von Napoleon bis zu Stalin und Hitler und der absolutistischen Fürsten von den reaktionären Herren des Wiener Kongresses bis zum Tenno im Zweiten Weltkrieg. Die Wehrpflicht demokratisiert nämlich nicht die Armee, sondern militarisiert die Gesellschaft. Der in diesem Zusammenhang oft zitierte Aufruf zur *levée en masse* war ein Appell zum freiwilligen Verteidigen des revolutionären Frankreich.

Die deutsche Tradition war weder demokratisch noch pazifistisch. So tat sich Deutschland mit dem neuen Grundrecht schwer. Es wurde nicht in einem Gesetz über die Gewissensfreiheit geregelt, sondern im Wehrpflichtgesetz. Es wurde nicht einfach anerkannt, sondern abgewertet zu einem mit Zusatzdienst zu erkaufenden Privileg, das nur auf Antrag nach staatlicher Überprüfung mit einer »Anerkennung« verliehen wurde. Es wurde zur Absicherung der Wehrpflicht von einem Ersatzdienst abhängig gemacht, der je nach politischer Lage und/oder Willkür mit unterschiedlich langen Zusatzzeiten gegenüber dem Grundwehrdienst belastet wurde. In den ersten Jahren bis 1971 waren das neun Monate, ab 1972 je ein Monat pro angefangenem Monat tatsächlicher Wehrübungszeit der Grundwehrdienstleistenden. Ab 1984 waren es ein Drittel Zusatzzeit (abhängig von der Dauer des Grundwehrdienstes), ab 1990 drei Monate und seit 2000 ein Monat. Nach Art. 12 a II Satz 2 GG darf die Dauer des Ersatzdienstes die Dauer des Wehrdienstes nicht übersteigen. Deshalb wurden die vom Bundesverfassungsgericht ungeachtet dieser Klarstellung gebilligten Zusatzzeiten[1] als ungerecht und als Diskriminierung der Kriegsdienstverweigerer empfunden. Noch mehr war aber die inquisitorische Prüfungspraxis ein ständiges Ärgernis, und die höchstrichterliche Rechtsprechung dazu ist kein Ruhmesblatt der Justiz – von den Verfahren in den unteren Instanzen ganz zu schweigen.

Grundrecht nur auf Antrag nach Gewissensüberprüfung

Nach Art. 1 III GG sind Grundrechte unmittelbar geltendes Recht. Allerdings gibt es Grundrechte, bei denen gesetzliche Regelungen oder mögliche Einschränkungen vorgesehen sind. Das Grundrecht der Kriegsdienstverweigerung ist Teil und Ausfluß der Glaubens- und Gewissensfreiheit, also eines besonders wichtigen Grundrechtes. Für die Kriegsdienstverweigerung ist keine Einschränkung vorgesehen, sondern nur: »Das Nähere regelt ein Bundesgesetz.« (Art. 4 III Satz 2) Daß hier eine Prüfung eingeführt wurde, ist skandalös; denn Gewissen kann man nicht prüfen. Aber das Bundesverfassungsgericht hat die Prüfung zugelassen, ja später sogar gefordert, daß nur der Ersatzdienst leisten darf, bei dem die zuständigen Behörden eine Kriegsdienstverweigerung

Während bei Kriegsdienstverweigerern das Gewissen bis in die letzten Winkel durchleuchtet wird, entziehen sich die Motive von Abgeordneten selbst bei Bestechungsverdacht der Überprüfung; Zeichnung Kurt Halbritter

festgestellt haben.[2] Um diesen Rückfall vor das Grundgesetz zu rechtfertigen, erfanden die Verfassungsrichter die Vorstellung, daß die Wehrpflicht Verfassungsrang habe, daß sie eine verfassungsrechtliche Grundentscheidung von hoher Bedeutung sei und daß es alle möglichen Gründe dafür geben könne.[3] Der Staat, der zum Schutz und zur Achtung der Grundrechte verpflichtet ist, wurde dadurch dem Grundrecht vorgeordnet und darf es mißachten.

Überlegt man vernünftig, muß eigentlich klar sein, daß es in jedem Fall Unrecht ist, wenn jemand bestraft werden soll, weil er sich weigert, sein eigenes Leben aufs Spiel zu setzen und fremde Leben auszulöschen. Auch in noch so dringenden Notlagen wird nie als Nothilfe verlangt, daß jemand sein eigenes Leben opfert, um anderen zu helfen. Genau darauf läuft aber der Zwang zum Militär hinaus und zusätzlich noch zur Bereitschaft, andere Menschen zu töten und zu verletzen, im Extremfall sogar ganze Städte zu vernichten.

Ein Grundrecht zu entziehen ist normalerweise ein Vorgang des Strafverfahrens. So empfanden das auch die Kriegsdienstverweigerer, deren Anträge abgelehnt wurden. Oft habe ich nach Ablehnungen gehört: »Ich bin zur Bundeswehr verurteilt worden.« Grund für diese Situation war die gesetzliche Regelung als Verwaltungsrecht. Wer gegenüber einer Verwaltung Ansprüche anmeldet, muß diese belegen. Gewissen kann man aber nicht beweisen. Der Ausweg der höchsten Gerichte war der Aufruf zu »wohlwollender« Beurteilung der Anträge,[4] also praktisch zu Gnade statt Recht. Die Kriegsdienstverweigerer sollten angeblich nicht überfordert werden. Die Darlegungspflicht der Verweigerer bestätigte das Bundesverfassungsgericht ausdrücklich schon 1970. Zusätzlich ließen sich die höchsten Gerichte, vor allem das Bundesverwaltungsgericht und das Bundesverfassungsgericht, darauf ein, auch noch zu definieren, welche Gewissen anzuerkennen seien. Das war ein juristischer und menschlicher Eiertanz. Einerseits sollte es nur um die Entscheidung hier und heute gehen, andererseits wurde eine situationsbedingte Kriegsdienstverweigerung[5] ausdrücklich verneint, als ein Antragsteller geltend machte, er könne nicht auf deutsche Brüder schießen. Ebenso wurde nicht anerkannt, wer nur einen Atomkrieg ablehnte.[6] Wer dagegen – gut beraten – die deutsch-deutsche Konfrontation oder den möglichen Atomkrieg als Anlaß dafür bezeichnete, daß er hier und heute jeden Krieg ablehnt, wurde anerkannt! Betrachtet man solche juristischen Spitzfindigkeiten, müßte man eigentlich erwarten, daß die höchsten Gerichte sich lächerlich gemacht hätten. Doch die Urteile wurden ernst genommen und bestimmten die Anerkennungsverfahren. Die Situation der Betroffenen war zu ernst. Wer nicht anerkannt wurde, mußte mit der Einberufung zur Bundeswehr rechnen. Folgte er dann seinem Gewissen und nicht der Einberufung, wurde er kriminalisiert.

Auch formal war der Weg zur Anerkennung als Kriegsdienstverweigerer schwierig und für junge Leute eine Zumutung. Zum Widerspruch gegen Ablehnungen hatten sie nur 14 Tage Zeit, wobei nicht die Absendung innerhalb der Frist, sondern der Eingang des Widerspruchs im Kreiswehrersatzamt maßgebend war. Wurde dem Widerspruch nicht stattgegeben, mußten sie vor dem Verwaltungsgericht gegen die Bundesrepublik Deutschland klagen. Was bedeutete das für einen jungen Arbeiter oder Angestellten, der gerade seine Ausbildung beendet hatte? Vollends verrückt wurde es, wenn die staatliche Seite gegen Anerkennungen klagte. Dann gab es die sogenannten »In-sich-Prozesse«. »Die Bundesrepublik Deutschland, vertreten durch den Bundesminister der Verteidigung, dieser wiederum vertreten durch die Wehrbereichsverwaltung« klagte gegen »die Bundesrepublik Deutschland, diese vertreten durch den Bundesminister der Verteidigung, dieser wiederum vertreten durch das Bundesamt für Wehrverwaltung«. Der Kriegsdienstverweigerer wurde nur als Zeuge in eigener Sache dazu geladen und wußte kaum, wie ihm geschah. Eine gezielte Bosheit war es, wenn manche Verwaltungsgerichte den Streitwert so niedrig festsetzten, daß Rechtsanwälte nie und nimmer auf ihre Kosten kommen konnten, so daß die

Kriegsdienstverweigerer Schwierigkeiten hatten, rechtlichen Beistand zu erhalten. Doch waren diese formalen Schikanen nichts gegen die inhaltlichen Schwierigkeiten, die oft unzumutbaren Vorhaltungen und Verdächtigungen in den Vorverfahren und die Schwierigkeit, etwas zu beweisen, was letztlich erst durch ein Martyrium zu beweisen gewesen wäre.

Tausende, die nicht anerkannt wurden, flohen, meist in das von der Wehrpflicht freie Berlin, aber auch ins Ausland, Hunderte erkrankten. Wie viele Selbstmord versuchten oder vollbrachten, ist nicht bekannt, auch nicht, wie viele für ihr Gewissen Freiheitsstrafen auf sich nahmen.

Gewiß gab es auch vernünftige Urteile. So entschied das Bundesverwaltungsgericht 1958, daß Kriegsdienstverweigerung als Grundrecht nicht als Ausnahmerecht behandelt werden dürfe[7] und daß der Schutz des freien Individuums Vorrang vor Staatsinteressen habe. Die Beschränkung auf religiöse Gewissensgründe wurde abgelehnt und zu Recht festgestellt, daß auch politische und vernünftige Begründungen sich zu Gewissensentscheidungen verdichten können.[8] 1962 wurde Kriegsdienstverweigerung als Asylgrund[9] anerkannt, wenn im Heimatland eine Verurteilung zu Freiheitsstrafen drohte, die länger als der Wehrdienst gewesen wären; allerdings wurde das 1981 zurückgenommen.[10] Der Anerkennung als Kriegsdienstverweigerer sollte nicht entgegenstehen, wenn der Verweigerer anderslautende Gewissensentscheidungen von Soldaten achtete.[11] Ausgeweitet wurde die Ablehnung von Krieg auf innerstaatliche Gewalt,[12] obwohl das Gesetz auf Krieg zwischen Staaten abstellte.

Die juristischen Spitzfindigkeiten hatten Folgen

Wer als zur Bundeswehr einberufener und noch nicht anerkannter Kriegsdienstverweigerer schon vor seiner Anerkennung Befehle oder jeden Militärdienst verweigerte, durfte verurteilt werden, erst disziplinarisch einmal, dann mehrfach, schließlich auch in Strafverfahren. Totale Kriegsdienstverweigerer wie die Zeugen Jehovas wurden zeitweise mehrfach bestraft (mit Billigung des Bundesverfassungsgerichts), doch wurde später in geänderter Rechtsprechung diese Doppelbestrafung wieder verboten. Allerdings greift das Verbot der Doppelbestrafung (Art. 103 III GG) bis heute nur, wenn festgestellt wird, daß die erneute Verweigerung des Militärdienstes auf einer ein für alle Mal getroffenen Gewissensentscheidung beruht.[13] Glaubt ein Gericht die Gewissensgründe nicht, sondern erklärt sie zu Verbohrtheit, hartnäckiger Pflichtverweigerung oder ähnlichem Verhalten, wird mehrfach verurteilt. Der Angeklagte wird dann zum einschlägig vorbestraften Wiederholungstäter, weil jede neue Einberufung oder jeder neue Befehl angeblich eine neue Situation schaffte und deshalb Art. 103 III GG nicht anwendbar sei.

Umstritten war die Frage, ob Sanitätsdienst für Kriegsdienstverweigerer zumutbar ist. Auch hier gab es höchstrichterlich erst den Vorrang der Gewissensentscheidung, später ein Urteil, nach dem Sanitätsoffiziere kein Recht zur Kriegsdienstverweigerung haben.[14] Inzwischen hat das Bundesverwaltungsgericht diesen Gewissenszwang dadurch wieder aufgehoben, daß es eine Entlassung aus Gewissensgründen vorschlägt und dann dem wehrpflichtigen Reserveoffizier die Kriegsdienstverweigerung erlaubt.

Wer ist glaubwürdig?

Vollends willkürlich war die Bewertung der subjektiven Situation der Kriegsdienstverweigerer. Mußte ein Verweigerer in schwere Gewissensnot geraten,[15] wenn er sich vorstellte, künftig im Kriege Menschen zu töten? Reichte allgemeine Glaubwürdigkeit, wenn er das sagte? Sollte man die Glaubwürdigkeit und den Ernst der Gewissensentscheidung überprüfen anhand von Diskussionen über Notwehr- und Nothilfesituationen? »Wenn Ihre Freundin überfallen wird und Sie eine Pistole zur Hand haben – schießen Sie dann nicht?« – »Ich habe keine Pistole.« – »Aber wenn Sie eine haben?« – »Ich habe keine und werde auch keine haben!« Solche Unsinnsdialoge gab es tausendfach. Wehe, ein Verweigerer spottete dann: »Ja, ich weiß schon, am nächsten Baum hängt eine Pistole ...« In vielen Fällen zog das zuständige Prüfungsgremium (Ausschuß, Kammer oder Verwaltungsgericht) die Gewissensentscheidung in Zweifel: »Der Antragsteller konnte den Ausschuß nicht überzeugen ... Seine Abneigung gegen den Krieg geht nicht über das hinaus, was jeder Mensch gegen Krieg empfindet.« So oder ähnlich lauteten die Ablehnungsbegründungen.

Noch lange herrschte bei den verbliebenen Verfahren für Einberufene, Soldaten und Reservisten völlige Willkür, wie nach seinen Angaben eine Anfrage des Bundestagsabgeordneten Winfried Nachtwei ergab. Bei über 24000 Kriegsdienstverweigerungsverfahren in den Jahren 2000 und 2001 schwankten die Anerkennungsquoten der Ausschüsse zwischen 95 und 23 Prozent und die der Kammern im Widerspruchsverfahren der zuvor Abgelehnten zwischen 85 und 37 Prozent. Die Verfahren der Wehrverwaltung waren reine Willkür und mit dem Grundrechtscharakter der Kriegsdienstverweigerung nicht vereinbar. Seit 1984 gilt im Frieden für noch nicht Einberufene, die einen ersten Antrag stellen, daß ihre Kriegsdienstverweigerungsanträge vom Bundesamt für den Zivildienst nach Aktenlage entschieden werden. Seit kurzem sind alle Anerkennungsverfahren vom Bundesamt zu entscheiden.

Es ist unmöglich, alle Eskapaden der Rechtsprechung (und erst recht der Vorinstanzen) aufzuzählen. Hier nur Stichworte: Was ist, wenn ein Kriegsdienstverweigerungsantrag erst nach der Einberufung gestellt wird? Lange hieß es: Versuche doch erst einmal, ob du wirklich nicht Soldat sein kannst! Dann hieß es: Warum erst so spät? Oder wie ist es, wenn ein Verfahren vom Antragsteller nachlässig betrieben wird (was oft vorkam, z.B. während des Abiturs oder beruflicher Abschlußprüfungen)? Wie, wenn widersprüchliche Aussagen gemacht werden? Wie, wenn man Vorstrafen z.B. wegen eines Verkehrsvergehens hat? In Bremen wurde ein Student nicht anerkannt, weil er als Taxifahrer sein Studium verdiente, obwohl er zugestand, man könne auch im Straßenverkehr Menschen töten. Daß er versicherte, deshalb fahre er stets besonders vorsichtig, half ihm nicht. Er mußte nach Berlin fliehen, um seinem Gewissen treu zu bleiben. Wenn jemand vor der Kriegsdienstverweigerung versuchte, dem Wehrdienst auf andere Weise zu entgehen, z.B. durch Atteste, Zurückstellungsanträge etc., war das ein Hinweis auf sein Gewissen – oder Drückebergerei? Oder wenn er sich freiwillig zur Bundeswehr gemeldet, dann aber Gewissensbisse bekommen hatte? Man muß nur diese Themen antippen, dann wird deutlich, wie unsinnig der Versuch ist, von Menschen zu verlangen, daß sie ihre Gewissensentscheidung beweisen. Das geht nicht, ist – ebenso wenig wie bei Abgeordneten (vgl. Art. 38 Satz 2 GG!) – nicht überprüfbar, führt zu vielfachem Unrecht und benachteiligt besonders alle, die sich schlecht ausdrücken können oder in Prüfungssituationen unsicher werden.

Ein Hin und Her, das ebenfalls die Willkür gegenüber Kriegsdienstverweigerern zeigt, ergibt sich bei der Frage, wie mit einer nachträglichen Kriegsdienstverweigerung eines Soldaten umzugehen ist. Soll er sofort wenigstens vom Waffendienst befreit werden? Oder muß er bis zur Anerkennung weiter vollen Dienst leisten? Es gab schon beide Regelungen. Inzwischen ist es so, daß die Disziplinarvorgesetzten freistellen sollen. Nur im Krieg müssen Soldaten und Soldatinnen, die sich als Kriegsdienstverweigerer melden, sofort vom Waffendienst befreit werden. Daß auch Soldatinnen sich als Kriegsdienstverweigerer melden können, ist eine neue Regelung. Anfangs hieß es, sie könnten nicht verweigern, weil sie keinen Ersatzdienst leisten müssen, als ob nicht bei jedem Zeit- und Berufssoldaten das ebenso ist, sobald er die dem Grundwehrdienst entsprechende Dienstzeit absolviert hat.

Höchstrichterliches Versagen

Daß die höchsten Gerichte und der Gesetzgeber immer wieder das Grundrecht der Gewissensfreiheit für Kriegsdienstverweigerer weitgehend den Militärinteressen unterordnen, wird an folgenden Beispielen besonders deutlich.

Streit um das »Postkartengesetz« 1977/78

Die sozial-liberale Koalition wollte das Inquisitionsverfahren abschaffen und durch eine einfache Kriegsdienstverweigerungserklärung ersetzen. Die Glaubwürdigkeit des Kriegsdienstverweigerers sollte durch eine Zusatzzeit von drei Monaten Zivildienst belegt werden. Gegen dieses Gesetz klagten die CDU/CSU-Bundestagsfraktion und die Unionsgeführten Bundesländer. Während des Prozesses änderte das Verteidigungsministerium heimlich seine Kriegsdienstverweigerungsstatistik, was ein bedrohliches Ansteigen der Verweigerungszahlen suggerierte. Bis 1976 wurden erst nach Abschluß des Musterungsverfahrens beim Prüfungsausschuß eingegangene Verweigerungsanträge registriert. Naturgemäß waren dies nur Anträge von tauglichen und verfügbaren Männern. 1977 wurde intern umgestellt. Registriert wurden nun auch die vor der Musterung im Kreiswehrersatzamt eingegangenen Anträge, so daß die Tauglichkeit und Verfügbarkeit des Antragstellers nicht mehr berücksichtigt wurde. Das bedeutete eine Umstellung von Netto- auf Bruttozählung und brachte zusätzlich einen starken Zeitraffereffekt. So konnte die Verteidigungsbürokratie eine Verweigererflut melden, die nur statistischer Betrug war und vermutlich sogar den Minister hinterging. Auch die Mehrheit der Richter des

Bundesverfassungsgerichts fiel darauf herein, stoppte das Gesetz durch eine einstweilige Anordnung und dann durch das Urteil vom 13. April 1978.[16] Im Leitsatz 9 wird offen auf die Statistik Bezug genommen. Das Gericht hatte die Manipulation nicht durchschaut und trotz seiner richtigen Erkenntnis, daß auch eine Freiwilligenarmee zulässig wäre (Leitsatz 1), im Leitsatz 6 behauptet: »Das Grundgesetz verlangt vielmehr, daß der Wehrpflichtige grundsätzlich Wehrdienst leistet …« Dementsprechend wurde gefordert, »daß nur solche Wehrpflichtige als Kriegsdienstverweigerer anerkannt werden, bei denen mit hinreichender Sicherheit angenommen werden kann, daß in ihrer Person die Voraussetzungen des Art. 4 III 1 GG erfüllt sind.« Obwohl der Schwindel später aufgedeckt wurde, hat das Bundesverfassungsgericht sich nicht korrigiert. Das aus Art. 3 GG abgeleitete Prinzip der Wehrgerechtigkeit hat das Gericht übrigens inzwischen relativiert, als es die Vorlagebeschlüsse des Landgerichts Potsdam und des Amtsgerichts Düsseldorf verwarf.

Der Streit um die Kriegsdienstverweigerungs-Neuordnung 1983/84

Das von der christlich-liberalen Koalition beschlossene Kriegsdienstverweigerungs-Neuordnungsgesetz vom 4. März 1983 wurde von der SPD-Bundestagsfraktion und den SPD-geführten Bundesländern wegen der Zusatzdienstzeit in den Ersatzdiensten angegriffen. Auch dieses Mal wurde das Bundesverfassungsgericht von der Verteidigungsbürokratie mit Statistiken in die Irre geleitet. Die längere Zivildienstzeit wurde mit Statistiken der Wochendienstzeiten von Bundeswehr und Zivildienst begründet. Verschwiegen wurde dabei, wie unterschiedlich diese errechnet wurden. Im Zivildienst wurden alle Dienstzeiten nach den Tarifbestimmungen vergleichbarer Beschäftigter gerechnet, also nur die durchschnittliche tatsächliche Arbeitszeit. Bereitschaftsdienste zählten dementsprechend nur anteilig, private Tätigkeiten im Wohnbereich überhaupt nicht. Ganz anders bei der Bundeswehr. Hier wurde jeglicher Dienst laut Dienstplan voll angerechnet, auch Aufstehen, Waschen, Anziehen, Stuben Reinigen etc. Bereitschaftsdienste zählten nicht nur anteilig, sondern mit der vollen Zeit. Zusätzlich gab es Zeitgutschriften für Wachdienst, Manövertage, Übungsplatzaufenthalte und bei der Marine für Tage auf See – jeweils für jeden Tag 24 Stunden Zeitgutschrift zusätzlich zum Dienst laut Dienstplan, außerdem weitere Gutschriften für Lehrgänge, Anrechnung von Feiern und anderes mehr. Dieser statistische Unterschied wurde dem Bundesverfassungsgericht nicht erläutert, sondern es wurde so getan, als seien die errechneten Dienstzeiten vergleichbar. Wieder hatte die Verteidigungsbürokratie das höchste deutsche Gericht statistisch betrogen. Wieder hatte das Gericht nicht nachgefragt. Wieder hat es später keine Gelegenheit zur Korrektur seiner Entscheidung gesucht, als der Betrug bekannt wurde. Dasselbe gilt auch für einen weiteren Fall. Dem Gericht wurde eine Statistik über Wehrübungen vorgelegt, die nicht nur die Übungen der wehrpflichtigen Grundwehrdienstleistenden enthielt, sondern auch die freiwilligen Übungen derjenigen, die höhere Dienstgrade erreichen wollten, und die Übungen der Zeit- und Berufssoldaten, die als Vorgesetze oder Fachleute besonders auf dem laufenden gehalten werden sollten. Darüber hinaus wurde dem Gericht versichert, die Wehrübungen würden alsbald verdreifacht durch Vermehrung der Plätze für Reserveübende von 5000 auf 15000. Tatsächlich wurden sie sofort nach dem Urteil auf 3000 reduziert, aus Finanzgründen nur zum Teil bereitgehalten und bald nur noch für Freiwillige, nicht mehr für wehrpflichtige Grundwehrdienstleistende genutzt.

Keine Gewissensfreiheit für radikale Verweigerer

Das deutlichste Beispiel für die Vorordnung der Militärinteressen vor der Gewissensfreiheit ist die Rechtsprechung gegen die radikalen Kriegsdienstverweigerer. Art. 4 GG garantiert in Abs. 1: »Die Freiheit des religiösen und weltanschaulichen Bekenntnisses sind unverletzlich.« Abs. 3 soll sichern, daß dies auch für Kriegsdienstverweigerer gilt: »Niemand darf gegen sein Gewissen zum Kriegsdienst mit der Waffe gezwungen werden. Das Nähere regelt ein Bundesgesetz.«

Mehrfach hat das Bundesverfassungsgericht dazu Stellung genommen. Es hat dabei aber nie vorrangig von der Gewissensfreiheit, sondern immer vom Militär her argumentiert. Die »Funktionsfähigkeit« der Bundeswehr ist ihm wichtig. Es spricht von der »verfassungsrechtlich verankerten allgemeinen Wehrpflicht«, obwohl die Wehrpflicht nur eine im Grundgesetz nachträglich als Ausnahme vom Zwangsdienstverbot des Art. 12 GG erlaubte einfachgesetzliche Pflicht ist. Es argumentiert mit der Verteidigungsfähigkeit des die Grundrechte garantierenden Staates, obwohl es selbst sagt, daß eine Freiwilligenarmee zulässig ist. Der Trick dabei ist einfach: Art. 4 III GG wird als *lex specialis* von der Gewissensfreiheit abgekoppelt und das Gewissen gegen alle Erfahrung und die Argumentation von Theologen, Psychologen und Pädagogen als überprüfbarer Tatbestand behandelt. Wer von seinem Gewissen her Krieg und Kriegsvorbereitung als ein so schweres Verbrechen ansieht, daß er für sein Nichtmitmachen keinen Ersatz zu leisten bereit ist, beruft sich auf die allgemeine Gewissensfreiheit. Jeder Ersatzdienst hat für ihn das Böse, daß er die Wehrpflicht stützt und damit der Kriegsvorbereitung dient. Wer so denkt, kann keinen Ersatzdienst leisten – aber nach den geltenden Gesetzen und der Rechtsprechung des Bundesverfassungsgerichts kann er einberufen und bei Nichtbefolgen der Einberufung disziplinarisch und strafrechtlich belangt werden. Das Bundesverfassungsgericht hat schon bis zu drei mal vier Wochen – im Vorfeld, also im Vorgriff zum Strafverfahren (!) verhängten – Disziplinararrest trotz des Verbotes der Doppelbestrafung in Art. 103 III GG gebilligt und mehrfache Kriminalstrafen erst im zweiten Anlauf verboten. Bis die Gewissensfreiheit der Kriegsdienstverweigerer mehr gilt als das staatliche Interesse am Militär, ist es auch über 50 Jahre nach Anerkennung der Menschenrechte noch immer ein weiter Weg.

Belege dafür, daß bei Militärinteressen anders geurteilt wird als sonst, sind die Urteile zur Gleichstellung von Männern und Frauen im Falle der Feuerwehrdienstpflicht in Baden-Württemberg und Bayern[17] einerseits und zum Vorlagebeschluß des Amtsgerichts Düsseldorf[18] andererseits. Für die Feuerwehr gilt nach der Entscheidung des Ersten Senats: Wenn Frauen auch freiwillig mitmachen können, ist eine Pflicht für Männer verfassungswidrig. Für die Bundeswehr gilt Jahre später das Gegenteil – sogar ohne die eigentlich vorgesehene Anrufung des großen Senats. Anscheinend war sich der entscheidende Zweite Senat sicher, daß bei Bundeswehrinteressen alles anders ist.

Noch deutlicher schimmert der geheime Militärvorbehalt des Bundesverfassungsgerichts in dem Beschluß vom 20. Februar 2002 durch: Das Landgericht Potsdam[19] hatte unter Hinweis auf die von ihm angenommene Verfassungswidrigkeit der allgemeinen Wehrpflicht unter den nach dem Ende des Kalten Krieges heute eingetretenen sicherheitspolitischen Gegebenheiten ein Verfahren wegen »Dienstflucht« nach §53 Zivildienstgesetz dem Bundesverfassungsgericht vorgelegt. Wegen angeblicher Lücken in der Begründung wies das Bundesverfassungsgericht diese Richtervorlage als unzulässig ab.[20] Diese einer Entscheidung in der Sache ausweichende Erledigungsart hinderte die Karlsruher Richter aber nicht daran, unnötige Bemerkungen zur fortbestehenden Erforderlichkeit der allgemeinen Wehrpflicht zu machen und – so scheint es – seine frühere Rechtsprechung zur Wehrgerechtigkeit implizit für überholt zu erklären.[21] Soll dieses obiter dictum (»nebenbei bemerkt«) die Rechtsprechung der Situation nach der deutschen Vereinigung anpassen, in der längst nicht mehr alle Wehrpflichtigen einberufen werden können,[22] so daß der Staat für eine »funktionsfähige« Verteidigung der Bundesrepublik und sogar für eine

»Verteidigung am Hindukusch« ganz und gar ohne eine allgemeine Wehrpflicht auskommt? Das Gericht setzte damit nur fort, womit es schon mit seiner Somalia-Entscheidung vom 12. Juli 1994[23] und der NATO-Entscheidung vom 22. November 2001[24] begonnen hatte. Militärinteressen scheinen wichtiger zu sein als die Grundrechte, die Friedensstaatlichkeit, die Rechtsordnung des Grundgesetzes und das Völkerrecht – eine nur zu deutsche Tradition. Wer meint, die Friedensverpflichtung sei nur Präambel-Lyrik, sollte sich die Rechtsprechung des Bundesverfassungsgerichts zur deutschen Einheit[25] ansehen, in der aus der Präambel weitestgehende Schlüsse gezogen wurden. Der Vergleich sagt alles.

*

Die Entwicklung der registrierten Kriegsdienstverweigerung (KDV) stellt sich folgendermaßen dar: 1956–1976 wurden KDV-Anträge von den Prüfungsausschüssen für Kriegsdienstverweigerung registriert. Dorthin kamen nur die Anträge derjenigen Wehrpflichtigen, die für eine Einberufung zur Bundeswehr in Frage kamen oder einberufen waren. Wer nicht wehrdienstfähig und nicht einberufbar war, wurde nicht registriert (einzige Söhne von NS-, Kriegs- und Wehrdienstopfern, Verpflichtete bei Polizei, Katastrophenschutz und Entwicklungshilfe, Theologiestudenten etc.). Die meisten Anträge wurden wegen des Wartens auf das Musterungsergebnis erst Wochen nach Antragstellung registriert. Kamen fachärztliche Untersuchungen oder rechtliche Überprüfungen hinzu, verzögerte sich die Registrierung um Monate oder Jahre.

Ab 1977 wurden alle KDV-Anträge mit Eingang beim Kreiswehrersatzamt registriert. Die Zahlen sind mit den früheren nicht vergleichbar. Wiederholungsanträge wurden nie gesondert ausgewiesen. Die Zahl der Anträge ist deshalb nicht mit der Zahl der Kriegsdienstverweigerer gleichzusetzen. Anerkannt wurden bis 1983 ca. 65 Prozent der Antragsteller, ab 1984 ca. 85 Prozent. Während die Antragstellung von Jahr zu Jahr schwankt, nahm der Anteil der Kriegsdienstverweigerer am Geburtsjahrgang kontinuierlich zu.

Die Statistik der registrierten KDV-Anträge mit Erläuterungen:

1956–1958	2447
1959	3257
1960	5439
1961	3804
1962	4489
1963	3311
1964	2777
1965	3437
1966	4431

1956–1966 wurde die Zahl der registrierten KDV-Anträge klein gehalten, um keinen Protest gegen die Remilitarisierung zu belegen. Verweigerer wurden möglichst als nicht wehrdienstfähig eingestuft oder sonst frei gestellt. Gleichzeitig wurden sie heftig als »Drückeberger«, »Ohne-Michel« etc. diffamiert. Ab 1961 gab es einen zivilen Ersatzdienst mit neun Monaten Zusatzdienstzeit.

1967	5763
1968	11952
1969	14420
1970	19363
1971	27657
1972	33792
1973	35192
1974	34150
1975	32565

Der Vietnamkrieg (deutsche Beteiligung Lazarettschiff Helgoland) veränderte das KDV-Verhalten. Hinzu kamen wachsende Bekanntschaft mit Ersatzdienstleistenden, das lange diskutierte neue Gesetz zu KDV und Zivildienst, das die Zusatzzeit auf einen Monat reduzierte und Rückwirkungen der Studentenbewegung. Die Diffamierungen wurden schlimmer, die Prüfungsverfahren katastrophal.

1976	40618
1977	69969
1978	39698
1979	45454
1980	54193

Die Statistik der Jahre 1976–1980 ist irreführend, vor allem durch die heimliche Umstellung der Registrierung von den Ausschüssen auf den Eingang beim Kreiswehrersatzamt. Außerdem wirkten sich die Diskussion über die Abschaffung der Prüfungsverfahren, das neue Gesetz und dessen Aufhebung durch das Verfassungsgericht aus. Für nichtig erklärte KDV-Anträge wurden in den Folgejahren erneut gestellt, wurden also doppelt registriert.

1981	58051
1982	59776
1983	68334
1984	43875
1985	53907
1986	58693
1987	62817
1988	77048
1989	77398
1990	74309

In den 80er Jahren beeinflußte wieder ein Gesetzgebungsverfahren das KDV-Verhalten. Ab 1. Januar 1984 dauerte der

Zivildienst ein Drittel länger als der Wehrdienst. Die meisten KDV-Anträge wurden nach Aktenlage vom Bundesamt für den Zivildienst bearbeitet. Das wirkte sich auf Dauer stärker aus als die Zusatzdienstzeit. 1989 wurde die Zusatzdienstzeit auf drei Monate reduziert.

1991	150721
1992	133856
1993	130041
1994	125694
1995	160493
1996	156681
1997	155329
1998	172024
1999	174347
2000	172685
2001	182420
2002	189644
2003	170745

Nach der deutschen Vereinigung wurden alle Kriegsdienstverweigerer, Bausoldaten und Zivildienstleistenden der DDR als KDV übernommen. Eine Sonderentwicklung gab es während des Kuwait-Krieges 1991, als 37620 Reservisten KDV-Anträge stellten statt sonst 3000 bis 6000. Ab 1989 wurden die Dienstzeiten im Zivildienst von fünfzehn auf dreizehn Monate verkürzt (1996), dann auf elf (2000) und zehn (2002). Das entspricht ab 1989 drei Zusatzmonaten und einem ab 2000. Gleiche Dienstdauer wie im Grundwehrdienst ist im rot-grünen Koalitionsvertrag vereinbart. Durch Erlaß 2003 und Gesetzesänderung 2004 sind die »wehrdienstfähig mit Einschränkungen in der Grundausbildung und für bestimmte Tätigkeiten (T3)« Gemusterten vom Wehr- und Ersatzdienst frei gestellt. Da ihre Anträge auf Anerkennung als Kriegsdienstverweigerer nicht bearbeitet werden, wird die Statistik dadurch wiederum stark beeinflußt.

Inzwischen hat der Gesetzgeber gehandelt. Seit 1. November 2003 werden alle KDV-Anträge, also auch die von Soldatinnen und Soldaten, vom Bundesamt für den Zivildienst (BAZ) bearbeitet. Nach bisherigen Erfahrungen mit den Erstanträgen noch nicht Einberufener gab es vom BAZ zwar häufig Rückfragen, letztlich wurden aber alle, die ihre Anerkennung ordnungs- und fristgemäß betrieben, anerkannt. Ob das künftig auch für die neu zugewiesenen KDV-Anträge der Soldatinnen und Soldaten gilt, bleibt abzuwarten. Erfreulich ist, daß es keine Widerspruchsmöglichkeiten der Wehrverwaltung mehr gibt. Die praktische Erleichterung ist allerdings keine wirkliche Anerkennung des Grundrechts, das weiterhin nur nach Überprüfung verliehen wird (im Zweifelsfall weiterhin mit mündlicher Anhörung).

Wie diese Überprüfung bei Freiwilligen, die aus einem Kriegseinsatz heraus verweigern, aussehen wird, kann man schwer voraussagen. Wenn das BAZ unter entsprechendem Druck der Regierung und/oder der Öffentlichkeit nicht anerkennt, sind weiterhin die unterschiedlichen Verwaltungsgerichte zuständig. Oft war es vor Gericht wichtiger, wo man wohnte, als was man vortrug. Im Vorverfahren ist durch die Stellungnahmen der Vorgesetzten bei Freiwilligen der Bundeswehr ein erheblicher Druck auf das BAZ und seine Entscheidung möglich, so daß die Anrufung von Gerichten nicht unwahrscheinlich sein dürfte. Zumindest bei den freiwilligen Soldaten hat es die Bundeswehr dann in der Hand, wo sie hinversetzt werden und welches Gericht zuständig wird.

Helmut Kramer

Justiz und Kriegsdienstverweigerung in der DDR

In der Deutschen Demokratischen Republik wurden Pazifisten mit ungleich größerer Rigorosität verfolgt als in der Bundesrepublik. Zu einer justitiellen Verfolgung von Kriegsdienstverweigerern konnte es hier allerdings naturgemäß erst seit Einführung der Wehrpflicht durch das Wehrpflichtgesetz vom 24. Januar 1962 kommen. Bis dahin hatte man es bei der aus der Kasernierten Volkspolizei hervorgegangenen Nationalen Volksarmee als einer Freiwilligenarmee belassen. Bei Einführung der Wehrpflicht vor dem Mauerbau am 13. August 1961 hätte einer Massenflucht von Wehrpflichtigen in den Westen kein Riegel vorgeschoben werden können.

Mit einem zahlenmäßig relevanten Widerstand gegen die Wehrpflicht hatte die DDR-Führung nach der absoluten Schließung der Grenzen nicht mehr gerechnet. Ermutigt durch Verlautbarungen kirchlicher Institutionen, die sich für die Respektierung der Kriegsdienstverweigerung aus Gewissensgründen einsetzten,[1] erklärten aber schon in der Zeit vom Januar 1962 bis September 1964 zwischen 1200 und 2000 junge Männer, darunter ungefähr 200 Theologiestudenten, Pfarrer und andere kirchliche Mitarbeiter, daß sie einer Einberufung nicht folgen würden.

Die Bausoldaten-Regelung

Einen gesetzlich verankerten Rechtsanspruch auf Anerkennung als Kriegsdienstverweigerer aus Gewissensgründen hat es in der DDR bis zu ihrem Ende nicht gegeben. Angesichts der von den Kirchen geäußerten Erwartungshaltung entschloß sich die DDR-Führung immerhin zu einer Kompromißlösung. Am 7. September 1964 erließ der Nationale Verteidigungsrat die Anordnung über die Aufstellung von Baueinheiten. Sie räumte Kriegsdienstverweigerern, »die aus religiösen Anschauungen oder aus ähnlichen Gründen den Wehrdienst mit der Waffe ablehnten«, die Möglichkeit eines waffenlosen Dienstes in den sogenannten Baueinheiten ein. Die Bausoldaten waren aber in die Armee integriert. Zu ihren Aufgaben gehörten unter anderem die »Mitarbeit bei Straßen- und Verkehrsbauten sowie Ausbau von Verteidigungs- und sonstigen militärischen Anlagen«, daneben »Exerzierausbildung ohne Waffe« und »militärische Körperertüchtigung«. Hinzu kam ein auf die Verteidigung der DDR gegen die Feinde bezogenes Gelöbnis. Bis 1975 wurden die Bausoldaten überwiegend zum Ausbau militärischer Objekte eingesetzt.[2] Verweigerer, die nicht nur die konkrete individuelle Waffenanwendung, sondern die Beteiligung an militärischer Gewalt generell ablehnten, gerieten damit in neue Gewissenskonflikte. Für einzelne bewirkte die Aufgabenstellung der Baueinheiten von vornherein die Entscheidung zu einer Verweigerung auch des Bausoldatendienstes.

Diese Totalverweigerer setzten sich der Verhaftung und empfindlicher Bestrafung aus. Um eine zu starke Konfrontation zu vermeiden – die Totalverweigerer wurden auf Fürbittlisten gesetzt, die in Gottesdiensten verlesen wurden – verzichteten die Behörden oft stillschweigend auf Bestrafungen oder stellten die Verweigerer stillschweigend von der Einberufung zurück. Andere Totalverweigerer – in den ersten Jahrgängen waren es jährlich bis zu zwanzig – wurden hart bestraft, meist mit Zuchthausstrafen zwischen 18 und 24 Monaten. Zuständig waren die Militärgerichte. Die Richter verhandelten in Militäruniformen. Die Totalverweigerer wurden als Militärpersonen betrachtet. Zu einer Anklage vor einer Strafkammer der Kreisgerichte kam es dann, wenn es der Staatssicherheit gelang, dem Verweigerer weitere Delikte nachzuweisen und auf diese Weise von dem Friedensengagement des Angeklagten abzulenken. Gerade bei dem politischen Engagement unter den nicht zu den Zeugen Jehovas gehörenden Totalverweigerern war dies in Verbindung mit Hausdurchsuchungen nicht schwierig. So hatte man im Zimmer von Roland Brauckmann ein Plakat der »konterrevolutionären« polnischen Organisation Solidarność und Entwürfe zu einer »sozialen Friedensdienstbewegung« gefunden, außerdem Berechnungen zur Herstellung eines Heißluftballons zum Verlassen der DDR. Brauckmann wurde deshalb vom Kreisgericht Hoyerswerda am 21. Juni 1982 nicht etwa wegen Wehrdienstverweigerung, sondern »nur« wegen Vorbereitung eines ungesetzlichen Grenzübertritts sowie wegen öffentlicher Herabwürdigung zu einer Freiheitsstrafe von 1 Jahr und 8 Monaten verurteilt. Anzumerken ist, daß sich ab 1980 viele aktive und ehemalige Bausoldaten mit der Solidarność in Polen solidarisierten und sich – wie auch Roland Brauckmann – dort mit Führern der Gewerkschaftsbewegung trafen.

Auch in anderen Fällen zog die Justiz zusätzlich zum Militärstrafgesetzbuch Paragraphen aus dem politischen Strafrecht heran, um die Urteile unverfänglich erscheinen zu lassen und mit dem Schein der Legitimität zu versehen. Das Ausweichen auf andere wirkliche oder angebliche Gesetzesbrüche gehört übrigens zum Methodeninstrumentarium jeder politischen Justiz bei ihrem Vorgehen gegen Regimekritiker, ebenso wie die Trennung zwischen den »wahren« und den hinter dem Urteil stehenden geheimen, ungeschriebenen Entscheidungsgründen. Dieser Kunstgriff wurde schon 1871/72 im Verfahren gegen August Bebel und Wilhelm Liebknecht angewandt, als die Staatsanwaltschaft den Verdacht des Landesverrats gegen die Beschuldigung des Hochverrats austauschte.[3]

Die Strafen mußten die Verurteilten teils in Arbeitslagern, gelegentlich auch im Zuchthaus Bautzen verbüßen. Fast immer erfolgten die Einberufungen und die nachfolgende

Inhaftierung erst kurz vor Ablauf des höchstzulässigen Einberufungsalters von 26 Jahren. Das bedeutete eine zusätzliche berufliche und familiäre Belastung für die Betroffenen.

Erschwert wurde das Los der Verweigerer und der ehemaligen Bausoldaten durch Benachteiligungen im Bildungsbereich. Während in der Bundesrepublik – und zwar nur in der Frühzeit –, die Entscheidung für den Zivildienst die Berufschancen lediglich mittelbar belastete, wurden in der DDR die Verweigerer als Drückeberger, Staatsfeinde, Oppositionelle verdächtigt. Beim Zugang zum Hochschul- und Fachhochschulstudium, zur Facharztausbildung und zu berufsspezifischer Qualifikation wurden sie behindert. In der Wirtschaft gab es für sie kaum Aufstiegschancen.[4] Nicht zuletzt unter dem Eindruck der Arbeitsbedingungen im Bausoldatendienst und wegen ihrer beruflichen Benachteiligung stieg in den 70er Jahren unter den Bausoldaten der Anteil der Ausreiseantragssteller sprunghaft an. Zu diesem Zeitpunkt sollen sich unter den Bausoldaten nur noch höchstens 20 bis 30 Prozent Waffendienstverweigerer aus rein religiöser Motivation befunden haben. Die unterschiedlichen Interessenlagen lösten Spannungen aus zwischen denen, die als Bausoldaten politisch bewußt das DDR-System ändern und jenen, die es mit Hilfe eines gleichzeitig mit der Entscheidung für den Bausoldatenstatus gestellten Ausreiseantrages so schnell wie möglich verlassen wollten.[5] Bei den letzteren wurde oftmals von ihrer Einberufung ganz abgesehen.[6] Vor allem in der politisch angespannten Situation der Ausbürgerung des Liedermachers Wolf Biermann und anderer kritischer Künstler und Schriftsteller entledigte die DDR-Führung sich vieler der unbequem gewordenen Bürger, indem man sie nach der Hälfte der Haftzeit auf eigenen Wunsch in die Bundesrepublik entließ.[7] Das für das DDR-Regime bedrohliche Anwachsen der Ausreisewilligen mag dazu geführt haben, daß es Ende 1985 nach einer überstürzten Aktion zu einer völligen Änderung der Einberufungspraxis kam. Am 2. November 1985 wurden zwischen 40 und 45 Verweigerer festgenommen und den Militärstaatsanwaltschaften übergeben. Mehrere davon, einige Zeugen Jehovas und einige Ausreiseantragsteller, wurden zu Gefängnisstrafen von je 22 Monaten verurteilt. Nach einer kirchlichen Intervention wurden die Inhaftierten wenige Wochen später mit der mündlichen Begründung, der Einberufungsbefehl sei zeitweilig zurückgenommen, wieder freigelassen. Zu einer Wiedereinberufung kam es nicht. Mit der Ausnahme von drei Reservisten, die die Ableistung des Reservistendienstes verweigert hatten, wurden seither keine Totalverweigerer mehr inhaftiert.[8]

Die Verfolgung der Zeugen Jehovas

Die Mitglieder der »Zeugen Jehovas« stellten mit etwa 90 Prozent der zu Zuchthaus Verurteilten den größten Anteil unter den Totalverweigerern.[9] Im Vergleich zu den anderen Wehrdienstverweigerern befanden sie sich in einer absoluten Gewissensnot. Ihre religiöse Pflicht, »sich in den Dingen der vergehenden Welt neutral zu verhalten«, schloß für sie jegliche, sei es auch mittelbare Teilnahme am Militärdienst aus.

Paradoxerweise wurde diese religiöse Motivation ihrer Weigerung von den Gerichten nicht als Ausdruck von Gewissensnot aufgefaßt, sondern trotz des Desinteresses der Zeugen Jehovas an der Reformierung politischer Systeme und am Rüstungsabbau als direkter Affront gegen den »friedliebenden« DDR-Staat. Wegen der ausdrücklich erklärten Abstinenz der Zeugen Jehovas in politischen Fragen waren sie schon in der Gründungszeit der DDR zu Staatsfeinden erklärt und strafrechtlich besonders rigoros verfolgt worden. Den Zeugen Jehovas galt deshalb einer der ersten großen Schauprozesse der DDR, der in Ost-Berlin am 3. und 4. Oktober 1950 unter dem Vorsitz der Vizepräsidentin des Obersten Gerichts der DDR Hilde Benjamin stattfand und in dem zweimal lebenslanges Zuchthaus und mehrere langjährige Zuchthausstrafen verhängt wurden.[10]

Der DDR-Führung schienen die Zeugen Jehovas »gefährlich«, weil sie als Glaubensgemeinschaft in ihrem Staat ein Fremdkörper waren und nichtöffentliche Massenversammlungen durchführten. Ohne daß den Angeklagten außer der naiven Entgegennahme von Aufforderungen aus der Glaubenszentrale in Brooklyn zur Anfertigung gewisser Gebietskarten und Lieferung von Adressensammlungen Spionage nachgewiesen werden konnte, wurde die Erklärung, alle Staaten seien »Teufelswerk«, und die Aufforderung zur Stimmenthaltung bei Wahlen als »Hetze, Boykotthetze, als Kriegshetze« angesehen, die sie »im Dienste des amerikanischen Imperialismus geleistet« hätten. Erstmals stützte das Oberste Gericht der DDR in diesem Prozeß das Urteil auf eine Vorschrift, die überhaupt keine konkrete Strafdrohung enthielt: Art. 6 der Verfassung der DDR[11] erklärte in diffuser Tatbestandsumschreibung »Boykotthetze gegen demokratische Einrichtungen und Organisationen, Mordhetze gegen demokratische Politiker [...] sowie Kriegshetze« zu Verbrechen, ohne aber ein Strafmaß festzulegen. Angelastet wurde den Angeklagten unter anderem, daß sie als Prediger in Massenversammlungen der Zeugen Jehovas den am Weltende stehenden »kommenden gerechten Krieg« angekündigt und die Menschen dazu aufgerufen hätten, den Stockholmer Appell zur Ächtung der Atombombe nicht zu unterschreiben.

Der Berliner Prozeß – ein Markstein in der Rechtsgeschichte der DDR – war der Auftakt zu einer Verfolgungswelle in der gesamten DDR, die sich mit zahlreichen Verurteilungen von Zeugen Jehovas in den nächsten zwei Jahrzehnten fortsetzen sollte. Nach Einführung der Wehrpflicht ab etwa Mitte der 60er Jahre standen bei der Verfolgung der Zeugen Jehovas die Verfahren wegen Totalverweigerung im Vordergrund. Bis 1985 sollen die den Wehrdienst verweigernden Zeugen Jehovas – ungefähr 2 700 Männer – sämtlich verurteilt worden sein, von den übrigen etwa 3300

Wehrdienstverweigerern nur 260 junge Männer.[12] Die ungleiche Verfolgungsdichte überrascht nur auf den ersten Blick. Zwar stellten die Zeugen Jehovas mit ihrer völlig unpolitischen Grundhaltung eine Gefahr für die DDR nur insoweit dar, als sie sich nicht positiv am militärischen Aufbau der DDR beteiligen wollten, während die Weigerung der anderen Totalverweigerer meist politisch motiviert war. Im Politbüro war abgesprochen, die Zahl der kirchlich gebundenen Häftlinge möglichst klein zu halten. Die Zeugen Jehovas dagegen galten als Freiwild, da sich für die Angehörigen dieser verbotenen Sekte »die in der DDR zugelassenen Kirchen und Religionsgemeinschaften nicht verwenden«, wie es in einem Brief von Verteidigungsminister Hoffmann an Erich Honecker hieß.[13] Auch von ihnen wurden allerdings die meisten vorzeitig aus der Haft entlassen.

Sonstige Verfolgungsmaßnahmen von Pazifisten durch die SED-Justiz

Insgesamt ist die justitielle Bekämpfung des Pazifismus durch die DDR-Justiz bislang wenig erforscht. Dies gilt auch für die Reaktion auf kritische Meinungsäußerungen gegen Militär und Aufrüstung. So sollen im Jahre 1968 vor Militärgerichten Strafprozesse gegen Angehörige der Nationalen Volksarmee wegen der Weigerung durchgeführt worden sein, sich an einem etwaigen Einmarsch in die Tschechoslowakei zu beteiligen. Nähere Angaben dazu liegen aber nicht vor.[14] Zu 2 Jahren und 6 Monaten Haft verurteilt wurde Bernd Eisenfeld, ein Bausoldat der ersten Jahrgänge und Organisator von Friedensinitiativen ehemaliger Bausoldaten. Er hatte sich an Protesten gegen den Einmarsch der Truppen der Warschauer-Pakt-Staaten in die ČSSR beteiligt.[15] In Reaktion auf die damalige militärische Intervention stieg auch der Anteil der nichtreligiös gebundenen Pazifisten unter den Verweigerungszahlen deutlich an.[16]

Schwerter zu Pflugscharen

Eine der größten oppositionellen Massenbewegungen zwischen 1953 und dem Ende der DDR war die spontane Aktion »Schwerter zu Pflugscharen« der Jahre 1981 und 1982. Aufgrund eines Vorschlages des sächsischen Landesjugendpfarrers Bretschneider wählte man in Vorbereitung für die kirchliche Friedensdekade 1980 das Symbol »Schwerter zu Pflugscharen« aus. Es zeigte die stilisierte Abbildung jenes Denkmals eines sowjetischen Künstlers, das die Sowjetunion der UNO geschenkt hatte und das in New York aufgestellt worden war. In einem Kreis mit der Umschrift »Schwerter zu Pflugscharen« war ein Schmied abgebildet, der ein Schwert umschmiedete. Die biblische Herkunft des Bildes war mit der Textstelle Micha 4 angegeben. Erst nur als Lesezeichen hergestellt, fand das Symbol als Textildruck (Aufnäher) starken Absatz, weit über Kirchenkreise hinaus. 100000 Stück davon sollen verteilt worden sein. Im Straßenbild waren die Aufnäher überall zu sehen.

Bei ihren Gegenmaßnahmen gerieten die SED-Staatsorgane in Begründungszwänge. Das Bild des immerhin von der

Schwerter zu Pflugscharen. Mit diesem Aufnäher an Jacken und Mänteln setzten vor allem junge Christen ein Signal gegen die zunehmende Militarisierung.
1980 Symbol der ersten Friedensdekade, wird »Schwerter zu Pflugscharen« zum Zeichen der unabhängigen Friedensbewegung der DDR.
1980er Jahre; Druck auf Textil

Sowjetunion der UNO geschenkten Denkmals war in der DDR schon mehrfach veröffentlicht und in das Geschenkbuch zur Jugendweihe aufgenommen worden. Nun wurde mit der seit jeher, auch in der politischen Justiz, gebräuchlichen Methode versucht, ein und demselben Begriff zwei unterschiedliche Deutungen zu geben. Das Symbol musste so interpretiert werden, daß es mit der Logik der Aufrüstung nicht in Kollision geriet. So wurde an den Oberschulen und Universitäten erklärt, daß die SED nicht gegen das Symbol »als solches« sei, sondern nur gegen die pazifistischen Ideen, die hinter der Art seiner jetzigen Verbreitung stünden, mit Folgen, die die Grundlagen der Verteidigungspolitik gefährdeten. Zu Strafprozessen kam es zwar nicht, doch schritt die Polizei ein. In allen Bildungseinrichtungen wurde das Tragen der Symbole verboten. Auch auf den Straßen stellte die Polizei die Bürger und forderte sie zur sofortigen Entfernung der Aufnäher auf. Wer dem nicht nachkam, wurde »zugeführt«, also vorläufig festgenommen. »Es kam zu Beschlagnahmen der Oberbekleidung, gewaltsamem Entfernen der Aufnäher, auch prügelte die Polizei gelegentlich.« An Oberschulen und Hochschulen erfolgten Relegierungen.[17] Dagegen konnten sich die Bürger nicht wehren. Mangels einer Verwaltungsgerichtsbarkeit in der DDR fehlte es schon theoretisch an der Möglichkeit eines Rechtsschutzes durch die Justiz. Für den Fall, daß Schüler unbelehrbar blieben, wurde angedroht, daß die FDJ keine Zustimmung zur Delegierung in die Abiturstufe bzw. zur Hochschuldelegierung geben würde.[18]

Eindämmung von Aufklärungs- und Solidarisierungsaktionen

In keinem Staat, auch in Rechtsstaaten wie der Bundesrepublik, sehen Militärs und Politiker es gern, wenn die Bürger über Rechte informiert werden, die sie nur widerwillig zugestanden haben. Zu solchen Rechten gehört insbesondere das Recht auf Kriegsdienstverweigerung. Hier gibt es bemerkenswerte deutsch-deutsche Gemeinsamkeiten. Sowohl in der DDR als auch in der Bundesrepublik versuchten die Behörden, die Unterrichtung über das Recht auf Kriegsdienstverweigerung zu verhindern. Gleichermaßen gelang dies in beiden deutschen Staaten nicht in dem behördlicherseits erwünschten Maße.

In der DDR klärten staatliche Stellen in keiner Weise über die Bausoldaten-Regelung auf. In den Medien wurde die Einführung der Regelung nur beiläufig und verschwommen erwähnt. Wegen der Zensur des Buchmarktes fehlte es auch an entsprechender Literatur. Gleichwohl hat sich, vor allem mit Unterstützung durch die Kirchen, die Bausoldatenlösung herumgesprochen. Trotz Einschüchterungsversuchen der Staatsorgane wurden auf Initiative ehemaliger Bausoldaten ab etwa 1978 unter dem Dach der Kirchen mehrere Friedensseminare durchgeführt, mit Begegnungsmöglichkeiten für Gleichgesinnte und Verbreitung von Informationen. Erst als im Jahre 1986 Totalverweigerer aus beiden deutschen Staaten eine gemeinsame Petition von Wehrdienstverweigerern veröffentlichen wollten, wurden die Initiatoren – Stefan Pilz und Mario Ender – wegen »ungesetzlicher Verbindungsaufnahme« verurteilt.[19] In der Bundesrepublik dagegen bemühte man angesichts der Zunahme der Kriegsdienstverweigerer Anfang der 70er Jahre zur Behinderung der Informationsmöglichkeiten ein NS-Gesetz, das Rechtsberatungsgesetz von 1935. Laut Gesetzesauslegung des Reichsgerichts von 1938 war praktisch auch jede unentgeltliche, altruistische Rechtsberatung verboten. Vor allem weil überwiegend kirchliche Stellen die entsprechende Beratung anboten, wurden Ordnungswidrigkeitverfahren zwar angedroht, aber nicht durchgeführt. Als Kuriosum kann allerdings gelten, daß im Jahre 1989 zwei ehemalige Totalverweigerer, Detlef Beutner und Rainer Scheer, vom Amtsgericht Braunschweig wegen »unerlaubter Rechtsbesorgung« zu je

1200 DM Geldbuße verurteilt wurden, weil sie unentgeltlich als Verteidiger von Totalverweigerern aufgetreten waren.[20]

Zweierlei Maß

Eine in den Kategorien des Kalten Krieges verhaftete Bewertung äußerte sich bei der Aufarbeitung des Pazifisten zugefügten Justizunrechts. Dabei brachten die Richter der Bundesrepublik weniger Verständnis für einen DDR-Juristen auf als für einen NS-Richter, der innerhalb weniger Jahre mehr Todesurteile – darunter gegen viele Pazifisten – gefällt hatte als sämtliche SED-Richter insgesamt in 40 Jahren.

Unter den mindestens 231 Todesurteilen, die der Kammergerichtsrat Joachim Rehse als Beisitzer des Volksgerichtshofpräsidenten Roland Freisler zu verantworten hatte, war auch das Todesurteil gegen den katholischen Priester Dr. Max Josef Metzger, der schon in der Weimarer Republik ein führender Vertreter der Una Sancta- und der pazifistischen Bewegung war. Zum Tode verurteilt hatte der Volksgerichtshof Metzger deshalb, weil er in einem an einen in England lebenden Kollegen gerichteten Brief einen für Deutschland möglichst günstigen Friedensschluß empfohlen hatte. Daß der Volksgerichtshof darin eine todeswürdige Feindbegünstigung erblickt hatte, »hielt sich im Rahmen vertretbarer Gesetzesauslegung«, so das Berliner Schwurgericht in dem Rehse freisprechenden Urteil vom 6. Dezember 1968.[21] Schließlich habe jeder Staat das Recht, »in Zeiten gefährlicher Bedrängnis von Außen seinen Bestand durch harte Kriegsgesetze zu sichern«. Der Freispruch war dem Schwurgericht verklausuliert nahe gelegt worden in einem vorausgegangenen Revisionsverfahren, in dem der Bundesgerichtshof (BGH) die anfängliche Verurteilung Rehses wegen Rechtsbeugung aufgehoben und die Voraussetzungen für eine Verurteilung drastisch erhöht hatte. Der Bundesrichter

Rudolf Börger, Berichterstatter des BGH-Urteils, lobte in einem Leserbrief »das mutige Urteil des Schwurgerichts«.[22]

Keinerlei Schwierigkeiten in der Annahme von Rechtsbeugung hatte der Bundesgerichtshof, als es um die Bestrafung von Zeugen Jehovas durch DDR-Richter ging. Ende der 50er Jahre war Ernst Oehme, ehemals Vorsitzender einer Strafkammer des Landgerichts Magdeburg, in den Westen geflohen. Als Vorsitzender Richter einer Strafkammer des Landgerichts Magdeburg hatte er im Jahre 1951 mehrere Angehörige der Zeugen Jehovas wegen »Spionage, Kriegshetze und Boykotthetze« nach Artikel 6 der Verfassung der DDR zu Zuchthausstrafen verurteilt. Ernst Oehme wurde vom Landgericht Berlin zunächst freigesprochen, weil er als Richter unter starkem Druck gestanden habe und nicht unabhängig gewesen sei. Diesen Freispruch hob der Bundesgerichtshof mit dem Hinweis auf, der Richter habe Rechtsbeugung begangen: Schließlich sei der Angeklagte »Volljurist, von dem erwartet werden kann, daß er ein Gefühl dafür hat, ob eine Strafe in unerträglichem Mißverhältnis zur Schwere der Tat und zur Schuld des Täters steht«.[23]

Deutsch-deutsche Gemeinsamkeiten

Es gab auch deutsch-deutsche Gemeinsamkeiten, allerdings recht unerfreulicher Art. Gemeinsam war beiden Justizsystemen im Allgemeinen die Frontstellung gegen den Pazifismus, gegen auf militärische Deeskalation gerichtete Bestrebungen. Im Konflikt zwischen militärischer Aufrüstung und politischer Konfrontation einerseits und politischer Entspannung und Rüstungsabbau andererseits stellten sich die Juristen beider Staaten durchweg auf die Seite der Protagonisten von Systemen der militärischen Abschreckung. Ebenso wie in der Bundesrepublik den Sitzdemonstranten gegen die atomare Hochrüstung die vermeintlich unausweichliche Notwendigkeit der atomaren Abschreckung entgegengehalten wurde, stellten sich die Richter der DDR entschieden hinter die SED-Parole: »Der Frieden muß verteidigt werden – der Frieden muß bewaffnet sein! «

Unterschiede zwischen West und Ost gab es in der Härte der Repressionen, der Art und Höhe der gegen Pazifisten verhängten Strafen. Ob mit den plumpen Urteilsbegründungen und drakonischen Zwangsmitteln im Osten oder mit den subtileren Legitimationsmethoden und Sanktionsmechanismen im Westen – in beiden Teilen Deutschlands gelang es der Justiz im Verein mit den Massenmedien, die Friedensbewegung so einzudämmen, daß pazifistische Kritik hüben und drüben und bis in die Gegenwart kein ernsthaftes Gegengewicht zu den unablässig weiterbetriebenen Rüstungsbestrebungen werden konnte. Das gilt letztlich auch für die strafrechtliche Bekämpfung der bundesdeutschen Sitzdemonstrationen gegen die atomare Hochrüstung. Solange die Atomraketen in Deutschland stationiert waren, wurden die meisten angeklagten Sitzdemonstranten wegen Nötigung verurteilt; ihre Verfassungsbeschwerden blieben sämtlich erfolglos. Gegen die autoritäre Blockaderechtsprechung konnten die liberalen Richter im Bundesverfassungsgericht sich erst zu einem Zeitpunkt (1995) durchsetzen, als die Atomraketen längst abgezogen waren, als die Stationierungsfrage also nur noch Geschichte, nur noch bedingt ein Politikum war.

Der Fall Volker Wiedersberg

In einem Fall wurde ein Pazifist der DDR auch in der Bundesrepublik strafrechtlich verfolgt. Der 1969 in Schwerin geborene Volker Wiedersberg hatte sich schon als Jugendlicher in der evangelischen Friedensbewegung engagiert, unter anderem mit Eingaben gegen die Produktion von

Kriegsspielzeug, durch die Herstellung von Antikriegs-Texten und durch Organisation und Teilnahme an Veranstaltungen wie der Friedensdekade in Schwerin. Im Jahre 1984 verweigerte er die obligatorische Teilnahme an Schulwehrübungen. Nach der Musterung als Bausoldat erklärte er am 1. September 1989 die totale Verweigerung aller militärischen und Ersatzdienste und zeigte das auch dem damaligen DDR-Verteidigungsminister an. Schon damals hatte er sein antimilitaristisches Verständnis als internationales Anliegen praktiziert. Dies Verständnis äußerte er als Mitglied des Freundeskreises der DDR-Wehrdiensttotalverweigerer und als Mitautor eines Protestbriefes, in dem die Berliner Justizsenatorin aufgefordert wurde, den Westberliner Totalverweigerer Gerhard Scherer nicht nach Westdeutschland auszuliefern.

Die in der DDR unterbliebene Bestrafung des Totalverweigerers Wiedersberg versuchte die bundesdeutsche Justiz nach der Wiedervereinigung nachzuholen. Nachdem Wiedersberg den von ihm geforderten Zivildienst am 1. September 1993 nicht angetreten hatte, erhob die Staatsanwaltschaft Potsdam gegen ihn Anklage wegen Dienstflucht. Nach Einholung eines Gutachtens zur Frage der inzwischen möglicherweise verfassungsrechtlich unzulässig gewordenen allgemeinen Wehrpflicht und nach einem Richterwechsel verurteilte das Amtsgericht Potsdam ihn unter Berücksichtigung seiner Gewissensentscheidung zu einer Geldstrafe von 1500 DM. Die Frage nach der Verfassungswidrigkeit wurde erst in der Berufungsinstanz vor dem Landgericht Potsdam erneut aufgeworfen und mit einem auf 32 Seiten ausführlich begründeten Vorlagebeschluß an das Bundesverfassungsgericht bejaht.[24] Der Vorlagebeschluß wurde vom Bundesverfassungsgericht zunächst offensichtlich recht ernst genommen, nach fast dreijähriger Beratung im Zweiten Senat aber überraschend als unzulässig abgewiesen. Möglich geworden war den Karlsruher Richtern die Verneinung der Zulässigkeit erst durch eine von ihnen vorgenommene

Erhöhung der ohnehin schon hohen Hürden für eine Richtervorlage.[25] In der erneuten Hauptverhandlung wählte das Landgericht Potsdam nach einem erneuten Richterwechsel den Weg des geringsten Widerstandes. Obgleich es durch Nachholung der in Karlsruhe vermißten Begründungsteile das Bundesverfassungsgericht beim Wort hätte nehmen können, stellte es gegen den Widerspruch des Angeklagten das Verfahren wegen angeblich unzumutbar langer Verfahrensdauer ein. Nicht einmal damit gab die Staatsanwaltschaft sich zufrieden. So fand das Verfahren mit Zurückweisung der Revision der Staatsanwaltschaft erst im April 2004 vor dem Oberlandesgericht Brandenburg ein Ende, zwölf Jahre nachdem Wiedersberg zum Dienstantritt geladen worden war.

Als Pazifisten unter drei deutschen Staaten verfolgt: Die Zeugen Jehovas

Von der Verfolgung der Totalverweigerer unter den Zeugen Jehovas in der DDR war schon die Rede. Sie hatte mit besonderer Grausamkeit schon im Dritten Reich begonnen. In der Bewertung des Widerstandes in der NS-Zeit gab es in der Bundesrepublik eine Parallele.

In den Jahren 1933 bis 1945 wurden die Zeugen Jehovas generell allein wegen der Ausübung ihres Glaubens verfolgt. Ohne daß die Nationalsozialisten es gewagt hatten, den Grundsatz der Religionsfreiheit nach Artikel 137 Weimarer Reichsverfassung ausdrücklich zu beseitigen, stellte sich das Landgericht Dresden auf den Standpunkt, die Reichstagsbrandverordnung vom 28. Februar 1933 habe neues Verfassungsrecht gesetzt. Dem schloß sich in einem alsdann von zahlreichen anderen Sondergerichten aufgegriffenen Aufsatz[26] ein junger Staatsanwalt an, der später in der Bundesrepublik als hoher Beamter im Bundesjustizministerium prägenden Einfluß auf die Strafrechtsentwicklung und die

Kommentarliteratur gewinnen sollte: Dr. Eduard Dreher[27]. Diese und andere juristische Vorarbeiten eröffneten den Weg zu zahlreichen Verurteilungen von Zeugen Jehovas zu empfindlichen Haftstrafen. Tausende von ihnen wurden nach Verbüßung ihrer Strafen in Konzentrationslager verschleppt, wo unter erschwerten Haftbedingungen viele von ihnen umkamen.[28]

Zeugen Jehovas, die den Kriegsdienst verweigerten, wurden vor Beginn des Zweiten Weltkrieges zu hohen Zuchthausstrafen verurteilt. Nach Kriegsausbruch traf die meisten von ihnen – ungefähr 250 – die vom Reichskriegsgericht ausgesprochene Todesstrafe.[29]

Auch in der Bundesrepublik gerieten die Zeugen Jehovas in Konflikt mit einer Justiz, die kein Verständnis für Pazifisten aufzubringen vermochte. Aus Glaubensgründen verweigerten sie auch den Zivildienst. In den 50er und 60er Jahren saßen daraufhin Hunderte Zeugen Jehovas als Totalverweigerer in bundesdeutschen Gefängnissen ein. Bis zu ein Jahr Gefängnis und mehr wurden verhängt. Ihre Verfassungsbeschwerden wurden zunächst sämtlich verworfen, erstmals durch Beschluß des Bundesverfassungsgericht vom 4. Oktober 1965.[30] Ebenso bemerkenswert wie die Selbstverständlichkeit, mit der manche der Urteilsbegründungen an die Terminologie und Gedankenwelt des Nationalsozialismus anknüpften, sind die Parallelen mit den Urteilen der SED-Richter. So wird in einem Urteil des Landgerichts Braunschweig von 1962 die »schroffe Auflehnung« der Zeugen Jehovas gegen die Ersatzdienstpflicht strafschärfend berücksichtigt und ausgeführt: »Eine Grundanschauung, die solche Zwecke (den »dem Gebote der christlichen Nächstenliebe« entsprechenden Zivildienst) mißbilligt, muß als staatsfeindlich, asozial und unchristlich bezeichnet werden.«[31] Wenn die Verurteilten sich der nochmaligen Auffassung zum Ersatzdienst nicht fügten, wurden viele von ihnen zum zweiten Mal mit der Absicht verurteilt, durch eine noch längere Gefängnisstrafe ihre Glaubenshaltung zu brechen.

Solche gegen Art. 103 GG verstoßende Doppelbestrafungen wurden schließlich 1968 vom Bundesverfassungsgericht untersagt. Erst 1969 wurde durch eine Änderung des Zivildienstgesetzes Zeugen Jehovas und anderen Kriegsdienstverweigerern, die aus Gewissensgründen auch gehindert sind, Zivildienst zu leisten, die Möglichkeit eingeräumt, ein Arbeitsverhältnis mit üblicher Arbeitszeit in einem Krankenhaus oder einer ähnlichen karitativen Einrichtung aufzunehmen. Diese Arbeitsverhältnisse hatten eine Mindestdauer von zweieinhalb Jahren, Zivildienst mußte hingegen damals nur für eineinhalb Jahre geleistet werden.

Viele der Zeugen Jehovas mußten ein ähnliches Schicksal wie schon in den Jahren 1933 bis 1945 in der DDR noch einmal durchleiden. Mehr als 300 von ihnen sollen sowohl unter dem Nationalsozialismus als auch vom DDR-Regime inhaftiert worden sein. Ungefähr 60 Zeugen Jehovas sollen in DDR-Haft oder bald nach ihrer Entlassung verstorben sein, weil sie, die oftmals bereits durch die langjährige KZ-Haft vor 1945 körperlich geschwächt waren, den unbefriedigenden Verhältnissen in den Justizvollzugsanstalten der DDR nicht gewachsen waren.[32]

Besonders schweres Unrecht angetan, ohne jegliches Gespür für die Notwendigkeit der Distanzierung von vorangegangenem Unrecht und die Notwendigkeit der Wiedergutmachung, wurde einem Zeugen Jehovas von der Justiz aller dreier deutschen Staaten der Jahre 1933 bis 1990. Wegen der Verweigerung des Kriegsdienstes war ein Mitglied der Zeugen Jehovas am 19. September 1939 vom Reichskriegsgericht zum Tode verurteilt worden. In diesem frühen Fall war die Todesstrafe in eine Zuchthausstrafe von 10 Jahren umgewandelt worden. Einschließlich einer schon 1934 vom Sondergericht wegen Zugehörigkeit zu seiner Glaubensgemeinschaft verhängten Gefängnisstrafe hatte der Pazifist bei seiner Befreiung durch die Engländer am 3. Mai 1945 aus dem Moorlandlager Esterwegen fast 7 Jahre Haft verbüßt. Nach seiner Übersiedlung zu Verwandten in die DDR wurde er dort wegen seiner Mitgliedschaft bei den Zeugen Jehovas erneut zu 10 Jahren Zuchthaus verurteilt. Nachdem er nach seiner Haftentlassung in die Bundesrepublik zurückgekehrt war, wurde ihm dort keine Gerechtigkeit zuteil. Der Bundesgerichtshof versagte ihm jegliche Wiedergutmachung für seine kriegsgerichtliche Verurteilung. Die Frage, ob ein Krieg ein gerechter oder ungerechter sei, könne dem einzelnen Bürger nicht zur Entscheidung überlassen werden. Dies gelte auch für den nationalsozialistischen Angriffskrieg.[33] Mit diesem Urteil des Bundesgerichtshofs wurde unter ein deutschdeutsches Schicksal ein schlimmer Schlußstrich gesetzt.

Desinteresse der Historiker an der Aufarbeitung

Die Geringschätzung des entschiedenen Pazifismus in der DDR spiegelt sich in dem Desinteresse der Geschichtswissenschaft[34] an einer Aufarbeitung der Verfolgung der Totalverweigerer und des Bausoldatenkomplexes in der DDR. Zwar ist die Erforschung der politischen SED-Justiz insgesamt schon in den ersten Jahren nach dem Ende des DDR-Regimes weiter vorangekommen als die Erforschung der NS-Justiz in mehr als einem halben Jahrhundert nach dem Ende des Dritten Reiches. Ebenso wie das Schicksal der Verweigerer und Deserteure des Zweiten Weltkrieges erst spät allgemeine Aufmerksamkeit gefunden hat, hat auch die Verfolgung der Pazifisten der DDR es schwer, von der Rechtsgeschichte und Öffentlichkeit wahrgenommen zu werden. Gilt Historikern und Politikern die Unterdrückung des Pazifismus etwa als weniger problematisch als die Verfolgung der sonstigen politischen Opposition in nicht rechtsstaatlichen Systemen?

Die verweigerte Rehabilitierung der Deserteure der Volksarmee

Eine Unterbewertung pazifistischer Antriebe hat auch dem bundesdeutschen Gesetzgeber die Feder geführt, als er in dem Strafrechtlichen Rehabilitierungsgesetz von 1991 festgelegt hat, daß eine Verurteilung durch ein DDR-Gericht wegen Fahnenflucht in der Regel keinen Anspruch auf strafrechtliche Rehabilitierung begründet, und den Fahnenflüchtigen eine Beweislast dafür aufgebürdet hat, sie seien aus politischen Gründen verurteilt worden. Der Regierungsentwurf des Rehabilitierungsgesetzes hatte nicht einmal für Totalverweigerer einen Regelaufhebungstatbestand enthalten, dies mit der Begründung, auch in Rechtsstaaten sei keineswegs »flächendeckend« ein Recht auf Wehrdienstverweigerung bzw. Ersatzdienst anerkannt. Einige Rehabilitierungsgerichte haben sich mit der Zuerkennung eines Rehabilitierungsanspruchs sehr zurückgehalten.[35] Ein Oberlandesgericht hatte sich sogar an die Tatsachenfeststellungen des DDR-Militärgerichts für gebunden erachtet und ignoriert, daß der Deserteur trotz seiner hartnäckigen Weigerung in die Volksarmee gepresst worden war.[36]

Juristen gegen Pazifisten

Daß ein autoritär strukturierter Staat wie die DDR mit Pazifisten nicht glimpflich umgehen würde, überrascht nicht. Auch hier lohnt sich aber eine vergleichende Bewertung der Willfährigkeit der Juristen gegenüber machtpolitischen Erwartungen in den drei deutschen Staaten des 20. Jahrhunderts. Bei dieser Einschätzung muß man wissen, daß die Justiz der DDR nicht nur den auch in demokratischen Staaten gebräuchlichen Steuerungsmechanismen, darunter dem System der Lockung durch Förderungsaussichten, unterworfen war.

Vielmehr fehlte den SED-Richtern jegliche Unabhängigkeit. Sie waren auf Wiederwahl angewiesen, jederzeit absetzbar und konnten »in die Produktion« versetzt werden. Weder entlastet diese Feststellung einen Richter, der in der DDR gegen Menschlichkeit und Gewissen urteilte, noch mindert er das den Opfern widerfahrene Unrecht. Noch verwerflicher aber war das Verhalten der NS-Richter, die die ihnen auch gegenüber Pazifisten verbliebenen Handlungsspielräume ohne Not oftmals bis zum Äußersten mit unzähligen Todesurteilen ausschöpften. Politisch mißliebige Entscheidungen hätten sie nicht einmal das Amt, sondern allenfalls verringerte Aufstiegsmöglichkeiten gekostet.

Vergleicht man die Härte der in der Bundesrepublik und der DDR gegenüber Pazifisten angewandten Repressalien miteinander, so fällt der Vergleich eindeutig zu Ungunsten der DDR aus. Setzt man dabei die unterschiedlich bemessenen Entscheidungsspielräume der unabhängigen bundesdeutschen Richter und den nicht mit dem Schutz der richterlichen Unabhängigkeit ausgestatteten DDR-Richter in ein Verhältnis zueinander, ergibt sich ein einheitlicheres Bild: Die an der Bekämpfung der Friedensbewegung beteiligten Juristen beider deutschen Staaten haben in der Mehrzahl ihre Entscheidungsmacht gleichermaßen in den Dienst der Rüstungsprotagonisten gestellt, nach dem Prinzip: »Recht ist, was den Waffen nützt.«

Hans-Ernst Böttcher

Strafbare Nötigung oder Ausübung von Grundrechten?

Die gerichtliche Auseinandersetzung mit den Sitzblockaden gegen den NATO-Doppelbeschluß

Wenn, sagen wir, im Jahre 2103 eine »Europäische Rechtsgeschichte«[1] erscheinen würde, so würde sie womöglich für die ersten 50 Jahre der Bundesrepublik Deutschland, also die zweite Hälfte des 20. Jahrhunderts, eine Besonderheit benennen: die periodisch auftretenden massenhaften Verurteilungen wegen strafbarer Nötigung laut § 240 des Strafgesetzbuches als eine besondere Erscheinungsform des politischen Strafrechts.[2]

Jede Zeit und jedes politische Herrschaftssystem kennen ihr politisches Strafrecht, das je nach Grad der Freiheitlichkeit weniger oder mehr Konjunktur hat. Es gibt dabei die offen erkennbaren Tatbestände des politischen Strafrechts wie Hochverrat, Landesverrat, Landfriedensbruch, und es gibt die subtilen Formen. Schon die Praxis des Reichsgerichts zum Nötigungstatbestand ging in diese Richtung. Ursprünglich wurde nach dem Paragraphen bestraft, »wer einen anderen widerrechtlich durch Gewalt oder Bedrohung mit einem Verbrechen oder Vergehen« nötigte. Für die Strafgerichte der Kaiserzeit war es aber kein Problem, den »Streik« hierunter zu fassen. Aber das Streikrecht genießt bekanntlich inzwischen Verfassungsrang (vgl. Art. 9 Abs. 3 GG).

Damit der Nötigungstatbestand (§ 240 StGB) zu seinem zweifelhaften, kurzen und hoffentlich jetzt beendeten Ruhm als Säule des politischen Strafrechts in der Bundesrepublik Deutschland kam, mußte freilich zweierlei geschehen: zum einen eine doppelte Veränderung des Wortlauts der Norm und zum zweiten die Mutation des Begriffs »Gewalt« von der physischen zur psychischen Gewalt.

Die zweifache Wandlung des § 240 StGB

Im Jahre 1943 erhielt der § 240 StGB eine neue Fassung. Durch die »Verordnung zur Angleichung des Strafrechts des Altreichs und der Alpen- und Donaugaue«[3] wurde er in Richtung des heutigen Textes »mit Gewalt oder durch Drohung mit einem empfindlichen Übel« umformuliert. Weil dadurch der Tatbestand derart ausgeweitet wurde, daß eine einengende Korrektur angebracht werden mußte,[4] fügte der damalige Verordnungsgeber hinzu, daß die Tat nur rechtswidrig sei, »wenn die Anwendung der Gewalt oder die Zufügung des angedrohten Übels zu dem angestrebten Zweck dem gesunden Volksempfinden widerspricht«. Begreiflicherweise fragte sich die Juristenwelt nach 1945, ob § 240 StGB in dieser Form weiter gelte. War es zunächst in Rechtsprechung und Literatur durchaus eine gängige Meinung, daß § 240 als typisch nationalsozialistisches Recht ungültig geworden sei,[5] wurde das Anwendungs- und Auslegungsproblem schließlich dadurch gelöst, daß 1953 die mit dem NS-Geruch behaftete Formel in Abs. 2 ersetzt wurde durch den Wortlaut »Rechtswidrig ist die Tat, wenn die Anwendung der Gewalt oder die Androhung des Übels zu dem angestrebten Zweck als verwerflich anzusehen ist«.

Das war die eine Veränderung. Die andere Veränderung vollzog sich durch die Rechtsprechung. Sie fand ihren Höhepunkt in der Entscheidung des Bundesgerichtshofs in Strafsachen vom 8. August 1969, dem sogenannten »Läpple-Urteil«.[6] Aus dem ehemals umgangssprachlich wie unter Juristen für eindeutig angesehenen Begriff der Gewalt im Sinne physischer Gewaltanwendung wurde nunmehr der »vergeistigte Gewaltbegriff«. Dieser umfaßte auch und gerade die psychische Einwirkung auf den Willen eines Dritten. Im Ausgangsfall im Jahr 1966 hatten der Angeklagte, der damals AStA-Vorsitzender an der Universität Köln war, und weitere Personen zu einer Demonstration auf Straßenbahnschienen gegen Fahrpreiserhöhungen der Verkehrsbetriebe aufgerufen. Die Demonstration hatte die Form, die später unter dem Namen »Sitzblockade« auf den Begriff gebracht werden sollte. Hierzu der Bundesgerichtshof: »Die Studenten, die sich auf den Gleiskörper der Straßenbahn setzten oder stellten, um damit den Straßenbahnverkehr zu blockieren, nötigten die Führer der Straßenbahn mit Gewalt, ihre Fahrzeuge anzuhalten. Dieser Bewertung steht nicht entgegen, daß die Studenten die Straßenbahn nicht durch unmittelbaren Einsatz körperlicher Kräfte aufhielten, sondern mit geringem körperlichen Kraftaufwand einen psychisch determinierten Prozeß in Lauf setzten. Entscheidend ist hierbei, welches Gewicht der von ihnen ausgeübten psychischen Einwirkung zukam. Ob das Anbinden eines Hundes auf den Gleisen, um ein Beispiel der Verteidigung aufzuwerfen, ausreichen würde, weil hier einem Weiterfahren nur psychische Hemmungen weit geringeren Gewichts entgegenwirken, kann dahinstehen. Stellt sich ein Mensch der Bahn auf den Schienen entgegen, so liegt darin die Ausübung eines Zwanges, der für den Fahrer sogar unwiderstehlich ist, denn er muß halten, weil er sonst einen Totschlag beginge. Durch den gleichzeitigen massierten Einsatz vieler Personen auf dem Gleiskörper wird die Zwangswirkung noch gesteigert. Es ist nicht einzusehen, daß die weitere Begehungsform des § 240 StGB, nämlich Nötigung durch Drohung mit einem empfindlichen Übel, dieser Betrachtung im Wege stünde, weil sie ausschließlich auf psychische Einwirkungen abstellt; das könnte höchstens dazu führen, das geschilderte Verhalten auch unter diesem rechtlichen Gesichtspunkt als strafbar zu beurteilen.«[7]

Wo bleibt das Verfassungsrecht?

Man fragt sich bei einer derartigen Entscheidung des Bundesgerichtshofes im Jahre 1969 verwundert: Wo bleibt das Verfassungsrecht? Es ist an dieser Stelle dringend geboten, zunächst etwas Information über den allgemeinen Rechtszustand unter dem Grundgesetz, also seit 1949, auszubreiten.

Das Grundgesetz hat – erstmals in der deutschen Verfassungsgeschichte – das Verhältnis der Grundrechte zu den sogenannten einfachen Gesetzen im Sinne eines verbindlichen Vorrangs der Grundrechte geregelt. Art. 1 Abs. 1 GG sagt es so: »Die nachfolgenden Grundrechte binden Gesetzgebung, vollziehende Gewalt und Rechtsprechung als unmittelbar geltendes Recht.« Und in Art. 19 Abs. 2 GG ist klargestellt (nach Aussagen in Abs. 1 zu Einschränkungen von Grundrechten): »In keinem Fall darf ein Grundrecht in seinem Wesensgehalt angetastet werden.« Die Aufstellung dieser klaren Hierarchie mit dem Vorrang der Grundrechte geschah nicht ohne Sinn und nicht ohne Grund.[8] Die Grundrechte sind auf diese Weise von bloßen Programmsätzen »fortgeschrieben und verfestigt« zu echten – und konsequenterweise mit der Verfassungsbeschwerde einklagbaren – Rechten, eine Reaktion zum einen auf die zur Durchsetzung der Bürgerfreiheiten unwillige Beamtenschaft und Justiz der Weimarer Republik wie auch auf den Unrechtsstaat des Nationalsozialismus.

Es verwundert nicht, daß es der Verwaltungspraxis und der Rechtsprechung auch nach 1949 zunächst auf allen Rechtsgebieten schwerfiel, diese veränderte Rangordnung im Verhältnis zwischen Staat und Bürger nachzuvollziehen, sie zu akzeptieren und zu praktizieren. Hier war es das Bundesverfassungsgericht (BVerfG), das in seiner frühen Rechtsprechung Bedeutung und Tragweite der Grundrechte klarstellen mußte. Dies geschah insbesondere in Entscheidungen zur Meinungsfreiheit, grundlegend in einer Entscheidung im 7. Band der Entscheidungssammlung des Gerichts.[9] Sie ist unter dem Namen »Lüth-Urteil« bekannt geworden, und sie ist es wert, näher betrachtet zu werden: Der Beschwerdeführer Erich Lüth, seinerzeit Senatsdirektor und Pressesprecher des Hamburger Senats, hatte in einem privaten Vortrag zum Boykott des Films »Unsterbliche Geliebte« des NS-Regisseurs Veit Harlan (»Jud Süß«) aufgerufen. Er war deshalb von den Zivilgerichten auf Klage der Filmgesellschaft und des Verleihs zur Unterlassung verurteilt worden. Das Bundesverfassungsgericht hob die Entscheidung auf und nahm den Fall zum Anlaß, klarzustellen, daß selbst dort, wo Einschränkungen von Grundrechten im Grundgesetz enthalten sind,[10] diese Schranken an den Grundrechten und der Wertordnung des Grundgesetzes gemessen werden müssen. Das ist nur konsequent, denn anderenfalls wäre der Vorrang des schlichten, vielfach vorkonstitutionellen Gesetzes vor den in der Verfassung verankerten Grundrechten auf kaltem Wege wiederhergestellt gewesen.

Wer meinte, daß nach dieser und ähnlichen Entscheidungen für alle Zeit klargestellt wäre, wie das Rangverhältnis zwischen Grundrechten und etwa den Strafgesetzen auch im Einzelfall aussieht, der hatte sich getäuscht. Und nicht nur das. Auch in der Rechtsprechung des Bundesverfassungsgerichts (das im übrigen aus zwei Senaten besteht, die nahezu unabhängig voneinander Recht sprechen) gibt es Zackenlinien: mal ein Ausschlagen in Richtung Bürgerfreiheit und mal ein solches in Richtung Staatsraison. Für das Gebiet der Meinungsfreiheit (Art. 5 GG) ist jedoch durch eine kontinuierliche Rechtsprechung des Bundesverfassungsgerichts jeder Richterin und jedem Richter klar: wenn über die Grenzen privater oder politischer Auseinandersetzung zu judizieren ist, über Beleidigung und üble Nachrede, dann müssen sie Bedeutung und Tragweite der Meinungsfreiheit berücksichtigen. Kurz gesagt, was bis 1949 eine Beleidigung war, braucht heute noch lange keine solche zu sein.

Ganz anders zur Versammlungsfreiheit (Art. 8 GG). Hier gab es, um es vereinfacht zu sagen, bis 1986 überhaupt keine Entscheidung des Bundesverfassungsgerichts, die für Konfliktlagen juristische Entscheidungshilfen lieferte, die gewissermaßen die sich aus der Versammlungsfreiheit ergebenden Mindeststandards festhielt, auch wenn andere

Rechtsgebiete tangiert sind; und erst 1995 kam die wirklich klärende Entscheidung.[11] Auf diese Leuchttürme für die Neuorientierung werde ich unten ausführlich eingehen.

Erste grundrechtsorientierte Lichtblicke in der juristischen Literatur

Als 1969 das Läpple-Urteil gefällt wurde, waren fundierte Handreichungen für eine verfassungsgeleitete, demokratieadäquate Interpretation des Grenzbereichs zwischen Ausübung der Versammlungsfreiheit und der eventuellen strafbaren Nötigung durchaus vorhanden. Drei von ihnen will ich hier benennen. Sie waren ebenso verfassungsrechtlich fundiert wie praxisbezogen, und sie stammten allesamt aus der Feder von Praktikern. Eine erste Grundlegung für eine verfassungsgemäße Doktrin zur Anwendung und Auslegung des § 240 StGB stammt von dem Bremer Rechtsanwalt Heinrich Hannover. Sie findet sich im ersten Heft der Zeitschrift, die bis heute Hecht im Karpfenteich der juristischen Literatur in der Bundesrepublik Deutschland ist, der »Kritischen Justiz« (KJ).[12] Hannover machte nicht mehr und nicht weniger, als die Gedanken des frühen Bundesverfassungsgerichts zu dem »etablierten« Grundrecht der Meinungsfreiheit, insbesondere aus der Lüth-Entscheidung und der Schmid-Spiegel-Entscheidung[13], auf das »plebejische Grundrecht« (Ulrich K. Preuss) der Versammlungsfreiheit zu übertragen.

Dann folgten zwei Arbeiten, nach denen eigentlich anzunehmen gewesen wäre, daß nun Rechtsprechung und Lehre auf diese verfassungskonforme Linie einschwenkten. Die beiden Pionier-Arbeiten, von denen ich spreche und die – neben Hannover – viel früher mehr Beachtung verdient hätten, waren ebenfalls von Praktikern geschrieben. Es sind die Aufsätze von Hans Janknecht »Verfassungs- und strafrechtliche

Fragen zu ›Sitzstreik‹«[14] und von Heinrich Maul »Demonstrationsrecht und allgemeine Strafbestimmungen«[15]. Interessant sind schon die Autoren: Janknecht war damals Staatsanwalt und wurde später Generalstaatsanwalt in Bremen. Maul war damals Landgerichtsrat und wurde später Bundesrichter in Karlsruhe. Beide sind inzwischen im Ruhestand. Janknecht behandelte den Sitzstreik als öffentliche Versammlung und Ausübung der Meinungsfreiheit und kam bei seiner immer die Umstände des Einzelfalles prüfenden Betrachtung der Einwirkung der Meinungs- und Versammlungsfreiheit auf das Strafrecht für die uns im Hinblick auf die spätere Rechtsprechung des Bundesverfassungsgerichts interessierenden Fallgruppen 1969 (!) zu dem Ergebnis: »[...] wird etwa ein Sitzstreik, der aus nicht unerheblichem Anlaß veranstaltet wird, nicht als rechtswidrig zu beurteilen sein, wenn der gesamte Verkehr einer Großstadt für einige Stunden zum Erliegen gebracht würde, aber ein höchst bedeutsamer Anlaß vorläge, beispielsweise gegen eine geplante Stationierung von Atomraketen in unmittelbarer Nähe der Stadt Stellung genommen würde. Denn der Protest gegen die Herbeiführung einer Gefahr, die sich bei einem internationalen Konflikt mit großer Wahrscheinlichkeit zur Lebensgefahr für eine unübersehbare Menschenmenge ausweitet, hat mehr Gewicht als die Reibungslosigkeit des Verkehrs.«[16] Auch Heinrich Maul bezog Anlaß, Art, Umfang, Ort und Zeit der Demonstration in seine Abwägung ein und kam so für den Regelfall der Demonstrationen dazu, daß für eine Anwendung der Strafnormen kein Raum ist.

Wir wissen, den Autoren blieb – von Ausnahmen abgesehen – lange Zeit die Anerkennung ihrer Argumentation und die Übernahme als Rechtsprechung versagt. Janknecht selbst sah später – jedenfalls zeitweilig bis zur endgültigen Klärung durch das Bundesverfassungsgericht – sein Frühwerk mehr als »Jugendsünde« ...

Auch hier ein deutscher Sonderweg?

Um auf unsere imaginäre Europäische Rechtsgeschichte aus der Sicht des Jahres 2103 zurückzukommen: Auffällig ist eine – der deutschen Staatsrechts- und Strafrechtstradition geschuldete – Unterordnung von Sachverhalten, die mehr der gesellschaftlich-politischen Sphäre oder dem Verfassungsrecht zuzuordnen sind, unter das Strafrecht. Ich hatte schon immer Schwierigkeiten, Richterkolleginnen und –kollegen aus dem westeuropäischen Ausland zu vermitteln, warum an bestimmte Formen politischer Artikulation, bestimmte Formen von Demonstrationen mit dem Maßstab des Strafrechts herangegangen wird. Kein Mensch würde dort, wenn und solange nicht andere Straftatbestände (wie etwa Körperverletzung oder Sachbeschädigung) verwirklicht sind, durch die Demonstration als solche Straftatbestände verwirklicht sehen.[17] Und ich gehe wohl auch nicht zu weit, wenn ich behaupte, daß kein französischer Jurist, hätte er eine Übersetzung des deutschen Paragraphen 240 des Strafgesetzbuches

Richter definieren friedliche Sitzdemonstranten zu Gewalttätern im Sinne des Nötigungsparagraphen; Zeichnung Philipp Heinisch, 1986

zur Hand, auf die Idee käme, bei einer – auch länger dauernden – Demonstration etwa vor Werks- oder Kasernentoren oder auf öffentlichen Verkehrseinrichtungen das Tatbestandsmerkmal der Gewalt zu bejahen und schon gar nicht die Handlungen als verwerflich und damit strafrechtlich als rechtswidrig im Sinne des Abs. 2 des § 240 StGB anzusehen.

Hier offenbart sich – jedenfalls in der traditionellen Linie der Rechtsprechung – klassische deutsche Juristentradition. Sie liest sozusagen in das Grundgesetz immer den Vorbehalt hinein: »Wenn es nicht überkommenen Rechtsstandards widerspricht.« Oder auch: »Wenn nicht die – von uns definierte – Staatsraison entgegensteht.« Diese Linie findet sich übrigens bis heute in dem von jedem Strafjuristen in der Bundesrepublik Deutschland benutzten Kommentar zum StGB von Herbert Tröndle und Thomas Fischer.[18]

Freilich gab es auch vor den Entscheidungen des Bundesverfassungsgerichts zu Gunsten der Demonstrationsfreiheit Ausnahmen in der juristischen Beurteilung von »Blockaden«, in diesem Falle sogar bei Kundgebungen sozusagen »unter erschwerenden Umständen«: Lastwagenfahrer blockierten bei Kiefersfelden die Autobahn mit ihren Fahrzeugen (!), um Steuererleichterungen zu Gunsten des Transports auf der Straße zu erzwingen; in dem anderen Fall blockierten streikende Stahlarbeiter in Oberhausen in ähnlicher Weise Verkehrsadern wegen der drohenden Stillegung eines Hochofenwerkes. Aber während sonst die jeweiligen Innenminister ihre Polizei in Marsch setzten, waren hier die damaligen Ministerpräsidenten Strauß und Rau sozusagen die Protektoren dieser Veranstaltungen und beehrten sie durch ihre Anwesenheit. Das war aber noch keineswegs der Umschwung der rechtlichen Betrachtung in Richtung einer »grundrechtsgeneigten« Perspektive, sondern blanker Populismus und somit eher ein Ausdruck der Willkür als ein Indiz für den real existierenden demokratischen Verfassungsstaat.

Pluralisierung der Richterschaft und der Rechtsprechung, Pluralisierung des rechtswissenschaftlichen Diskurses

Die 80er Jahre brachten nicht nur – ausgelöst durch die NATO-Beschlüsse zur Raketenhochrüstung als Reaktion auf die Hochrüstung im damaligen Warschauer Pakt – die großen Friedensdemonstrationen in Bonn und andere bundesweite Aktionen, sondern vor allem kleinere, regionale und lokale Kundgebungen »vor Ort«, das heißt vorzugsweise vor Einrichtungen der NATO-Infrastruktur in Deutschland. Dies führte gemäß der nach wie vor herrschenden juristischen Meinung natürlich zu Tausenden von Ermittlungsverfahren. Aber durch diese Entwicklung kam Bewegung in die juristische Diskussion, und schließlich – so kann man sagen – tobte sie in den kritischen juristischen Blättern – »Kritische Justiz«, »Betrifft Justiz«, »ÖTV in der Rechtspflege« – ebenso wie in den etablierten allgemeinen juristischen Zeitschriften – »Neue Juristische Wochenschrift« (NJW) und »Juristenzeitung« (JZ) – oder den Spezialzeitschriften, z.B. im »Strafverteidiger« (StV).

Auch in der Justiz, zunächst in den Eingangsinstanzen, fand sich der Meinungsstreit wieder. Man muß dabei berücksichtigen, daß mit den Generationsveränderungen in der Justiz – jedenfalls ansatzweise – eine Pluralisierung der Richterschaft begonnen hatte.

Hier ist es wieder angebracht, das Grundgesetz zu zitieren. Es heißt in Art. 92: »Die rechtsprechende Gewalt ist den Richtern anvertraut.« Mit dem Begriff des »Anvertrauens« wird deutlich, daß die Übertragung der rechtsprechenden Gewalt durch das Volk als Souverän nicht auf Institutionen, also Behörden oder Gerichte erfolgt, sondern auf Richterinnen und Richter, also auf Personen. Der Verfassungsgeber hat also, wie er explizit deutlich gemacht hat, Menschen vor Augen gehabt. Diejenigen, denen die rechtsprechende Gewalt anvertraut ist, sind Frauen und Männer verschiedenen

Alters, verheiratete, ledige, geschiedene, verwitwete Menschen, Menschen mit unterschiedlicher sexueller Orientierung, mit den unterschiedlichsten Weltanschauungen und politischen Orientierungen, insbesondere aber mit unterschiedlichen Anschauungen zum Verhältnis der Rechte der Individuen und des Staates, Menschen mit unterschiedlichem Richterbild, bei Männern auch ehemalige wehrpflichtige Soldaten sowie Kriegsdienstverweigerer. Dies sind nur einige der Facetten, die insgesamt zu einer Vielfalt in der Richterschaft führen sollten, einer Pluralität, die in ihrer Gesamtmischung die demographische und demokratische Vielfalt der Gesellschaft abbilden sollte, um damit um so mehr die Formel »Im Namen des Volkes« zu rechtfertigen.

Und in der Tat begann die Idealvorstellung des Verfassungsgebers allmählich Wirklichkeit zu werden, der ehemals monolithische Block der Richterschaft pluralisierte sich. So gab es, erst vereinzelt, dann häufiger, Entscheidungen der Eingangsinstanzen, die im Sinne der oben beschriebenen »grundrechtsnahen« Interpretationen ausfielen. Beispielhaft

Am 12. Januar 1987 wurden Richterinnen und Richter von der Polizei in Mutlangen festgenommen.

seien hier die Urteile der Richter Piira (Amtsgericht Münster/Westfalen)[19] und Dubbers (Amtsgericht Reutlingen)[20] genannt. Anderswo freilich wurde weiterhin wegen Nötigung verurteilt. Wegen der zahlreichen Demonstrationen vor dem US-amerikanischen Raketendepot in Mutlangen kam es zu besonders vielen Strafverfahren vor dem hierfür örtlich zuständigen Amtsgericht Schwäbisch-Gmünd. Ein Kuriosum besteht darin, daß damals das Gericht personell beträchtlich verstärkt werden mußte, weil es den plötzlichen Geschäftsanfall nicht mehr bewältigen konnte. Als Eiferer im Sinne eines »Kampfes gegen den Dammbruch« tat sich dort der Richter Werner Offenloch hervor, dem auch die sonst eher wissenschaftlich orientierte »Juristenzeitung« (JZ) ihre Spalten öffnete.[21] Jedoch auch in Schwäbisch-Gmünd begann es zu bröckeln. Einzelne Richter wurden nachdenklich und machten den »verurteilungsfreudigen« Kurs nicht mehr mit; ebenso am Landgericht Ellwangen/Jagst, der nächsthöheren Instanz. So und ähnlich geschah es in der gesamten Republik.[22]

Mitte der 80er Jahre richteten sich alle Hoffnungen auf das Bundesverfassungsgericht, bei dem längst Verfassungsbeschwerden anhängig waren, die sich gegen die extensive Auslegung des Wortes »Gewalt« in § 240 StGB wandten. Ehe wir uns jedoch dem Bundesverfassungsgericht zuwenden, sei als besondere Stimme im juristischen Konzert Richard Schmid erwähnt. Schmid, der in den 50er Jahren durch den öffentlichen Gebrauch der Meinungsfreiheit eine der wichtigsten Entscheidungen des Bundesverfassungsgerichts zu Art. 5 GG angestoßen hatte,[23] schreibt im Frühjahr 1985, im Alter von knapp 86 Jahren, kaum ein Jahr vor seinem Tode, in Erinnerung an die grundrechtsnahe Doktrin des US-amerikanischen Supreme Court und insbesondere des Richters Oliver Wendell Holmes (1841–1935): »Was auch die Konsequenzen sein mögen: wir müssen die klare Bedeutung klarer Worte anerkennen.« (Im Original: »We must accept the plain meaning of plain words.«) Hätten sich der Amtsrichter Dr.

Offenloch in Schwäbisch-Gmünd und die Kommentatoren, auf die er sich stützte, an diesen klaren Satz gehalten, so hätte er die beiden Professoren Walter Jens und Norbert Greinacher nicht wegen Nötigung durch Gewalt bestrafen können und dürfen. Sie haben nicht Gewalt ausgeübt, sondern einen psychisch-moralischen Druck gegenüber den Fahrern der Militärfahrzeuge, um sie ihrerseits von Gewalt abzuhalten. Ein solcher Druck ist nicht nur keine Gewalt, sondern der Gegensatz von Gewalt.

Gewalt im Sinne des Nötigungsparagraphen ist nicht metaphorisch gemeint, sondern nur im physischen Sinne. Daß höhere Instanzen oder staatliche Verfolgungsinteressen in dem psychischen Druck, der keine körperliche Gewalt androht, doch Gewalt sehen und bestrafen wollen, rechtfertigt es nicht, daß ein Richter vom klaren Sinn – plain meaning – des vom Gesetz verwendeten Wortes abgeht. Und wenn keine Gewalt angedroht wurde, stellt sich die Frage der »Verwerflichkeit«, um die es im zweiten Absatz des Paragraphen geht, gar nicht mehr.[24]

Das Verfassungsgericht ist noch nicht soweit

Im November 1986 schrieb Rolf Lamprecht im »Spiegel«: »[…] nun haben die Verfassungsrichter das Wort: Sie wollen den Gewaltbegriff, der die Bundesrepublik in zwei Lager spaltet, in dieser Woche bindend definieren.«[25] Lamprecht schreibt den Juristen ins Stammbuch und gibt dem Verfassungsgericht mit auf den Weg: »So macht es aus Sicht der Justiz erkennbar einen Unterschied, ob Lastwagenfahrer aus ökonomischen Gründen die Inntal-Autobahn blockieren und sich dabei des Zuspruchs von Franz Josef Strauß erfreuen dürfen, oder ob sich Anhänger der Friedensbewegung, unterstützt von den Professoren Walter Jens und Norbert Greinacher, vor die Tore des Raketendepots in Mutlangen setzen, um gegen die Anlieferung von Massenvernichtungswaffen zu protestieren.

Die eine Begründung liest sich so schlüssig und flüssig wie die andere. Wenn gute Rechtshandwerker das nicht könnten, wären sie ihr Geld nicht wert. Sie haben gelernt, eine Position zu rechtfertigen – oder das schiere Gegenteil. Dennoch bleibt wahr, daß Definitionen keine Domäne von Richtern sind. Um zu beschreiben, was Gewalt ist, braucht man nicht Jura studiert zu haben.

Weder der Philosophie-Professor noch die Marktfrau hätten Mühe, wenn sie spontan sagen sollten, was ihnen zum Begriff ›Gewalt‹ einfällt. Ihre Antwort wäre wohl: Wer Brechstangen benutzt, Frauen seinen Willen aufzwingt oder Gegner mit Knüppeln, Schlagringen und Fäusten traktiert, wendet Gewalt an. So realitätsnah brachte selbst das Reichsgericht die Sache noch auf den Punkt.

Bürger, die sich friedlich auf die Straße setzen, erfüllen gerade diesen Tatbestand nicht. Die naheliegende Reaktion, Sitzblockaden als ›Ordnungswidrigkeit im Straßenverkehr‹ einzustufen, erschien den Oberrichtern, der milden Sanktion wegen, offenbar als unangemessen. Kriminelles Unrecht mußte es schon sein. So erfanden sie die besagte ›Vergeistigung‹ der Gewalt – ein Gedankenungetüm, das nur noch die Verfassungsrichter aus der Welt schaffen können.

Die juristische Denkaufgabe ließe sich einfach lösen, nicht mit dem ›gesunden Volksempfinden‹, wohl aber mit gesundem Menschenverstand. Nur krause Logik kann den friedlichen Schneidersitz vor einem amerikanischen Kasernentor als ›Gewalt‹ qualifizieren und den ›angestrebten Zweck‹, nämlich die Ächtung von Massenvernichtungswaffen, als ›verwerfliche‹ Absicht.«[26]

Es kam am 11. November 1986 nur die bekannte Vier-zu-Vier-Entscheidung des Ersten Senats des Bundesverfassungsgerichts in der damaligen Besetzung Herzog, Simon, Hesse, Katzenstein, Niemeyer, Heußner, Henschel, Seidl zu Stande.[27] Offenbar war es so: Der Riß oder, wie Lamprecht

Demonstration von 300 Richterinnen und Richtern für den Frieden am 4. Juni 1983 in Bonn

sagte, die Spaltung in zwei Lager ging nicht nur durch die Republik, sondern auch durch das Gericht – selbst durch den für seine grundrechtsnäheren Positionen sonst gerühmten Ersten Senat. Warum sollte es im höchsten Gericht, das sich zudem gegenüber dem Gesetzgeber zurückzuhalten hat, anders sein als in den Parteien, der Bevölkerung oder an den Gerichten sonst? Ließe sich die Entscheidung vielleicht als »sozialadäquat«, als situationsgerecht rechtfertigen? Das wäre wohl zu einfach, wir haben es hier schließlich mit der Anwendung von Recht, mit der Überprüfung gerichtlicher Entscheidungen am Maßstab der Verfassung zu tun. Aus der Rückschau können wir heute feststellen, daß die Situation im Ersten Senat noch nicht reif war, etwa so, wie in der Weimarer Republik der frühen 20er Jahre die historische Reife noch nicht da war, um die vorhandenen, juristisch-technisch durchgearbeiteten und politisch plausiblen Gesetzentwürfe aus dem Justizministerium Gustav Radbruchs zum Eherecht, zum Straf- und Strafvollzugsrecht Wirklichkeit werden zu lassen, die dann zur Zeit Gustav Heinemanns und seiner

Nachfolger im Bonner Justizministerium mit Erfolg auf den parlamentarischen Weg gebracht wurden. Was im parlamentarischen und vorparlamentarischen Raum normal zu sein scheint, nämlich daß bei zu geringem gesellschaftlichem Konsens ein noch so gutes Reformwerk nicht Gesetz wird, kann auch im verfassungsrechtlichen Streit so starke Wirkung entfalten, daß – zumal bei Rechtsfragen nahe an grundsätzlichen politischen Streitfragen und vor dem Hintergrund einer stark parteipolitisierten Richterwahl – der Schritt der verfassungsrichterlichen Klarstellung »im Lichte der Verfassung« zunächst unterbleibt.

Es gab also nur das Ergebnis, wie es der Senat in den Leitsätzen zusammengefaßt hat: »1. Soweit in § 240 StGB Nötigungen mit dem Mittel der Gewalt unter Strafe gestellt werden, genügt die Normierung durch den Gesetzgeber dem aus Art. 103 Abs. 2 GG folgenden Bestimmtheitsgebot.[28] Infolge Stimmengleichheit kann nicht festgestellt werden, daß das aus Art. 103 Abs. 2 GG herleitbare Analogieverbot verletzt wird, wenn Gerichte die Gewaltalternative des § 240 StGB auf Sitzdemonstrationen erstrecken, bei denen die Teilnehmer Zufahrten zu militärischen Einrichtungen ohne gewalttätiges Verhalten durch Verweilen auf der Fahrbahn versperren.

2. Die Verfassung gebietet nicht, die Teilnahme an derartigen Sitzdemonstrationen sanktionslos zu lassen. § 240 StGB ist jedoch in dem Sinne verfassungskonform auszulegen und anzuwenden, daß die Bejahung nötigender Gewalt im Falle einer Erstreckung dieses Begriffs auf solche Sitzdemonstrationen nicht schon zugleich die Rechtswidrigkeit der Tat indiziert. Infolge Stimmengleichheit kann nicht festgestellt werden, daß es von Verfassungs wegen in der Regel zu beanstanden ist, wenn Strafgerichte Sitzdemonstrationen der genannten Art unter Würdigung der jeweiligen Umstände als verwerflich im Sinne von § 240 Abs. 2 StGB beurteilen.«

Die Entscheidung war also insgesamt nicht der erhoffte Durchbruch. Im Klartext heißt der als Satz 2 im ersten Absatz der Ziffer 2 zitierte Leitsatz: Die »Verwerflichkeit« und damit die Rechtswidrigkeit ist in jedem Einzelfall zu prüfen. Wo das nicht geschehen ist, war dies verfassungswidrig. Dieser Punkt der Entscheidung des Bundesverfassungsgerichts – mit der gesetzesgleichen Bindungswirkung nach § 31 des Bundesverfassungsgerichtsgesetzes (BVerfGG) – bedeutete jedoch schon eine kleine Revolution. Denn für eine Vielzahl von Fällen, in denen rechtskräftig mit dieser Begründung verurteilt worden war, ergab sich damit der Grund für eine Wiederaufnahme des Verfahrens nach § 79 Abs. 1 BVerfGG. Dies brachte einer Vielzahl von Verurteilten zumindest die Chance einer abgeänderten Entscheidung, und einige nahmen diese Chance wahr.

Nicht nur ein juristisch-begriffliches Glasperlenspiel …

Der Streit ging weiter: auf der politischen Ebene durch praktische Ausübung des Demonstrationsrechts, auf der juristischen in Form von kontroversen Gerichtsentscheidungen. Aber er war beileibe nicht nur akademischer und juristischer Natur. Von der spontanen, *vorläufigen* Entscheidung eines Einsatzleiters der Polizei zur Frage »Strafbare Nötigung oder Ausübung von Grundrechten?« hing ab, ob sich die Blokkadeteilnehmer im Polizeigriff und anschließend im Gewahrsam wiederfanden; ob sie erkennungsdienstlich behandelt wurden; ob an den Autos, mit denen sie gekommen waren, die Luft fehlte; ob sie überhaupt an den von ihnen angesteuerten Ort des Geschehens gelassen wurden; ob das Verteilen werbender Flugblätter lange vor der Veranstaltung als Betätigung der Meinungsfreiheit oder als öffentliche Aufforderung zu Straftaten (wiederum strafbar nach § 111 StGB) angesehen wurde; ob Wohnungen durchsucht oder Schreibmaschinen beschlagnahmt wurden, auf denen das Flugblatt hatte geschrieben sein können; ob man aus einem dieser

Blockade der US-Raketenstellung Mutlangen durch Rechtsanwältinnen, Rechtsanwälte und einige Professoren

Gründe die Arbeit oder das Seminar versäumt mit allen daranhängenden Folgen – die Reihe ließe sich endlos fortsetzen. Von der *endgültigen* Antwort der Gerichte hing es dann ab, ob nach der »Anordnung über Mitteilungen in Strafsachen« die Behörde des Kultusministers eines Landes schließlich von einem Amtsgericht erfuhr, die Lehrerin A. oder der Professor B. sei wegen einer strafbaren Handlung verurteilt worden.

In diese Zeit fällt es auch, daß 22 Richterinnen und Richter ein Signal setzten und selbst als Träger des Grundrechts aus Art. 8 GG in Mutlangen vor dem Tor des Raketendepots eine Sitzblockade veranstalteten, um gegen den die Menschheit bedrohenden Wahnsinn der atomaren Hochrüstung zu protestieren und zugleich für das Grundrecht der Demonstrationsfreiheit offensiv einzutreten.

Der Durchbruch: die zweite Entscheidung des Bundesverfassungsgerichts von 1996

Aber dann kam es ganz anders. Die Jahre gingen ins Land, der Streit um die Raketenhochrüstung erübrigte sich durch die Implosion des Warschauer Paktes, die Schritte zur Demokratisierung der Staaten Mittel- und Osteuropas und insbesondere durch die deutsch-deutsche Vereinigung. Aber die bereits laufenden strafrechtlichen Verfahren gingen ihren Gang, auch wenn sie zum Teil nur noch mit wenig Engagement betrieben wurden. Bei einigen Oberlandesgerichten zeigten sich Differenzierungen der Rechtsprechung, während der Bundesgerichtshof bei seiner »harten« Linie blieb und judizierte, daß die sogenannten Fernziele der Demonstranten nicht bei der Beurteilung der Verwerflichkeit zu berücksichtigen seien – ganz anders als die oben zitierte frühe »verfassungsoffene« Interpretation von Janknecht.

Am 10. Januar 1995 kam endlich das »erlösende« Urteil des Ersten Senats des Bundesverfassungsgerichts, diesmal mit den fünf Stimmen der Richter Henschel, Grimm, Kühling und der Richterinnen Seibert und Jäger gegen die drei Stimmen der Richter Seidl und Söllner und der Richterin Haas. Die Botschaft der Mehrheit (und damit die mit der Bindungswirkung nach § 31 BVerfGG versehene Entscheidung des Gerichts) wurde in dem knappen Leitsatz zusammengefaßt: »Die erweiternde Auslegung des Gewaltbegriffs in §240 Abs.1 StGB im Zusammenhang mit Sitzdemonstrationen verstößt gegen Art.103 Abs.2 GG.« Man kann in der Argumentation des Bundesverfassungsgerichts, wenn man will, Richard Schmid wiedererkennen: Das Abgehen vom klaren Sinn klarer Worte als Verstoß gegen das Bestimmtheitsgebot.

Nun war und ist der Streit geklärt. Die noch nicht abgeschlossenen Verfahren konnten mit Einstellung bzw. Freispruch beendet werden. Zahlreiche Verfahren, in denen Verurteilungen erfolgt waren, konnten wiederaufgenommen werden und sind wiederaufgenommen worden, was zu Freisprüchen führte.

Freilich hatten viele Demonstranten aus der Friedensbewegung resigniert und beließen es bei den rechtskräftigen Verurteilungen. Andere beließen es ganz bewußt dabei, sozusagen aus Stolz auf die zu Unrecht erfolgte Verurteilung, ohne die es womöglich keinen verfassungsrechtlichen Fortschritt gegeben hätte.

Insgesamt könnte man sagen: Ende gut, alles gut. Die im Grundgesetz angelegte Werteverteilung mit dem Vorrang der Grundrechte des Bürgers gegenüber der Staatsraison hat gesiegt. Die Ambivalenz des Rechts als Waffe im politischen Kampf hat sich am Ende zu Gunsten der Bürgerfreiheiten ausgewirkt. Aber so einfach ist es doch nicht.

Wermutstropfen

Der Bundesgerichtshof (insbesondere dessen 1. Senat) hat, wie es scheint, immer noch nicht ganz seine Reserven gegenüber einer »grundrechtsnäheren« Rechtsprechung zu § 240 StGB aufgegeben. Die Gelegenheit hierzu boten ihm die sogenannten Autobahnblockaden[29], bei denen Demonstranten spontan eine Autobahn durch ihre eigenen Körper versperrten und dadurch einen größeren Stau auslösten. Der BGH urteilte dazu, daß das Aufhalten der Kraftfahrer in den Kfz der »zweiten Reihe« – auch unter Berücksichtigung der Entscheidung des BVerfG vom Januar 1995 – nicht mehr durch das Demonstrationsrecht gegen die Einordnung als strafbare Nötigung gefeit sei (sogenannte »Zweite-Reihe-Rechtsprechung«). Die Renitenz des BGH erinnert an die Auseinandersetzungen zwischen diesem Obersten Bundesgericht und dem frisch errichteten Bundesverfassungsgericht in den frühen 50er Jahren.[30] Derartige Auseinandersetzungen des Obersten Bundesgerichts mit dem Verfassungsgericht, wie man sie auch aus den neuen Demokratien Mittel- und Osteuropas nach 1989/90 und nach der erfolgten Errichtung von Verfassungsgerichten kennt, hätte ich an sich für überwunden gehalten.

Aber nicht nur gelegentliche Rechtsprechung des BGH gibt Anlaß zur Sorge im Hinblick auf die Nachhaltigkeit der Rechtsprechung im BVerfG zu § 240 StGB, sondern in einigen Einzelfällen auch die Rechtsprechung des Verfassungsgerichts selbst. So hat es die Rechtsprechung des BGH zu Formen der Autobahnblockaden mittels Kraftfahrzeugen mit folgender Begründung bestätigt: »Die Autobahnblokkade war durch eine von körperlicher Kraftentfaltung ausgehenden Zwangswirkung geprägt. Das Anhalten der Fahrzeugkolonne und das Abstellen der von den Teilnehmern benutzten Fahrzeuge auf den beiden Fahrstreifen und dem Seitenstreifen der Autobahn stellten die Errichtung eines Hindernisses durch körperliche Kraftentfaltung dar, von dem eine Zwangswirkung ausging. Die Überwindung dieser physischen Barriere hätte das Risiko der Selbstbeschädigung für diejenigen ausgelöst, die sich hätten widersetzen wollen.«[31] Immerhin hat das Bundesverfassungsgericht damit die »Zweite-Reihe-Rechtsprechung« des BGH[32] nicht verfassungsrechtlich gebilligt. Der Erste Senat führte vielmehr aus: »Daß in Folge der Blockade weitere Kraftfahrzeuge Dritter stehenblieben, ist für die Beurteilung des Verhaltens des Beschwerdeführers als Gewaltausübung im Sinne des § 240 Abs. 1 StGB ohne Belang. Der Sachverhalt gibt daher keinen Anlaß auf die sog. Zweite-Reihe-Rechtsprechung [...] einzugehen.«

Der Erste Senat des Bundesverfassungsgerichts hat eine »gewaltsame« Sitzblockade auch für den Fall bejaht, daß sich die auf der Fahrbahn ohne gewalttätiges Verhalten verweilenden Personen zusätzlich jeweils eine Kette um die Hüfte geschlungen hatten, die wiederum mittels einer Kette mit der Kette des jeweiligen Nachbarn verbunden war; die am Ende der so gebildeten Gesamtkette stehenden Personen hatten sich mit Sicherheitsschnappschlössern unmittelbar an die Torpfosten eines Tores angeschlossen.[33]

Man wird in der Zukunft genau beobachten müssen, ob das Bundesverfassungsgericht die eigene, mit dem Urteil von 1995 festgefügte klare Rechtsprechung verwässert und ob es damit vorhandenen oder potenziellen Tendenzen anderer Gerichte Vorschub leistet, denen »die ganze Richtung nicht paßt«.

Insgesamt ist die Geschichte vom langen und beschwerlichen Weg der Rechtsprechung in der Bundesrepublik Deutschland zu einer Anerkennung von Demonstrationsformen, bei denen »neue soziale Bewegungen die eingefahrenen Gleise politischer Artikulation und Kommunikation verlassen und neue Formen öffentlicher Darstellungen ihrer Ziele, ihrer Symbole und Lebensstile entwickeln«[34], ein Lehrstück zum Thema: Wie lange brauchen die Gesellschaft und insbesondere die Gerichte eines ehemals durch und durch an der Staatsraison orientierten Landes, die Wirkkraft der Grundrechte zu begreifen, zu beherzigen und in handhabbare Maßstäbe für die tägliche Praxis umzusetzen?

Otto Gritschneder

»Soldaten sind Mörder«

Das Tucholsky-Zitat von 1931 im Lichte einer Entscheidung des Bundesverfassungsgerichts von 1994[1]

Kurt Tucholskys »Soldaten sind Mörder« hat neuerdings wieder so viele lautstarke Emotionen ausgelöst, daß man für die nun vorliegende objektive Dokumentation der Tucholsky-Forscher Michael Hepp und Viktor Otto regelrecht dankbar sein muß.[2] Kein gewöhnliches Buch, ein Handbuch, in dem alles jeweils mit Quellenangabe zu finden ist, was sich seit der ersten Publikation dieses Zitates (1931) an Kommentaren, mehr oder weniger von hochmögenden Personen ausgehenden Protesten und Zustimmungen und vor allem an Gerichtsentscheidungen dazu finden ließ. Allein das Register der Personen, die alle in diesen Debatten und Gerichtsverfahren »vorkommen«, umfaßt, von Adenauer bis Zwerenz, 546 Namen aus Geschichte und Gegenwart.

264 ausführliche Sätze von Päpsten, Politikern, Journalisten, Soldaten und Leserbriefschreibern vermitteln ein farbiges Bild über das Soldatenhandwerk und seine Opfer. Die Nazis brachten im März 1930 im Reichstag ein »Gesetz zum Schutz der Deutschen Nation« ein, wonach wegen »Wehrverrates« mit dem Tode bestraft werden sollte, wer den »sittlichen Grundsatz« der allgemeinen Wehrpflicht bekämpft oder verächtlich macht ... oder wer »für die geistige, körperliche oder materielle Abrüstung des deutschen Volkes wirbt«. Wer Nationalhelden ..., Symbole der Landesverteidigung ... oder die Nationalhymne beschimpft, sollte außerdem »mit körperlicher Züchtigung bestraft« werden. Ähnliche Bestimmungen, freilich ohne Todesstrafe und körperliche Züchtigung, wollen konservative Kreise derzeit im Deutschen Bundestag durchsetzen.

Die Strafanzeige, die der im Ersten Weltkrieg glücklose

General und im Jahre 1928 zum Reichswehrminister ernannte Wilhelm Groener im Februar 1932 gegen den späteren Friedensnobelpreisträger Carl von Ossietzky erstattete, der in seiner »Weltbühne« Tucholskys Zitat publiziert hatte, blieb erfolglos; Ossietzky wurde freigesprochen, und zwar mit der Begründung, daß weder ein Soldat noch die Reichswehr als ganzes geschmäht oder beleidigt wurde, daß es sich vielmehr um eine unverbindliche Meinungsäußerung handle.

Dieses Argument hat auch das Bundesverfassungsgericht in seiner Entscheidung vom 25. August 1994 für zutreffend erachtet, mit dem es die Verurteilung des Kriegsdienstverweigerers Christoph Hiller aufgehoben hat, der das Zitat auf sein Fahrzeug geklebt hatte. Begründung: »Das Grundrecht der Meinungsfreiheit gewährleistet jedem das Recht, seine Meinung frei zu äußern: Jeder soll sagen können, was er denkt ... Auch scharfe und überzogene Kritik entzieht eine Äußerung nicht dem Schutz des Grundrechts.« Das Bundesverfassungsgericht erklärt, was sonst bei Gerichten nicht üblich ist, seine Einstellung durch eine zusätzliche Erläuterung: »Eine Aussage des Inhalts, daß es generell erlaubt sei, Soldaten als Mörder zu bezeichnen, enthält der Beschluß nicht.« Auch denen, die sich darüber aufregen, daß von »Mord«, wie ihn das Strafgesetzbuch definiert, keinesfalls die Rede sein könne, höchstens von Totschlag, erteilt das Bundesverfassungsgericht eine Belehrung: »In der Alltagssprache ist ein unspezifischer Gebrauch der Begriffe ›Mord‹ und ›Mörder‹, der nicht auf juristische Abgrenzungen abstellt, üblich. Danach kann unter ›Mord‹ jede Tötung eines Menschen verstanden werden, die als ungerechtfertigt beurteilt und deshalb mißbilligt wird.«

Nach diesen höchstrichterlichen Klarstellungen bleibt es unverständlich, wie zum Beispiel Generalmajor Gerd Schultze-Rhonhof in seiner Neujahrsansprache 1995 von einem Fehlurteil sprechen konnte, mit dem das Bundesverfassungsgericht seine Glaubwürdigkeit verloren habe. Der Vergleich von Soldaten mit Mördern sei, so der General, so absurd und zutiefst ehrabschneidend, wie es ein Vergleich des Bundesverfassungsgerichts mit dem Volksgerichtshof der NS-Zeit sein würde. Für den nüchternen Betrachter ist allerdings völlig klar, daß keineswegs alle deutschen Soldaten als Mörder bezeichnet wurden oder bezeichnet werden können, auch nicht die des Hitler-Militärs. Die allermeisten waren nicht Täter, sondern Opfer, die Hitler und seine Generäle auf brutalste Weise unter Todesstrafdrohungen zwangsrekrutiert haben. Freilich wäre es für die Bundeswehr ratsam, dem Verdacht, sie folge mehr oder weniger Nazitraditionen, nachhaltiger entgegenzutreten, indem sie zum Beispiel endlich ihre Kasernen nicht mehr nach Nazigenerälen benennt.

Auch andere Äußerungen, die diese ausführliche Dokumentation wiedergibt, sind angesichts des eindeutigen Entscheids unseres obersten Gerichts schlicht falsch. Bundestagspräsidentin Rita Süßmuth meinte, sie könne diese Gerichtsentscheidung nicht nachvollziehen. »Wenn wir diese generalisierende Aussage so stehen lassen, könnte man am Ende über andere Gruppen unserer Gesellschaft ähnlich diffamierende Aussagen machen.« Der katholische Militärbischof Johannes Dyba will diese Folgerung durchaus ziehen. Habe es etwa, so fragt er, keine Justizmorde gegeben; weshalb dürfe man nicht auch die Aussage »Juristen sind Mörder« verbreiten? Und: »Töten Ärzte in unserem Land nicht viel tausendmal öfter Leben als Soldaten?« So ließe sich, folgert Dyba, doch auch sagen: »Ärzte sind Mörder«. Warum nicht?

Unabhängig von ihrer Registrierarbeit bringen Hepp und Otto an die zwei Dutzend Antikriegszitate von Geistesgrößen aus zwei Jahrtausenden, angefangen bei Laotse bis herauf zu den Kirchenvätern, deutschen Dichtern und Politikern. Man möchte allerdings gern die genauen Fundstellen dieser Sätze erfahren. Das schönste Zitat, das dem Kirchenvater Augustinus in den Mund gelegt wird (»Wenn ein Getaufter oder Katechumene aufgenommen werden will, und er will Soldat werden, so soll man ihn abweisen, denn er hat

Gott gelästert.«), konnte der Rezensent trotz eifrigen Suchens nirgendwo finden.

Soviel zum Tucholsky-Zitat unter dem Gesichtspunkt der grundgesetzlich geschützten Freiheit der Meinung, die, wie gesagt, falsch oder richtig sein kann. Inzwischen beginnt das »Soldaten sind Mörder«-Problem aber in das sehr viel ernstere Gebiet der Tatsachenbehauptung überzuwechseln: Die bisher ängstlich verdeckten Mordtaten von Hitler-Soldaten kommen nun allmählich ans Tageslicht; Hannes Heer und Klaus Neumann haben sie mit Tausenden von Nachweisen als Dokumentation der Öffentlichkeit zugänglich gemacht und für die dazugehörigen Erläuterungen eine stattliche Zahl von ausgewiesenen Autoren gewonnen: »Vernichtungskrieg. Verbrechen der Wehrmacht 1941 bis 1944«, ein 883 Seiten starkes und »einschlägig« illustriertes Buch der Hamburger Edition HIS-Verlagsgesellschaft. Herausgeber und Autoren bringen hier nicht mehr nur Meinungen zu Papier, sondern behaupten mehrere zehntausend Ermordungen von Zivilisten allein im Osten durch die »Wehrmacht« (die eigentlich eine Angriffsmacht war). Tucholsky würde hier wohl nicht mehr von »Mord« sprechen, sondern von »Massenmord«.

Martin Kutscha

Militäreinsätze vor dem Bundesverfassungsgericht

Vor dem Hintergrund der jüngeren Geschichte Deutschlands erstaunt es nicht, daß das 1949 verabschiedete Grundgesetz einige dezidiert pazifistische Bestimmungen enthält. So formuliert schon die Präambel die Zielvorstellung, »dem Frieden der Welt zu dienen«. Während dieser nicht im eigentlichen Verfassungstext enthaltenen Aussage keine unmittelbare rechtliche Bindungswirkung zukommt, stellt Artikel 26 den Angriffskrieg sowie schon dessen Vorbereitung unter ein verbindliches Verfassungsverdikt. Anstelle des Wortes »Angriffskrieg« hatte der Herrenchiemsee-Verfassungsentwurf von 1948 in seinem Artikel 26 noch allgemein von »Krieg« gesprochen.[1] Erst nach kontroversen Debatten im Parlamentarischen Rat wurde dann entsprechend einem Antrag des FDP-Politikers Thomas Dehler das Wort »Krieg« durch den engeren Begriff »Angriffskrieg« ersetzt. Dehler hatte argumentiert, kein Volk habe ein Recht, »sich der Pflicht zu seiner Verteidigung zu entziehen«.[2]

Abgesehen von der Verankerung des Grundrechts auf Kriegsdienstverweigerung in Art. 4 Abs. 3 enthielt das Grundgesetz in seiner Ursprungsfassung von 1949 keinerlei Bestimmungen über Einsätze deutscher Streitkräfte und deren Modalitäten. Schließlich waren 1945 auf Grund der Anordnung der alliierten Besatzungsmächte alle deutschen Truppengliederungen demobilisiert worden, und auch im Jahr der Verabschiedung des Grundgesetzes stand die Aufstellung neuer deutscher Streitkräfte offiziell noch nicht zur Debatte. Am 22. November 1949 bekundete die Bundesregierung im »Petersberger Abkommen« mit den Alliierten Hohen Kommissaren ihre »feste Entschlossenheit, die Entmilitarisierung des Bundesgebietes aufrecht zu erhalten und mit allen ihr zur Verfügung stehenden Mitteln die Neubildung irgendwelcher Streitkräfte zu verhindern«.[3] Aber schon wenige Tage später, am 4. Dezember, schlug Bundeskanzler Adenauer in einem Interview mit der US-amerikanischen Zeitung »Cleveland Plain Dealer« die Schaffung einer europäischen Armee vor, der auch deutsche Soldaten angehören sollten. Diese Äußerungen wurden im In- und Ausland mit Recht als Sensation empfunden und waren Anlaß für eine erregte Debatte im Bundestag, bei der alle Fraktionen eine Wiederaufrüstung der Bundesrepublik entschieden ablehnten.[4] Diese Haltung währte indessen nicht lange – der Umschwung in dieser Frage erfolgte auf Regierungsseite rasch, auf Seiten der sozialdemokratischen Opposition etwas langsamer.

Vor der Wiederbewaffnung: Vornehme verfassungsrichterliche Zurückhaltung

Der Ausbruch des Korea-Krieges im Juni 1950 bot der Adenauer-Regierung den geeigneten Anlaß, ihre im Verborgenen entwickelten Wiederbewaffnungspläne zur offiziellen Politik zu erheben. Es gelang ihr, die anfänglich recht breite innerstaatliche Opposition gegen die Remilitarisierung Westdeutschlands unter Ausnutzung der Atmosphäre des Kalten Krieges in den folgenden Jahren politisch zu marginalisieren.[5] Aber auch im Nachbarstaat Frankreich gab es eine weit verbreitete Ablehnung der deutschen Wiederbewaffnungspläne, die schließlich 1954 zum Scheitern des Vertrages über die Europäische Verteidigungsgemeinschaft (EVG) durch das Veto der Französischen Nationalversammlung führte.[6]

Schon zuvor hatte die SPD-Opposition im Deutschen Bundestag entgegen der Position der Adenauer-Regierung richtigerweise darauf bestanden, daß für den Aufbau einer deutschen Armee als Teil der EVG eine Verfassungsänderung nötig sei. In diesem »Kampf um den Wehrbeitrag« suchte die SPD-Bundestagsfraktion schließlich im Januar 1952 Hilfe beim Bundesverfassungsgericht, das gerade einige Monate vorher seine Arbeit aufgenommen hatte. Sie stellte beim Gericht den Antrag auf Feststellung, »daß Bundesrecht, welches die Beteiligung Deutscher an einer bewaffneten Macht regelt, oder Deutsche zu einem Wehrdienst verpflichtet, ohne vorangegangene Ergänzung oder Abänderung weder förmlich noch sachlich mit dem Grundgesetz vereinbar ist«.[7]

Dem gegenüber berief sich die Bundesregierung auf die Normierungen des Rechts zur Kriegsdienstverweigerung, Art. 4 Abs. 3, der Möglichkeit, sich »zur Wahrung des Friedens einem System gegenseitiger kollektiver Sicherheit ein(zu)ordnen« nach Art. 24 Abs. 2 sowie der Friedenspflicht des Art. 26. In einem verwegenen Umkehrschluß wurden diese explizit pazifistischen Bestimmungen des Grundgesetzes als Ermächtigung zur Schaffung »friedlicher« Streitkräfte gedeutet. Noch weniger überzeugen konnte die Argumentation der Adenauer-Regierung mit einem elementaren »Grundrecht« des Staates auf Schaffung einer Armee. Schließlich besteht eine der Hauptfunktionen moderner Verfassungstexte gerade darin, der Staatsgewalt Schranken zu setzen, die nur im Wege eines bestimmten förmlichen Verfahrens verändert werden dürfen.[8] Dies spricht gegen die Annahme ungeschriebener Zuständigkeiten und Ermächtigungen, die eher für absolutistische Regimes kennzeichnend sind.

Mit Urteil vom 30. Juli 1952 wies das Bundesverfassungsgericht die Feststellungsklage der SPD-Bundestagsfraktion als unzulässig zurück, da die gesetzgebenden Körperschaften ihre Beratungen noch nicht abgeschlossen hätten. »Solange der Gesetzgeber die Norm noch nicht erlassen und ihren Inhalt noch nicht endgültig festgestellt hat, kann ihre Vereinbarkeit mit dem Grundgesetz nicht geprüft und über sie nicht mit Gesetzeskraft entschieden werden. Erst die bestehende

Norm ist die Grundlage für eine Normenkontrolle«, lautete die Begründung hierfür.[9]

Aber auch die Ende 1952 von der Adenauer-Regierung gegen die SPD-Fraktion erhobene Organklage wurde am 7. März 1953 vom Bundesverfassungsgericht als unzulässig zurückgewiesen.[10] In beiden Verfahren konnte sich das Gericht auf prozessuale Argumente beschränken, ohne zur inhaltlich-verfassungsrechtlichen Problematik der Wiederbewaffnung Stellung nehmen zu müssen.

Weitere verfassungsgerichtliche Auseinandersetzungen um den deutschen »Wehrbeitrag« erübrigten sich dann durch den politischen Erfolg Adenauers: Nach der Bundestagswahl am 6. September 1953 konnte die CDU/CSU mit drei kleineren Parteien eine Koalitionsregierung bilden, die im Bundestag über die für Verfassungsänderungen notwendige Zweidrittelmehrheit verfügte. Damit war der Weg frei für die Verankerung der Wehrhoheit des Bundes in Art. 73 Nr. 1 durch verfassungsänderndes Gesetz vom 26. März 1954. Dies bedeutete den ersten Schritt der Einfügung der sogenannten »Wehrverfassung« in das Grundgesetz, also der Verfassungsnormen, die Aufgaben und Modalitäten des Einsatzes deutscher Streitkräfte regeln. Ihre bis heute gültige Fassung enthielt die hierfür zentrale Bestimmung des Art. 87 a dann erst durch die Notstandsgesetzgebung im Jahre 1968. Dessen Absatz 2 lautet: »Außer zur Verteidigung dürfen die Streitkräfte nur eingesetzt werden, soweit dieses Grundgesetz es ausdrücklich zuläßt.« Solche »ausdrücklichen Zulassungen« finden sich in Gestalt der Absätze 3 und 4 dieses Artikels, die den Einsatz der Bundeswehr im Innern für den Verteidigungs-, den Spannungsfall oder zur Abwehr einer drohenden Gefahr für Bund oder Länder erlauben, ferner des Art. 35 Abs. 2 bei einer Naturkatastrophe oder bei einem besonders schweren Unglücksfall. Auf der Grundlage der zuletzt genannten Bestimmung wurde die Bundeswehr in den letzten Jahren z. B. bei Hochwasserkatastrophen an Elbe und Oder eingesetzt.

Legitimation für Auslandseinsätze der Bundeswehr

Bis 1988 gingen alle Bundesregierungen davon aus, daß die Bundeswehr ausschließlich der Verteidigung der Bundesrepublik diene und jeglicher militärische Einsatz deutscher Streitkräfte im Ausland verfassungswidrig sei.[11] Da der von vielen als Möglichkeit befürchtete »Tag X« eines Angriffs von Wahrschauer-Pakt-Staaten auf die Bundesrepublik ausblieb, konnte die Bundeswehr in den Kasernen bleiben (wenn man von den humanitären Hilfeleistungen kleiner Kontingente im Ausland, z. B. nach Erdbeben oder bei Waldbrandkatastrophen sowie in Gestalt medizinischer Betreuung von Flüchtlingen einmal absieht). Jedenfalls hatte das Bundesverfassungsgericht jahrzehntelang keinen Anlaß, über die Verfassungsmäßigkeit von Bundeswehreinsätzen zu judizieren. Dies änderte sich erst mit dem Zusammenbruch des Warschauer Paktsystems und der Erlangung der vollen Souveränität der Bundesrepublik durch den Zwei-plus-Vier-Vertrag von 1990: Die damalige Kohl-Regierung und führende Militärs entdeckten die »neue Verantwortung Deutschlands in der Welt« und meinten, sie durch die Entsendung von Bundeswehreinheiten an verschiedene Schauplätze *out of area* wahrnehmen zu müssen.[12] So unterstützten denn z. B. 1992/93 deutsche Sanitätssoldaten Truppen der Vereinten Nationen in Kambodscha, Marine- und Luftwaffeneinheiten der Bundeswehr beteiligten sich 1992 bis 1996 an der Überwachung des Waffenembargos gegenüber Jugoslawien, und deutsche Soldaten gehörten zu den Besatzungen von AWACS-(Aufklärungs)-Flugzeugen der NATO, die 1993 bis 1995 die Einhaltung des Flugverbots über Bosnien kontrollierten. Nicht zuletzt ist hier auch der Somalia-Einsatz der Bundeswehr 1993/94 zu nennen.[13]

Dem gegenüber beharrte die damals in der Opposition befindliche SPD zu Recht darauf, daß für eine solche Erweiterung des Einsatzspektrums der deutschen Streitkräfte eine Verfassungsänderung notwendig sei[14] – auffällig ist dabei die

Parallele zur politischen Konstellation vor der Wiederbewaffnung Anfang der 50er Jahre. Im August 1992 stellte die SPD-Bundestagsfraktion beim Bundesverfassungsgericht Anträge auf Feststellung, daß die Bundesregierung durch ihre Zustimmung zu den Bundeswehreinsätzen im Mittelmeer, in den AWACS-Flugzeugen sowie in Somalia verfassungsmäßige Rechte des Parlaments verletzt habe. In der Antragsschrift zum Adria-Verfahren wurde zutreffend argumentiert, daß der (oben zitierte) Art. 87 a Abs. 2 des Grundgesetzes die Grundlage für jeglichen Einsatz der deutschen Streitkräfte sei, »unabhängig davon, ob er im Inneren der Bundesrepublik oder als Außeneinsatz erfolgt«.[15] Der Einsatz der Bundeswehr in der Adria bzw. in den AWACS-Flugzeugen sei nicht durch diese Verfassungsnorm gedeckt und deshalb verfassungswidrig. Durch ihre Beteiligung an den NATO- und WEU-Beschlüssen und durch den dem gemäß erfolgten Einsatz von Bundeswehrkräften tue die Bundesregierung »genau das in eigener Machtvollkommenheit, was die Verfassung dem Verfassungsgesetzgeber vorbehalten hat: sie kreiert neue Formen des Einsatzes der Bundeswehr. Damit verletzt sie die Verfassungsgesetzgebungskompetenz der zuständigen Organe, nämlich des Bundestages und des Bundesrates sowie die Oppositionsrechte der Sperrminoritäten des Verfassungsgesetzgebungsverfahrens.«[16]

Nachdem auch die (an der Regierung beteiligte) FDP-Bundestagsfraktion einen Antrag mit dem Ziel einer höchstrichterlichen Klärung der Streitfrage des Auslandseinsatzes gestellt hatte, wurde das Urteil des Bundesverfassungsgerichts mit Spannung erwartet. Die dann am 12. Juli 1994 ergangene Entscheidung kann als das bisher wichtigste Judikat des höchsten deutschen Gerichts zu Bundeswehreinsätzen gelten und soll deshalb hier etwas ausführlicher gewürdigt werden.

Zunächst einmal umging das Bundesverfassungsgericht eine gründliche Beschäftigung mit einem der zentralen Verfassungsprobleme, nämlich der Frage, ob und in welchem Maße die ausdrückliche Festlegung auf die »Verteidigung« in

Art. 87a Abs. 2 des Grundgesetzes Auslandseinsätzen der Bundeswehr entgegensteht. Diese verfassungsrechtliche Barriere wurde mit Hilfe des die Einordnung in ein völkerrechtliches Sicherheitssystem gestattenden Art. 24 Abs. 2 Grundgesetz gleichsam weggehebelt: »Die schon im ursprünglichen Text des Grundgesetzes zugelassene Mitgliedschaft in einem System gegenseitiger kollektiver Sicherheit und die damit mögliche Teilnahme deutscher Streitkräfte an Einsätzen im Rahmen eines solchen Systems sollten«, so das Gericht, durch den später geschaffenen Art. 87a »nicht eingeschränkt werden«.[17] Dabei wurde geflissentlich verschwiegen, daß die Einordnung in ein solches System keineswegs mit der Bereitstellung von Militär – etwa für die UNO – verbunden sein muß.[18] Zum Zeitpunkt der Schaffung des Art. 24 im Jahre 1949 gab es schließlich noch keine Bundeswehr, und es ist höchst fraglich, ob der verfassungsändernde Gesetzgeber von 1968 eine Umgehung der strikten Festlegung auf die »Verteidigung« in Art. 87a über die völkerrechtliche Ermächtigung des Art. 24 Abs. 2 zulassen wollte.[19]

In der Frage, ob der Deutsche Bundestag zum Wandel des NATO-Einsatzkonzepts nicht seine Zustimmung hätte geben müssen, spiegelte sich die politische Spaltung der Gesellschaft dann auch innerhalb des entscheidenden Zweiten Senats des Bundesverfassungsgerichts wider. Art. 59 Abs. 2 Grundgesetz verlangt für völkerrechtliche Verträge auch die Zustimmung des Bundestages. Die Hälfte der Mitglieder des Zweiten Senats, nämlich die Richterin Limbach sowie die Richter Böckenförde, Kruis und Sommer, gelangte zum Ergebnis, daß dieser Verfassungsartikel durch die Bundesregierung verletzt worden sei. Wegen der fortschreitenden Umgestaltung des NATO-Bündnisses durch dessen neues strategisches Konzept hätte dieses von der Regierung dem Bundestag zur Zustimmung vorgelegt werden müssen, auch wenn es nicht in das Gewand eines völkerrechtlichen Änderungsvertrages gekleidet sei. »Sinn und Zweck dieser Norm wollen die Gefahr bannen, daß der Gesetzgeber unversehens mit völkerrechtlichen Pflichten konfrontiert wird, die er durch einen späteren Einspruch nicht mehr aus der Welt schaffen kann. Diese Regelungsabsicht würde angesichts der zerfließenden Formen völkerrechtlicher Vertragsfortbildung in ihr Gegenteil verkehrt, wenn man Art. 59 Abs. 2 Satz 1 GG insoweit nur auf Vertragsänderung durch Änderungsvertrag beschränken wollte.«[20]

Die andere Hälfte des Zweiten Senats, nämlich dessen Mitglieder Klein, Graßhof, Kirchhof und Winter, mochte diese überzeugend begründete Auffassung allerdings nicht teilen: Die Inhaltsänderung eines bestehenden völkerrechtlichen Vertrages bedürfe der Zustimmung des Gesetzgebers nur dann, wenn sie durch einen Änderungsvertrag erfolge, nicht aber bei einer »interpretativen Fortbildung des Vertragsrechts« und eine sich auf dieser Grundlage entfaltenden Vertragspraxis.[21]

Diese Argumentation ermöglichte es, die schrittweise Ausweitung des Aufgabenspektrums der NATO durch »weiche« Formen zwischenstaatlicher Übereinkommen unter Vermeidung ausdrücklicher Vertragsänderungen dem Mitentscheidungsrecht des Parlaments zu entziehen. Wegen der Stimmengleichheit im erkennenden Senat waren damit die Anträge der parlamentarischen Opposition vor dem Bundesverfassungsgericht in wesentlichen Punkten gescheitert. Möglicherweise als Ausdruck des Unbehagens angesichts der Patt-Situation bei der Beurteilung kreierte das Gericht indessen einen Parlamentsvorbehalt für Bundeswehreinsätze: »Das Grundgesetz verpflichtet die Bundesregierung, für einen Einsatz bewaffneter Streitkräfte die – grundsätzlich vorherige – konstitutive Zustimmung des Deutschen Bundestages einzuholen.«[22] Dieser Parlamentsvorbehalt ist in der Verfassung nicht explizit normiert; er wurde vom Gericht aus der deutschen Verfassungstradition seit 1918 abgeleitet. Er soll sich nach dem Urteil allerdings nicht auf bloße Hilfsdienste und Hilfeleistungen erstrecken, bei denen die Soldaten nicht in bewaffnete Unternehmungen einbezogen sind.[23]

In Politik und Fachwissenschaft löste die Grundsatzentscheidung des Bundesverfassungsgerichts von 1994 erwartungsgemäß ein unterschiedliches Echo aus, was ihrer Kanonisierung im Laufe des seither vergangenen Jahrzehnts freilich keinen Abbruch tat. Berechtigterweise stieß vor allem unter Völkerrechtlern auf Befremden, daß das Gericht die NATO als (jedenfalls ursprünglich intendiertes) militärisches Verteidigungsbündnis zu einem »System gegenseitiger kollektiver Sicherheit« wie die – auch den potentiellen Gegner einbindende – UNO adelte.[24] Immerhin statuierte das Bundesverfassungsgericht eine Beschränkung, die nach der Ratio des Art. 24 Abs. 2 GG eigentlich selbstverständlich ist, deren besondere Brisanz sich aber erst an der Schwelle zum 21. Jahrhundert und mit der neuen Rollenbestimmung für die Bundeswehr jenseits klassischer Verteidigung erwiesen hat: Es legitimierte nur Bundeswehreinsätze, die »im Rahmen und nach den Regeln« der Systeme kollektiver Sicherheit, also konkret den Vorgaben des NATO-Vertrages sowie der UNO-Charta, stattfinden.[25]

Mehrfaches Placet, nebst einer Ermahnung

»Im Rahmen und nach den Regeln« der völkerrechtlichen Grundlagen von UNO und NATO bewegte sich die Bombardierung Jugoslawiens durch NATO-Streitkräfte unter Beteiligung der deutschen Bundeswehr im März 1999 nämlich keineswegs. Weder lag ein Fall der Selbstverteidigung nach Art. 51 der UNO-Charta vor, noch handelten die beteiligten NATO-Staaten auf der Grundlage einer Ermächtigung durch den UNO-Sicherheitsrat – damit handelte es sich um eine Verletzung des Gewaltverbots. Darauf wiesen Völkerrechtler eindringlich hin,[26] fanden dabei aber nur Unterstützung durch die Friedensbewegung und im parlamentarischen Raum durch die PDS, während die anderen im Bundestag vertretenen Parteien den Militäreinsatz billigten und mit der (im Völkerrecht mit guten Gründen überwiegend abgelehnten[27]) Legitimationsformel der »humanitären Intervention« zu rechtfertigen versuchten. Die PDS-Bundestagsfraktion stellte daraufhin beim Bundesverfassungsgericht den Antrag auf Feststellung, daß die Beteiligung der Bundeswehr gegen die Bestimmungen des Art. 25 (Geltung der »allgemeinen Regeln des Völkerrechtes« als Bundesrecht), des Friedensgebotes des Art. 26 sowie den Art. 87 a Abs. 2 des Grundgesetzes verstoße und der Bundestag dadurch in seinen Rechten und Pflichten verletzt sei. Mit Beschluß vom 25. März 1999 verwarf das Bundesverfassungsgericht den Antrag als unzulässig.[28] In der Begründung seiner Entscheidung konnte es darauf verweisen, daß der Bundestag in seiner Sitzung am 16. Oktober 1998 die Zustimmung zur Beteiligung der Bundeswehr an dem Kriegseinsatz gegen Jugoslawien ja schon vorab erteilt hatte, verfassungsmäßige Rechte des Bundestages in diesem Fall also nicht verletzt wurden. Was die Rüge der Verletzung der genannten friedensschützenden Verfassungsnormen anbetraf, konnte sich das Gericht einer inhaltlichen Prüfung entziehen. Im Rahmen des Organstreitverfahrens kann eine Bundestagsfraktion nämlich nur die Verletzung *eigener* Rechte geltend machen. Dieses Verfahren diene, so das Gericht, »dem Schutz der Rechte der Staatsorgane im Verhältnis zueinander, nicht einer allgemeinen Verfassungsaufsicht«.[29] Bei Verfassungsrechtlern löste die ablehnende Entscheidung des Bundesverfassungsgerichts unter diesen prozessualen Voraussetzungen denn auch keine Überraschung aus.

Schon wenige Monate später, im Herbst 1999, unternahm die PDS-Bundestagsfraktion einen neuen Anlauf beim Bundesverfassungsgericht, der aus verfassungsprozeßrechtlicher Sicht mehr Erfolgschancen barg. Beantragt wurde diesmal die Feststellung, daß die Bundesregierung mit ihrer Zustimmung zum neuen Strategischen Konzept der NATO (in dessen Konsequenz schließlich auch der Angriff auf Jugoslawien lag) das Zustimmungsrecht des Bundestages gemäß Art. 59 Abs. 2 GG verletzt habe. Pikanterweise konnte sich die Antragstellerin dabei auf dieselben Verfassungspositionen stützen, die die SPD-Bundestagsfraktion als Opposition nur wenige Jahre zuvor in den AWACS-, Adria- und Somaliaverfahren vertreten hatte, nämlich die strikte Bindung an das Erfordernis parlamentarischer Zustimmung bei einer evidenten Abkehr von der Konzeption des NATO-Vertrages.[30] Dagegen machte die rot-grüne Bundesregierung jetzt so ziemlich das Gegenteil von dem geltend, was damals die SPD als Opposition vorgetragen hatte, und zwar einen weiten Handlungsspielraum bei der »Anpassung« der Inhalte völkerrechtlicher Verträge und damit einen engen Anwendungsbereich der parlamentarischen Beteiligung.[31]

Am 22. November 2001 – sicher nicht unbeeinflußt von der politischen Stimmungslage nach den Terroranschlägen am 11. September – wies dann der Zweite Senat des Bundesverfassungsgerichts den Antrag als unbegründet zurück.[32] Die Bundesregierung habe mit ihrer Zustimmung zum neuen Strategischen Konzept der NATO nicht das Mitwirkungsrecht des Bundestages aus Art. 59 Abs. 2 GG verletzt. Diese Position teilten nunmehr auch jene zwei Senatsmitglieder, die im Vorläuferurteil von 1994 zu den vier Vertretern der abweichenden Meinung zählten und mit guten Gründen vor der Gefahr einer Aushöhlung des verfassungsmäßigen Mitwirkungsrechts des Parlaments durch weit reichende inhaltliche Modifikationen völkerrechtlicher Verträge außerhalb der förmlichen Verfahren gewarnt hatten.[33] Aus dem Inhalt des 1999 beschlossenen neuen Strategischen Konzepts der NATO, so lautete jetzt die Begründung, gehe nicht hervor, daß das nordatlantische Bündnis seine Bindung an die Ziele der Vereinten Nationen und die Beachtung ihrer Satzung aufgeben will.[34]

Immerhin wird die reichlich wohlwollende Interpretation des NATO-Beschlusses durch das Gericht ergänzt durch eine deutliche Ermahnung an die Grenzen, die das Grundgesetz der Beteiligung Deutschlands an internationalen Bündnissystemen setzt: »Schon die tatbestandliche Formulierung des Art. 24 Abs. 2 Grundgesetz schließt aber auch aus, daß die Bundesrepublik Deutschland sich in ein gegenseitiges kollektives System militärischer Sicherheit einordnet, welches nicht der Wahrung des Friedens dient. Auch die Umwandlung eines ursprünglich den Anforderungen des Art. 24 Abs. 2 GG entsprechenden Systems in eines, das nicht mehr der Wahrung des Friedens dient oder sogar Angriffskriege vorbereitet, ist verfassungsrechtlich untersagt und kann deshalb nicht vom Inhalt des auf der Grundlage des nach Art. 59 Abs. 2 Satz 1, Art. 24 Abs. 2 GG ergangenen Zustimmungsgesetzes zum NATO-Vertrag gedeckt sein.«[35]

Die Probe aufs Exempel ließ nicht lange auf sich warten: Der evident völkerrechtswidrige[36] Angriff der »Koalition der Willigen« auf den Irak im März 2003 fand bekanntlich ohne direkte Unterstützung durch deutsche Streitkräfte und gegen den politischen Willen der Bundesregierung statt. Jedoch wurden den kriegführenden USA Überflug- und Landerechte eingeräumt, und deutsche Soldaten wurden in den AWACS-Flugzeugen über dem NATO-Staat Türkei eingesetzt, um, wie es hieß, Gegenangriffe des Irak auf dieses Nachbarland rechtzeitig erkennen zu können. Dieser AWACS-Einsatz fand ohne entsprechende Zustimmung des Bundestages statt. Den Verzicht auf eine Entscheidung des Bundestages begründete die Bundesregierung mit dem »strikt defensiven« Charakter der Luftraumüberwachung, die keinerlei Unterstützung für Einsätze gegen den Irak darstelle.[37]

Dies wurde von juristischer Seite mit dem Hinweis auf den militärstrategischen Zusammenhang zwischen den Angriffshandlungen gegen den Irak und dem AWACS-Einsatz angezweifelt.[38] Die FDP-Bundestagsfraktion beantragte beim Bundesverfassungsgericht eine einstweilige Anordnung gegen die Bundesregierung mit dem Ziel, den AWACS-Einsatz von einer Zustimmung des Bundestages abhängig zu machen.

Mit Beschluß vom 25. März 2003 wurde dieser Antrag abgelehnt. Zur Begründung konnte sich das Gericht mit einer summarischen Folgenabwägung zwischen den beiden Entscheidungsalternativen begnügen, weil es sich um ein Eilverfahren handelte. Gleichwohl muß befremden, welchem fragwürdigen Abwägungsposten der Zweite Senat dabei den Vorrang einräumte. Er rekurrierte auf eine Rechtsfigur aus der Zeit der Machtkämpfe zwischen feudaler Exekutive und erstarkendem Bürgertum, nämlich einen dem Regelungsrecht des Parlaments entzogenen »Kernbereich eigener Entscheidungsfreiheit« der Regierung: »Die ungeschmälerte außenpolitische Handlungsfreiheit der Bundesregierung in dem ihr durch die Verfassung zugewiesenen Kompetenzbereich hat auch im gesamtstaatlichen Interesse an der außen- und sicherheitspolitischen Verläßlichkeit Deutschlands bei der Abwägung ein besonderes Gewicht.«[39]

Mit dieser Argumentation hat das Bundesverfassungsgericht den in seinem Grundsatzurteil zum Militäreinsatz von 1994 postulierten Parlamentsvorbehalt geradezu auf den

Unterschiedliche Maßstäbe für die Zulässigkeit fragwürdigen Waffengebrauchs; Zeichnung Philipp Heinisch, 1999

Kopf gestellt, wie ein Kritiker richtig bemerkte.[40] Fragwürdig ist auch der hohe Rang, den das Gericht einer so wohlfeilen und vagen Formel wie der »außenpolitischen Verläßlichkeit« zuordnete, während die in der Verfassung explizit verankerten Friedensgebote als verbindliche Vorgaben für die Außenpolitik der deutschen Staatsorgane für nicht der Erwähnung wert befunden wurden.

Ein ernüchterndes Fazit

Die Zurückhaltung, die sich das höchste deutsche Gericht in seinen (wenigen) Entscheidungen zur verfassungsrechtlichen Zulässigkeit von Einsätzen der Bundeswehr auferlegt, steht in auffälligem Kontrast zur Detailliertheit der Vorgaben, die dasselbe Gericht dem Gesetzgeber z. B. bei der Regelung des Schwangerschaftsabbruchs, der Parteienfinanzierung oder der Besteuerung des Eigentums als angeblich »verfassungsrechtlich zwingend geboten« setzte.[41] Man mag diese Abstinenz mit dem Prinzip der »richterlichen Selbstbeschränkung« erklären, die gerade auf dem Gebiet der Außenpolitik als traditioneller Domäne der Regierung gepflegt wird, dem Gedanken einer Demokratisierung der Außenpolitik durch deren Parlamentarisierung aber geradewegs zuwiderläuft.[42]

Darüber hinaus stellt sich aber auch die grundsätzliche Frage, in welchem Maße das Bundesverfassungsgericht überhaupt zu einer oppositionellen Haltung gegenüber dem politischen Konsens der Machteliten bereit ist. Zwar genießt das Gericht nach wie vor eine hohe Wertschätzung als neutrale Instanz in der Bevölkerung, und zwar nicht zuletzt deshalb, weil es sich erfolgreich mit dem »Nimbus des scheinbar Unpolitischen«[43] zu umgeben weiß. In Wahrheit kommt vielen der Entscheidungen eminent politische Bedeutung zu. Der Modus der Richterwahl sorgt dabei für ein hohes Maß an Konformität mit den Vorstellungen der politisch dominanten Kräfte: Niemand wird an das Bundesverfassungsgericht berufen, der nicht die Akzeptanz der beiden großen Bundestagsparteien genießt[44] – was allerdings keineswegs bedeutet, daß die Richterinnen und Richter jeweils als »Parteisoldaten« agieren. Auf jeden Fall aber ist zu konstatieren, daß die Entscheidungspraxis des Bundesverfassungsgerichts »stets um die reale gesellschaftliche und politische Macht oszilliert«.[45]

In der hier dargestellten Rechtsprechung zu Streitkräfteeinsätzen findet diese These ihre Bestätigung. Der schrittweise Wandel der Bundeswehr von einer Verteidigungsarmee, wie sie die Verfassung vorschreibt, zu einer professionellen und international arbeitsteilig agierenden Interventionstruppe gemäß den neuen, im Mai 2003 beschlossenen »Verteidigungspolitischen Richtlinien«[46] wird von der Zustimmung sowohl der gegenwärtigen Regierungskoalition als auch der konservativen Opposition im Bundestag getragen. Von dieser erdrückenden parlamentarischen Mehrheit – wenn auch von einigen Abgeordneten nur zähneknirschend akzeptiert – werden dabei auch Einsätze jenseits der völkerrechtlichen Bindungen wie im Fall der Bombardierung Jugoslawiens im Jahre 1999 gebilligt. In derKoalitionsvereinbarung von SPD und Bündnis 90/Grüne, die nach der gewonnenen Bundestagswahl am 20. Oktober 1998 vorgelegt wurde, hieß es noch ganz anders: »Die Beteiligung deutscher Streitkräfte an Maßnahmen zur Wahrung des Weltfriedens und der internationalen Sicherheit ist an die Beachtung des Völkerrechts und des deutschen Verfassungsrechts gebunden. Die neue Bundesregierung wird sich aktiv dafür einsetzen, das Gewaltmonopol der Vereinten Nationen zu bewahren und die Rolle des Generalsekretärs der Vereinten Nationen zu stärken.«[47]

Die Einhaltung von Koalitionsvereinbarungen ist freilich nicht einklagbar.[48] Die Darstellung der bisherigen Rechtsprechung gibt auch darüber hinaus wenig Anlaß für Hoffnungen von pazifistischer Seite auf eine grundsätzliche Korrektur des gegenwärtigen Kurses der deutschen Militärpolitik durch das Bundesverfassungsgericht. Statt auf eine Rettung durch die »höh'ren Wesen« aus Karlsruhe zu vertrauen, bleibt jenen, die Frieden nicht für etwas Unmodernes halten und eine (dem rücksichtslos ökonomistischen Zeitgeist durchaus entsprechende) Rückkehr zum »Recht« des Stärkeren ablehnen, nur das beharrliche politische Engagement für die Durchsetzung einer universellen Ordnung, in der der Kantsche Traum vom »ewigen Frieden« endlich Realität werden kann.[49]

Helmut Kramer

Strafrecht ist schlichtweg nicht politisch

Ein Strafverfahren gegen Kritiker des Krieges gegen Jugoslawien

Angriffskriege lassen sich nicht ohne vorherige Einstimmung der Bevölkerung führen. Noch immer haben Regierungen dabei die Massenmedien auf ihrer Seite gehabt. Stets greifen auch kriegsbereite Militärpolitiker zu gezielter Desinformation, auch zur Verfälschung von Fakten und zur Erfindung von Tatsachen. Dazu gehörte im Kosovo-Krieg unter anderem die Behauptung, die Ursache für die im Gang befindliche Vertreibung von Kosovo-Albanern durch Serben sei nicht ein Bürgerkrieg zwischen zwei sich erbittert bekämpfenden Volksgruppen, sondern die Durchführung eines systematisch erarbeiteten Operationsplans der Belgrader Staatsführung. Zur Glaubhaftmachung verwies das Bundesverteidigungsministerium auf einen »Hufeisenplan«, der tatsächlich auf gefälschten und vom Ministerium auch durchschauten Dokumenten des bulgarischen Geheimdienstes beruhte.[1]

Ebenso wird eine kriegsbereite Regierung alles daran setzen, eine Aufklärung der Bevölkerung über die Illegitimität eines Angriffskrieges und über die wirklichen Kriegsgründe zu verhindern. So geschah dies auch zu Beginn des Bombardements vom Frühjahr 1999. Angesichts einer die Militärpolitik unkritisch transportierenden Massenpresse blieb den Kriegsgegnern nur die Möglichkeit von Demonstrationen und einer selbstfinanzierten Zeitungsanzeige. In einer am 21. April 1999 in der »tageszeitung« (taz) erschienenen Anzeige hatten 28 Kriegsgegner auf die Grundgesetz- und Völkerrechtswidrigkeit dieses Krieges hingewiesen und – um die Aufmerksamkeit einer informationsüberfluteten Leserschaft zu wecken – die Anzeige mit der Überschrift versehen: »Aufruf an alle Soldaten der Bundeswehr, die am Jugoslawien-

Krieg beteiligt sind. Verweigern Sie Ihre weitere Beteiligung.« Vor allem die Boulevardpresse und die am meisten gelesenen Regionalzeitungen hatten die Kriegsbegründung und Lagedarstellung der Regierung ungeprüft übernommen und die Frage nach der völkerrechtlichen Zulässigkeit des Krieges ausgeklammert. Selbst für den »Spiegel« waren »völkerrechtliche Erörterungen über Legalität und Legitimität des Krieges [...] etwas für Feinschmecker«.[2]

Gegen die Unterzeichner erwirkte die Staatsanwaltschaft Berlin 28 Strafbefehle wegen »Aufforderung zur Begehung von Straftaten« (§ 111 StGB).[3]

Richter weichen dem Völkerrecht aus

Die am Ende der insgesamt 40 Verfahren stehenden Freisprüche waren schon im Hinblick auf das Grundrecht der Meinungsfreiheit von vornherein zu erwarten. Doch lief diese Erwartung dem Konzept einer politischen Justiz gegen Pazifisten nicht zuwider: In der heiklen Situation einer auf Krieg ausgehenden Militärpolitik kommt es zunächst allein darauf an, eine sich vielleicht entwickelnde Protestbewegung einzudämmen. Zur Abschreckung genügt es, die ersten, die sich mit Kritik hervorwagen, mit Strafverfahren zu überziehen. Wenn es schließlich – nach Abschluß der Kampfhandlungen – zu einem Freispruch kommt, haben die Verfahren die beabsichtigte Wirkung getan.[4]

Es lag auf der Hand, daß es den Pazifisten nicht wirklich darum ging, Bundeswehrangehörige zur Verweigerung zu veranlassen; in dem Krieg gegen Jugoslawien wurden ohnehin nur Freiwillige eingesetzt. Publizistisches Ziel der Pazifisten war es deshalb allein, auf die Völkerrechtswidrigkeit des Krieges aufmerksam zu machen. Hinter der Anklage der Staatsanwaltschaft wiederum stand neben dem Abschreckungszweck die Absicht, durch Desavouierung der Kriegsgegner deren inhaltliche Kritik verblassen und damit der Bundesregierung die Legitimität ihres Vorgehens attestieren zu lassen. Damit war auch der juristische Kern des Strafverfahrens bezeichnet: An legitimen Militäraktionen müssen Soldaten grundsätzlich teilnehmen. Nur wenn sie die Rechtswidrigkeit eines Befehls erkennen, sind sie gesetzlich zur Verweigerung verpflichtet.

Der sich damit stellenden Frage nach der Rechtswidrigkeit des Jugoslawien-Krieges sind fast alle 17 mit den Prozessen befaßten Richterinnen und Richter geflissentlich aus dem Wege gegangen, unter anderem mit der Begründung, sie seien in ihrer Ausbildung nicht mit dem Völkerrecht in Berührung gekommen. Nur ein junger Richter hatte den Mut, in einem ausführlich und sorgfältig begründeten Urteil akribisch die Völkerrechtswidrigkeit des Angriffskrieges gegen Jugoslawien festzustellen.[5] Die anderen Richter wichen zur Begründung ihrer Freisprüche auf das Grundrecht der Meinungsfreiheit (Artikel 5 GG) aus – eine nicht selten zu beobachtende Vermeidungsstrategie, wenn Richter Dissidenten nicht inhaltlich widerlegen können. Es sollte kein Schatten auf die Entscheidung zum Krieg fallen. Einige Richter kamen der Staatsanwaltschaft sogar entgegen, indem sie in der Freispruchsbegründung eine von der Staatsanwaltschaft angebotene rechtliche Unterscheidung übernahmen.[6] Danach hat der Soldat die Augen davor zu verschließen, ob ein Krieg insgesamt rechtswidrig ist und verbotene Kriegsziele verfolgt. Er darf nur »kriminellem Unrecht gleichzusetzende Einzelhandlungen, wie zum Beispiel die Erschießung unbeteiligter Zivilisten«, verweigern. Ausgeblendet wurde wieder einmal die Lehre der deutschen Vergangenheit, daß in einer auf arbeitsteiligem Zusammenwirken beruhenden modernen Kriegsführung ein jeder bereits durch sein Verbleiben auf dem Posten seinen Beitrag zum Funktionieren des Ganzen leistet, bis hin etwa zu dem Techniker, der die Flugzeuge wartet, deren Piloten bewußt und einkalkuliert den Tod von Zivilisten in Kauf nehmen, die vielleicht gerade im Augenblick der Bombardierung die Brücke passieren.

Anstatt Rechenschaft einzufordern, redet heute kaum noch jemand über den Krieg gegen Jugoslawien. Es ist aber nahezu Allgemeingut geworden, daß der Kosovo-Krieg dem Kosovo keinen Frieden gebracht hat, nur viele Tausende von Todesopfern allein in der Zivilbevölkerung und immense andere »Kollateralschäden«. Inzwischen steht auch fest, daß die Ursachen für das Leid der Albaner und Serben nicht in einer angeblich von der jugoslawischen Staatsführung planmäßig betriebenen Aktion der Vertreibung und des Massenmordes lagen. Vielmehr handelte es sich um einen Bürgerkrieg, der – durch den Krieg noch angeheizt – seit mehr als fünf Jahren unter umgekehrtem Vorzeichen weitergeht, mit der Vertreibung der Serben.

Mit »Luftschlägen« aus 10 000 Metern Höhe ist ethnischen Konflikten nicht beizukommen. Die einzige Aussicht zu einer Befriedung solcher Bürgerkriege bietet eine rechtzeitig eingeleitete wirklich humanitäre Intervention, die sich im Rahmen von Kriegsprävention und ziviler Konfliktschlichtung intelligenter Mittel bedient, also bei den Lebensbedingungen und sozialen Beziehungen der Menschen ansetzt, um gewaltfreie Konfliktlösungsstrukturen zu entwickeln. Ob die Richter des Amtsgerichts Tiergarten später einmal darüber und über den Sinn des Krieges gegen Jugoslawien, die zu seiner Begründung gemachten Angaben und über seine schrecklichen Ergebnisse nachgedacht haben? Seit der Besetzung des Kosovo durch die NATO-Truppen, nunmehr unter der Schutztruppe KFOR sind ungefähr 240 000 Kosovo-Serben, Roma und Sinti im Zuge der »ethnischen Säuberung« aus ihrer Heimat vertrieben worden. Allerdings hat auch der Deutsche Bundestag es abgelehnt, den Kosovo-Krieg aufzuarbeiten.[7]

Dem Verdacht der Militärhörigkeit hatte ein Berliner Staatsanwalt nachdrücklich widersprochen: Das Strafrecht sei »schlichtweg nicht politisch«. Tatsächlich ist gerade gegenüber solchen Juristen Argwohn angebracht, die sich in ihrem Selbstverständnis politikfern und überparteilich sehen, aber gerade aus dieser Unreflektiertheit heraus politischen Inhalten im Sinn der etablierten Herrschaftsordnung unkritisch zur Durchsetzung verhelfen und zur Bekämpfung des Pazifismus beitragen. Die Feststellung Gustav Radbruchs, der Glaube an die Möglichkeit absoluter Überparteilichkeit sei »die Lebenslüge des Obrigkeitsstaates«[8], hat bis heute an Aktualität nichts eingebüßt.

Anhang

Abkürzungsverzeichnis

Archive/Bibliotheken

BA	Bundesarchiv
BAB	Bundesarchiv Berlin
BA-MA	Bundesarchiv-Militärarchiv
StA	Staatsarchiv
ZNS	Zentralnachweisstelle Kornelimünster

Zeitschriften/Zeitungen

DJZ	Deutsche Juristische Zeitschrift
DR	Deutsches Recht
DVBl.	Deutsches Verwaltungsblatt
GA	Goltdammers Archiv
JR	Juristische Rundschau
JW	Juristische Wochenschrift
JZ	Juristenzeitung
KJ	Kritische Justiz
NJW	Neue Juristische Wochenschrift
StV	Der Strafverteidiger
ZADR	Zeitschrift der Akademie für Deutsches Recht
ZDR	Zeitschrift für Deutsches Recht
ZWR	Zeitschrift für Wehrrecht

Allgemeine Abkürzungen

a. D.	außer Dienst
Abs.	Absatz
AFB	Arbeitsstelle Friedensforschung Bonn
AHF	Arbeitskreis Historische Friedensforschung
APO	Außerparlamentarische Opposition
Art.	Artikel
AStA	Allgemeiner Studentenausschuß
AWA	Allgemeines Wehrmachtsamt
AWACS	Airborne Warning and Control System
BAZ	Bundesamt für Zivildienst

BGH	Bundesgerichtshof
BGHE	Entscheidungen des Bundesgerichtshofs
BGHStE	Entscheidungen des Bundesgerichtshofs in Strafsachen
BNV	Bund Neues Vaterland
BVerfG	Bundesverfassungsgericht
BVerfGE	Entscheidungen des Bundesverfassungsgerichts
CDU	Christlich-Demokratische Union
CSU	Christlich-Soziale Union
DAC	Direct Action Comittee
DDP	Deutsche Demokratische Partei
DDR	Deutsche Demokratische Republik
DFG	Deutsche Friedensgesellschaft
DGB	Deutscher Gewerkschaftsbund
DLM	Deutsche Liga für Menschenrechte
DLV	Deutsche Liga für Völkerbund
EKD	Evangelische Kirche in Deutschland
EVG	Europäische Verteidigungsgemeinschaft
FDJ	Freie Deutsche Jugend
FDP	Freie Demokratische Partei
FK	Westdeutsches Friedenskomitee
GG	Grundgesetz
GKSD	Garde-Kavallerie-Schützen-Division
GVerfGG	Bundesverfassungsgerichtsgesetz
GVG	Gerichtsverfassungsgesetz
GVP	Gesamtdeutsche Volkspartei
HR	Heeresrechtsabteilung
i.e.	id est
i.R.	im Ruhestand
IAA	Internationale Arbeiter-Assoziation
KG	Kammergericht
KPD	Kommunistische Partei Deutschlands
KSSVO	Kriegssonderstrafrechtsverordnung
KZ	Konzentrationslager
LAG	Landesarbeitsgericht
MStGB	Militärstrafgesetzbuch
MStGO	Militärstrafgerichtsordnung
NATO	North-Atlantic Treaty Organisation
NS	nationalsozialistisch
NSDAP	Nationalsozialistische Arbeiterpartei Deutschlands

o.J.	ohne Jahr
o.O.	ohne Ort
OKW	Oberkommando der Wehrmacht
OLG	Oberlandesgericht
PDS	Partei des Demokratischen Sozialismus
PVAP	Polnische Vereinigte Arbeiter-Partei
Rdnr.	Randnummer
RGBl.	Reichsgesetzblatt
RGSt	Entscheidungen des Reichsgerichts in Strafsachen
RKA	Reichskriegsanwaltschaft
RKG	Reichskriegsgericht
RKG E	Entscheidungen des Reichskriegsgerichts
RStGB	Reichsstrafgesetzbuch
SA	Sturmabteilung
SAPD	Sozialistische Arbeiterpartei Deutschlands
SBZ	Sowjetische Besatzungszone
SED	Sozialistische Einheitspartei Deutschlands
SPD	Sozialdemokratische Partei Deutschlands
StGB	Strafgesetzbuch
StPO	Strafprozeßordnung
UN	United Nations
UNO	United Nations Organisation/Vereinte Nationen
USA	United States of America
USPD	Unabhängige Sozialdemokratische Partei Deutschlands
VDJ	Vereinigung Demokratischer Juristinnen und Juristen
VO	Verordnung
WEU	Westeuropäische Union
WPflG	Wehrpflichtgesetz
WR	Wehrmachtrechtsabteilung
WRV	Weimarer Reichsverfassung
ZA	Zentraler Ausschuß
ZdH	Zentralgericht des Heeres

Anmerkungen

Helmut Kramer und Wolfram Wette
Pazifisten im Visier der Justiz. Ein bedrückendes Kapitel der deutschen Geschichte des 20. Jahrhunderts

1 Vgl. dazu die Überblicksdarstellungen von Dieter Riesenberger, Geschichte der Friedensbewegung in Deutschland. Von den Anfängen bis 1933. Göttingen 1985; und Karl Holl, Pazifismus in Deutschland. Frankfurt a. M. 1988.

2 Exemplarisch Michael Stürmer, Dissonanzen des Fortschritts: Essays über Geschichte und Politik in Deutschland. München/Zürich 1986, S. 156 f.

3 Vgl. Wolfram Wette, Militarismus und Pazifismus. Auseinandersetzung mit den deutschen Kriegen. Mit einem Vorwort von Fritz Fischer. Bremen 1991 (= Geschichte und Frieden; Bd. 3).

4 Vgl. die Kurzbiographie von Andreas Kaiser, Kirchheimer, Otto (Pseudonym: Dr. Hermann Seitz). In: Manfred Asendorf/Rolf von Bockel (Hrsg.), Demokratische Wege. Deutsche Lebensläufe aus fünf Jahrhunderten. Stuttgart/Weimar 1997, S. 329–331.

5 Otto Kirchheimer, Politische Justiz. Verwendung juristischer Verfahrenmöglichkeiten zu politischen Zwecken. Neuwied/Berlin 1965 [Amerikanisches Original Princeton 1961], S. 11.

6 So lautet der Untertitel des Buches von Otto Kirchheimer über die politische Justiz.

7 In Kirchheimers Werk bildet die politische Justiz in Deutschland denn auch nur ein Beispiel unter vielen.

8 Vgl. Wolfram Wette, Geschichte und Frieden. Aufgaben historischer Friedensforschung. In: Lehren aus der Geschichte? Historische Friedensforschung. Red. Reiner Steinweg. Frankfurt a. M. 1990 (= Friedensanalysen; 23),

S. 14–60; ders., Kann man aus der Geschichte lernen? Eine Bestandsaufnahme der historischen Friedensforschung. In: Ulrike C. Wasmuht (Hrsg.), Friedensforschung – Eine Zwischenbilanz. Darmstadt 1991, S. 85–101.

9 Gustav W. Heinemann, Aufgabe und Bedeutung der Friedensforschung. Ansprache bei der Gründungsversammlung der Deutschen Gesellschaft für Friedens- und Konfliktforschung. Bonn, 28. Oktober 1970. In: ders., Reden und Schriften, Bd. 1.: Allen Bürgern verpflichtet. Reden des Bundespräsidenten 1969–1974. Frankfurt a. M. 1975, S. 122–124. Zu Heinemanns Förderung der Friedensforschung in der Bundesrepublik vgl. Uwe Schütz, Gustav Heinemann und das Problem des Friedens im Nachkriegsdeutschland. Münster 1993, S. 224 f., 261–273 und 286 f.

10 Ausnahmen bilden, soweit erkennbar, die an entlegener Stelle veröffentlichten Überblicksaufsätze von Ingo Müller, Pazifismus und Justiz. In: Helmut Donat/Johann P. Temmen (Hrsg.), Friedenszeichen Lebenszeichen. Pazifismus zwischen Verächtlichmachung und Rehabilitierung. Ein Lesebuch zur Friedenserziehung. Bremerhaven 1982, S. 195–217; und Helmut Kramer, Recht ist, was den Waffen nützt – eine (nicht nur) historische Betrachtung. In: 4/3 – Fachzeitschrift zu Kriegsdienstverweigerung, Wehrdienst und Zivildienst 1993, S. 68–72.

11 Siehe den Tagungsbericht von Regine Mehl, Justiz und Pazifismus im 20. Jahrhundert. In: AFB-Info 1/2003, Mitteilungen der Arbeitsstelle Friedensforschung Bonn, S. 7–9; vgl. auch die Tagungsberichte von Volker-Friedrich Dreckrath, Justiz und Pazifismus im 20. Jahrhundert. In: Neue Justiz 2003, S. 181–183; und Thilo Scholle, Justiz und Pazifismus im 20. Jahrhundert – ein Tagungsbericht. In: Verdikt Nr. 2/2003, S. 40–42, und in: Juristische Schulung 2003, S. X f.

12 Helmut Kramer, Recht (siehe Anm. 10), S. 68, auch zum folgenden.

13 Karl Holl, Pazifismus (siehe Anm. 1); sowie ders., Historische Friedensforschung. Kurseinheit 2: Pazifismus und Friedensbewegungen. [Studienbrief der] Fernuniversität Hagen 1997, S. 7.

14 Vgl. Sandi E. Cooper, Patriotic Pacifism. Waging War on War in Europe 1815–1914. New York/Oxford 1996; sowie Veridiana Grossi, Le Pacifisme Européen 1899–1914. Bruxelles 1994.

15 Vgl. Guido Grünewald, Die Waffen nieder! Hundert Jahre deutsche Friedensgesellschaft (1892–1992). Bremen 1992 (= Geschichte und Frieden, Bd. 5); sowie Friedrich-Karl Scheer, Die Deutsche Friedensgesellschaft (1892–1933). Organisation, Ideologie, politische Ziele. Ein Beitrag zur Geschichte des Pazifismus in Deutschland. Frankfurt a. M. 1981.

16 Vgl. Wolfram Wette, Sozialdemokratie und Pazifismus in der Weimarer Republik. In: Archiv für Sozialgeschichte, Bd. XXVI. Bonn 1986, S. 281–300; sowie Friedhelm Boll, Sozialdemokratie und Friedensbewegung. In: Geschichte der deutschen Arbeiterbewegung. Darstellung, Chronologien, Dokumente. Hrsg. unter Leitung von Thomas Meyer/Susanne Miller/Joachim Rohlfes. Teil 3. Bonn 1984, S. 399–438.

17 Vgl. Wolfgang Sieg, Justiz contra Militarismus. Die Lötzener Kettenaffäre und der Braunschweiger Sozialistenprozeß 1871. In: Rudolf Wassermann (Hrsg.), Justiz im Wandel der Zeit. Festschrift des Oberlandesgerichts Braunschweig. Braunschweig 1989, S. 217 ff.

18 Vgl. Wolfgang Steinitz, Deutsche Volkslieder demokratischen Charakters aus sechs Jahrhunderten. Berlin 1978, S. 130 ff., 181 ff.

19 Vgl. Urteil des Reichsgerichts vom 8. 11. 1892, Entscheidungen des Reichsgerichts in Strafsachen, Bd. 27, S. 406 ff.

20 Karl Liebknecht, Militarismus und Antimilitarismus [1907]. In: ders., Gesammelte Reden und Schriften, Bd. 1. (Ost-)Berlin 1958, S. 247–456.

21 Vgl. Dieter Riesenberger, Geschichte der Friedensbewegung (siehe Anm. 1), S. 108.

22 Ebenda, S. 109.

23 John Horne und Alan Kramer, Deutsche Kriegsgreuel 1914. Die umstrittene Wahrheit. Hamburg 2004.
Vgl. Gerd Hankel, Die Leipziger Prozesse. Deutsche Kriegsverbrechen und ihre strafrechtliche Verfolgung nach dem Ersten Weltkrieg. Hamburg 2003, S. 105 ff.

24 Urteil des Reichsgerichts vom 9.11.1916. In: Leipziger Zeitschrift für Deutsches Recht 1917, S. 278.

25 Urteil des Volksgerichtshofs vom 26. Juli 1944 – 4 L225/44. Der Senatsvorsitzende, Senatspräsident Günter Nebelung genoß auch nach dem Krieg unter Braunschweiger Juristen ein hohes Ansehen.

26 Beschluß des Kammergerichts vom 27.4.1917, Juristische Wochenschrift (JW) 1917, S. 738. Unter der dunklen Metapher »Ernst und Größe der Zeit« und »nationaler Sinn« erscheint hier unverkennbar der Krieg als Argument schlechthin, mit einer Absolutheit, die die Verbindlichkeit des Rechts aufhebt.

27 Ulrich Heinemann, Die verdrängte Niederlage. Politische Öffentlichkeit und Kriegsschuldfrage in der Weimarer Republik. Göttingen 1983.

28 Für das Militär ist dieser Vorgang eingehend untersucht. Siehe Wolfram Wette, Gustav Noske. Eine politische Biographie. Düsseldorf [2] 1987.

29 Fritz Fischer, Bündnis der Eliten. Zur Kontinuität der Machtstrukturen in Deutschland 1871–1945. Düsseldorf 1979.

30 Manfred Messerschmidt, Carl von Ossietzky und die politische Justiz. In: Krieg und Literatur. War and Literature. Vol. IV, 1992, No. 8, S. 9–32, hier: S. 12.

31 Vgl. dazu die Überblicksdarstellungen von Dieter Riesenberger, Geschichte der Friedensbewegung (siehe Anm. 1) und Karl Holl, Pazifismus (siehe Anm. 1).

32 Schreiben des Ersten Generalquartiermeisters, Generalleutnant Wilhelm Groener, vom 17.9.1919 an Reichspräsident Friedrich Ebert (SPD) über Pazifismus und die Erfordernisse des Zukunftskrieges. In: BA-MA, Nachlaß von Schleicher, N 42/12, Bl. 207 f. Zum Zusammenhang vgl. Wolfram Wette, Die Wehrmacht. Feindbilder, Vernichtungskrieg, Legenden. Frankfurt a.M. 2002, S. 147–149.

33 Max Hirschberg, Das Fehlurteil im Strafprozeß. Frankfurt a.M./Hamburg 1962, S. 175.

34 Emil Julius Gumbel, Zwei Jahre politischer Mord. Berlin 1921; ders., Vier Jahre politischer Mord. Berlin 1922, tabellarisches Résumé, S. 73 ff.; ders. (Hrsg.), Denkschrift des Reichsjustizministeriums über »Vier Jahre politischer Mord«. Berlin 1924, Reprint Heidelberg 1980.

35 Deutsche Liga für Menschenrechte e.V. (Hrsg.), Das Zuchthaus – Die politische Waffe. Acht Jahre Politische Justiz. Berlin 1927.

36 Franz Josef Lersch, Politische Gewalt, politische Justiz und Pazifismus in der Weimarer Republik. Der Beitrag E.J. Gumbels für die deutsche Friedensbewegung. In: Karl Holl/Wolfram Wette (Hrsg.), Pazifismus in der Weimarer Republik. Beiträge zur Historischen Friedensforschung. Paderborn 1981, S. 113–134.

37 Otto Kirchheimer, Politische Justiz (siehe Anm. 5).

38 Hugo Sinzheimer/Ernst Fraenkel, Die Justiz der Weimarer Republik. Eine Chronik. Neuwied/Berlin 1968.

39 Heinrich Hannover/Elisabeth Hannover-Drück, Politische Justiz 1918–1933. Hamburg [2] 1977.

40 Gotthard Jasper, Justiz und Politik in der Weimarer Republik. In: Vierteljahrshefte für Zeitgeschichte 30 (1982), S. 167ff.

41 Axel Görlitz (Hrsg.), Politische Justiz. Baden-Baden 1996.

42 Ingo Müller, Pazifismus (siehe Anm. 10); vgl. auch ders., Furchtbare Juristen. Die unbewältigte Vergangenheit unserer Justiz. München 1987, erster Teil: Die Vorgeschichte, S. 13–34.

43 Matthias Hanten, Publizistischer Landesverrat vor dem Reichsgericht. Zugleich ein Beitrag zur politischen Rechtsprechung in der Weimarer Republik. Frankfurt a.M./Berlin/Bern/Wien 1999. Der Dissertation von Dieter Windisch, Die Strafverfolgung von Kritikern der illegalen Rüstung in der Weimarer Republik. Diss. jur. Würzburg 1969 fehlt der kritische Zugriff.

44 Vgl. Matthias Hanten, Landesverrat (siehe Anm. 43), S. 58–60.

45 Ebenda, S. 67f.

46 In der Schilderung des Falles Friedrich Ebert folgen wir Otto Kirchheimer, Politische Justiz (siehe Anm. 5), S. 122–134, der vollständige Wortlaut des Urteils bei Karl Brammer (Hrsg.), Der Prozeß des Reichspräsidenten. Berlin 1925, S. 128ff., 149ff.

47 Siehe im einzelnen Otto Kirchheimer, Politische Justiz (siehe Anm. 5), S. 132f.

48 Ralph Angermund, Deutsche Richterschaft 1919–1945. Krisenerfahrung, Illusion, politische Rechtsprechung. Frankfurt a.M. 1990, S. 41.

49 Bernt Engelmann, Rechtsverfall, Justizterror und das schwere Erbe. Ein Beitrag zur Geschichte der deutschen Strafjustiz von 1919 bis heute. Köln 1989, S. 124.
50 Ingo Müller, Furchtbare Juristen (siehe Anm. 42), S. 46.
51 Vgl. Emil Julius Gumbel (Hrsg.), Denkschrift (siehe Anm. 34).
52 Vgl. Arthur Kaufmann, Gustav Radbruch – Rechtsdenker, Philosoph, Sozialdemokrat. München/Zürich 1987; vgl. auch den Lexikonartikel desselben Autors: Radbruch, Gustav. In: Manfred Asendorf/Rolf von Bockel (Hrsg.), Demokratische Wege (siehe Anm. 4), S. 491 f.
53 Vgl. auch die Kurzbiographie von Otmar Jung: Freymuth, Arnold. In: Ebenda, S. 189–191.
54 Vgl. Lutz Lemhöfer, Hessischer Rundfunk 2 vom 1.12.1998.
55 Urteil vom 20.12.1928. Vgl. Heinrich Hannover/Elisabeth Hannover-Drück, Politische Justiz (siehe Anm. 39), S. 250 ff.; Prokurator (Pseudonym für Robert M.W. Kempner), Die Justiz, Bd. VI (1930/1931), S. 552 ff.
56 Urteil des Landgerichts Berlin III vom 10.4.1930, abgedruckt in: Die Weltbühne 1929 I, S. 708 ff.
57 JW 1930, S. 2136.
58 Vgl. Carl von Ossietzky, Die Weltbühne 1930 I, S. 337 f.
59 Vgl. Die Justiz, Bd. VI (1930/1931), S. 552 ff.
60 Urteil des Landgerichts Berlin III vom 4.12.1930, abgedruckt in: Die Weltbühne 1931 I, S. 311 ff.
61 Vgl. dazu den Beitrag von Otto Gritschneder in diesem Band.
62 Das ergibt auch der Stilvergleich mit den Nachkriegsveröffentlichungen von Adolf Arndt. Vgl. Adolf Arndt, Gesammelte juristische Schriften. Ausgewählte Aufsätze und Vorträge 1946–1972. München 1976.
63 Zur Person von Adolf Arndt vgl. Dieter Gosewinkel, Adolf Arndt. Die Wiederbegründung des Rechtsstaats aus dem Geist der Sozialdemokratie (1945–1961). Bonn 1991; Werner Holtfort, Adolf Arndt (1904–1974). Kronjurist der SPD. In: Kritische Justiz (Hrsg.), Streitbare Juristen. Eine andere Tradition. Baden-Baden 1988, S. 451 ff.
64 Vgl. dazu den Beitrag von Martin Kutscha in diesem Band.

65 Jost Dülffer, Regeln gegen den Krieg? Die Haager Friedenskonferenzen von 1899 und 1907 in der internationalen Politik. Berlin 1981.
66 Vgl. Gerd Hankel, Deutsche Kriegsverbrechen des Weltkrieges 1914–1918 vor deutschen Gerichten. In: Wolfram Wette/Gerd R. Ueberschär (Hrsg.), Kriegsverbrechen im 20. Jahrhundert. [Festschrift für Manfred Messerschmidt.] Darmstadt 2001, S. 85–98; ders.: Die Leipziger Prozesse. Deutsche Kriegsverbrechen und ihre strafrechtliche Verfolgung nach dem Ersten Weltkrieg. Hamburg 2003.
67 Vgl. Michael Stolleis, Geschichte des öffentlichen Rechts in Deutschland, Bd. 3: 1914–1915. München 1999, S. 88.
68 Manfred Messerschmidt, Militärkritik in der Weltbühne. In: Die Weltbühne. Zur Tradition und Kontinuität demokratischer Publizistik. Dokumentation der Tagung »Wieder gilt: Der Feind steht rechts!« Hrsg. von Stefanie Oswalt im Auftrag der Kurt-Tucholsky-Gesellschaft. St. Ingbert 2003, S. 27–37.
69 Begriff von Manfred Messerschmidt, Carl von Ossietzky (siehe Anm. 30), S. 11.
70 Ebenda.
71 Zum Verfahren selbst vgl. Uwe Brauns, Die gescheiterte Wiederaufnahme des Strafverfahrens gegen Carl von Ossietzky. In: Juristenzeitung (JZ) 1995, S. 492 ff.
72 Vgl. Wilfried Schnabel, Die Romanverfilmung »Im Westen nichts Neues«. Eine Unterrichtsreihe der Sekundarstufe II. Hintergründe und Motive des von den Nationalsozialisten 1930 provozierten Filmskandals. In: Erich Maria Remarque Jahrbuch/Yearbook X/2000. Osnabrück 2000, S. 76 ff., 108 ff., 121 ff.
73 Vgl. Reinhold Lütgemeier-Davin, Hakenkreuz und Friedenstaube. »Der Fall Hein Herbers« (1895–1968). Frankfurt 1988, S. 164 ff.
74 Vgl. dazu auch den Beitrag von Otto Gritschneder in diesem Band.
75 Reichstagsdrucksache IV. Wahlperiode Nr. 1741.
76 Niederschrift der Rede Hitlers vor den Befehlshabern des Reichsheeres und der Reichsmarine am 3. Februar 1933 in: Thilo Vogelsang, Neue Dokumente zur Geschichte der Reichswehr 1930–1933. In: Vierteljahrshefte für Zeitgeschichte 2 (1954), S. 434 ff.; ebenso in: Hans-Adolf

Jacobsen, 1939–1945. Der Zweite Weltkrieg in Chronik und Dokumenten. Darmstadt 1961, S. 95f.

77 Goebbels-Rede »Wider den undeutschen Geist« anläßlich einer Kundgebung der Deutschen Studentenschaft am 10.5.1933 auf dem Berliner Opernplatz. In: Goebbels-Reden. Band 1: 1932–1939. Hrsg. von Helmut Heiber. Düsseldorf 1971, S. 108–112.

78 Vgl. im einzelnen Karl Holl, Pazifismus (siehe Anm. 1), S. 204ff. Zum größeren Zusammenhang der Kriegsvorbereitung vgl. Das Deutsche Reich und der Zweite Weltkrieg, Bd. 1: Ursachen und Voraussetzungen des Zweiten Weltkrieges. Von Wilhelm Deist/Manfred Messerschmidt/Hans-Erich Volkmann/Wolfram Wette. Frankfurt a.M. 1989.

79 Dokumentiert insbesondere in der vom Republikanischen Richterbund herausgegebenen Zeitschrift »Die Justiz – Zeitschrift für Erneuerung des deutschen Rechtswesens« (1925–1933), im Reprint 1971 erschienen im Verlag Ferdinand Keip. Vgl. dazu Theo Rasehorn, Justizkritik in der Weimarer Republik. Das Beispiel der Zeitschrift »Die Justiz«. Frankfurt a.M. 1985.

80 Vgl. Bundesminister der Justiz (Hrsg.), Im Namen des Deutschen Volkes. Justiz und Nationalsozialismus. Katalog zur Ausstellung des Bundesministers der Justiz. Köln [3] 1994.

81 Isabel Richter, Hochverratsprozesse als Herrschaftspraxis im Nationalsozialismus. Männer und Frauen vor dem Volksgerichtshof 1934–1939. Münster 2001, S. 183. Literatur zur Geschichte der Hochverratsprozesse in Deutschland: Dirk Blasius, Geschichte der politischen Kriminalität in Deutschland 1800–1989. Eine Studie zu Justiz und Staatsverbrechen. Frankfurt a.M. 1983; Nikolaus Livos, Grundlagen der Strafbarkeit wegen Hochverrats. Eine rechtsvergleichende Untersuchung zum deutschen und griechischen Recht. Pfaffenweiler 1984.

82 Vgl. Norbert Haase/Gerhard Paul (Hrsg.), Die anderen Soldaten. Wehrkraftzersetzung, Gehorsamsverweigerung und Fahnenflucht im Zweiten Weltkrieg. Frankfurt a.M. 1995.

83 Vgl. Wolfram Wette (Hrsg.), Retter in Uniform. Handlungsspielräume im Vernichtungskrieg der Wehrmacht.

Frankfurt a. M. [3] 2003; ders. (Hrsg.), Zivilcourage. Empörte, Helfer und Retter aus Wehrmacht, Polizei und SS. Frankfurt a. M. 2004.

84 So Manfred Messerschmidt, Die Wehrmachtjustiz. Paderborn 2004.

85 So Marie Lindgren, die damalige norwegische Freundin Grögers, im Jahre 1978 zu Redakteuren der Wochenzeitung »DIE ZEIT«. Im Wortlaut abgedruckt in der Dokumentation von Horst Bieber/Joachim Holtz/Joachim Schilde/Hans Schueler/Theo Sommer, Erschießen, Sargen, Abtransportieren. Der Marinerichter Filbinger und der Matrose Gröger. Protokoll einer Verstrickung. In: DIE ZEIT vom 12.5.1978.

86 Vgl. Wolfram Wette, Der Fall Filbinger. Erst der »furchtbare Jurist« ohne Unrechtsbewußtsein löste in Deutschland eine intensive Beschäftigung mit der NS-Justiz aus. In: Frankfurter Rundschau Nr. 223, 24. September 2003, S. 7 (Dokumentation); ders.: »Was Unrecht war, kann nicht Recht sein!« Der Fall Filbinger. In: 4/3 – Fachzeitschrift zu Kriegsdienstverweigerung, Wehrdienst und Zivildienst 21 (2003), Nr. 3+4, S. 134–141.

87 Wortlaut des Urteils in: Fall 3 – das Urteil im Juristenprozeß. Hrsg. von Alfons Steininger/Kurt Lescynski. Berlin (Ost) 1969; zum historischen Hintergrund: Das Nürnberger Juristen-Urteil von 1947. Historischer Zusammenhang und aktuelle Bezüge. Hrsg. von Lore Maria Peschel-Gutzeit. Baden-Baden 1996.

88 Vgl. ebenda, S. 65.

89 Vgl. dazu Norbert Frei, Vergangenheitspolitik. Die Anfänge der Bundesrepublik und die NS-Vergangenheit. München 1996.

90 Vgl. Adalbert Rückerl, NS-Verbrechen vor Gericht. Versuche einer Vergangenheitsbewältigung. Heidelberg 1982; sowie Albrecht Götz, Bilanz der Verfolgung von NS-Straftaten. Köln 1986.

91 Vgl. Norbert Frei, Vergangenheitspolitik (siehe Anm. 89), S. 100ff.

92 Zu diesen juristischen Operationen vgl. Ulrich Herbert, Best. Biographische Studien über Radikalismus, Weltanschauung und Vernunft, 1903–1989. Bonn [3] 1996, S. 495–497.

93 Jörg Friedrich, Freispruch für die Nazi-Justiz
teile gegen NS-Richter seit 1948. Eine Dokument
Reinbek 1983.

94 Jörg Friedrich, Die kalte Amnestie. NS-Täter in der Bundesrepublik. Frankfurt a.M. 1984.

95 Marc von Miquel, Richter in eigener Sache. In: Karrieren im Zwielicht. Hitlers Eliten nach 1945. Hrsg. von Norbert Frei in Zusammenarbeit mit Tobias Freimüller u.a. Frankfurt a.M./New York 2001, S. 197. Siehe auch die Besprechung dieses Buches durch Kerstin von Lingen in: Militärgeschichtliche Zeitschrift 62 (2003), S. 254–258.

96 Ingo Müller, Furchtbare Juristen (siehe Anm. 42).

97 Martin Broszat/Klaus-Dietmar Henke/Hans Woller (Hrsg.), Von Stalingrad zur Währungsreform. Zur Sozialgeschichte des Umbruchs in Deutschland. München 1988 (= Quellen und Darstellungen zur Zeitgeschichte. Hrsg. vom Institut für Zeitgeschichte; Bd. 26)

98 Gustav W. Heinemann, Die Stunde des freien Wortes [Artikel vom Juni 1951]. Wiederabdruck in: ders., Deutsche Friedenspolitik. Reden und Aufsätze. Darmstadt 1952, S.27–29.

99 Diether Posser, Der Kalte Krieg im Gerichtssaal. Klara Marie Fassbinder: Eine katholische Pazifistin zwischen den Fronten. In: ders., Anwalt im Kalten Krieg. Deutsche Geschichte in politischen Prozessen 1951–1968. Bonn 2000, S. 55–78.

100 Uwe Schütz, Gustav Heinemann und das Problem des Friedens im Nachkriegsdeutschland. Münster 1993, S.108; Hermann Vinke, Gustav Heinemann. Bornheim 1986, S. 79f. Eine Untersuchung der anwaltlichen Tätigkeit von Heinemann und Posser zur Verteidigung von Gegnern der Wiederbewaffnung steht noch aus.

101 Uwe Schütz, Heinemann (siehe Anm. 100), S. 121–123.

102 Diether Posser, Wilhelm Elfes. Vom CDU-Politiker zum Staatsfeind? In: ders., Der Kalte Krieg (siehe Anm. 99), S. 79–92.

103 Vgl. auch Christoph Weller (Red.), Sind Soldaten Mörder? Analysen und Dokumente zum »Soldatenurteil«. Hrsg. von Internationale Ärzte für die Verhütung des Atomkrieges/Komitee für Grundrechte und Demokratie/ Verein für Friedenspädagogik Tübingen/Humanistische Union.

Tübingen 1990; Michael Hepp / Viktor Otto (Hrsg.), »Soldaten sind Mörder«. Dokumentation einer Debatte 1931–1996. Berlin 1996.

104 Vgl. dazu Helmut Simon, Die Friedensverpflichtung im Grundgesetz. In: 4/3 – Fachzeitschrift zu Kriegsdienstverweigerung, Wehrdienst und Zivildienst 2000, S. 27 ff.

105 Zum Stand der Diskussion vgl. Dieter Deiseroth, Neue Juristische Wochenschrift (NJW) 1999, S. 3084 ff.

106 Beispiele für solche verhüllende Äquilibristik bei Claus Kreß, Staat und Individuum im Krieg und Bürgerkrieg. Völkerrecht im Epochenwandel. In: NJW 1999, S. 3077 ff.; ders., Anmerkung zur Entschließung des Generalbundesanwalts vom 21.3.2003. In: JZ 2003, S. 911 ff.; Bruno Simma, Die NATO, die UN und militärische Gewaltanwendung. In: Reinhard Merkel (Hrsg.), Der Kosovo-Krieg und das Völkerrecht. Frankfurt 2000, S. 9 ff. – Einer offensichtlich von vornherein auf das gewünschte Ergebnis – der Rechtfertigung des Krieges – zusteuernden Argumentationskunst bedienen sich auch Christian Tomuschat und Knut Ipsen in Dieter S. Lutz (Hrsg.), Der Kosovo-Krieg. Rechtliche und rechtsethische Aspekte. Baden-Baden 1999, S. 31 ff, 101 ff.

107 Vgl. Gustav W. Heinemann, Plädoyer für den Rechtsstaat. Karlsruhe 1969, S. 63. Gustav Heinemann als Verteidiger von Pazifisten hätte auch sagen können: »Das Recht ist das Kleid des Friedens.«

108 Vgl. Der Spiegel Nr. 15 vom 5.4.1999, S. 28.

109 Vgl. Süddeutsche Zeitung vom 21.3.2003.

110 Friedhelm Meurer am 25.11.2002 im Deutschlandfunk.

111 Ulf Häußler, Zeitschrift für Rechtspolitik 2001, S. 12.

112 Nach Süddeutsche Zeitung vom 21.3.2003.

113 Vgl. Kurt Kister, »Die Stunde der Schlaumeier«. In: Süddeutsche Zeitung vom 17.9.2001 zum drohenden Irak-Krieg.

114 Vgl. den Sammelband Kritische Justiz (Hrsg.), Streitbare Juristen (siehe Anm. 63) mit Kurzbiografien von 40 Juristenpersönlichkeiten, die im 19. und 20. Jahrhundert an der permanenten Aufgabe der Herstellung menschenwürdiger, freier und gleicher Rechtszustände und des Friedens mitgewirkt haben.

115 Insbesondere in den Beiträgen von Karl Holl, Wolfram Wette, Feliks Tych, Ingo Müller, Otmar Jung, Helmut Kramer und Hans-Ernst Böttcher.

116 Vgl. die Anzeige in: DIE ZEIT vom 13.2.1987. Damit hatten sie angeblich ein Dienstvergehen begangen. Vgl. Urteil des Bundesverwaltungsgerichts, Deutsches Verwaltungsblatt 1988, S. 351 ff. und Beschluß des Niedersächsischen Dienstgerichtshofs vom 14.9.1989. In: NJW 1990, S. 1497. Vgl. auch Hanno Kühnert, Umbruch im Denken der Justiz? In: Betrifft Justiz 1987, S. 33; Bernd Asbrock, Nachbetrachtung zu einer Unterschriftenaktion. In: Betrifft Justiz 1987, S. 104 f.

117 Urteil des Amtsgerichts Tiergarten vom 2.3.2000. In: 4/3 – Fachzeitschrift zu Kriegsdienstverweigerung, Wehrdienst und Zivildienst 2000, S. 69 f.

118 Vgl. Süddeutsche Zeitung vom 8.8.2000.

119 Vgl. Frankfurter Rundschau vom 8.2.2003.

120 Vgl. Heinz Drossel, Die Zeit der Füchse. Lebenserinnerungen aus dunkler Zeit. Waldkirch [2] 2001.

121 Vgl. Heinrich Senfft, Lord Huttons Waschsalon. In: Blätter für deutsche und internationale Politik 2004, S. 279 ff.

122 Vgl. Ralf Dahrendorf, Gesellschaft und Demokratie in Deutschland. München 1984, S. 272 unter Übernahme einer Analyse von Walter Weyrauch.

Christian Jansen

Pazifismus in Deutschland. Entwicklungen und innere Widersprüche (1800–1940)

1 Insgesamt und ohne dies immer im einzelnen zu belegen, stützt sich der Text auf die einschlägigen Überblicksdarstellungen von Karl Holl, Pazifismus in Deutschland. Frankfurt a.M. 1988 und Dieter Riesenberger, Geschichte der Friedensbewegung in Deutschland. Von den Anfängen bis 1933. Göttingen 1985. In den Fußnoten sind nur Zitate und Zahlenangaben belegt. Vgl. auch Christian Jansen, Die Militanz der Antimilitaristen. Neue Literatur zum Pazifismus in Deutschland vor 1933. In: Neue Politische Literatur Jg. 1992, S. 214–232.

2 Vgl. dazu Christian Jansen (Hrsg.), Der Bürger als Soldat. Die Militarisierung europäischer Gesellschaften im langen 19. Jahrhundert: ein internationaler Vergleich. Essen 2004.
3 Holl, Pazifismus (siehe Anm. 1), S. 74.
4 Ludwig Quidde, Caligula. Schriften über Militarismus und Pazifismus. Hrsg. von Hans-Ulrich Wehler. Frankfurt am Main 1977, S. 40 ff.
5 Christliche Welt, Jg. 1910, S. 815.
6 Roger Chickering, Imperial Germany and a World without War. The Peace Movement and German Society 1892–1914. Princeton 1975, S. 145.
7 Holl, Pazifismus (siehe Anm. 1), S. 99.
8 Zitiert nach: Pazifismus in Deutschland. Dokumente zur Friedensbewegung 1890–1939. Hrsg. von Wolfgang Benz. Frankfurt a. M. 1988, S. 18 f.
9 Konrad Jarausch, Die Krise des Bildungsbürgertums im ersten Drittel des 20. Jahrhunderts. In: Bildungsbürgertum im 19. Jahrhundert, Teil IV. Stuttgart 1989, S. 190 ff.
10 Das Tage-Buch 8.11.1924. Vgl. Benz (Hrsg.), Pazifismus (siehe Anm. 8), S. 12 f.
11 Vgl. hierzu neben der in Anm. 1 genannten Literatur exemplarisch Christian Jansen, Emil Julius Gumbel – Portrait eines Zivilisten. Heidelberg 1991.
12 Vgl. – wiederum exemplarisch – Bruno Hipler (Hrsg.), Friedrich Wilhelm Foerster: Manifest für den Frieden. Eine Auswahl seiner Schriften (1893–1933). Paderborn 1988, insbesondere S. 186 f.

Wolfram Wette

August Bebel und Wilhelm Liebknecht: Die Sozialistenführer als Gegner des deutsch-französischen Krieges von 1870/71

1 Wortlaut des ›motivierten Votums‹ – also die Begründung des Abstimmungsverhaltens – der Reichstags-Abgeordneten Liebknecht und Bebel vom 21. Juli 1870. In: Der Leipziger Hochverratsprozeß vom Jahre 1872. Neu hrsg. von Karl-Heinz Leidigkeit. Berlin 1960, S. 387.

2 So Liebknecht ebenda, S. 223. Zu der Frage, welche Kriege die Sozialisten des 19. und des frühen 20. Jahrhunderts ablehnten und welche sie für gerechtfertigt hielten, vgl. im einzelnen Wolfram Wette, Kriegstheorien deutscher Sozialisten. Marx, Engels, Lassalle, Bernstein, Kautsky, Luxemburg. Stuttgart u.a. 1971.

3 Aus der Einleitung Wilhelm Liebknechts zur zweiten Auflage des Leipziger Hochverratsprozesses von 1894. Wieder abgedruckt in: Heinz Leidigkeit (Hrsg.), Leipziger Hochverratsprozeß (siehe Anm. 1), S. 392.

4 Zitiert nach Ilse Fischer/Werner Krause, August Bebel 1840–1913. Ein Großer der deutschen Arbeiterbewegung. Köln 1988, S. 47.

5 So Liebknecht in: Heinz Leidigkeit (Hrsg.), Leipziger Hochverratsprozeß (siehe Anm. 1), S. 394.

6 Ebenda, S. 394f.

7 Zur Anklage siehe ebenda, S. 11.

8 Liebknecht vor dem Gericht, ebenda, S. 114.

9 Zur Internationalen Arbeiter-Assoziation siehe: Lexikon des Sozialismus. Hrsg. von Thomas Meyer/Karl-Heinz Klär/Susanne Miller/Klaus Novy/Heinz Timmermann. Köln 1986, S. 271f.

10 Heinz Leidigkeit (Hrsg.), Leipziger Hochverratsprozeß (siehe Anm. 1), S. 124f.; vgl. auch ebenda S. 210f.

11 Dokument auszugsweise abgedruckt ebenda, S. 211.

12 Ebenda, S. 139f.

13 Ebenda, S. 140f.

14 Ebenda, S. 309f.

15 Formulierung von Wilhelm Liebknecht in seiner Einleitung ebenda, S. 395f.

16 Hinweis des Herausgebers ebenda, S. 312. Das Urteil wurde in der fraglichen Edition unverständlicher Weise nicht abgedruckt.

17 Ilse Fischer/Werner Krause, August Bebel (siehe Anm. 4), S. 49.

Feliks Tych

Das Vorgehen der Justiz gegen Pazifisten im Wilhelminischen Deutschland: Die Strafprozesse gegen Rosa Luxemburg und Karl Liebknecht

1 Programmatische Dokumente der deutschen Sozialdemokratie. Hrsg. von Dieter Dowe/Kurt Klotzbach. Bonn 1990, S.179, 188.

2 Rosa Luxemburg, Gesammelte Werke Bd. 1, erster Halbband. Berlin [DDR] 1970, S. 575.

3 Sybille Quack, Geistig frei und niemandes Knecht. Paul Levi/Rosa Luxemburg. Politische Arbeit und persönliche Beziehung. Köln 1983, S. 75.

4 Rosa Luxemburg, Die Bilanz von Zabern. In: Rosa Luxemburg, Gesammelte Werke, Bd. 3 (Juli 1911 bis Juli 1914). Berlin [DDR] 1973, S. 367–371; hier S. 367.

5 Rosa Luxemburg, Bilanz (siehe Anm. 4), S. 369 f.

6 Rosa Luxemburg, Noch eine Lehre von Zabern. In: Rosa Luxemburg, Gesammelte Werke, Bd. 3 (siehe Anm. 4), S. 385–388; hier S. 387.

7 Rosa Luxemburg im Kampf gegen den deutschen Militarismus. Prozeßberichte und Materialien aus den Jahren 1913 bis 1915. Berlin [DDR] 1960, S. 41; siehe auch Militarismus, Krieg und Arbeiterklasse. Rosa Luxemburg vor der Frankfurter Strafkammer. Ausführlicher Bericht über die Verhandlungen am 20. Februar 1914. Frankfurt a.M. 1914.

8 Rosa Luxemburg im Kampf (siehe Anm. 7), S. 42 f.

9 Rosa Luxemburg, Verteidigungsrede Rosa Luxemburgs am 20. Februar 1914 vor der Frankfurter Strafkammer. In: Rosa Luxemburg, Gesammelte Werke, Bd. 3 (siehe Anm. 4), S. 395–406.

10 Rosa Luxemburg, Rede am 22. Februar 1914 in der Protestversammlung gegen die Verurteilung Rosa Luxemburgs in Franfurt am Main. Nach einem Zeitungsbericht. In: ebenda, S. 407–409; hier S. 408.

11 Rosa Luxemburg, Diskussionsbeitrag und Schlußwort am 7. März 1914 in der Protestversammlung gegen die Verurteilung Rosa Luxemburgs in Freiburg i. Br. Nach einem Zeitungsbericht. In: ebenda, S. 414–425, hier S. 419 f.

12 Rosa Luxemburg, Einleitung [zu Wladimir Korolenko: Die Geschichte meines Zeitgenossen. Aus dem Russischen übersetzt und mit einer Einleitung versehen von Rosa Luxemburg, Berlin (1919)]. In: Rosa Luxemburg, Gesammelte Werke, Bd. 4 (August 1914–Januar 1919) Berlin [DDR] 1974, S. 302–331, hier S. 327f.

13 Zitiert nach: Herrschaftsmethoden des deutschen Imperialismus 1897/98 bis 1917. Dokumente zur innen- und außenpolitischen Strategie und Taktik der herrschenden Klassen des Deutschen Reiches. Hrsg. und eingeleitet von Willibald Gutsche/Baldur Kaulisch. Berlin [DDR] 1977, S. 122f.

14 Helmut Trotnow, Karl Liebknecht. Eine politische Biographie. Köln 1980, S. 73.

15 Karl Liebknecht, Gesammelte Reden und Schriften, Bd. 8. Berlin [DDR] 1968, S. 254.

16 Helmut Trotnow, Karl Liebknecht (siehe Anm. 14), S. 80.

17 Ebenda, S. 83.

18 Annelies Laschitza unter Mitwirkung von Elke Keller, Karl Liebknecht. Eine Biographie in Dokumenten. Berlin 1987, S. 79f.

19 Helmut Trotnow, Karl Liebknecht (siehe Anm. 14), S. 90.

20 Ebenda, S. 85.

21 Annelies Laschitza, Liebknecht (siehe Anm. 18), S. 82.

22 Helmut Trotnow, Karl Liebknecht (siehe Anm. 14), S. 85.

23 Ebenda, S. 92.

24 Ludwig Frank, Die Prozesse gegen Liebknecht und Herden. Rede gehalten vor der Volksversammlung in Karlsruhe am 10. November 1907. Mannheim 1908, S. 6.

25 Annelies Laschitza, Liebknecht (siehe Anm. 18), S. 274 (aus dem Artikel »Antimilitarismus!« vom August 1915).

26 Karl Liebknecht, Gesammelte Reden und Schriften, Bd. 9 (Mai 1916 bis 15. Januar 1919). Berlin [DDR] 1968, S. 10.

Wolfram Wette

Justiz und pazifistische Offiziere in der Zeit der Weimarer Republik

1 Vgl. Wolfram Wette (Hrsg.), Pazifistische Offiziere in Deutschland 1871–1933. Bremen 1999.

2 Zu diesem Begriffspaar vgl. Wolfram Wette, Militarismus und Pazifismus. Auseinandersetzung mit den deutschen Kriegen. Mit einem Vorwort von Fritz Fischer. Bremen 1991.

3 Vgl. dazu den Beitrag von Ingo Müller in diesem Band.

4 Vgl. den Beitrag von Feliks Tych in diesem Band.

5 Klaus Gietinger, Eine Leiche im Landwehrkanal. Die Ermordung der Rosa L. Berlin 1995; siehe auch Rainer Butenschön/Eckart Spoo (Hrsg.), Wozu muß einer der Bluthund sein? Der Mehrheitssozialdemokrat Gustav Noske und der deutsche Militarismus des 20. Jahrhunderts. Heilbronn 1997.

6 Klaus Gietinger, Leiche im Landwehrkanal (siehe Anm. 5), S. 43 f., und Portrait Jorns, ebenda, S. 127.

7 Zum Ablauf des Prozesses und zur Flucht des Oberleutnants Kurt Vogel vgl. im einzelnen Klaus Gietinger, Leiche im Landwehrkanal (siehe Anm. 5), S. 55–71.

8 Wolfram Wette, Gustav Noske. Eine politische Biographie. Düsseldorf [2] 1987, S. 308–315.

9 Klaus Gietinger, Leiche im Landwehrkanal (siehe Anm. 5), S. 41 f.

10 Insbesondere mit dem fiktiven, kulturkritischen Reisebericht: Wie die Deutschen ihren König feiern. Nach einem Bericht des Negers Lukanga Mukara. Leipzig 1913. Später auch unter dem Titel: Die Forschungsreise des Afrikaners Lukanga Mukara ins innerste Deutschland.

11 Zum Weg Paasches vom Offizier zum Pazifisten vgl. Lothar Wieland, Vom kaiserlichen Offizier zum deutschen Revolutionär – Stationen der Wandlungen des Kapitänleutnants Hans Paasche (1881–1920). In: Wolfram Wette, Pazifistische Offiziere (siehe Anm. 1), S. 169–180; vgl. auch die bibliographischen Angaben ebenda, S. 400 f. und 412–414.

12 »Auf der Flucht« erschossen... Schriften und Beiträge von und über Hans Paasche. Hrsg. von Helmut Donat unter Mitwirkung von Wilfried Knauer. Bremen/Zeven 1981, S. 20 f., sowie: Magnus Schwantje, Hans Paasche. Sein Leben und Wirken. Berlin 1921, S. 17–19.

13 Hans Paasche, Das verlorene Afrika. Berlin 1919 (= Flugschriften des Bundes Neues Vaterland Nr. 16), S. 7.

14 Helmut Donat (Hrsg.), »Auf der Flucht« (siehe Anm. 12). Den Tathergang schilderte am genauesten die Berliner Tageszeitung »Freiheit« Nr. 191, 25. Mai 1920, wiedergegeben von Magnus Schwantje, Hans Paasche (siehe Anm. 12), S. 23f.

15 2. Bericht des Polizeirates Goehrke betreffend den Tod des Kapitänleutnants a.D. Paasche, Berlin, 4.6.1920. Zitiert nach Werner Lange, Hans Paasches Forschungsreise ins innerste Deutschland. Eine Biographie. Mit einem Geleitwort von Helga Paasche. Bremen 1995, S. 220.

16 Vgl. die Schilderung von Werner Lange: ebenda, S. 220–223.

17 Vgl. Lothar Wieland, Der Fall Paasche und die deutsche öffentliche Meinung. In: Helmut Donat (Hrsg.), »Auf der Flucht« (siehe Anm. 12), S. 39–48, sowie Helmut Donats Zusammenstellung der Presseartikel zum Tode von Paasche. In: ebenda, S. 292–298.

18 Magnus Schwantje, Hans Paasche (siehe Anm. 12), S. 26; Kurzvita von Helmut Donat in: Helmut Donat/Karl Holl (Hrsg.), Die Friedensbewegung. Organisierter Pazifismus in Deutschland, Österreich und der Schweiz. Düsseldorf 1983, S. 348f.

19 Die DFG-Versammlung in Berlin fand am 24.12.1920 statt. Siehe Magnus Schwantje, Hans Paasche (siehe Anm. 12), S. 26.

20 Ebenda, S. 26f.

21 Martin Sabrow, Der Rathenaumord. Rekonstruktion einer Verschwörung gegen die Republik von Weimar. München 1994 (= Schriftenreihe der Vierteljahrshefte für Zeitgeschichte; 69).

22 Zur Person Gumbels vgl. die Biographie von Christian Jansen, Emil Julius Gumbel. Portrait eines Zivilisten. Heidelberg 1991.

23 In seinem Buch »Vier Jahre politischer Mord«, erschienen 1924, präsentierte Gumbel die folgende Statistik: »354 Morde von rechts; Gesamtsühne 90 Jahre, 2 Monate Einsperrung, 730 Mark Geldstrafe und 1 lebenslängliche Haft.« Demgegenüber: »22 Morde von links, Gesamtsühne: 10 Erschießungen, 248 Jahre, 9 Monate Einsperrung, 3 lebenslängliche Zuchthausstrafen.« Emil Julius Gumbel, Vier Jahre politischer Mord. Berlin 1922, tabellarisches Résumé, S. 73ff.

24 Ebenda, S. 178 f.
25 Martin Sabrow, Rathenaumord (siehe Anm. 21), S. 11.
26 Denkschrift des Reichsjustizministeriums über »Vier Jahre politischer Mord«. Hrsg. von Emil Julius Gumbel. Berlin 1924, Reprint Heidelberg 1980.
27 Siehe Manfred Weißbecker, Novemberverbrecher. In: Schlachtwörter und Schlachtrufe. Aus zwei Jahrhunderten deutscher Geschichte, Bd. 1. Hrsg. von Kurt Pätzold / Manfred Weißbecker. Leipzig 2002, S. 172–177.
28 Kurzvita von Reinhold Lütgemeier-Davin in: Helmut Donat / Karl Holl (Hrsg.), Friedensbewegung (siehe Anm. 18), S. 204 f.
29 Berthold Jacob, Das Freiwilligengrab in der Weser. In: Das Andere Deutschland, 4. April 1925. Nachdruck in: Das Andere Deutschland. Unabhängige Zeitung für eine entschiedene republikanische Politik. Eine Auswahl (1925–1933). Hrsg. und eingeleitet von Helmut Donat / Lothar Wieland. Königstein / Taunus 1980, S. 1–4.
30 Ebenda, S. 3.
31 Zum Urteil vom 14.2.1928 siehe Matthias Hanten, Publizistischer Landesverrat vor dem Reichsgericht. Zugleich ein Beitrag zur politischen Rechtsprechung in der Weimarer Republik. Frankfurt a.M. / Berlin / Bern / Wien 1999, S. 115–126. Jacob floh 1933 nach Spanien und Portugal, wurde von dort in das nationalsozialistische Deutschland verschleppt und starb dort unter Torturen (ebenda, S. 116).
32 Carl Dirks / Karl-Heinz Janssen, Der Krieg der Generäle. Hitler als Werkzeug der Wehrmacht. Berlin 1999.
33 Das belegen die von Mertens verfaßten, anonym als Drei-Sterne-Artikel erschienenen Beiträge über die Vaterländischen Verbände in der »Weltbühne«, beginnend mit dem 18.8.1925.
34 Deutsche Liga für Menschenrechte (Hrsg.), Weißbuch über die Schwarze Reichswehr. Deutschlands geheime Rüstungen. Von E.J. Gumbel, Berthold Jacob, Polizeioberst a.D. Lange, Generalmajor a.D. von Schoenaich. Mit einem Anhang von Otto Lehmann-Rußbüldt und Lothar Persius. Berlin 1925.
35 Friederike Graeper, Die Deutsche Friedensgesellschaft und ihr General – Generalmajor a.D. Paul Freiherr von

Schoenaich (1866–1954). In: Wolfram Wette, Pazifistische Offiziere (siehe Anm. 1), S. 210.

36 Vgl. die zeitgenössische Aufklärungsschrift von Emil Julius Gumbel, Verräter verfallen der Feme. Opfer – Mörder – Richter 1919–1929. Berlin 1929; das Thema wurde wissenschaftlich aufgearbeitet von Irmela Nagel, Fememorde und Fememordprozesse in der Weimarer Republik. Köln 1991.

37 Helmut Donat, Rüstungsexperte und Pazifist – Der Reichswehroffizier Carl Mertens (1902–1932). In: Wolfram Wette, Pazifistische Offiziere (siehe Anm. 1), S. 247–271, hier: S. 247.

38 Carl Mertens/Otto Lehmann-Rußbüldt/K. Widerhold, Die deutsche Militärpolitik seit 1918. Berlin 1925.

39 Carl Mertens, Verschwörer und Fememörder. Mit einem Nachwort von Berthold Jacob. Berlin (Verlag der Weltbühne) 1926.

40 Helmut Donat, Rüstungsexperte (siehe Anm. 37), S. 253 f.

41 Manfred Messerschmidt, Carl von Ossietzky und die politische Justiz. In: Krieg und Literatur. War and Literature. Vol. IV, 1992, No. 8, S. 9–32, hier: S. 21.

42 H. Frank, Carl Mertens tot. In: Das Andere Deutschland, 11. Jg., Nr. 43, 22. 10. 1932. Zitiert nach Helmut Donat, Rüstungsexperte (siehe Anm. 37), S. 257.

43 Vgl. Lothar Wieland, Wahrheit in der Kriegsschuldfrage und »geistige« Revolution 1918/1919 – Hauptmann im Generalstab Hans-Georg von Beerfelde (1877–1960). In: Wolfram Wette, Pazifistische Offiziere (siehe Anm. 1), S. 152–154.

44 Vgl. Wilhelm Deist, Der verdeckte Militärstreik. In: Wolfram Wette (Hrsg.), Der Krieg des kleinen Mannes. Eine Militärgeschichte von unten. München ² 1995, S. 146–167.

45 Vgl. Helmut Donat, Kapitänleutnant a. D. Heinz Kraschutzki (1891–1982) – Ein Offizier im Kampf für ein »anderes Deutschland«. In: Wolfram Wette, Pazifistische Offiziere (siehe Anm. 1), S. 339–362.

46 Vgl. Hans-Joachim Schröder, Fritz von Unruh (1885–1945) – Kavallerieoffizier, Dichter und Pazifist. In: Wolfram Wette, Pazifistische Offiziere (siehe Anm. 1), S. 319–338.

47 Vgl. Benjamin Ziemann, Wanderer zwischen den Welten – Der Militärkritiker und Gegner des entschiedenen Pazifismus Major a. D. Karl Mayr (1883–1945). In: Wolfram Wette, Pazifistische Offiziere (siehe Anm. 1), S. 273–286.

Ingo Müller
Landesverratsprozesse und Beleidigungsverfahren gegen Pazifisten in der Weimarer Republik

1 Vgl. Geschichte der Arbeiterbewegung, Bd. 2. Hrsg. vom Institut für Marxismus-Leninismus beim ZK der SED. Berlin (Ost) 1966, S. 321 ff.
2 Sebastian Haffner, Geschichte eines Deutschen. Die Erinnerungen 1914–1933. Stuttgart/München 2000, S. 21–30.
3 Reichsgesetzblatt (RGBl.), S. 687.
4 Rede vor der Juristischen Studiengesellschaft München, Deutsche Juristische Zeitschrift (DJZ) 1926, Sp. 1374 f.
5 Emil Julius Gumbel, Landesverrat, begangen durch die Presse. In: Die Justiz, Bd. II (1926/27), S. 7 f.
6 W. Freymuth, Fechenbach – Feststellungen für die Geschichte. In: Die Justiz, Bd. I (1925/26), S. 46; sowie Max Hirschberg/Friedrich Thimme, Der Fall Fechenbach, Juristische Gutachten, 1924.
7 Vgl. David C. Large, Hitlers München. Aufstieg und Fall der Hauptstadt der Bewegung. München 1998, S. 165 f.
8 Max Hirschberg, Das Fehlurteil im Strafprozeß. Zur Pathologie der Rechtsprechung. Stuttgart 1960, S. 171 ff.
9 Vgl. Der Fall Quidde. Tatsachen und Dokumente. Zusammengestellt und eingeleitet von Gerhart Seger. Leipzig 1924.
10 Gustav Radbruch, Der innere Weg. Aufriß meines Lebens. 2. unveränderte Aufl. Göttingen 1961, S. 126.
11 Reichstagsprotokolle, Bd. 384, S. 1021.
12 Emil Julius Gumbel, Vom Fememord zur Reichskanzlei. Heidelberg 1962, S. 70.
13 Reichstagsprotokolle, Bd. 415, Nr. 3390.
14 Entscheidungen des Reichsgerichts in Strafsachen (RGSt) 62, S. 65. Zu dem Verfahren vgl. auch Carl von Ossietzky,

Der Ponton-Prozeß, Weltbühne vom 20. März 1928, 1. Halbjahresband, S. 427.

15 Eine Abschrift des »Weltbühnen«-Urteils findet sich im Politischen Archiv des Auswärtigen Amtes, Bd. 1–3/ R 42695-42697.

16 Das Urteil des Schöffengerichts vom 27. 4. 1929 ist abgedruckt in: Die Justiz, Bd. IV (1928/29), S. 567 ff.

17 Urteil des Reichsgerichts vom 7. 7. 1930 in: Juristische Wochenschrift (JW) 1931, S. 2795 ff.

18 Zum Fall Jorns vgl. Heinrich Hannover/Elisabeth Hannover-Drück, Politische Justiz 1918–1933. Frankfurt a. M. 1966, S. 200 ff. sowie Friedrich Karl Kaul, Kleiner Weimarer Pitaval. Berlin 1959, S. 209.

19 Weltbühne vom 4. August 1931, 2. Halbjahresband, S. 159.

20 Ebenda, S. 191.

21 Nachgedruckt in: Michael Hepp/Victor Otto (Hrsg.), »Soldaten sind Mörder«. Dokumentation einer Debatte 1931–1996. Berlin 1996, S. 25 f.

22 Vgl. Emil Julius Gumbel, Vier Jahre Politischer Mord. Berlin 1922, S. 64 ff.

23 Lothar Wieland, Der Fall Paasche und die öffentliche Meinung. In: Helmut Donat (Hrsg.), »Auf der Flucht erschossen.« Schriften und Beiträge von und über Hans Paasche. Bremen 1981, S. 39 ff.; vgl. dazu auch den Beitrag von Wolfram Wette in diesem Band.

24 Emil Julius Gumbel, Politischer Mord (siehe Anm. 22), S. 27; Heinrich Hannover, Politische Justiz (siehe Anm. 18), S. 53.

25 Ebenda, S. 56.

26 David C. Large, Hitlers München (siehe Anm. 7), S. 184 sowie Heinrich Hannover, Politische Justiz (siehe Anm. 18), S. 106.

27 Reichstagsdrucksache IV. Wahlperiode, Nr. 1741.

28 Reichskriegsgericht und der Widerstand gegen die nationalsozialistische Herrschaft. Katalog zur Sonderausstellung der Gedenkstätte Deutscher Widerstand. Hrsg. von der Gedenkstätte Deutscher Widerstand, Norbert Haase, in Zusammenarbeit mit der Neuen Richtervereinigung. Berlin 1993, S. 13.

29 Vgl. die ebenda, S. 97 ff. dokumentierten Urteile.

30 Manfred Messerschmidt/Fritz Wüllner, Die Wehrmachtjustiz im Dienste des Nationalsozialismus. Zerstörung einer Legende. Baden-Baden 1987, S. 79. Vgl. dazu auch den Beitrag von Manfred Messerschmidt in diesem Band.

Otmar Jung
»Ein weißer Rabe« unter den Richtern der ersten Republik: Senatspräsident Freymuth

1 Angetippt sei die Bewegung »Richter und Staatsanwälte für den Frieden« seit 1983.

Gerd Hankel
Auf verlorenem Posten: Friedenspolitik und Völkerrecht in der Weimarer Republik

1 Vgl. Bundesarchiv Koblenz, Nachlaß Wehberg, NL 199/43, o.S.
2 Ebenda, NL 199/42 o.S.
3 Gutachten zur Kriegsschuldfrage 1914, aus dem Nachlaß herausgegeben und eingeleitet von Immanuel Geiss. Frankfurt a.M. 1967.
4 Reichsgesetzblatt (RGBl.) 1919, S. 1ff. (Artikel 1–26). Die Verbindung von Völkerbundstatut und Friedensbedingungen geht zurück auf den amerikanischen Präsidenten Wilson. Er wollte dadurch die dem Völkerbund kritisch gegenüberstehende Senatsopposition dazu bringen, der Schaffung eines Völkerbunds doch noch zuzustimmen, wenn die einzige Alternative darin bestand, das ganze Versailler Vertragswerk zu Fall zu bringen. Siehe dazu Ernst Fraenkel, Völkerrecht und Internationale Beziehungen. Hrsg. von Günther Doeker-Mach/Thomas Plümper. München/Wien 1994, S. 25f.
5 So verzichteten die Alliierten z.B. auf eine Bestrafung der von ihnen als Kriegsverbrecher bezeichneten deutschen Politiker und Militärs.
6 Norman Paech/Gerhard Stuby, Völkerrecht und Macht-

politik in den internationalen Beziehungen. Hamburg 2001, S. 144.

7 Vgl. Wilhelm G. Grewe, Epochen der Völkerrechtsgeschichte. Baden-Baden [2] 1988, S. 592–594. Siehe auch Norman Paech/Gerhard Stuby, Völkerrecht und Machtpolitik (siehe Anm. 6), S. 148–153.

8 Zur völkerrechtlichen Entwicklung in Europa und den USA vgl. allgemein: Wilhelm Grewe, Epochen (siehe Anm. 7), S. 594–601 sowie Norman Paech/Gerhard Stuby, Völkerrecht und Machtpolitik (siehe Anm. 6), S. 150–153.

9 A. Romen/Carl Rissom, Militärstrafgesetzbuch. Berlin [3] 1918, S. 390 und 569.

10 Vgl. dazu Detlev Acker, Walther Schücking. Diss. Univ. Münster 1967/68. Münster 1970, S. 101–113.

11 Vgl. Wolfram Wette, Einleitung: Probleme des Pazifismus in der Zwischenkriegszeit. In: Pazifismus in der Weimarer Republik. Hrsg. von Karl Holl/Wolfram Wette. Paderborn 1981, S. 9–25, hier: S. 19f.

12 Vgl. Helmut Donat, Die radikalpazifistische Richtung in der Deutschen Friedensgesellschaft (1918–1933). In: Karl Holl/Wolfram Wette, Pazifismus (siehe Anm. 11), S. 27–45, hier: S. 34.

13 Vgl. Hans Kelsen, Das Problem der Souveränität und die Theorie des Völkerrechts. Beiträge zu einer reinen Rechtslehre. Unveränderter Nachdruck der 2. Aufl. von 1928 (Tübingen). Aalen 1960, S. 318f.

14 Vgl. Peter K. Keiner, Bürgerlicher Pazifismus und ›neues‹ Völkerrecht. Diss. Univ. Freiburg i. Br. 1976, S. 52–62.

15 Zitiert nach Detlev Acker, Walther Schücking (siehe Anm. 10), S. 119, Anm. 37.

16 Zitiert nach Peter Keiner, Bürgerlicher Pazifismus (siehe Anm. 14), S. 86, Anm. 3.

17 Franz von Liszt/Max Fleischmann, Völkerrecht. 12. Aufl. Berlin 1925, S. 70f.

18 Vgl. Detlev Acker, Walther Schücking (siehe Anm. 10), S. 146–158; Peter Keiner, Bürgerlicher Pazifismus (siehe Anm. 14), S. 75–93.

19 Zu Locarno siehe Erich Kaufmann, Gesammelte Schriften, Bd. II. Göttingen 1960, S. 166–175.

20 RGBl. 1929 II, S. 97.

21 Hans Wehberg, Die Ächtung des Krieges. Berlin 1930, S. 105–115.

22 Detlev Acker, Walther Schücking (siehe Anm. 10), S. 190–195; Peter Keiner, Bürgerlicher Pazifismus (siehe Anm. 14), S. 218–223.

23 Siehe dazu auch Ernst Fraenkel, Völkerrecht (siehe Anm. 4), S. 26.

24 Dazu näher Erich Kaufmann, Gesammelte Schriften (siehe Anm. 19), S. 173 f.

25 Formal deshalb, weil Deutschland im geheimen längst aufrüstete. Unter Mißachtung des Versailler Vertrags und anderer völkerrechtlicher Vereinbarungen betrieb es eine militärische Mobilisierung und Mobilmachungsvorbereitungen, die ein solches Ausmaß hatten, daß sie – in den Worten des Militärgeschichtlers Bernhard Kroener – dem Jahr 1933 »nicht die Qualität einer grundlegenden Zäsur, sondern eher die einer graduellen Akzelerationsschwelle« zuweisen. Vgl. ders., Mobilmachungsplanungen gegen Recht und Verfassung. Kriegsvorbereitungen in Reichsheer und Wehrmacht 1918 bis 1939. In: Bruno Thoss/Hans Erich Volkmann, Erster Weltkrieg – Zweiter Weltkrieg. Ein Vergleich. Paderborn 2002, S. 79.

26 Carl Schmitt, Die Kernfrage des Völkerbundes. Berlin 1926, S. 3.

27 Vgl. Wolfram Wette, Von Kellogg bis Hitler (1928–1933). Die öffentliche Meinung zwischen Kriegsächtung und Kriegsverherrlichung. In: Karl Holl/Wolfram Wette, Pazifismus (siehe Anm. 11), S. 159–172.

28 Carl Schmitt, Nationalsozialismus und Völkerrecht. Berlin 1934, S. 28.

29 Vgl. dazu Gerd Hankel, Die Leipziger Prozesse. Deutsche Kriegsverbrechen und ihre strafrechtliche Verfolgung nach dem Ersten Weltkrieg. Hamburg 2003, S. 500–504.

30 Binz, Boldt und Dithmar, zwei symbolische Opfer frontfremder Formaljustiz. In: Der Kampf um deutsches Recht, Beilage zum »Völkischen Beobachter« vom 17. 3. 1931.

Ingo Müller
Der »Weltbühnen«-Prozeß: Carl von Ossietzky und die politische Justiz

1 Untertitel seiner Studie: Otto Kirchheimer, Politische Justiz. Neuwied/Berlin 1965.
2 Die Weltbühne 1929, S. 402 ff.
3 Diese weithin bekannten Aktivitäten verstießen ebenfalls gegen zahlreiche Strafvorschriften. Vgl. dazu VO über Luftfahrzeugbau vom 13. 7. 1926, Reichsgesetzblatt (RGBl.) I, S. 463; VO über Beschränkung bei der Flugausbildung vom 13. 7. 1926, RGBl. I, S. 464, beide erlassen aufgrund des Gesetzes zur Durchführung der Art. 177, 178 und 198 des Vertrags von Versailles vom 8. 7. 1926, RGBl. I, S. 397.
4 Vgl. die Korrespondenz des Auswärtigen Amts mit der Reichsanwaltschaft, großteils zitiert bei: E. Rottka, Der ›Weltbühnen‹-Prozeß 1931, in: Wolfgang de Boor, Über den Zeitgeist: Deutschland in den Jahren 1918 bis 1995, Bd. II: Justiz in Deutschland. Marburg 1995, S. 135.
5 Das Urteil ist abgedruckt in: Die Justiz, Bd. IV (1928/29), S. 567 ff., zum Prozeß insgesamt siehe Heinrich Hannover/Elisabeth Hannover-Drück, Politische Justiz 1918–1933. Hamburg [2] 1978, S. 200 ff. Nach Gründung des Volksgerichtshofs 1934 wurde Jorns dort erster Chefankläger.
6 Das Urteil ist abgedruckt in: Die Justiz, Bd. VI (1930/31), S. 187 ff.
7 Zu den Biographien der vier, sämtlich 1933 aus Deutschland Geflohenen siehe: Institut für Zeitgeschichte (Hrsg.), Biographisches Handbuch der deutschsprachigen Emigration nach 1933, Bd. 1. München 1980.
8 Zitiert nach K. Grossmann, Ossietzky. Ein deutscher Patriot. München 1963, S. 201.
9 Alfred Apfel, Behind the Scenes of German Justice. London 1935, S. 111.
10 Frankfurter Zeitung vom 24. 11. 1931.
11 Rechenschaft. In: Die Weltbühne, 10. Mai 1932, S. 699.
12 RGBl., S. 195: »Mit Zuchthaus nicht unter zwei Jahren, bei mildernden Umständen mit Gefängnis nicht unter einem Jahre [...] wird bestraft, wer vorsätzlich Nachrichten,

deren Geheimhaltung im Interesse der Landesverteidigung erforderlich ist, an eine ausländische Regierung oder an eine Person, die im Interesse einer ausländischen Regierung tätig ist, gelangen läßt und dadurch die Sicherheit des Reichs gefährdet.«

13 Vom 7. Juni 1923, RGBl. II, S. 263.
14 S. 25 des Urteils.
15 Ebenda, S. 20.
16 Ebenda, S. 19.
17 Ebenda, S. 21, Hervorhebungen im Original.
18 Vgl. die Nachweise und Kritik der Reichsgerichtspraxis bei Matthias Hanten, Publizistischer Landesverrat vor dem Reichsgericht. Frankfurt a. M. 1999, S. 242 ff.
19 S. 22 des Urteils.
20 Brief Thomas Manns an Alfred Apfel, faksimiliert abgedruckt bei: Carl von Ossietzky. 227 Tage im Gefängnis. Briefe, Dokumente, Texte. Hrsg. von Stefan Berkholz. Darmstadt 1988, S. 30.
21 So der Untertitel der Ossietzky-Biographie K. Grossmanns (siehe Anm. 8).
22 Zu den Details siehe ebenda, S. 233.
23 Rechenschaft, Die Weltbühne, 10. Mai 1932, S. 690.
24 Vgl. dazu Walther Kiaulehn/H. Walter, Die Geschichte eines Preises. In: Der Monat (14) 1961, S. 87 ff. sowie: Der verbotene Preis. In: Das Parlament vom 23.2.1955.
25 Matthias Hanten, Landesverrat (siehe Anm. 18), S. 186 f. im Anschluß an die Beschwerdebegründung G. Strates im Wiederaufnahmeverfahren.
26 Deutsches Strafrecht, Bd. IV. 1937, S. 125 ff.
27 Der Reichstagsprozeß, Berlin 1934, S. 93.
28 Rudolf Olden, Hindenburg oder der Geist der preußischen Armee. Paris 1935, Neudruck Hildesheim 1982, S. 205.
29 Rechenschaft, Die Weltbühne, 10. Mai 1932, S. 693.
30 Entscheidungen des Bundesgerichtshofs in Strafsachen 39, S. 75 = Neue Zeitschrift für Strafrecht 1993, S. 502 = Neue Juristische Wochenschrift (NJW) 1994, S. 1481.
31 Urteil vom 16. 11. 1995, NJW 1996, S. 857 (863) mit Anm. von Gritschneder, NJW 1996, S. 1239.

1 Nachlesenswert ist immer noch Karl Liebknechts Rede im Preußischen Abgeordnetenhaus vom 7.2.1910 »Gegen die preußische Klassenjustiz«. In: Karl Liebknecht, Gesammelte Reden und Schriften, Bd. 3: Februar – Dezember 1910. Berlin 1960, S. 3–55, hier: S. 41–46.

2 Vgl. dazu den Beitrag von Ingo Müller in diesem Band.

3 So kurz vor dem Krieg Erik Wolf, Tattypus und Tätertypus. Zur Frage der Neugliederung der Verbrechenslehre. In: Zeitschrift für Deutsches Recht (ZDR), 3/1939, S. 358–363.

4 Heinrich Dietz, Das Strafrecht der Wehrmacht im neuen Reich. Zur Neuordnung der Militärgerichtsbarkeit. In: Deutsches Recht (DR), 2/1933, S. 163–172.

5 Werner Hülle, Die Stellung des Militärrichters und seine Aufgaben im künftigen Verfahrensrecht. In: Zeitschrift für Wehrrecht (ZWR), 2/1937, S. 3–17.

6 So Fritz Grau, Das kommende Strafgesetzbuch der Wehrmacht. In: ZWR 1/1936/37, S. 24–34, hier S. 24.

7 So Professor Erich Schwinge noch in der 6. Auflage 1944 seines Kommentars Militärstrafgesetzbuch nebst Kriegssonderstrafrechtsverordnung. Berlin 1944, S. 425.

8 Grundsätze der Reichskriegsanwaltschaft und des Reichskriegsgerichts I, S. 1. In: ZWR 4/1939, S. 284 ff.

9 Entscheidungen RKG und des Wehrmachtdienststrafhofs, Bd. 1 (RKG E 1). Berlin 1938/40, S. 61 f. Ähnlich am 27.2.1940 der 2. Senat, RKG E 1, S. 60.

10 Gesetzesdienst für die Wehrmachtgerichte. Hrsg. vom OKW/WR. Berlin 1940. Bundesarchiv-Militärarchiv (BA-MA), RW 2/v. 22.

11 Diesen Zahlen liegen Mitteilungen von OKW/WR an das Wehrpsychologische Institut zugrunde. BA-MA, RW 6/v. 130.

12 Lothar Walmrath, ›Justitia et disciplina‹. Strafgerichtsbarkeit in der deutschen Kriegsmarine 1939–1945. Frankfurt a.M. 1998, S. 546.

13 Bundesarchiv Berlin (BAB), Zwischenarchiv Dahlwitz-Hoppegarten, Filmrolle A 35/M 1000 ½, Präsident RKG, Az. 14n/Nr.87/140g. Zu Bastian näher: Manfred

Messerschmidt, Admiral Max Bastian. In: Hitlers militärische Elite, Bd. 2. Hrsg. von Gerd R. Ueberschär. Darmstadt 1998, S. 1–11.

14 Die Angaben beruhen auf einer Aufstellung von OKW/WR. Verteilerexemplar für den Chef des Allgemeinen Wehrmachtamtes (AWA). BA-MA, RW 2/v. 23 D.

15 Gesetzesdienst für die Wehrmachtgerichte, OKW/WR, 1941, S. 5–15.

16 Näher hierzu »Am mutigsten waren immer wieder die Zeugen Jehovas«. Verfolgung und Widerstand der Zeugen Jehovas im Nationalsozialismus. Hrsg. von Hans Hesse. Bremen 1988.

17 BAB, Zwischenarchiv Dahlwitz-Hoppegarten, A 35/M 1023/2.

18 Ebenda, M 989/3.

19 Die Statistik ist von Norbert Haase nach dem Original im Kriegsarchiv Prag vorgelegt worden in: Das Reichskriegsgericht und der Widerstand gegen die nationalsozialistische Herrschaft. Katalog zur Sonderausstellung der Gedenkstätte ›Deutscher Widerstand‹. Berlin 1993, S. 52.

20 BA-MA, RW 11-II/v. 27.

21 BAB, Zwischenarchiv Dahlwitz-Hoppegarten, A 35/M 1007.

22 U. a. Urteil gegen Kurt Weigle vom 2. 12. 43 (4. Senat), ebenda, M 1005/A 65; Adolf Zanker vom 2. 12. 43 (4. Senat), M 1005/A 66; Otto Bruser vom 25. 5. 44 (2. Senat), M 1004/A 23.

23 Bernward Dörner, »Der Krieg ist verloren.« Wehrkraftzersetzung und Denunziation in der Truppe. In: Die anderen Soldaten. Wehrkraftzersetzung, Gehorsamsverweigerung und Fahnenflucht im Zweiten Weltkrieg. Hrsg. von Norbert Haase/Gerhard Paul. Frankfurt a. M. 1995, S. 105–122.

24 Wiedergegeben bei Lothar Walmrath, ›Justitia et disciplina‹ (siehe Anm. 12), S. 541.

25 Publiziert im 8. Mob.-Sammelerlaß, Ziff. 6. Hrsg. vom OKH, Chef HRüst u. BdE/HR seit September 1939.

26 BA-Zentralnachweisstelle Kornelimünster (ZNS), Akten betr. Bestätigung von Urteilen der Feldkriegsgerichte vom April 1941 bis November 1941. Hierzu Manfred

Messerschmidt, Deutsche Militärgerichtsbarkeit im Zweiten Weltkrieg. In: Die Freiheit des Anderen. Festschrift für Martin Hirsch. Baden-Baden 1981, S. 111–142: hier S. 132f.

27 Max Nonne, Therapeutische Erfahrungen an den Kriegsneurosen in den Jahren 1914 bis 1918. In: Handbuch der ärztlichen Erfahrungen im Weltkriege 1914–1918, Bd. 4. Hrsg. von Karl Bonhoeffer. Leipzig 1922, S. 102–121. Zur Militärpsychiatrie zusammenhängend Peter Riedesser/Axel Verderber, »Maschinengewehre hinter der Front.« Zur Geschichte der deutschen Militärpsychiatrie. Frankfurt a.M. 1996.

28 Von Kriegsrichter Professor Erich Schwinge zustimmend zitiert in seinem Aufsatz: Die Behandlung der Psychopathen im Militärstrafrecht. In: ZWR, 5/1939–40, S. 110–125.

29 Wiedergegeben in DR 1942, S. 329.

30 Unterlagen, wie auch das Schreiben der Marine-Rechtsabteilung vom 3.4.1943, in BA-MA, MR 12–1/104. Näher dazu Messerschmidt, Deutsche Militärgerichtsbarkeit (siehe Anm. 26), S. 138f.

31 Adolf Hitler. Monologe im Führerhauptquartier 1941–1944. Hrsg. von Werner Jochmann. Hamburg 1980, S. 348.

32 Das Urteil ist wiedergegeben bei Hermine Wüllner, »... kann nur der Tod die gerechte Sühne sein.« Todesurteile deutscher Wehrmachtgerichte. Eine Dokumentation. Baden-Baden 1997, S. 22–26. Hier auch die Stellungnahmen des Divisionskommandeurs und der Richter zur Frage der Vollstreckung, das Rechtsgutachten des Armeerichters und die Entscheidung des Oberbefehlshabers.

33 Urteil, Rechtsgutachten und Entscheidung des Armeeoberbefehlshabers ebenda, S. 114–126.

34 Ebenda, S. 124, Stellungnahme zur Frage der Urteilsbestätigung vom 16.6.44.

35 Ausführlich zu Hermann Stöhr: Eberhard Röhm, Sterben für den Frieden, Spurensicherung. Hermann Stöhr (1898–1940) und die ökumenische Friedensbewegung. Stuttgart 1985.

36 Der gesamte schriftliche Nachlaß Jägerstätters, der Einblick in sein Denken vermittelt, wurde herausgegeben

von Georg Bergmann, Franz Jägerstätter. Ein Leben vom Gewissen entschieden, von Christus gestaltet. Stein am Rhein [2] 1988. Das Urteil ist vorhanden im Zwischenarchiv des BA in Dahlwitz-Hoppegarten, Filmrolle M 1004.

37 3. Senat, RKA II/171/42. BAB, Zwischenarchiv Dahlwitz-Hoppegarten, Filmrolle M 1008/A 27.

38 Restbestände gelangten ins Militärarchiv Potsdam. Signaturen 154/90-W 11/24 und W 11/14. Für die Fahndungsabteilungen Gera, Straßburg und Danzig 154/90, die im Oktober 1944 schon über 10000 flüchtige Soldaten erfaßt hatten. Nicht zusammenhängende Listen umfaßten bis Jahresende über 20000 Namen (W 11/187, 188, 191–195).

39 So beim Urteil gegen einen 32jährigen Unteroffizier, der geäußert hatte: »Wer kann denn heute noch an den Endsieg glauben [...] wer wird denn 5 Minuten vor 12 Uhr den Schädel hinhalten?« Urteil vom 28.9.1944 über fünf Jahre Zuchthaus, Überweisung in die Zuchthauskompanie einer Feldstrafgefangenenabteilung, StA Wien, K 171, Ma 13.

40 StA Wien, K 171, Ma 5, Urteil vom 8.11.1944.

41 So im Urteil vom 10.8.1944 über zwei Jahre Zuchthaus gegen einen Soldaten der Feldstrafgefangenenabteilung Döllersheim, der beim Anblick der Hakenkreuz-Lagerflagge gesagt hatte: »Vielleicht ist sie nächstes Jahr nicht mehr oben, sondern eine andere [...]. Die heutige Fahne gehört heruntergerissen.« StA Wien, K 176 Ma 12. Zusammenhängend hierzu Manfred Messerschmidt, Der »Zersetzer« und sein Denunziant. Urteile des Zentralgerichts des Heeres in Wien. In: Wolfram Wette (Hrsg.), Was damals Recht war ... NS-Militär- und Strafjustiz im Vernichtungskrieg. Essen 1996, S. 47–71.

42 StA Wien, K 174, Ma 12.

43 Urteil vom 27. April 1944 und weitere Unterlagen in K 176, Ma 1.

Helmut Kramer
Die versäumte juristische Aufarbeitung der Wehrmachtjustiz

1 Siehe den Einleitungsbeitrag in diesem Band, Abschnitt »NS-Militärjustiz«.
2 Erlaß über die Ausübung der Kriegsgerichtsbarkeit im Gebiet ›Barbarossa‹ und besondere Maßnahmen der Truppe vom 13.5.1941. Vgl. dazu Hans Buchheim/Martin Broszat/Hans-Adolf Jacobsen/Helmut Krausnick, Anatomie des SS-Staates, Bd. II: Konzentrationslager, Kommissarbefehl, Judenverfolgung. Olten/Freiburg 1965, S. 216ff.
3 Helmut Krausnick/Hans-Heinrich Wilhelm, Die Truppe des Weltanschauungskrieges. Die Einsatzgruppen der Sicherheitspolizei und des SD 1938–1942. Stuttgart 1981.
4 Hans Buchheim u.a., Anatomie (siehe Anm. 2), S. 217.
5 Ebenda, S. 215.
6 Vgl. Jörg Ganzenmüller, Ein stiller Völkermord. In: DIE ZEIT Nr. 4 vom 15.1.2004, S. 78.
7 Vgl. Fall 12. Das Urteil gegen das Oberkommando der Wehrmacht, gefällt am 28. Oktober 1948 in Nürnberg vom Militärgerichtshof VI der Vereinigten Staaten von Amerika. Berlin 1960, S. 91ff.; Hans Buchheim u.a., Anatomie (siehe Anm. 2), S. 170ff., 225ff.; Helmut Krausnick, Kommissarbefehl und »Gerichtsbarkeitserlaß Barbarossa«. In: Vierteljahrshefte für Zeitgeschichte 26 (1977), S. 682ff.
8 Vgl. Alfred Streim, Die Behandlung sowjetischer Kriegsgefangener im Fall ›Barbarossa‹. Karlsruhe 1981, S. 101ff.
9 Vgl. Lothar Gruchmann, »Nacht- und Nebel«-Justiz 1942–1944. In: Vierteljahrshefte für Zeitgeschichte 29 (1981), S. 342ff.
10 Vgl. Fall 12 (siehe Anm. 7), S. 283ff; vgl. auch Norbert Haase, Generaloberstabsrichter Dr. Rudolf Lehmann. In: Gerd R. Ueberschär (Hrsg.), Hitlers militärische Elite. Von den Anfängen des Regimes bis Kriegsbeginn. Darmstadt 1998, S. 154ff. Zu Rudolf Lehmann vgl. Ernst Klee, Personenlexikon des Dritten Reiches. Frankfurt a.M. 2003, S. 362f.
11 Zu Dr. Werner Hülle vgl. ebenda, S. 273f.

12 Vgl. Rudolf Absolon, Das Wehrmachtstrafrecht im 2. Weltkrieg. Sammlung der grundlegenden Gesetze, Verordnungen und Erlasse. Kornelimünster 1958, S. 93 ff.
13 Vgl. Der Spiegel vom 14.10.1957, S. 22 ff.
14 Vgl. Lothar Gruchmann, »Nacht- und Nebel«-Justiz (siehe Anm. 9), S. 379 ff., 390 ff.
15 Personalakten des niedersächsischen Justizministeriums 4 H 26-Beiheft II.
16 Einstellungsvermerk vom 16.12.1983 – 3a Js 273/72 Staatsanwaltschaft Kassel.
17 Auszug bei Lothar Gruchmann, »Nacht- und Nebel«-Justiz (siehe Anm. 9), S. 379 f.
18 Vgl. ebenda, S. 396, Anm. 228.
19 Vgl. Der Spiegel Nr. 32 vom 31.7.1972, S. 40 f.
20 Vgl. Personalakten des Niedersächsischen Justizministeriums 4 S 48 – Beiheft I.
21 Vgl. Helmut Kramer, Die NS-Justiz in Braunschweig und ihre Bewältigung ab 1945. In: ders. (Hrsg.), Braunschweig unterm Hakenkreuz. Braunschweig 1981, S. 36 ff., 42 ff.
22 Zu Ernst Mantel vgl. Ernst Klee, Personenlexikon (siehe Anm. 10), S. 390. Mantel wirkte an dem – nachstehend erörterten – Thorbeck-Huppenkothen-Urteil vom 19. Juni 1955 mit.
23 Vgl. Helmut Krausnick/Hans-Heinrich Wilhelm, Truppe des Weltanschauungskrieges (siehe Anm. 3), S. 218, Anm. 378.
24 Vgl. Ernst Klee, Personenlexikon (siehe Anm. 10), S. 298.
25 Vgl. Detlef Garbe, »In jedem Einzelfall ... bis zur Todesstrafe.« Der Militärstrafrechtler Erich Schwinge. Ein deutsches Juristenleben. Hamburg 1989.
26 Vgl. u.a. DIE ZEIT Nr. 20 vom 12.5.1978, S. 3 ff.; Wolfram Wette, Der Fall Filbinger. Erst der »furchtbare Jurist« ohne Unrechtsbewußtsein löste in Deutschland eine intensive Beschäftigung mit der NS-Justiz aus. In: Frankfurter Rundschau vom 24.9.2003, S. 7.
27 Zur ›Roten Kapelle‹ und dem Verfahren vor dem Reichskriegsgericht vgl. Norbert Haase, Das Reichskriegsgericht und der Widerstand gegen die nationalsozialistische Herrschaft. Berlin 1993, S. 100 ff.; Heinrich W. Grosse, Dietrich Bonhoeffer, sein Ankläger Manfred Roeder und die Lüneburger Nachkriegsjustiz. In: Jahrbuch der

Gesellschaft für niedersächsische Kirchengeschichte 93 (1995), S. 239 ff.

28 Vgl. Ermittlungsakten 1 Js 16/49 Staatsanwaltschaft Lüneburg.

29 Urteil des Bundesgerichtshofs vom 19. Juni 1955. In: C.F. Rüter u.a. (Hrsg.), Justiz und NS-Verbrechen. Sammlung deutscher Strafurteile wegen nationalsozialistischer Tötungsverbrechen 1945–1966, Bd. XIII. Amsterdam 1975, S. 283 ff.

30 Urteil vom 19. Juni 1955, ebenda, S. 352.

31 Urteil des BGH vom 14.7.1961. In: Neue Juristische Wochenschrift (NJW) 1962, S. 195 ff.; Urteil vom 24.6.1964. In: Deutsche Richterzeitung 1964, S. 313.

32 Ebenda, S. 315.

33 Ebenda.

34 NJW 1962, S. 162.

35 NJW 1962, S. 192.

36 Urteil des OLG Kiel vom 26. März 1947, Süddeutsche Juristenzeitung Nr. 47, S. 326.

37 Urteil des BGH vom 5. Dezember 1958, NJW 1959, S. 525 ff.

38 Urteil vom 4.11.1961 – 2 KMs 2/61 Staatsanwaltschaft Lüneburg.

39 NJW 1992, S. 934; vgl. dazu Gritschneder, NJW 1993, S. 369 ff.

40 Gemeint ist Manfred Messerschmidt. Vgl. Manfred Messerschmidt/Fritz Wüllner, Die Wehrmachtjustiz im Dienste des Nationalsozialismus – Zerstörung einer Legende. Baden-Baden 1987, S. 63 ff.; Manfred Messerschmidt, Deutsche Militärgerichtsbarkeit im Zweiten Weltkrieg. In: Festschrift für Martin Hirsch. Baden-Baden 1989, S. 111 ff.

41 Gemeint ist Fritz Wüllner. Vgl. Fritz Wüllner, Die NS-Militärjustiz und das Elend der Geschichtsschreibung. Baden-Baden 1991, S. 227, 446 ff., 503, 843, 852.

42 NJW 1995, S. 1297 ff.; vgl. dazu Kerstin Freudiger, Die juristische Aufarbeitung von NS-Verbrechen. Tübingen 2002, S. 130 ff.; Hans Bader, Caiazzo. In: Betrifft Justiz 1995, S. 121 ff.

43 Vgl. Gerhard Schreiber, Deutsche Kriegsverbrechen in Italien. Täter, Opfer, Strafverfolgung. München 1996.

44 Vgl. Eberhard Rondholz, »Tausend unbekannte Lidices«. Ungesühnte deutsche Kriegsverbrechen auf dem Balkan. In: Blätter für deutsche und internationale Politik 1993, S. 1509 ff.

Wolfgang Kraushaar
Protest gegen die Wiederbewaffnung

1 Aus der Fülle der Literatur vgl. insbesondere: Gerhard Wettig, Entmilitarisierung und Wiederbewaffnung in Deutschland 1943–1955. Internationale Auseinandersetzungen um die Rolle der Deutschen in Europa. München 1967; Klaus von Schubert, Wiederbewaffnung und Westintegration. Die innere Auseinandersetzung um die militärische und außenpolitische Orientierung der Bundesrepublik 1950–1952. Stuttgart 1972; Ulrich Albrecht, Die Wiederaufrüstung der BRD. Köln 1974; Detlef Bald, Von der Wehrmacht zur Bundeswehr. Kontinuität und Neubeginn. In: Werner Conze/M. Rainer Lepsius (Hrsg.), Sozialgeschichte der Bundesrepublik Deutschland. Stuttgart 1985, S. 387–409; David Clay Large, Germans to the Front. West German Rearmament in the Adenauer Era. Chapel Hill/London 1996.
2 Konrad Adenauer, Erinnerungen 1945–1953. Stuttgart 1965.
3 Zur Analyse und Diskussion derartiger Umfrageergebnisse vgl. Michael Geyer, Der Kalte Krieg, die Deutschen und die Angst. Die westdeutsche Opposition gegen Wiederbewaffnung und Kernwaffen. In: Klaus Naumann (Hrsg.), Nachkrieg in Deutschland. Hamburg 2001, S. 267–318. Geyer arbeitet heraus, daß ein großer Teil der in den 50er Jahren manifesten Abwehrhaltung gegenüber einer Wiederbewaffnung national, zum Teil sogar »ausgesprochen nationalistisch motiviert« gewesen sei.
4 Die Frage lautete: »Würden Sie es für richtig halten, wieder Soldat zu werden oder daß Ihr Sohn oder Ihr Mann wieder Soldat werden?« Frankfurter Rundschau vom 18. 1. 1950.
5 Zu abweichenden Ergebnissen gelangte das Allensbacher Institut für Demoskopie, nach deren zum selben Zeit-

punkt durchgeführten Umfrage sich »im Falle eines Angriffs aus dem Osten« 49 Prozent der männlichen und 42 Prozent der weiblichen Befragten gegen einen Wehrdienst aussprachen.

6 »Im Dezember 1956 war aus der großen Mehrheit der Gegner einer Wiederbewaffnung Deutschlands im Jahre 1950/51 eine starke Minderheit geworden.« Michael Geyer, Der Kalte Krieg (siehe Anm. 3), S. 278.

7 Vgl. Ernst Zander, Die Kampagne gegen die Remilitarisierung in Deutschland. London 1952; Wolfgang Kraushaar, Die Protest-Chronik 1949–1959. Eine illustrierte Geschichte von Bewegung, Widerstand und Utopie. Bd. I–III. Hamburg 1996.

8 Als ein Indiz für die schlagartig gestiegene Kriegsangst kann ein »Korea-Angstkauf-Barometer« gewertet werden, das auf der Basis einer vom DISMA-Institut in 17 Städten des Ruhrgebiets durchgeführten Befragungsaktion erstellt worden war. Vgl. Der Spiegel vom 20. 7. 1950, 4. Jg., Nr. 29, S. 31.

9 Hans-Jürgen Rautenberg/Norbert Wiggershaus, Die ›Himmeroder Denkschrift‹ vom Oktober 1950. Politische und militärische Überlegungen für einen Beitrag der Bundesrepublik Deutschland zur westdeutschen Verteidigung. Karlsruhe 1977.

10 Vgl. Bundesministerium für Verteidigung (Hrsg.), Vom künftigen deutschen Soldaten. Gedanken und Planungen der Dienststelle Blank. Bonn 1955.

11 Vgl. Heinz Brunotte, Die Evangelische Kirche in Deutschland. Geschichte, Organisation und Gestalt der EKD. Gütersloh 1964.

12 »Wenn der gegenwärtige Bundestag über diese Frage entscheidet, so käme das einem Volksbetrug gleich, da kein deutscher Wähler bei der Wahl im Sommer 1949 die Absicht gehabt hatte, dem Deutschen Bund die Vollmacht zu einer Kriegsrüstung oder Kriegsbeteiligung zu geben.« Wetzlarer Zeitung vom 6. Oktober 1950.

13 Der Aufruf war am 19. März 1950 auf einer Tagung des kommunistisch gelenkten Weltfriedensrates in der schwedischen Hauptstadt beschlossen worden.

14 Der Vorsitzende des Weltfriedensrates, der französische Atomphysiker Frédéric Joliot-Curie, behauptete im

August 1950, daß weltweit 273 470 566 Menschen den »Stockholmer Appell« zur Ächtung der Atombombe unterzeichnet hätten. Und auf einem im Oktober in Ost-Berlin veranstalteten »1. Kongreß der Kämpfer für den Frieden« wurde bekanntgegeben, daß rund 18 Millionen Deutsche die Entschließung des Weltfriedenskomitees unterzeichnet hätten: 16 546 726 Bewohner der DDR, 2 034 134 Westdeutsche und 1 013 944 Berliner, davon 121 086 aus den Westsektoren.

15 Das jedenfalls behauptete die Bundesregierung.

16 Die genaue Bezeichnung lautet: »Hauptausschuß für Volksbefragung gegen Remilitarisierung und für den Abschluß eines Friedensvertrages«.

17 Die »Notgemeinschaft für den Frieden« wurde von der Zentrums-Vorsitzenden Helene Wessel zusammen mit dem ehemaligen Bundesinnenminister Gustav Heinemann am 21. November 1951 in Düsseldorf gegründet.

18 Der neutralistisch eingestellte Heinemann erklärt auf der Kundgebung in West-Berlin: »Wer die deutsche Wiedervereinigung will, muß auf die Westeingliederung verzichten, denn sie bedeutet zugleich die Ausgliederung der Ostzone.« Steglitzer Anzeiger vom 14. 3. 1952.

19 Vgl. die Darstellung in den Erinnerungen eines evangelischen Theologen, der die Demonstration beim Ordnungsamt der Stadt Essen angemeldet hatte: Arnold Haumann, »Gott mit uns?« Zwischen Weltkrieg und Wende – Widerspruch eines politisch engagierten Theologen. Bonn 1992.

20 So lautete die Schlagzeile einer überregionalen Tageszeitung: »Getarnte FDJ schießt auf Polizei in Essen«. Die Welt vom 12. Mai 1952.

21 Vgl. Alexander von Brünneck, Politische Justiz gegen Kommunisten in der Bundesrepublik Deutschland 1949–68. Frankfurt a. M. 1978.

22 »An das deutsche Volk!« In: Freies Volk vom 1. 1. 1955.

23 Die außerparlamentarische Kampagne der SPD verfolgte vor allem das Ziel, die Bevölkerung auf die sich durch die Wiederbewaffnung befürchtete Verschlechterung der Aussichten für eine Wiedervereinigung Deutschlands hinzuweisen. Das vereinbarte Motto lautet: »Einheit, Freiheit und Frieden«. Auf Plakaten wurde über der Pa-

role »Nie wieder! – Darum verhandeln!« ein beinamputierter Kriegsversehrter gezeigt.

24 Das Motto der von SPD und DGB gemeinsam initiierten Veranstaltung lautete: »Rettet Einheit, Frieden und Freiheit! Gegen Kommunismus und Nationalismus!«

25 Zur Geschichte der Anti-Atomtod-Bewegung vgl. Hans Karl Rupp, Außerparlamentarische Opposition in der Ära Adenauer. Der Kampf gegen die Atombewaffnung in den fünfziger Jahren. Eine Studie zur innenpolitischen Entwicklung der BRD. Köln 1970.

26 Die Göttinger Erklärung in: Günther Heipp (Hrsg.), Es geht ums Leben! Der Kampf gegen die Bombe 1945–1965. Eine Dokumentation. Hamburg 1965, S. 35–37.

27 Friedenskomitee der Bundesrepublik Deutschland (Hrsg.), Blaubuch – Dokumentation über den Widerstand gegen die atomare Aufrüstung der Bundesrepublik. Düsseldorf 1959, S. 156.

28 Vgl. Matthias Küntzel, Bonn und die Bombe. Deutsche Atomwaffenpolitik von Adenauer bis Brandt. Frankfurt a. M./New York 1992; Detlef Bald, Die Atombewaffnung der Bundeswehr. Militär, Öffentlichkeit und Politik in der Ära Adenauer. Bremen 1994.

29 Vgl. Franz Josef Strauß, Erinnerungen. West-Berlin 1989, S. 313–315.

30 Ollenhauer appellierte an die in der Frankfurter Kongreßhalle versammelten Atombewaffnungsgegner: »Bannen wir die Gefahr des Atomtodes! Fangen wir bei uns an! Geben wir ein Beispiel! Die Bundesrepublik Deutschland soll frei bleiben von Atomwaffen aller Art. Wir wollen keine Kernwaffen, wir wollen keine Abschußbasen, wir wollen keine Lagerplätze, und wir wollen Kernwaffen nicht verwenden, in welcher Form immer! Wir wollen nichts von alledem, weil es sinnlos ist ... Und ich glaube, ich kann hier sprechen im Namen von allen. Wir stehen zu dem Wort, das wir an den Schluß des Aufrufs gesetzt haben. Wir werden nicht Ruhe geben, solange der Atomtod unser Volk bedroht.« Gesamtdeutsche Rundschau vom 28. 3. 1958, 7. Jg., Nr. 13, S. 3.

31 Einer der jungen Wissenschaftler, die sich als Sprecher der Anti-Atomtod-Bewegung profilierten, war der Frankfurter Soziologe Jürgen Habermas. Vgl. seine Ansprache:

Jürgen Habermas, Unruhe erste Bürgerpflicht. In: Diskus – Frankfurter Studentenzeitung, 8. Jg., Nr. 5, Juni 1958, S. 2.

32 Der erste Ostermarsch fand vom 4. bis zum 7. April 1958 in Großbritannien statt. Die Idee zu dem Marsch, der vom ›Direct Action Committee‹ (DAC) organisiert von London nach Aldermaston führte, stammt von Hugh Brock. Einer der Teilnehmer war der 66jährige Präsident der Evangelischen Kirche von Hessen und Nassau, Martin Niemöller. Zwei Jahre später folgte der erste Ostermarsch in der Bundesrepublik. Er führte vom 15. bis 18. April 1960 von vier norddeutschen Städten aus in einem Sternmarsch zum Truppenübungsplatz Bergen-Hohne, wo die Bundeswehr eine erste zur atomaren Bewaffnung geeignete Honest-John-Rakete abgefeuert hatte.

33 Zur Geschichte der bundesdeutschen Ostermarschbewegung vgl. Karl A. Otto, Vom Ostermarsch zur APO. Geschichte der Außerparlamentarischen Opposition in der Bundesrepublik 1960–1970. Frankfurt a.M./New York 1977.

34 Die die Ostermärsche zuletzt organisierende »Kampagne für Demokratie und Abrüstung« büßte nach dem Austritt ihrer leitenden Mitglieder, darunter Andreas Buro, Heiner Halberstadt, Arno Klönne und Klaus Vack, im Juli 1970 ihre Handlungsfähigkeit praktisch ein. Vgl. Karl A. Otto, Ostermarsch (siehe Anm. 33), S. 177.

Helmut Kramer

Der Widerstand gegen die Aufrüstung der Bundesrepublik vor Gericht

1 Zu den außerparlamentarischen Bewegungen vgl. den Beitrag von Wolfgang Kraushaar in diesem Band.

2 Die Stellungnahme ist abgedruckt in: Peter Egen, Die Entstehung des Evangelischen Arbeitskreises der CDU. o.O., o.J., Anhang S. XXIXf., zur Vorgeschichte vgl. S. 86f.

3 Zu Hermann Weinkauff, auch zu seiner Vorgeschichte im Dritten Reich vgl. Bernt Engelmann, Rechtsverfall,

Justizterror und das schwere Erbe, Bd. II: Zur Geschichte der deutschen Strafjustiz 1919 bis heute. Köln 1989, S. 262ff.; Ernst Klee, Personenlexikon zum Dritten Reich. Wer war was vor und nach 1945. Frankfurt a.M. 2003, S. 663; Ingo Müller, Furchtbare Juristen. Die unbewältigte Vergangenheit unserer Justiz. München 1987, S. 225ff.

4 Hermann Weinkauff, Widerstandsrecht und Widerstandspflicht. Gutachten, erstattet im Prozeß gegen Otto Ernst Remer. In: Bundeszentrale für Heimatdienst (Hrsg.), 20. Juli 1944. Bonn [3] 1960, S. 264. Unter teilweise wörtlicher Übernahme solcher Ausführungen von Weinkauff sprach der Bundesgerichtshof den zum Tode verurteilten Soldaten im nachhinein noch einmal das Recht ab, die Beteiligung am Zweiten Weltkrieg zu verweigern. Vgl. den Beitrag von Helmut Kramer in diesem Band.

5 Vgl. Diether Posser, Anwalt im Kalten Krieg. Ein Stück deutscher Geschichte in politischen Prozessen 1951–1968. München 1991, S. 161f; Alexander von Brünneck, Politische Justiz gegen Kommunisten in der Bundesrepublik Deutschland 1949–1968. Frankfurt a.M. 1978, S.28.

6 Urteil des BGH vom 2.8.1954. In: Walter Wagner (Hrsg.), Hochverrat und Staatsgefährdung, Bd. 1. Karlsruhe 1957, S. 19ff.

7 Ebenda, S. 67.

8 Ebenda, S. 68.

9 Vgl. Diether Posser, Anwalt (siehe Anm. 5), S. 117f., 192. – Die Bundesregierung ihrerseits versuchte u.a. in Presseerklärungen die Mitglieder der Friedensbewegung als ausnahmslos von der SED gesteuerte Agenten zu diffamieren. Vgl. u.a. ebenda, S. 85 und 165.

10 §90 a StGB in der Fassung vom 30.8.1951: Verfassungsverräterische Vereinigung
I. Wer eine Vereinigung gründet, deren Zwecke oder deren Tätigkeit sich gegen die verfassungsmäßige Ordnung oder gegen den Gedanken der Völkerverständigung richten, oder wer die Bestrebungen einer solchen Vereinigung als Rädelsführer oder Hintermann fördert, wird mit Gefängnis bestraft. II. In besonders schweren Fällen kann

auf Zuchthaus bis zu 5 Jahren erkannt werden. Daneben kann Polizeiaufsicht zugelassen werden.

11 Neue Juristische Wochenschrift (NJW) 1963, S. 6.

12 Zu Josef Schafheutle vgl. Ernst Klee, Personenlexikon (siehe Anm. 3), S. 526; Bernt Engelmann, Rechtsverfall (siehe Anm. 3), S. 245ff.; Ingo Müller, Furchtbare Juristen (siehe Anm. 3), S. 213, 234.

13 Gesetz vom 24.4.1934, Reichsgesetzblatt (RGBl.) I 1934, S. 341.

14 Vgl. Diether Posser, Anwalt (siehe Anm. 5), S. 158.

15 Vgl. Alexander von Brünneck, Politische Justiz (siehe Anm. 5), S. 148; Diether Posser, Anwalt (siehe Anm. 5), S. 158ff.; Heinrich Hannover, Die Republik vor Gericht 1975–1995. Erinnerungen eines unbequemen Rechtsanwalts. Berlin 1999, S. 57ff. – Das Düsseldorfer Urteil wurde durch das Urteil des BGH vom 27.9.1956, Entscheidungen des Bundesgerichtshofs (BGH St), Bd. 17, S. 337, im wesentlichen bestätigt.

16 Diether Posser, Anwalt (siehe Anm. 5), S. 255; Alexander von Brünneck, Politische Justiz (siehe Anm. 5), S. 88f.

17 Urteil des BGH vom 4. Juni 1955. In: Walter Wagner, Hochverrat (siehe Anm. 6), S. 108, 177. Damit sollte der Angeklagte Jupp Angenfort »zu gesetzestreuem Verhalten gebracht oder mindestens als Gefahrenquelle ausgeschaltet werden«.

18 Vgl. Alexander von Brünneck, Politische Justiz (siehe Anm 5), S. 241ff., 278, 280f.

19 Ebenda, S. 299ff.

20 Vgl. ebenda, S. 336 ff.; Christoph Kleßmann, Die doppelte Staatsgründung. Deutsche Geschichte 1945 bis 1955. Bonn [5] 1991, S. 256.

21 Entscheidungen des Bundesverfassungsgerichts (BVerfGE), Bd. 8, S. 104ff., 120ff. Kritisch dazu Ekkehard Stein, Staatsrecht. 11. Aufl. Tübingen 1988, S. 71f.

22 Zu Hans Speidel vgl. Elmar Krautkrämer, Generalleutnant Dr. phil. Hans Speidel. In: Gerd R. Ueberschär, Hitlers militärische Elite, Bd. 2: Vom Kriegsbeginn bis zum Weltkriegsende. Darmstadt 1998, S. 245ff.

23 Vgl. Heinrich Hannover, Republik vor Gericht (siehe Anm. 15), S. 129ff.

24 Ebenda.

25 Hierzu und zu der Parole »Ohne Generalamnestie weder Generale noch ein Generalvertrag« vgl. Norbert Frei, Vergangenheitspolitik. Die Anfänge der Bundesrepublik und die NS-Vergangenheit. München 1996, S. 195 ff., 234 ff.

Ulrich Finckh

Justiz und Kriegsdienstverweigerung in der Bundesrepublik

1 Entscheidungen des Bundesverfassungsgerichts (BVerfGE) 69, S. 1 ff.
2 Entscheidungen des Bundesverwaltungsgerichts (BVerwGE) 48, S. 127; zur Grundproblematik vgl. Martin Klein, Beweis und Gewissen. Schriften zum öffentlichen Recht, Bd. 188. Berlin 1972.
3 BVerfGE 28, S. 243 ff.
4 Bundesverwaltungsgericht (BVerwG) Neue Juristische Wochenschrift (NJW) 1968, S. 1646.
5 BVerfGE 12, S. 45 ff.
6 BVerwG NJW 1966, S. 948.
7 BVerwGE 7, S. 242.
8 BVerwGE 14, S. 146.
9 BVerwG DVBl. 1963, S. 146.
10 BVerwGE 62, S. 123 ff.
11 BVerwG DÖV 1969, S. 361.
12 BVerwGE 37, S. 69 ff.
13 BVerfGE 23, S. 191 ff.
14 BVerwGE 72, S. 241 ff.
15 BVerwG Buchholz Nr. 108 zu § 25 Wehrpflichtgesetz (WPflG).
16 BVerfGE 48, S. 127 ff.; die Prozeßunterlagen bei Dieter Blumenwitz, Wehrpflicht und Ersatzdienst. München 1978; zur Kritik: Ulrich Finckh, Hinweis auf statistische Manipulationen. In: Die Freiheit, Nein zu sagen. Vom Recht der Kriegsdienstverweigerer 1957–1982. Hrsg. von der Zentralstelle für Recht und Schutz der Kriegsdienstverweigerer. Freiburg 1983, S. 177–179.
17 BVerfGE 92, S. 91 ff.; vgl. dazu Renate Jägers Wertung als grundlegende Entscheidung in: Gleichberechtigung

und Gleichstellung als Verfassungsauftrag. Rückblick – Analyse – Visionen; Gustav-Heinemann-Initiative: Menschenrechte – keine Altlasten sondern Zukunftsperspektive. Stuttgart 2000, S. 86ff.

18 Beschluß des Amtsgerichts Düsseldorf v. 30.10.2001 – 412 Ds/810 Js 929/00; BvR 2/02 (unveröffentlicht).

19 Beschluß v. 19.3.1999, in: 4/3 – Fachzeitschrift zu Kriegsdienstverweigerung, Wehrdienst und Zivildienst Nr. 2/1999, S. 61ff.

20 BVerfGE 105, S. 61ff.

21 Kritisch dazu u.a. Hans-Ernst Böttcher, Grundrechte mit Militärvorbehalt? In: Till Müller-Heidelberg/Ulrich Finckh (Hrsg.), Grundrechte-Report 2003. Reinbek 2003, S. 117ff.

22 Vgl. dazu das Urteil des Verwaltungsgerichts Köln vom 21.4.2004 – 8 K 154/04: Die neue Einberufungsregelung verstößt deshalb gegen das Willkürverbot des Art. 3 Grundgesetz.

23 BVerfGE 90, S. 286.

24 BVerfGE 104, S. 151ff. – Vgl. auch den Beitrag von Martin Kutscha in diesem Band.

25 BVerfGE 85, S. 127ff; 36, 1, S. 17ff.

Helmut Kramer

Justiz und Kriegsdienstverweigerung in der DDR

1 Vgl. Uwe Koch/Stephan Eschler, Zähne hoch, Kopf zusammenbeißen. Kückenskagen 1994, S. 20f., 28ff.

2 Vgl. Joachim Garstecki, Verweigerung und demokratische Erneuerung. In: Heinz Janning/Klaus Pohatzky/Hans-Jürgen Röder/Peter Tobiassen (Hrsg.), Kriegs-/Ersatzdienst-Verweigerung in Ost und West. Essen 1990, S. 232–240, hier S. 234.

3 Vgl. den ersten Beitrag von Wolfram Wette in diesem Band.

4 Vgl. Ehrhart Neubert, Geschichte der Opposition der DDR 1949–1989. Berlin 1998; Uwe Koch, Die Baueinheiten in der Nationalen Volksarmee – Einrichtung, Entwicklung und Bedeutung. In: Materialien der Enquete-Kommission »Aufarbeitung von Geschichte und Folgen

der SED-Diktatur in Deutschland«. Hrsg. Vom Deutschen Bundestag, Bd. II/3: Machtstrukturen und Entscheidungsmechanismen im SED-Staat und die Frage der Verantwortung. Red. von Friederike Sattler und Thomas Ammer, S. 1835–1899, hier S. 1861.

5 Vgl. Uwe Koch, Baueinheiten (siehe Anm. 4), S. 1862.

6 Vgl. ebenda; Hans-Hermann Dirksen, »Keine Gnade für die Feinde unserer Republik«. Die Verfolgung der Zeugen Jehovas in der SBZ/DDR 1945–1990. Berlin [2] 2003, S. 786.

7 Vgl. Uwe Koch, Nimm zwei Bestecks mit. In: Heinz Jannings u. a. (Hrsg.), Verweigerung (siehe Anm. 2), S. 334–341, hier S. 339.

8 Vgl. Uwe Koch, Baueinheiten (siehe Anm. 4), S. 1862 f.

9 Vgl. Hans-Hermann Dirksen, »Keine Gnade...« (siehe Anm. 6) , S. 783 f., 932.

10 Vgl. ebenda, S. 322 ff.

11 Vgl. dazu Rudi Beckert, Die erste und letzte Instanz. Schau- und Geheimprozesse vor dem obersten Gericht der DDR. Goldbach im Taunus 1995, S. 26 f.

12 Vgl. Hans-Hermann Dirksen, »Keine Gnade...« (siehe Anm. 6), S. 783 f.

13 Siehe die Websites unter dem Stichwort »Totalverweigerer in der DDR«

14 Hans-Jürgen Röder, Krieg ist schlimmer als Knast. In: Heinz Janning u. a. (Hrsg.), Verweigerung (siehe Anm. 2), S. 251–254, hier S. 251.

15 Vgl. Ehrhart Neubert, Geschichte der Opposition (siehe Anm. 4), S. 194.

16 Vgl. Uwe Koch/Stephan Eschler, Zähne hoch (siehe Anm. 1), S. 26.

17 Vgl. Ehrhart Neubert, Geschichte der Opposition (siehe Anm. 4), S. 401.

18 Orientierung des Staatssekretärs im Ministerium für Verteidigung zum Vorgehen beim Auftreten der Aufnäher »Schwerter zu Pflugscharen« vom 18. 3. 1982, Sächsisches Hauptstaatsarchiv, RdB 45 076.

19 Vgl. www.denk-stein.de oder unter dem Stichwort »Totalverweigerer in der DDR« im Internet.

20 Vgl. Hierzu www.forum-justizgeschichte.de und www.dfg-vk.de/4_3/200_2_a.htm

21 Urteil des Landgerichts Berlin vom 6.12.1968, abgedruckt in: Jörg Friedrich, Freispruch für die Nazi-Justiz. Die Urteile gegen NS-Richter seit 1948. Eine Dokumentation. Reinbek 1983, S. 463 ff.
22 Vgl. Gerhard Mauz in: Der Spiegel Nr. 52/1968, S. 76.
23 Urteil des Bundesgerichtshofs vom 16.2.1960. In: Neue Juristische Wochenschrift (NJW) 1960, S. 974.
24 Beschluß des Landgerichts Potsdam vom 19.3.1999. In: Neue Justiz 1999, S. 660 ff.
25 Vgl. dazu den Beitrag von Ulrich Finckh in diesem Band.
26 Eduard Dreher. In: Juristische Wochenschrift 1935, S. 1949 f.
27 Zu Eduard Dreher vgl. Ingo Müller, Furchtbare Juristen. Die unbewältigte Vergangenheit unserer Justiz. München 1987, S. 214, 247 f.
28 Vgl. Detlef Garbe, Zwischen Widerstand und Martyrium. Die Zeugen Jehovas im »Dritten Reich«. München 1993.
29 Vgl. ebenda, S. 344 ff.
30 Vgl. Heinrich Hannover, Die Republik vor Gericht 1954–1974. Erinnerungen eines unbequemen Rechtsanwalts. Berlin 1998, S. 142 ff.
31 Urteil des Landgerichts Braunschweig vom 8.10.1962, zit. nach: ebenda, S. 144.
32 Vgl. Hans-Hermann Dirksen, »Keine Gnade...« (siehe Anm. 6), S. 904, 934.
33 Vgl. Urteil des Bundesgerichtshofs vom 24.6.1964. In: Deutsche Richterzeitung 1964, S. 313 ff. Näheres dazu in dem ersten Beitrag von Helmut Kramer in diesem Band.
34 In der vom Bundesministerium der Justiz erarbeiteten Ausstellung über die SED-Justiz findet sich keinerlei Hinweis auf die Pazifistenverfolgung in der DDR, nicht einmal in dem Beitrag über die Militärjustiz in der DDR. Vgl. Wolfgang Eisert, Zu den Anfängen der Geschichte der Militärjustiz. In: Im Namen des Volkes? Über die Justiz im Staat der SED. Wissenschaftlicher Begleitband zur Ausstellung des Bundesministeriums der Justiz. Leipzig 1994, S. 113 ff.
35 Vgl. den Beschluß des OLG Rostock vom 4.2.1993. In: Neue Justiz 1993, S. 327.
36 Dieses Fehlurteil mußte erst durch das Bundesverfassungsgericht korrigiert werden. Vgl. Beschluß des BVerfG vom 4.8.1999. In: NJW 2000, S. 421 ff.

Hans-Ernst Böttcher
Strafbare Nötigung oder Ausübung von Grundrechten?
Die gerichtliche Auseinandersetzung mit den Sitzblockaden gegen den NATO-Doppelbeschluß

1 Also sozusagen ein »Hattenhauer II«, vgl. Hans Hattenhauer, Europäische Rechtsgeschichte. Heidelberg 1992.
2 Zur politischen Justiz als dem Gebrauch/Mißbrauch des Rechts zu politischen Zwecken vgl. den Klassiker von Otto Kirchheimer, Politische Justiz. Verwendung juristischer Verfahrensmöglichkeiten zu politischen Zwecken (1961). Neuwied/Berlin 1965.
3 RGBl. I vom 29.5.1943, S. 340.
4 Vgl. dazu Ingo Müller, Die angeklagte Friedensbewegung – Ein historischer Rückblick. In: Christoph Butterwegge/Bernhard W. Docke/Wolfgang Hachmeister (Hrsg.), Kriminalisierung der Friedensbewegung – Abschreckung nach innen? Köln 1985, S. 15ff., 22.
5 Vgl. die Nachweise bei Ingo Müller, Friedensbewegung (siehe Anm. 4), S. 24, Anm. 36.
6 Entscheidungen des Bundesgerichtshofs in Strafsachen (BGHStE), Bd. 23, S. 46ff.
7 Ebenda, S. 54.
8 Ich nehme hier Gedanken aus einem Vortragstext von 1984/85 auf: Hans-Ernst Böttcher, Aktuelle Tendenzen der Strafverfolgung von Rüstungsgegnern. In: Christoph Butterwegge u.a. (Hrsg.), Kriminalisierung (siehe Anm. 4), S. 25ff.
9 Entscheidungen des Bundesverfassungsgerichts (BVerfGE), Bd. 7, S. 198.
10 Art. 5 Abs. 2 GG sagt etwa: Diese Rechte finden ihre Schranken in den Vorschriften der allgemeinen Gesetze, den gesetzlichen Bestimmungen zum Schutze der Jugend und dem Recht der persönlichen Ehre.
11 Die beiden genannten Entscheidungen sind das Urteil vom 11.11.1986 (BVerfGE 73, S. 206ff.) und der Beschluß vom 10.1.1995 (BVerfGE 92, S. 1ff.).
12 Heinrich Hannover, Demonstrationsfreiheit als demokratisches Grundrecht. In: KJ 1/68, S. 51ff.
13 BVerfGE 12, S. 113ff.
14 In: Goltdammers Archiv (GA) 1969, S. 33ff.

15 Juristische Rundschau (JR) 1970, S. 81 ff.
16 GA 1969, S. 37.
17 So wie ja auch in der demokratischen Bundesrepublik Deutschland der Streik als solcher nicht mehr als strafbare Nötigung im Sinne des § 240 StGB angesehen wird.
18 Strafgesetzbuch und Nebengesetze, erläutert von Herbert Tröndle und Thomas Fischer, 51. neu bearbeitete Auflage des von Otto Schwarz begründeten, in der 23. bis 37. Auflage von Eduard Dreher bearbeiteten Werkes. Nicht nur in den früheren Auflagen der 80er Jahre, sondern auch noch heute ist die Kommentierung zu § 240 StGB eher eine Kampfschrift (nach wie vor besonders gegen das BVerfG) und nicht ein Erläuterungswerk, wie es der Jurist erwarten sollte, eine abgewogene, alle Meinungen berücksichtigende Darstellung des Meinungsstandes in Rechtsprechung und Wissenschaft, gegebenenfalls ergänzt um eine eigene Auffassung.
19 In: Neue Juristische Wochenschrift (NJW) 1985, S. 213.
20 In: Strafverteidiger (StV) 1985, S. 62.
21 Offenloch, in: Juristenzeitung (JZ) 1986, S. 11; 1988, S. 12; 1992, S. 438.
22 Eine gute Übersicht über den Meinungsstand 1984/85 bietet Ulrich K. Preuss, Nötigung durch Demonstration. Zur Dogmatik des Art. 8 GG. In: Hans-Ernst Böttcher (Hrsg.), Recht Justiz Kritik. Festschrift für Richard Schmid zum 85. Geburtstag. Baden-Baden 1985; vgl. auch die vorangestellte Literaturübersicht zu § 240 StGB bei Herbert Tröndle/Thomas Fischer, Strafgesetzbuch (siehe Anm. 18).
23 BVerfGE 12, S. 113.
24 Richard Schmid, Frei sollen nicht Verträge, sondern die Menschen sein. In: DIE ZEIT vom 15.3.1985.
25 Rolf Lamprecht, Vom Diener des Rechts zum Diener der Macht. In: Der Spiegel, Heft 46/1986, S. 101 ff.; der Text von Lamprecht ist wieder abgedruckt (S. 24–29) nach meinem Aufsatz: Hans-Ernst Böttcher, Diener des Rechts und Diener der Macht. In: Helmut Kerscher/Christine Landfried/Ernst Gottfried Mahrenholz (Hrsg.), Lamprecht im Spiegel. Baden-Baden 1995, S. 17 ff.
26 Rolf Lamprecht, Diener des Rechts (siehe Anm. 25), S. 28 f.

27 BVerfGE 73, S. 206.

28 Art. 103 Abs. 2 GG lautet: »Eine Tat kann nur bestraft werden, wenn die Strafbarkeit gesetzlich bestimmt war, bevor die Tat begangen wurde.«

29 Vgl. BGHSt 41, S. 182.

30 Dokumentiert in BVerfGE 6, S. 132, vgl. auch die Darstellung bei Ingo Müller, Furchtbare Juristen. München 1987, S. 209f.

31 BVerfGE 104, S. 92 und 102f.

32 Vgl. BGHSt 41, S. 182.

33 BVerfGE 104, S. 92 und 101.

34 Ulrich K. Preuss, Nötigung (siehe Anm. 22), S. 419.

Otto Gritschneder

»Soldaten sind Mörder.« Das Tucholsky-Zitat von 1931 im Lichte einer Entscheidung des Bundesverfassungsgerichts von 1994

1 Zuerst veröffentlicht unter dem Titel: »Jeder soll sagen können, was er denkt.« Ein ungewöhnliches Handbuch der Meinungen über das Soldatenhandwerk und seine Opfer. In: Süddeutsche Zeitung vom 16.12.1996, S. 9.

2 »Soldaten sind Mörder«: Dokumentation einer Debatte 1931–1996/hrsg. von Michael Hepp und Viktor Otto. – Berlin 1996.

Martin Kutscha

Militäreinsätze vor dem Bundesverfassungsgericht

1 Dokumentiert in: Klaus-Berto von Doemming/Rudolf W. Füsslein/Werner Matz, Entstehungsgeschichte der Artikel des Grundgesetzes. In: Jahrbuch des Öffentlichen Rechts, Neue Folge Bd. 1, Tübingen 1951, S. 1.

2 Vgl. ebenda, S. 240 sowie Heinz Düx, Das Friedensgebot nach Art. 26 GG und die Problematik der Friedenspolitik. In: Vereinigung Demokratischer Juristen (Hrsg.), Das Grundgesetz. Verfassungsentwicklung und demokratische Bewegung in der BRD. Köln 1974, S. 117ff.

3 Nach Karl D. Bredthauer, Dokumentation zur Wiederaufrüstung der Bundesrepublik, Köln 1980, S. 12. Hierzu und zum folgenden näher Ulrich Albrecht, Rüstung, Militärpolitik und Militärpotential der Bundesrepublik. In: Ulrich Albrecht u.a. (Hrsg.), Beiträge zu einer Geschichte der Bundesrepublik Deutschland. Köln 1979, S. 315 (318ff.); Udo Mayer, Remilitarisierung und antimilitaristische Struktur des Grundgesetzes. In: Udo Mayer/Gerhard Stuby (Hrsg.), Das lädierte Grundgesetz. Köln 1977, S. 8 (10ff.).

4 Vgl. Karl D. Bredthauer, Wiederaufrüstung (wie Anm. 3), S. 14.

5 Vgl. dazu im einzelnen die Beiträge von Helmut Kramer und Wolfgang Kraushaar in diesem Band.

6 Vgl. die Darstellung bei Götz Frank. In: Erhard Denninger u.a. (Hrsg.), Kommentar zum Grundgesetz (Reihe Alternativkommentare). Neuwied u.a. [3] 2001, nach Art. 87, Rdnr. 3.

7 Vgl. ebenda, Rdnr. 6. Die Verfahren vor dem Bundesverfassungsgericht um die Wiederbewaffnung sind dokumentiert in Karl August von der Heydte (Hrsg.), Der Kampf um den Wehrbeitrag, 3 Bde. München 1952, 1953 und 1958. Zu den politischen Hintergründen der verschiedenen Verfahren näher Richard Häußler, Der Konflikt zwischen Bundesverfassungsgericht und politischer Führung. Berlin 1994, S. 28ff.

8 Klassisch dazu Karl Loewenstein, Verfassungslehre. Tübingen [2] 1969, S. 127ff.

9 Entscheidungen des Bundesverfassungsgerichts (BVerfGE) 1, S. 396 (Leitsatz 1).

10 BVerfGE 2, S. 143ff.

11 Vgl. z.B. das Schreiben des Außenministers Hans Dietrich Genscher vom 4. August 1988, dokumentiert in Klaus Dau/Gotthard Wöhrmann (Hrsg.), Der Auslandseinsatz deutscher Streitkräfte. Eine Dokumentation des AWACS-, des Somalia-, und des Adriaverfahrens vor dem Bundesverfassungsgericht. Heidelberg 1996, S. 403ff. sowie die Nachweise bei Dieter Deiseroth, Die Beteiligung Deutschlands am kollektiven Sicherheitssystem der Vereinten Nationen aus verfassungsrechtlicher Sicht. In: Neue Justiz 4/1993, S. 145 (151, Anm. 33).

12 Dazu im einzelnen Wolfram Wette, Rückkehr zu ›Normalität‹ und Weltmachtdenken. In: Blätter für deutsche und internationale Politik 8/1994, S. 981 ff.

13 Vgl. die Übersichten bei Martin Winter, Metamorphosen des staatlichen Gewaltapparates. Über die Entwicklung von Polizei und Militär in Deutschland. In: Leviathan 4/2003, S. 519 (538 ff.) sowie Michael Brenner/Daniel Hahn, Bundeswehr und Auslandseinsätze. In: Juristische Schulung 8/2001, S. 729.

14 Diese Position vertrat die SPD auch noch 1993 in der Gemeinsamen Verfassungskommission von Bundestag und Bundesrat, die nach der Wiedervereinigung Vorschläge zur Verfassungsreform erarbeiten sollte; dazu im einzelnen Wilfried von Bredow, Im Schlagschatten des Bundesverfassungsgerichts. In: Norbert Konegen/Peter Nitschke (Hrsg.), Revision des Grundgesetzes? Opladen 1997, S. 159 (163).

15 Antragsschrift der SPD-Bundestagsfraktion vom 7. August 1992 (Bevollmächtigter: Michael Bothe), dokumentiert in: Klaus Dau/Gotthard Wöhrmann, Auslandseinsatz (wie Anm. 11), S. 377 (388); vgl. auch die ausführliche Begründung für diese Position in der Antragsschrift der (damals sozialdemokratisch regierten) Bundesländer Hessen, Niedersachsen, Nordrhein-Westfalen, Schleswig-Holstein und Saarland vom 11. Januar 1993 (Bevollmächtigter: Peter Becker) ebenda, S. 405 (414 ff.).

16 Antragsschrift der SPD-Bundestagsfraktion, ebenda, S. 391 f.

17 BVerfGE 90, S. 286 (357).

18 So auch die Kritik u.a. von Dieter Deiseroth, in: Dieter Umbach/Thomas Clemens (Hrsg.), Grundgesetz. Mitarbeiterkommentar. Heidelberg 2002, Art. 24 Rdnr. 252 ff. sowie von Burkhard Hirsch, Zur Entstehung des Art. 87 a II GG. In: Zeitschrift für Rechtspolitik 3/1994, S. 120.

19 Als Rechtspolitiker, der an der damaligen Verfassungsänderung beteiligt war, verneint dies Claus Arndt, Verfassungsrechtliche Anforderungen an internationale Bundeswehreinsätze. In: Neue Juristische Wochenschrift (NJW) 1994, S. 2197 (2198).

20 BVerfGE 90, S. 372 (377).

21 Ebenda, S. 359 (361 f.).
22 Ebenda, S. 286 (Leitsatz 3 a).
23 Ebenda, S. 388.
24 Ebenda, S. 350 f.; dazu kritisch Dieter Deiseroth (wie Anm. 18), Rdnr. 181 ff.; Götz Frank (wie Anm. 6), Art. 24 Abs. 2, Rdnr. 7.
25 BVerfGE 90, S. 286 (Leitsatz 1) und S. 345.
26 Vgl. z. B. Norman Paech/Gerhard Stuby, Völkerrecht und Machtpolitik in den internationalen Beziehungen. Hamburg 2001, S. 557 f.; Waldemar Hummer/Jelka Mayr-Singer, Der Kosovo-Krieg vor dem Internationalen Gerichtshof. In: Neue Justiz 3/2000, S. 113 ff.; Rüdiger Zuck, Der Krieg gegen Jugoslawien. In: Zeitschrift für Rechtspolitik 6/1999, S. 225 ff.; vgl. auch die unterschiedlichen Positionen in: Dieter S. Lutz (Hrsg.), Der Kosovo-Krieg. Baden-Baden 2000.
27 Vgl. z. B. Dieter Deiseroth, »Humanitäre Intervention« und Völkerrecht. In: NJW 42/1999, S. 3084 ff.; Horst Fischer, Gewaltverbot, Selbstverteidigungsrecht und Intervention. In: Knut Ipsen (Hrsg.), Völkerrecht. München [3] 1990, S. 885; Erhard Denninger, Menschenrechte, Menschenwürde und staatliche Souveränität. In: Zeitschrift für Rechtspolitik 5/2000, S. 192 (193 f.); anders z. B. Christian Tomuschat, Völkerrechtliche Aspekte bewaffneter Konflikte. In: Leviathan 4/2003, S. 450 (456 ff.) als Befürworter des ›Kosovo-Einsatzes‹.
28 BVerfGE 100, S. 266 ff.
29 Ebenda, S. 266 (268).
30 Vgl. die Darstellung oben sowie die Nachweise in Anm. 15.
31 Konsequenterweise ließ sich die ›rot-grüne‹ Bundesregierung denn auch von dem selben Völkerrechtler vertreten, der bereits der CDU-Bundesregierung im 1994 entschiedenen Verfahren vor dem Bundesverfassungsgericht seine Dienste geleistet hatte, nämlich Jochen A. Frowein.
32 BVerfGE 104, S. 151 ff; kritisch hierzu Norman Paech, Die neue NATO-Strategie vor dem Bundesverfassungsgericht. In: Blätter für deutsche und internationale Politik 1/2002, S. 34 ff. sowie Ernst Zivier, Demontage einer Verfassungsvorschrift? In: Recht und Politik 1/2003,

S. 23 ff. Im übrigen hat dieses Urteil in der rechtswissenschaftlichen Literatur bisher kaum Aufmerksamkeit gefunden, was sich wohl mit der politischen Distanz der staatsrechtlichen Zunft gegenüber der Antragstellerin erklären läßt.

33 Vgl. Anm. 20; es handelt sich um die Präsidentin Limbach und den Richter Sommer.

34 BVerfGE 104, S. 151 (211).

35 Ebenda, S. 151 (213).

36 Vgl. im einzelnen z.B. Dietrich Murswiek, Die amerikanische Präventivkriegsstrategie und das Völkerrecht. In: NJW 14/2003, S. 1014 ff.; Christian Tomuschat, Völkerrechtliche Aspekte (siehe Anm. 27), S. 459 ff. sowie zahlreiche Beiträge in: Dieter Lutz/Hans Gießmann (Hrsg.), Die Stärke des Rechts gegen das Recht des Stärkeren. Baden-Baden 2003; sowie in Kai Ambos/Jörg Arnold (Hrsg.), Der Irak-Krieg und das Völkerrecht. Berlin 2004.

37 Rede des Bundeskanzlers am 19. März 2003 im Bundestag, zit. nach BVerfGE 108, S. 34 (36).

38 Z.B. von Jörg Arnold, Wie die Politik das Recht opfert. In: Frankfurter Rundschau (Dokumentation) vom 26. 3. 2003; Michael Bothe, Beihilfe für eine Aggression (Interview). In: Berliner Zeitung vom 19. 3. 2003.

39 BverfGE 108, S. 34 (45)

40 Christian Bommarius, Im Zweifel für die Bundesregierung. In: Berliner Zeitung vom 26. 3. 2003; ähnlich Heribert Prantl, AWACS kreuz und quer, Richter hin und her. In: Kai Ambos/Jörg Arnold, Irak-Krieg (wie Anm. 36), S. 204 f.

41 Dazu näher die Beiträge in: Wolfgang Däubler/Gudrun Küsel (Hrsg.), Verfassungsgericht und Politik. Reinbek 1979, sowie Martin Kutscha, Das Bundesverfassungsgericht und der Zeitgeist. In: Neue Justiz 4/1996, S. 171 ff.

42 Ausführlich dazu Tanja Hitzel-Cassagnes, Rechtsstaatliche Domestizierung der Außenpolitik? In: Kritische Justiz 1/2000, S. 63 ff.

43 Michael Kloepfer, Vom Zustand des Verfassungsrechts. In: JZ 10/2003, S. 481 (482).

44 Kritisch dazu z.B. Alfred Rinken: In: Erhard Denninger u.a., Kommentar (siehe Anm. 6), Art. 94 Rdnr. 8 f.; Hans

Herbert von Arnim, Das System. Die Machenschaften der Macht. München 2001, S. 224.

45 Ulrich K. Preuß, Politik aus dem Geiste des Konsenses. Zur Rechtsprechung des Bundesverfassungsgerichts. In: Merkur 1/1987, 1 (12).

46 Dokumentiert in: Blätter für deutsche und internationale Politik 7/2003, S. 888 ff.; dazu im einzelnen Martin Kutscha, Verteidigung rund um die Welt. In: Blätter für deutsche und internationale Politik 3/2004, S. 270 ff.

47 Dokumentiert in: Blätter für deutsche und internationale Politik 12/1998, S. 1521 (1549).

48 Vgl. nur Georg Hermes, in: Horst Dreier (Hrsg.), Grundgesetz. Kommentar, Bd. 2. Tübingen 1998, Art. 63 Rdnr. 15.

49 Zur Aktualität des Entwurfs Kants vgl. z.B. Oliver Eberl, Realismus des Rechts. Kants Beitrag zum internationalen Frieden. In: Blätter für deutsche und internationale Politik 2/2004, S. 199 ff.

Helmut Kramer

Strafrecht ist schlichtweg nicht politisch. Ein Strafverfahren gegen Kritiker des Krieges gegen Jugoslawien

1 Vgl. dazu Heinz Loquai, Der Kosovo-Konflikt. Wege in einen vermeidbaren Krieg. Die Zeit von Ende November 1997 bis März 1999. Baden-Baden 2000, S. 138 ff. Zu weiteren Manipulationen: Mathias Küntzel, Der Weg in den Krieg. Deutschland, die NATO und das Kosovo. Berlin 2000; Thomas Schmid (Hrsg.), Krieg im Kosovo. Reinbek 1999.

2 Der Spiegel Nr. 14 vom 5.4.1999, S. 28.

3 Zu den Verfahren insgesamt vgl. Christian Busse, Der Kosovo-Krieg vor deutschen Strafgerichten. In: Neue Zeitschrift für Strafrecht 2000, S. 631 ff; Mathias Jahn, Aufrufe zum Ungehorsam. In: Kritische Justiz (KJ) 2000, S. 489 ff; Helmut Kramer, »Strafrecht ist schlichtweg nicht politisch.« In: Betrifft Justiz 2000, S. 200 ff.; Elke Steven, Fahnenflucht zum Grundgesetz. In: Blätter für deutsche und internationale Politik 2001, S. 537 ff.

4 Zu ähnlichen Gerichtsverfahren in Bonn im Jahre 1991, damals noch gegen pazifistische Bundestagsabgeordnete der ›Grünen‹ gerichtet, vgl. Wilfried Lenz, Kleine Nachlese zu den Golfkriegsbeschlüssen. In: Betrifft Justiz 1993, S. 62.

5 Urteil Amtsgericht Tiergarten vom 2.3.2000, in: 4/3 – Fachzeitschrift zu Kriegsdienstverweigerung, Wehrdienst und Zivildienst 2000, S. 69 f.

6 Ein Richter bescheinigte der Bundesregierung sogar ausdrücklich die Notwendigkeit des Krieges. Vgl. Urteil des Amtsgerichts Tiergarten vom 17.11.1999, Neue Zeitschrift für Strafrecht 2000, S. 108 f.

7 Vgl. Frankfurter Rundschau vom 24.3., 12. und 23.4. 2001. Eine ausführliche Darstellung der behaupteten und tatsächlichen Kriegsgründe, Opfer und Folgen des sog. Kosovokrieges in: Cathrin Schütz, Die NATO-Intervention in Jugoslawien, Hintergründe, Nebenwirkungen und Folgen. Wien 2003.

8 Gustav Radbruch, Die politischen Parteien im System des deutschen Verfassungsrechts. In: Gerhard Anschütz/ Richard Thoma, Handbuch des Deutschen Staatsrechts, Bd. 1. Tübingen 1930, S. 285 ff., 289.

Ausgewählte Literatur

»Auf der Flucht« erschossen... Schriften und Beiträge von und über Hans Paasche. Hrsg. von Helmut Donat unter Mitwirkung von Wilfried Knauer. Bremen/Zeven 1981.

Absolon, Rudolf: Das Wehrmachtsstrafrecht im 2. Weltkrieg. Sammlung der grundlegenden Gesetze, Verordnungen und Erlasse. 6 Bde. Kornelimünster 1958.

Acker, Detlev: Walther Schücking. Diss. Univ. Münster 1967/68. Münster 1970.

Albrecht, Ulrich u.a. (Hrsg.): Beiträge zu einer Geschichte der Bundesrepublik Deutschland. Köln 1979.

Albrecht, Ulrich: Die Wiederaufrüstung der BRD. Köln 1974.

Ambos, Kai/Arnold, Jörg (Hrsg.): Der Irak-Krieg und das Völkerrecht. Berlin 2004.

Angermund, Ralph: Deutsche Richterschaft 1919–1945. Krisenerfahrung, Illusion, politische Rechtsprechung. Frankfurt a.M. 1990.

Arnim, Hans Herbert von: Das System. Die Machenschaften der Macht. München 2001.

Asendorf, Manfred/Bockel, Rolf von (Hrsg.): Demokratische Wege. Deutsche Lebensläufe aus fünf Jahrhunderten. Stuttgart/Weimar 1997.

Bald, Detlef: Die Atombewaffnung der Bundeswehr. Militär, Öffentlichkeit und Politik in der Ära Adenauer. Bremen 1994.

Bald, Detlef: Von der Wehrmacht zur Bundeswehr. Kontinuität und Neubeginn. In: Conze, Werner/Lepsius, M. Rainer (Hrsg.): Sozialgeschichte der Bundesrepublik Deutschland. Stuttgart 1985.

Beckert, Rudi: Die erste und letzte Instanz. Schau- und Geheimprozesse vor dem obersten Gericht der DDR. Goldbach im Taunus 1995.

Benz, Wolfgang (Hrsg.): Pazifismus in Deutschland. Dokumente zur Friedensbewegung 1890–1939. Frankfurt a.M. 1988.
Bergmann, Georg (Hrsg.): Franz Jägerstätter. Ein Leben vom Gewissen entschieden, von Christus gestaltet. Stein am Rhein [2] 1988.
Blasius, Dirk: Geschichte der politischen Kriminalität in Deutschland 1800–1989. Eine Studie zu Justiz und Staatsverbrechen. Frankfurt a.M. 1983.
Blumenwitz, Dieter: Wehrpflicht und Ersatzdienst. München 1978.
Boll, Friedhelm: Sozialdemokratie und Friedensbewegung. In: Geschichte der deutschen Arbeiterbewegung. Darstellung, Chronologien, Dokumente. Hrsg. unter Leitung von Thomas Meyer/Susanne Miller/Joachim Rohlfes. Teil 3. Bonn 1984, S. 399–438.
Boor, Wolfgang de: Über den Zeitgeist. Deutschland in den Jahren 1918 bis 1995. Bd. II: Justiz in Deutschland. Marburg 1995.
Böttcher, Hans-Ernst (Hrsg.): Recht Justiz Kritik. Festschrift für Richard Schmid zum 85. Geburtstag. Baden-Baden 1985.
Böttcher, Hans-Ernst: Diener des Rechts und Diener der Macht. In: Kerscher, Helmut/Landfried, Christine/Mahrenholz, Ernst Gottfried (Hrsg.): Lamprecht im Spiegel. Baden-Baden 1995, S. 17ff.
Bredow, Wilfried von: Im Schlagschatten des Bundesverfassungsgerichts. In: Konegen, Norbert/Nitschke, Peter (Hrsg.): Revision des Grundgesetzes? Opladen 1997, S. 159ff.
Bredthauer, Karl D.: Dokumentation zur Wiederaufrüstung der Bundesrepublik, Köln 1980.
Brünneck, Alexander von: Politische Justiz gegen Kommunisten in der Bundesrepublik Deutschland 1949–1968. Frankfurt a.M. 1978.
Brunotte, Heinz: Die Evangelische Kirche in Deutschland. Geschichte, Organisation und Gestalt der EKD. Gütersloh 1964.
Bundesminister der Justiz (Hrsg.): Im Namen des Deutschen Volkes. Justiz und Nationalsozialismus. Katalog zur Ausstellung des Bundesministers der Justiz. Köln [3] 1994.

Bundesministerium für Verteidigung (Hrsg.): Vom künftigen deutschen Soldaten. Gedanken und Planungen der Dienststelle Blank. Bonn 1955.
Butenschön, Rainer/Spoo, Eckart (Hrsg.): Wozu muß einer der Bluthund sein? Der Mehrheitssozialdemokrat Gustav Noske und der deutsche Militarismus des 20. Jahrhunderts. Heilbronn 1997.
Butterwegge, Christoph/Docke, Bernhard W./Hachmeister, Wolfgang (Hrsg.): Kriminalisierung der Friedensbewegung – Abschreckung nach innen? Köln 1985.
Chickering, Roger: Imperial Germany and a World without War. The Peace Movement and German Society 1892–1914. Princeton 1975.
Cooper, Sandi E.: Patriotic Pacifism. Waging War on War in Europe 1815–1914. New York/Oxford 1996.
Dahrendorf, Ralf: Gesellschaft und Demokratie in Deutschland. München 1984.
Das Andere Deutschland. Unabhängige Zeitung für eine entschiedene republikanische Politik. Eine Auswahl (1925–1933). Hrsg. und eingeleitet von Helmut Donat/Lothar Wieland. Königstein/Taunus 1980.
Dau, Klaus/Wöhrmann, Gotthard (Hrsg.): Der Auslandseinsatz deutscher Streitkräfte. Eine Dokumentation des AWACS-, des Somalia-, und des Adriaverfahrens vor dem Bundesverfassungsgericht. Heidelberg 1996.
Däubler, Wolfgang/Küsel, Gudrun (Hrsg.): Verfassungsgericht und Politik. Reinbek 1979.
Deutsche Liga für Menschenrechte e.V. (Hrsg.): Das Zuchthaus – Die politische Waffe. Acht Jahre Politische Justiz. Berlin 1927.
Dirksen, Hans-Hermann: »Keine Gnade für die Feinde unserer Republik«. Die Verfolgung der Zeugen Jehovas in der SBZ/DDR 1945–1990. Berlin [2] 2003.
Doeker-Mach, Günther/Plümper, Thomas (Hrsg.): Ernst Fraenkel, Völkerrecht und Internationale Beziehungen. München/Wien 1994.
Donat, Helmut/Holl, Karl (Hrsg.): Die Friedensbewegung. Organisierter Pazifismus in Deutschland, Österreich und in der Schweiz (Hermes Handlexikon). Düsseldorf 1983.
Dowe, Dieter/Klotzbach, Kurt (Hrsg.): Programmatische Dokumente der deutschen Sozialdemokratie. Bonn 1990.

Dülffer, Jost/Krumeich, Gerd (Hrsg.): Der verlorene Frieden. Politik und Kriegskultur nach 1918. Essen 2002.
Dülffer, Jost: Der Pazifismus als Feind. Zur NS-Perzeption der Friedlichkeit. In: Kröger, Martin/Soénius, Ulrich S. u.a. (Hrsg.): Im Zeichen der Gewalt. Frieden und Krieg im 19. und 20. Jahrhundert. Köln/Weimar/Wien 2003, S. 167–180.
Dülffer, Jost: Regeln gegen den Krieg? Die Haager Friedenskonferenzen von 1899 und 1907 in der internationalen Politik. Berlin 1981.
Düx, Heinz: Das Friedensgebot nach Art. 26 GG und die Problematik der Friedenspolitik. In: Vereinigung Demokratischer Juristen (Hrsg.): Das Grundgesetz. Verfassungsentwicklung und demokratische Bewegung in der BRD. Köln 1974, S. 117ff.
Eisenbeiß, Wilfried: Die bürgerliche Friedensbewegung in Deutschland während des Ersten Weltkrieges. Organisation, Selbstverständnis und politische Praxis 1913/14 bis 1919. Frankfurt a.M. 1980.
Engelmann, Bernt: Rechtsverfall, Justizterror und das schwere Erbe. Ein Beitrag zur Geschichte der deutschen Strafjustiz von 1919 bis heute. Köln 1989.
Fischer, Fritz: Bündnis der Eliten. Zur Kontinuität der Machtstrukturen in Deutschland 1871–1945. Düsseldorf 1979.
Fischer, Ilse/Krause, Werner: August Bebel 1840–1913. Ein Großer der deutschen Arbeiterbewegung. Köln 1988.
Frei, Norbert in Zusammenarbeit mit Tobias Freimüller [u. a.] (Hrsg.): Karrieren im Zwielicht. Hitlers Eliten nach 1945. Frankfurt a.M./New York 2001.
Frei, Norbert: Vergangenheitspolitik. Die Anfänge der Bundesrepublik und die NS-Vergangenheit. München 1996.
Freudiger, Kerstin: Die juristische Aufarbeitung von NS-Verbrechen. Tübingen 2002.
Friedenskomitee der Bundesrepublik Deutschland (Hrsg.): Blaubuch – Dokumentation über den Widerstand gegen die atomare Aufrüstung der Bundesrepublik. Düsseldorf 1959.
Friedrich, Jörg: Die kalte Amnestie. NS-Täter in der Bundesrepublik. Frankfurt a.M. 1984.
Friedrich, Jörg: Freispruch für die Nazi-Justiz. Die Urteile gegen NS-Richter seit 1948. Eine Dokumentation. Reinbek 1983.

Garbe, Detlef: »In jedem Einzelfall ... bis zur Todesstrafe.« Der Militärstrafrechtler Erich Schwinge. Ein deutsches Juristenleben. Hamburg 1989.
Garbe, Detlef: Zwischen Widerstand und Martyrium. Die Zeugen Jehovas im »Dritten Reich«. München 1993.
Geyer, Michael: Der Kalte Krieg, die Deutschen und die Angst. Die westdeutsche Opposition gegen Wiederbewaffnung und Kernwaffen. In: Naumann, Klaus (Hrsg.): Nachkrieg in Deutschland. Hamburg 2001.
Gietinger, Klaus: Eine Leiche im Landwehrkanal. Die Ermordung der Rosa L. Berlin 1995.
Görlitz, Axel (Hrsg.): Politische Justiz. Baden-Baden 1996.
Götz, Albrecht: Bilanz der Verfolgung von NS-Straftaten. Köln 1986.
Grewe, Wilhelm G.: Epochen der Völkerrechtsgeschichte. Baden-Baden [2] 1988.
Grosse, Heinrich W.: Dietrich Bonhoeffer, sein Ankläger Manfred Roeder und die Lüneburger Nachkriegsjustiz. In: Jahrbuch der Gesellschaft für niedersächsische Kirchengeschichte 93 (1995), S. 239ff.
Grossi, Veridiana: Le Pacifisme Européen 1899–1914. Bruxelles 1994.
Grossmann, Karl: Ossietzky. Ein deutscher Patriot. München 1963.
Gruchmann, Lothar: »Nacht- und Nebel«-Justiz 1942–1944. In: Vierteljahrshefte für Zeitgeschichte 30 (1981), S. 342ff.
Grünewald, Guido: Die Waffen nieder! Hundert Jahre deutsche Friedensgesellschaft (1892–1992). Bremen 1992 (=Geschichte und Frieden, Bd. 5).
Grupp, Peter: Harry Graf Kessler 1868–1937. Eine Biographie. München 1996.
Gumbel, Emil Julius (Hrsg.): Denkschrift des Reichsjustizministeriums über »Vier Jahre politischer Mord«. Berlin 1924, Reprint Heidelberg 1980.
Gumbel, Emil Julius: Vier Jahre politischer Mord. Berlin 1922.
Gumbel, Emil Julius: Zwei Jahre politischer Mord. Berlin 1921.
Gustav-Heinemann-Initiative: Menschenrechte – keine Altlasten sondern Zukunftsperspektive. Stuttgart 2000.
Haase, Norbert/Paul, Gerhard (Hrsg.): Die anderen Soldaten. Wehrkraftzersetzung, Gehorsamsverweigerung

und Fahnenflucht im Zweiten Weltkrieg. Frankfurt a.M. 1995.
Haase, Norbert: Das Reichskriegsgericht und der Widerstand gegen die nationalsozialistische Herrschaft. Berlin 1993.
Hankel, Gerd: Deutsche Kriegsverbrechen des Weltkrieges 1914–1918 vor deutschen Gerichten. In: Wette, Wolfram/Ueberschär, Gerd R. (Hrsg.): Kriegsverbrechen im 20. Jahrhundert. [Festschrift für Manfred Messerschmidt.] Darmstadt 2001, S. 85–98.
Hankel, Gerd: Die Leipziger Prozesse. Deutsche Kriegsverbrechen und ihre strafrechtliche Verfolgung nach dem Ersten Weltkrieg. Hamburg 2003.
Hannover, Heinrich/Hannover-Drück, Elisabeth: Politische Justiz 1918–1933. Frankfurt a.M. 1966.
Hannover, Heinrich: Die Republik vor Gericht 1954–1974. Erinnerungen eines unbequemen Rechtsanwalts. Berlin 1998.
Hannover, Heinrich: Die Republik vor Gericht 1975–1995. Erinnerungen eines unbequemen Rechtsanwalts. Berlin 1999.
Hanten, Matthias: Publizistischer Landesverrat vor dem Reichsgericht. Zugleich ein Beitrag zur politischen Rechtsprechung in der Weimarer Republik. Frankfurt a.M./Berlin/Bern/Wien 1999.
Hattenhauer, Hans: Europäische Rechtsgeschichte. Heidelberg 1992.
Haumann, Arnold: »Gott mit uns?« Zwischen Weltkrieg und Wende – Widerspruch eines politisch engagierten Theologen. Bonn 1992.
Häußler, Richard: Der Konflikt zwischen Bundesverfassungsgericht und politischer Führung. Berlin 1994.
Heinemann, Ulrich: Die verdrängte Niederlage. Politische Öffentlichkeit und Kriegsschuldfrage in der Weimarer Republik. Göttingen 1983.
Heipp, Günther (Hrsg.): Es geht ums Leben! Der Kampf gegen die Bombe 1945–1965. Eine Dokumentation. Hamburg 1965.
Hepp, Michael/Otto, Victor (Hrsg.): ›Soldaten sind Mörder‹. Dokumentation einer Debatte 1931–1996. Berlin 1996.
Herbert, Ulrich: Best. Biographische Studien über Radikalismus, Weltanschauung und Vernunft, 1903–1989. Bonn [3] 1996.

Hesse, Hans (Hrsg.): »Am mutigsten waren immer wieder die Zeugen Jehovas«. Verfolgung und Widerstand der Zeugen Jehovas im Nationalsozialismus. Bremen 1988.
Heydte, Karl August von der (Hrsg.): Der Kampf um den Wehrbeitrag, 3 Bde. München 1952, 1953 und 1958.
Hipler, Bruno (Hrsg.): Friedrich Wilhelm Foerster. Manifest für den Frieden. Eine Auswahl seiner Schriften (1893–1933). Paderborn 1988.
Hirschberg, Max: Das Fehlurteil im Strafprozeß. Zur Pathologie der Rechtsprechung. Stuttgart 1960.
Holl, Karl/Wette, Wolfram (Hrsg.): Pazifismus in der Weimarer Republik. Beiträge zur Historischen Friedensforschung. Paderborn 1981.
Holl, Karl: Pazifismus in Deutschland. Frankfurt a.M. 1988.
Institut für Zeitgeschichte (Hrsg.): Biographisches Handbuch der deutschsprachigen Emigration nach 1933, Bd. 1. München 1980.
Im Namen des Volkes? Über die Justiz im Staat der SED. Wissenschaftlicher Begleitband zur Ausstellung des Bundesministeriums der Justiz. Leipzig 1994.
Ipsen, Knut (Hrsg.): Völkerrecht. München ^{3} 1990.
Janning,Heinz (Hrsg.): Kriegs-/Ersatzdienstverweigerung in Ost und West. Essen 1990.
Jansen, Christian (Hrsg.): Der Bürger als Soldat. Die Militarisierung europäischer Gesellschaften im langen 19. Jahrhundert: ein internationaler Vergleich. Essen 2004.
Jansen, Christian: Die Militanz der Antimilitaristen. Neue Literatur zum Pazifismus in Deutschland vor 1933. In: Neue Politische Literatur Jg. 1992, S. 214–232.
Jansen, Christian: Emil Julius Gumbel – Portrait eines Zivilisten. Heidelberg 1991.
Jarausch, Konrad: Die Krise des Bildungsbürgertums im ersten Drittel des 20. Jahrhunderts. In: Bildungsbürgertum im 19. Jahrhundert, Teil IV. Stuttgart 1989.
Jung, Otmar: Arnold Freymuth: einige Ergänzungen zu seiner politischen Biographie. In: Anwalt des Rechtsstaates. Festschrift für Diether Posser zum 75. Geburtstag. Hrsg. von Franz Josef Düwell im Auftrage der Arnold-Freymuth-Gesellschaft. Köln u.a. 1997, S. 47–78.
Jung, Otmar: Felix Fechenbach als ›politischer Testamentsvollstrecker‹ Kurt Eisners? Um die Bekanntmachung der baye-

rischen Kriegsschuld-Dokumente im Jahre 1919. In: Internationale wissenschaftliche Korrespondenz zur Geschichte der deutschen Arbeiterbewegung 22 (1986), S. 451–470.
Jung, Otmar: Senatspräsident Freymuth. Richter, Sozialdemokrat und Pazifist in der Weimarer Republik. Eine politische Biographie. Frankfurt a. M. 1989 (=Rechtshistorische Reihe; Bd. 68).
Jung, Otmar: Spaltung und Rekonstruktion des organisierten Pazifismus in der Spätzeit der Weimarer Republik. In: Vierteljahrshefte für Zeitgeschichte 34 (1986), S. 207–243.
Jung, Otmar: Verfassungsschutz privat: Die Republikanische Beschwerdestelle e.V. (1924–1933). In: Vierteljahrshefte für Zeitgeschichte 35 (1987), S. 65–93.
Kaufmann, Arthur: Gustav Radbruch – Rechtsdenker, Philosoph, Sozialdemokrat. München/Zürich 1987.
Kaul, Friedrich Karl: Kleiner Weimarer Pitaval. Berlin 1959.
Keiner, Peter K.: Bürgerlicher Pazifismus und ›neues‹ Völkerrecht. Diss. Univ. Freiburg i. Br. 1976.
Kelsen, Hans: Das Problem der Souveränität und die Theorie des Völkerrechts. Beiträge zu einer reinen Rechtslehre. Unveränderter Nachdruck der 2. Aufl. von 1928 (Tübingen). Aalen 1960.
Kirchheimer, Otto: Politische Justiz. Verwendung juristischer Verfahrenmöglichkeiten zu politischen Zwecken. Neuwied/Berlin 1965 [Amerikanisches Original Princeton 1961].
Klee, Ernst: Personenlexikon zum Dritten Reich. Wer war was vor und nach 1945. Frankfurt a. M. 2003.
Klein, Martin: Beweis und Gewissen. Schriften zum öffentlichen Recht, Bd. 188. Berlin 1972.
Koch, Uwe/Eschler, Stephan: Zähne hoch, Kopf zusammenbeißen. Kückenshagen 1994.
Kramer, Helmut (Hrsg.): Braunschweig unterm Hakenkreuz. Braunschweig 1981.
Kramer, Helmut: Recht ist, was den Waffen nützt – eine (nicht nur) historische Betrachtung. In: 4/3 – Fachzeitschrift zu Kriegsdienstverweigerung, Wehrdienst und Zivildienst 1993, S. 68–72.
Kraushaar, Wolfgang: Die Protest-Chronik 1949–1959. Eine illustrierte Geschichte von Bewegung, Widerstand und Utopie. Bd. I–III. Hamburg 1996.

Krausnick, Helmut / Wilhelm, Hans-Heinrich: Die Truppe des Weltanschauungskrieges. Die Einsatzgruppen der Sicherheitspolizei und des SD 1938–1942. Stuttgart 1981.
Krausnick, Helmut: Kommissarbefehl und »Gerichtsbarkeitserlaß Barbarossa«. In: Vierteljahrshefte für Zeitgeschichte 26 (1977), S. 682 ff.
Kritische Justiz (Hrsg.): Streitbare Juristen. Eine andere Tradition. Baden-Baden 1988.
Küntzel, Mathias: Der Weg in den Krieg. Deutschland, die Nato und das Kosovo. Berlin 2000.
Küntzel, Matthias: Bonn und die Bombe. Deutsche Atomwaffenpolitik von Adenauer bis Brandt. Frankfurt a. M. / New York 1992.
Lange, Werner: Hans Paasches Forschungsreise ins innerste Deutschland. Eine Biographie. Mit einem Geleitwort von Helga Paasche. Bremen 1995.
Large, David C.: Germans to the Front. West German Rearmament in the Adenauer Era. Chapel Hill / London 1996.
Laschitza, Annelies, unter Mitwirkung von Elke Keller: Karl Liebknecht. Eine Biographie in Dokumenten. Berlin 1987.
Livos, Nikolaus: Grundlagen der Strafbarkeit wegen Hochverrats. Eine rechtsvergleichende Untersuchung zum deutschen und griechischen Recht. Pfaffenweiler 1984.
Loewenstein, Karl: Verfassungslehre. Tübingen [2] 1969.
Loquai, Heinz: Der Kosovo-Konflikt. Wege in einen vermeidbaren Krieg. Die Zeit von Ende November 1997 bis März 1999. Baden-Baden 2000.
Lütgemeier-Davin, Reinhold: Hakenkreuz und Friedenstaube. »Der Fall Hein Herbers« (1895–1968). Frankfurt a. M. 1988.
Lütgemeier-Davin, Reinhold: Pazifismus zwischen Kooperation und Konfrontation. Das Deutsche Friedenskartell in der Weimarer Republik. Köln 1982.
Lutz, Dieter S. (Hrsg.): Der Kosovo-Krieg. Baden-Baden 2000.
Lutz, Dieter S. / Gießmann, Hans (Hrsg.): Die Stärke des Rechts gegen das Recht des Stärkeren. Baden-Baden 2003.
Materialien der Enquete-Kommission »Aufarbeitung von Geschichte und Folgen der SED-Diktatur in Deutschland«. Hrsg. vom Deutschen Bundestag, Bd. II/3, Baden-Baden 1995.
Mayer, Udo / Stuby, Gerhard (Hrsg.): Das lädierte Grundgesetz. Köln 1977.

Messerschmidt, Manfred/Wüllner, Fritz: Die Wehrmachtjustiz im Dienste des Nationalsozialismus – Zerstörung einer Legende. Baden-Baden 1987.
Messerschmidt, Manfred: Carl von Ossietzky und die politische Justiz. In: Krieg und Literatur. War and Literature. Vol. IV, 1992, No. 8, S. 9–32.
Messerschmidt, Manfred/Wette, Wolfram (Hrsg.), Was damals Recht war ... NS-Militär- und Strafjustiz im Vernichtungskrieg. Essen 1996.
Messerschmidt, Manfred: Deutsche Militärgerichtsbarkeit im Zweiten Weltkrieg. In: Die Freiheit des Anderen. Festschrift für Martin Hirsch. Baden-Baden 1981, S. 111–142.
Messerschmidt, Manfred: Die Wehrmachtjustiz. Paderborn 2004.
Meyer, Thomas/Klär, Karl-Heinz u.a. (Hrsg.): Lexikon des Sozialismus. Köln 1986.
Müller, Ingo: Furchtbare Juristen. Die unbewältigte Vergangenheit unserer Justiz. München 1987.
Müller, Ingo: Pazifismus und Justiz. In: Donat, Helmut/Temmen, Johann P. (Hrsg.): Friedenszeichen Lebenszeichen. Pazifismus zwischen Verächtlichmachung und Rehabilitierung. Ein Lesebuch zur Friedenserziehung. Bremerhaven 1982, S. 195–217.
Nagel, Irmela: Fememorde und Fememordprozesse in der Weimarer Republik. Köln 1991.
Neubert, Ehrhart: Geschichte der Opposition in der DDR 1949–1989. Berlin 1998.
Ossietzky, Carl von: 227 Tage im Gefängnis. Briefe, Dokumente, Texte. Hrsg. von Stefan Berkholz. Darmstadt 1988.
Otto, Karl A.: Vom Ostermarsch zur APO. Geschichte der Außerparlamentarischen Opposition in der Bundesrepublik 1960–1970. Frankfurt a.M./New York 1977.
Paech, Norman/Stuby, Gerhard: Völkerrecht und Machtpolitik in den internationalen Beziehungen. Hamburg 2001.
Pätzold, Kurt/Weißbecker, Manfred (Hrsg.): Schlachtwörter und Schlachtrufe. Aus zwei Jahrhunderten deutscher Geschichte, Bd. 1. Leipzig 2002.
Peschel-Gutzeit, Lore Maria (Hrsg.): Das Nürnberger Juristen-Urteil von 1947. Historischer Zusammenhang und aktuelle Bezüge. Baden-Baden 1996.

Posser, Diether: Anwalt im Kalten Krieg. Deutsche Geschichte in politischen Prozessen 1951–1968. Bonn 2000.
Quack, Sybille: Geistig frei und niemandes Knecht. Paul Levi/Rosa Luxemburg. Politische Arbeit und persönliche Beziehung. Köln 1983.
Radbruch, Gustav: Der innere Weg. Aufriß meines Lebens. 2. unveränderte Aufl. Göttingen 1961.
Rasehorn, Theo: Justizkritik in der Weimarer Republik. Das Beispiel der Zeitschrift ›Die Justiz‹. Frankfurt a.M. 1985.
Rautenberg, Hans-Jürgen/Wiggershaus, Norbert: Die ›Himmeroder Denkschrift‹ vom Oktober 1950. Politische und militärische Überlegungen für einen Beitrag der Bundesrepublik Deutschland zur westdeutschen Verteidigung. Karlsruhe 1977.
Reichskriegsgericht und der Widerstand gegen die nationalsozialistische Herrschaft. Katalog zur Sonderausstellung der Gedenkstätte Deutscher Widerstand. Hrsg. von der Gedenkstätte Deutscher Widerstand, Norbert Haase in Zusammenarbeit mit der Neuen Richtervereinigung. Berlin 1993.
Richter, Isabel: Hochverratsprozesse als Herrschaftspraxis im Nationalsozialismus. Männer und Frauen vor dem Volksgerichtshof 1934–1939. Münster 2001.
Riedesser, Peter/Verderber, Axel: »Maschinengewehre hinter der Front.« Zur Geschichte der deutschen Militärpsychiatrie. Frankfurt a.M. 1996.
Riesenberger, Dieter: Geschichte der Friedensbewegung in Deutschland. Von den Anfängen bis 1933. Göttingen 1985.
Röhm, Eberhard: Sterben für den Frieden, Spurensicherung. Hermann Stöhr (1898–1940) und die ökumenische Friedensbewegung. Stuttgart 1985.
Rondholz, Eberhard: »Tausend unbekannte Lidices«. Ungesühnte deutsche Kriegsverbrechen auf dem Balkan. In: Blätter für deutsche und internationale Politik 1993, S. 1509ff.
Rückerl, Adalbert: NS-Verbrechen vor Gericht. Versuche einer Vergangenheitsbewältigung. Heidelberg 1982.
Rupp, Hans Karl: Außerparlamentarische Opposition in der Ära Adenauer. Der Kampf gegen die Atombewaffnung in den fünfziger Jahren. Eine Studie zur innenpolitischen Entwicklung der BRD. Köln 1970.

Rüter, C. F. u. a. (Hrsg.): Justiz und NS-Verbrechen. Sammlung deutscher Strafurteile wegen nationalsozialistischer Tötungsverbrechen 1945–1966, Bd. XIII. Amsterdam 1975.
Sabrow, Martin: Der Rathenaumord. Rekonstruktion einer Verschwörung gegen die Republik von Weimar. München 1994 (=Schriftenreihe der Vierteljahrshefte für Zeitgeschichte 69).
Scheer, Friedrich-Karl: Die Deutsche Friedensgesellschaft (1892–1933). Organisation, Ideologie, politische Ziele. Ein Beitrag zur Geschichte des Pazifismus in Deutschland. Frankfurt a. M. 1981.
Schmid, Thomas (Hrsg.): Krieg im Kosovo. Reinbek 1999.
Schreiber, Gerhard: Deutsche Kriegsverbrechen in Italien. Täter, Opfer, Strafverfolgung. München 1996.
Schubert, Klaus von: Wiederbewaffnung und Westintegration. Die innere Auseinandersetzung um die militärische und außenpolitische Orientierung der Bundesrepublik 1950 bis 1952. Stuttgart 1972.
Schütz, Uwe: Gustav Heinemann und das Problem des Friedens im Nachkriegsdeutschland. Münster 1993.
Schwantje, Magnus: Hans Paasche. Sein Leben und Wirken. Berlin 1921.
Sinzheimer, Hugo/Fraenkel, Ernst: Die Justiz der Weimarer Republik. Eine Chronik. Neuwied/Berlin 1968.
Stein, Ekkehard: Staatsrecht. 11. Aufl. Tübingen 1988.
Steininger, Alfons/Lescynski, Kurt (Hrsg.): Fall 3 – das Urteil im Juristenprozeß. Berlin (Ost) 1969.
Steinitz, Wolfgang: Deutsche Volkslieder demokratischen Charakters aus sechs Jahrhunderten. Berlin 1978.
Stolleis, Michael: Geschichte des öffentlichen Rechts in Deutschland, Bd. 3: 1914–1915. München 1999.
Streim, Alfred: Die Behandlung sowjetischer Kriegsgefangener im Fall ›Barbarossa‹. Karlsruhe 1981.
Stürmer, Michael: Dissonanzen des Fortschritts. Essays über Geschichte und Politik in Deutschland. München/Zürich 1986.
Thoss, Bruno/Volkmann, Hans Erich: Erster Weltkrieg – Zweiter Weltkrieg. Ein Vergleich. Paderborn 2002.
Trotnow, Helmut: Karl Liebknecht. Eine politische Biographie. Köln 1980.

Ueberschär, Gerd R. (Hrsg.): Hitlers militärische Elite, Bd. 1: Von den Anfängen des Regimes bis Kriegsbeginn. Darmstadt 1998.
Ueberschär, Gerd R. (Hrsg.): Hitlers militärische Elite, Bd. 2: Vom Kriegsbeginn bis zum Weltkriegsende. Darmstadt 1998.
Umbach, Dieter/Clemens, Thomas (Hrsg.): Grundgesetz. Mitarbeiterkommentar. Heidelberg 2002.
Verhey, Jeffrey: Der »Geist von 1914« und die Erfindung der Volksgemeinschaft. Hamburg 2000.
Vinke, Hermann: Gustav Heinemann. Bornheim 1986.
Wagner, Walter (Hrsg.): Hochverrat und Staatsgefährdung, Bd. 1. Karlsruhe 1957.
Walmrath, Lothar: ›Justitia et disciplina‹. Strafgerichtsbarkeit in der deutschen Kriegsmarine 1939–1945. Frankfurt a. M. 1998.
Wassermann, Rudolf (Hrsg.): Justiz im Wandel der Zeit. Festschrift des Oberlandesgerichts Braunschweig. Braunschweig 1989.
Wehler, Hans-Ulrich (Hrsg.): Ludwig Quidde. Caligula. Schriften über Militarismus und Pazifismus. Frankfurt a. M. 1977.
Weinkauff, Hermann: Widerstandsrecht und Widerstandspflicht. Gutachten, erstattet im Prozeß gegen Otto Ernst Remer. In: Bundeszentrale für Heimatdienst (Hrsg.), 20. Juli 1944. Bonn ^{3} 1960.
Weller, Christoph (Red.): Sind Soldaten Mörder? Analysen und Dokumente zum »Soldatenurteil«. Hrsg. von Internationale Ärzte für die Verhütung des Atomkrieges/Komitee für Grundrechte und Demokratie/Verein für Friedenspädagogik Tübingen/Humanistische Union. Tübingen 1990.
Wette, Wolfram (Hrsg.): Retter in Uniform. Handlungsspielräume im Vernichtungskrieg der Wehrmacht. Frankfurt a. M. ^{3} 2003.
Wette, Wolfram (Hrsg.): Zivilcourage. Empörte, Helfer und Retter aus Wehrmacht, Polizei und SS. Frankfurt a. M. 2004.
Wette, Wolfram. Die Wehrmacht. Feindbilder, Vernichtungskrieg, Legenden. Frankfurt a. M. 2002.
Wette, Wolfram: Geschichte und Frieden. Aufgaben historischer Friedensforschung. In: Lehren aus der Geschichte?

Historische Friedensforschung. Red. Reiner Steinweg. Frankfurt a.M. 1990 (=Friedensanalysen; 23), S. 14–60.
Wette, Wolfram: Gustav Noske. Eine politische Biographie. Düsseldorf [2] 1987.
Wette, Wolfram: Kann man aus der Geschichte lernen? Eine Bestandsaufnahme der historischen Friedensforschung. In: Wasmuht, Ulrike C. (Hrsg.): Friedensforschung – Eine Zwischenbilanz. Darmstadt 1991, S. 85–101.
Wette, Wolfram: Kriegstheorien deutscher Sozialisten. Marx, Engels, Lassalle, Bernstein, Kautsky, Luxemburg. Stuttgart u.a. 1971.
Wette, Wolfram: Militarismus und Pazifismus. Auseinandersetzung mit den deutschen Kriegen. Mit einem Vorwort von Fritz Fischer. Bremen 1991 (=Geschichte und Frieden; Bd. 3).
Wette, Wolfram: Rückkehr zu ›Normalität‹ und Weltmachtdenken. In: Blätter für deutsche und internationale Politik 8/1994, S. 981 ff.
Wette, Wolfram: Sozialdemokratie und Pazifismus in der Weimarer Republik. In: Archiv für Sozialgeschichte, Bd. XXVI. Bonn 1986, S. 281–300.
Wette, Wolfram unter Mitwirkung von Helmut Donat (Hrsg.): Pazifistische Offiziere in Deutschland 1871–1933. Bremen 1999.
Wettig, Gerhard: Entmilitarisierung und Wiederbewaffnung in Deutschland 1943–1955. Internationale Auseinandersetzungen um die Rolle der Deutschen in Europa. München 1967.
Windisch, Dieter: Die Strafverfolgung von Kritikern der illegalen Rüstung in der Weimarer Republik. Diss. jur. Würzburg 1969.
Winter, Martin: Metamorphosen des staatlichen Gewaltapparates. Über die Entwicklung von Polizei und Militär in Deutschland. In: Leviathan 4/2003, S. 519 ff.
Wüllner, Fritz: Die NS-Militärjustiz und das Elend der Geschichtsschreibung. Baden-Baden 1991.
Wüllner, Hermine: »... kann nur der Tod die gerechte Sühne sein.« Todesurteile deutscher Wehrmachtgerichte. Eine Dokumentation. Baden-Baden 1997.
Zander, Ernst: Die Kampagne gegen die Remilitarisierung in Deutschland. London 1952.

Zentralstelle für Recht und Schutz der Kriegsdienstverweigerer (Hrsg.): Die Freiheit, Nein zu sagen. Vom Recht der Kriegsdienstverweigerer 1957–1982. Freiburg 1983.

Zu den Autoren

Böttcher, Hans-Ernst, geboren 1944, Studium der Rechtswissenschaften, der Soziologie und der frz. Sprache in Kiel, Tübingen und Rennes, Richter von 1974 bis 1991 in Bremen (am Amtsgericht und seit 1984 am Hanseatischen Oberlandesgericht, ab 1979 auch stv. Mitglied des Bremischen Staatsgerichtshofes), seit 1991 Präsident des Landgerichts in Lübeck; von 1980 bis 1983 Wiss. Mitarbeiter am Bundesverfassungsgericht; Veröffentlichungen zur Zeitgeschichte und zur Struktur der Justiz und zu anderen Fragen des »angewandten Verfassungsrechts«.

Finckh, Ulrich, geboren 1927, Pfarrer i. R., Theologiestudium in Marburg, Mainz und Göttingen; 1962–1970 Studentenpfarrer im Hamburg, 1970–1991 Gemeindepfarrer in Bremen, 1971–2003 Vorsitzender der Zentralstelle für Recht und Schutz der Kriegsdienstverweigerer aus Gewissensgründen e. V., 1974–2004 Mitglied des Beirates für den Zivildienst im jeweils zuständigen Bundesministerium (derzeit: BM für Familie, Senioren, Frauen und Jugend), Mitherausgeber des Grundrechte-Reports, Redaktionsmitglied der Zeitschrift »Vorgänge«, Veröffentlichungen zu Wehrrecht und Menschenrechten.

Gritschneder, Otto, Dr. jur., Diplomvolkswirt, Rechtsanwalt, geboren 1914, Studium in München, in der NS-Zeit nicht als Anwalt zugelassen, zwangsrekrutierter Soldat in Hitlers sogenannter Wehrmacht, 1948–1952 parteiloser Münchener Stadtrat, Rechtsanwaltstätigkeit, Autor zeitgeschichtlicher und justizkritischer Bücher, seit über 50 Jahren Herausgeber des Juristischen Pressedienstes gri. Auszeichnungen: Arnold-Freymuth-Preis (1996), Medaille ›München leuchtet‹ in Gold (1998), Medaille für besondere Verdienste um die bayerische Justiz (2003), Bayerische Verdienstmedaille in Silber (2003).

Hankel, Gerd, Dr. jur., Diplom-Übersetzer, geboren 1957, 1978–1984 Studium der angewandten Sprachwissenschaft in Mainz und Granada, 1984–1988 Lehrer an einer Höheren Handelsschule, 1989–1994 Studium der Rechtswissenschaft in Bremen, 1995–1997 Referendar am OLG Oldenburg, 2001 Promotion, 1991–1993 Lehraufträge an der Universität Bremen, seit 1993 freier Mitarbeiter des Hamburger Instituts für Sozialforschung, seit 1998 wiss. Angestellter der Hamburger Stiftung für Wissenschaft und Kultur; Veröffentlichungen zum Völkerstraf- und Kriegsrecht.

Holl, Karl, Dr. phil., geboren 1931, Studium der Geschichte, Germanistik und Romanistik in Mainz und Tübingen, 1958 Promotion, 1956–1964 Lehrer an Gymnasien in Rheinland-Pfalz, 1964–1970 Dozent, dann Professor für Geschichte und ihre Didaktik an Pädagogischen Hochschulen, seit 1971 Professor für Neueste Geschichte an der Universität Bremen, seit 1996 im Ruhestand, Mitbegründer und erster Sprecher des Arbeitskreises Historische Friedensforschung; zahlreiche Veröffentlichungen zur Geschichte der deutschen Friedensbewegung, des Pazifismus und der Parteiengeschichte. 1988 mit dem Carl von Ossietzky-Preis ausgezeichnet.

Jansen, Christian, Dr. phil., geboren 1956, 1974–1978 Studium der Geschichte und Mathematik, anschließend drei Jahre Arbeit in einem Druckereikollektiv, seit 1985 wiss. Mitarbeiter an der Universität Heidelberg, dort 1989 Promotion, 1998 Habilitation, 1998/99 Lehrstuhlvertretung in Konstanz, seit 2000 Hochschuldozent für Neuere und Neueste Geschichte an der Ruhr-Universität Bochum, 2001 Gastprofessur an der

Hebrew University Jerusalem; 2001–2003 Sprecher des Arbeitskreises Historische Friedensforschung; 2004 Ernennung zum apl. Professor; Arbeiten zur deutschen und italienischen Geschichte des 19. und 20. Jahrhunderts.

Jung, Otmar, Dr. iur. utr., geb. 1947, Studium der Rechtswissenschaft und Philosophie in Würzburg, Berlin, Genf und München, Referendar in Berlin und Paris, 1973 Promotion in Würzburg, 1974 zweite juristische (große) Staatsprüfung, 1975–1980 wissenschaftlicher Assistent am Otto-Suhr-Institut für Politikwissenschaft der Freien Universität Berlin, 1985 Habilitation für die Fächer Politikwissenschaft und Zeitgeschichte, Privatdozent an der Freien Universität Berlin, zahlreiche Veröffentlichungen zu Problemen der direkten Demokratie in Deutschland, zur Justizgeschichte der Weimarer Republik und zur Geschichte der Friedensbewegung in Deutschland.

Kramer, Helmut, Dr. jur., geboren 1930, Studium der Geschichte und Rechtswissenschaft in Göttingen und Freiburg, 1967 Promotion, 1962–1995 Richter, zuletzt als Richter am Oberlandesgericht, 1984–1989 Lehrstuhlvertretung an der Universität Bremen, Mitbegründer und Vorsitzender des Forums Justizgeschichte e. V., Dozent an der Deutschen Richterakademie; Teilnehmer an der Richterblockade 1987; vielfältige Veröffentlichungen zur Justizgeschichte, zur Rechtstheorie und zur Rechtspolitik.

Kraushaar, Wolfgang, Dr. phil., geboren 1948, Studium der Politikwissenschaft, Philosophie und Germanistik in Frankfurt/Main, 1978 bis 1982 Mitarbeiter am Didaktischen Zentrum der Universität Frankfurt, seit 1981 Mitglied der Vereinigung Deutscher Wissenschaftler, 1982 Promotion, seit 1987 Mitarbeiter am Hamburger Institut für Sozialforschung, 2004 Gastprofessur an der Beijing Normal University.

Kutscha, Martin, Dr. jur., geboren 1948, Studium der Rechtswissenschaft in Kiel, Marburg und Hamburg, 1977 Promotion, 1978–1990 Tätigkeit als Rechtsanwalt, Redakteur einer juristischen Fachzeitschrift sowie als wiss. Mitarbeiter an der Universität Konstanz, seit 1990 Professor für Staats- und Verwaltungsrecht an der Fachhochschule für Verwaltung und Rechtspflege Berlin, derzeit Bundesvorsitzender der Vereinigung Demokratischer Juristinnen und Juristen (VDJ), zahlreiche Veröffentlichungen zu Verfassungsrecht und Politik.

Messerschmidt, Manfred, Dr. phil., geboren 1926, Promotion 1954 in Freiburg; 1. und 2. Juristisches Staatsexamen (1959 und 1962); 1970–1988 als Professor und Direktor Leitender Historiker im Militärgeschichtlichen Forschungsamt, Freiburg; Präsident der Commission d'Histoire du droit militaire, Société Internationale de Droit Pénal Militaire et de Droit de la Guerre (1973–1988).

Müller, Ingo, Dr. jur., Dr. phil., geboren 1942, Studium der Rechts- und Politikwissenschaft in Kiel, nach Tätigkeit als Dozent an den Universitäten Bremen und Oldenburg sowie als Referent in der Justizverwaltung seit 1995 Professor für Strafrecht und Strafprozeßrecht an der Polizeifachhochschule Hamburg. Veröffentlichungen zum Straf- und Strafprozeßrecht und zur juristischen Zeitgeschichte.

Tych, Feliks, Dr. phil., Historiker, geboren 1929, Studium der Geschichte in Warschau, Moskau und Paris, Promotion 1955 in Moskau, Habilitation 1959 in Warschau; nach der Liberalisierung 1956 Gründer und Chefredakteur der Zeitschrift für die Geschichte der Arbeiterbewegung »›Z Pola Walki«‹; 1968 Entlassung aus der Akademie; 1970 Professor, 1970–1987 Historiker im Zentral-Archiv der Polnischen Vereinigten Arbeiter-Partei (PVAP), ab 1973 Gründer und Herausgeber der Dokumentenreihe »Archiwum Ruchu Robotniczego«

[Archiv der Arbeiterbewegung], 1982 ordentlicher Professor, 1987 Entlassung aus politischen Gründen; danach unabhängiger Forscher; Gastprofessuren in Göttingen, Darmstadt, Freiburg i. Br., Berlin und Kassel; seit 1996 Direktor des Jüdischen Historischen Instituts in Warschau.

Vogel, Hans-Jochen Dr. jur., geboren 1926, Kriegsdienst 1943–1945, Studium der Rechtswissenschaften in München und Marburg, 1962–1972 Oberbürgermeister der Landeshauptstadt München, 1972–1981 Abgeordneter des Deutschen Bundestages, 1974–1981 Bundesminister der Justiz, 1981–1983 Mitglied des Berliner Abgeordnetenhauses, 1981 Regierender Bürgermeister von Berlin, 1983 Kanzlerkandidat der SPD, 1983–1991 Vorsitzender der SPD-Fraktion im Deutschen Bundestag, 1987–1991 Vorsitzender der SPD, 1993–2000 Vorsitzender des Projekts »Gegen Vergessen – Für Demokratie«, seit 2000 Mitglied des Beirats der Stiftung Denkmal für die ermordeten Juden Europas, seit 2001 Mitglied des Nationalen Ethikrats.

Wette, Wolfram, Dr. phil., geboren 1940, Studium der Politikwissenschaft, Geschichte und Philosophie in München, 1971 Promotion, 1991 Habilitation, 1971–1995 Historiker am Militärgeschichtlichen Forschungsamt in Freiburg im Breisgau, seit 1998 apl. Professor für Neueste Geschichte am Historischen Seminar der Universität Freiburg, Ehrenprofessor der russischen Universität Lipezk, Mitbegründer des Arbeitskreises Historische Friedensforschung (AHF); Veröffentlichungen zur deutschen Militärgeschichte des 19. und 20. Jahrhunderts.

Danksagung

Die Herausgeber danken den Autoren, die mit ihrer ehrenamtlichen Arbeit zum Zustandekommen dieses Überblickswerkes beigetragen haben. Sie haben zugleich belegt, wie produktiv eine themenspezifische Zusammenarbeit von Vertretern der Kritischen Justizgeschichte und der Historischen Friedensforschung sein kann.

Bundesjustizminister a. D. Dr. Hans-Jochen Vogel danken die Herausgeber für sein Geleitwort.

Ricarda Bertold M. A., Freiburg i. Br., hat sämtliche Beiträge redigiert sowie den Anhang und die Register gefertigt. Dafür danken ihr nicht nur Herausgeber und Autoren, sondern auch der Verlag. Denn die Lektoratsarbeit von Maria Matschuk, Aufbau-Verlag, wurde dadurch wesentlich erleichtert. Udo Achten, Düsseldorf, half dankenswerter Weise bei der Auswahl und der Beschaffung von Illustrationen.

Schließlich danken die Herausgeber der Bertha-von-Suttner-Stiftung und dem Forum Justizgeschichte e.V. für ihre freundliche Unterstützung.

Helmut Kramer und Wolfram Wette,
2. Mai 2004

Bildnachweis

Udo Achten (Hrsg.): Lachen links. Das republikanische Witzblatt 1924 bis 1927. Bonn 1985, S. 29, 144, 145, 148
Deutsches Historisches Museum, Berlin: S. 101, 114
dpa: S. 244
Haus der Geschichte, Bonn/Leipzig H 1996/12/0166: S. 282
Manfred Göbel: S. 312
Norbert Haase: S. 206
Kurt Halbritter: S. 258
Philipp Heinisch, Berlin: S. 302, 333
Illustrierte Reichsbanner-Zeitung 3(1926), S. 157
Keystone, Deutschland: S. 46
Helmut Kramer: S. 222, 305
Wolfgang Kraushaar: S. 238
Manfred Scholz: S. 309
Simplicisimus, München, 1961: S. 229
Ullstein-Bilderdienst, Berlin: S. 77, 151, 193, 248
Eva Vent, Berlin: S. 197
Pazifistische Offiziere in Deutschland 1981–1933. Hrsg. von Wolfram Wette. Bremen (Donat-Verlag) 1999, S. 131

Personenregister

Ortsregister